성경의 세계로 들어오신

____________________님께 드립니다.

신약의 세계로 오십쇼

신약의 세계로 오십쇼

지은이 | 조혜련
초판 발행 | 2025. 6. 25
2 쇄 발행 | 2025. 6. 26
등록번호 | 제1988-000080호
등록된 곳 | 서울특별시 용산구 서빙고로 65길 38
발행처 | 사단법인 두란노서원
영업부 | 2078-3333 FAX | 080-749-3705
출판부 | 2078-3331

책값은 뒤표지에 있습니다.
ISBN 978-89-531-5120-8 04230
SET 978-89-531-5121-5 04230

독자의 의견을 기다립니다.
tpress@duranno.com www.duranno.com

* 본 도서의 〈오십쇼〉 로고와 방송 영상이 담긴 QR코드는 CGN과의 협의하에 이루어졌음을 밝힙니다. 해당 영상은 퐁당 OTT로도 시청할 수 있습니다.

두란노서원은 바울 사도가 3차 전도여행 때 에베소에서 성령 받은 제자들을 따로 세워 하나님의 말씀으로 양육하던 장소입니다. 사도행전 19장 8-20절의 정신에 따라 첫째 목회자를 돕는 사역과 평신도를 훈련시키는 사역, 둘째 세계선교(TIM)와 문서선교(단행본·잡지)사역, 셋째 예수문화 및 경배와 찬양 사역, 그리고 가정·상담 사역 등을 감당하고 있습니다. 1980년 12월 22일에 창립된 두란노서원은 주님 오실 때까지 이 사역들을 계속할 것입니다.

모든 사람이 성경을 알게 되는 그날까지

신약의 세계로 오십쇼

조혜련 지음 · 류호성 감수

두란노

차례

감수의 글

새해가 되거나 어떤 계기가 생기면 다짐을 하곤 한다. 올해는 꼭 성경을 일독하겠다고 말이다. 그래서 서점에 들러 읽기에 편한 성경책을 한 권 사 온다. 왠지 마음이 뿌듯하다. 그런데 얼마 지나지 않아 성경 읽기를 포기하고, 그 책은 고스란히 서재에 꽂아 둔다. 그리고 그렇게 먼지만 쌓여 간다. 그러는 사이 그 성경책을 힐끗힐끗 바라보다가, 약속을 지키지 못한 것에 대한 미안함 내지는 하나님을 향한 송구한 마음이 들어, 책에 묻은 먼지를 털어 내고 다시금 일독의 결의를 다진다. 그리고 지난번에 이어 읽기를 시작한다. 하지만 또다시 멈춘다. 그렇게 몇 년이 훌쩍 지나간다. 그리고 다시 결의를 다진다. '이번에는 꼭 일독을 하고 말 거야!' 이것이 성경과 우리 사이에서 흔히(?) 일어나는 에피소드다.

성경 일독은 참으로 어렵다. 그 이유는 첫째, 성경책이 매우 두껍기 때문이다. 구약 1,330쪽과 신약 422쪽을 합치면 1,752쪽으로, 216쪽짜리 한강의 소설 《소년이 온다》보다 무려 여덟 배나 두껍다. 하지만 책의 구성을 놓고 비교해 본다면, 전체적으로 족히 열다섯 배 이상은 두꺼울 것이다. 둘째, 내용적으로도 재미가 없다. 소설이나 무협지처럼 일관된 주제로 구성되어 있지 않기 때문이다. 책으로는 한 권이지만, 낱권 66권이 합쳐진 책이다. 각 권의 내용이 다르고, 저주나 심판에 관한 이야기가 많아 읽는 이들로 섬뜩한 느낌이 들게 한다. 셋째, 역사적인 이해가 없으면 읽어도 그 의미를 파악하기가 어렵다. 그래서 성경과 관련된 유대의 역사적 지식이 필요하다. 그러기에 성경 일독은 고되고 힘든 일이다.

그런데 조혜련 집사의 《구약의 세계로 오십쇼》와 《신약의 세계로 오십쇼》는 우리로 하여금 성경 일독을 수월하게 만들어 준다. 이 책은 다음과 같은 특징이 있다. 첫째, 재미있다. 저자는 사람들에게 웃음을 주는 소질을 갖고 있기에, 이 책에서도 그 특성을 여실히 드러냈다. 이 책을 읽는 사람마다 미소를 지으면서, 성경이 이렇게 재미있는 책이라는 것을 깨닫게 될 것이다. 둘째, 성경 전체의 흐름을 쉽게 파악할 수 있도록 도움을 준다. 구약의 경우 역사서, 성문서, 예언서를 시대의 흐름에 맞게 재구성해 놓았으며, 신약의 경우는 사도행전을 바탕으로 바울 서신을 배열해 놓았다. 그래서 독자들은 신구약에 대한 역사적 지식이 없어도 성경의 내용을 연대기적으로 이해할 수 있다. 셋째, 책마다 필요한 내용을 잘 요약해 놓았다. 그래서 독자들이 각 권의 핵심적인 내용을 쉽게 파악할 수 있도록 도움을 준다. 넷째, 무엇보다도 이 책은 '자녀 양육서'라는 점이다. 군대에 간 아들이 성경을 가까이하기를 바라는 마음으로, 엄마가 열심히 성경을 공부해서 엮은 책이다. 그러기에 책 전체에는 하나님이 우리를 사랑하시듯이, 엄마가 아들 우주를 사랑하는 그 마음이 스며 있다.

성경 일독은 결코 쉬운 일이 아니다. 그러나 《구약의 세계로 오십쇼》와 《신약의 세계로 오십쇼》는 독자들을 재미있고 유쾌하며, 또한 일목요연하게 성경의 세계로 안내한다. 이 책이 널리 읽혀 많은 사람이 "주 예수 그리스도의 은혜와 하나님의 사랑과 성령의 교통하심"(고후 13:13)의 진리를 깨닫고 체험하기를 소망한다.

류호성 교수(서울장신대학교 신약학)

서문

《구약의 세계로 오십쇼》, 《신약의 세계로 오십쇼》는 하나님을 믿지만 말씀이 어려워 읽지 못하는 사람들이 하나님이 어떤 분이시고 우리를 얼마나 사랑하시는지를 알게 하도록 돕는 성경 가이드 책입니다.

CGN 〈오십쇼〉의 시작은 아들 우주 덕분이었습니다. '입대를 앞둔 우주가 군대에 가서 성경을 가까이하면 얼마나 좋을까' 하는 마음이 들었습니다. 그래서 결심했습니다. 우주를 〈오십쇼〉에 출연시켜, 엄마인 제가 아들에게 성경이 어떤 책인지 직접 가르치기로요.

카메라 앞에서였지만, 그 순간은 세상에서 가장 진심 어린 마음으로 아들과 함께 드리는 예배 같았습니다. 그 이후 5년 동안 엄마에게, 딸에게, 믿음의 친구들에게 창세기부터 시작해 요한계시록까지 성경을 강의해 왔습니다.

결국 한 가정에서 시작된 말씀의 나눔은 더 많은 사람들을 성경 앞으로 초대하고 싶다는 열망으로 바뀌었습니다. 하나님이 하셨습니다. 그리고 그 방송 내용을 바탕으로 이렇게 책을 만들게 되었습니다.

이 책은 성경을 어렵게 느꼈던 분들이 역사적 흐름을 따라 쉽고, 재미있게 말씀을 읽을 수 있도록 만든 안내서입니다. 바쁜 일상 속에 자기중심적으로 살다가 단절되었던 하나님의 말씀들이 하나의 이야기로 이어지고, 복잡했던 율법과 사건들이 오직 한 분, 예수 그리스도에게로 향하게 되는 감격을 경험하게 될 것입니다.

하지만 분명히 말씀드립니다. 이 책은 단지 성경으로 돌아가기 위한 가이드일 뿐입니다. 그래서 이 책만 읽어서는 절대로 안 됩니다. 진짜 생명은 오직 성경 안에 있습니다. 이 책을 읽으면서 성경을 펴기를 바랍니다. 그 안에서 하나님께서 우리에게 직접 말씀하시는 음성을 듣게 될 것입니다.

처음에는 아들을 위한 시작이었지만, 이제는 말씀을 사랑하고 싶은 모두를 위한 길이 되기를 소망합니다.

지금, 그 말씀의 세계로 어서 오십쇼!

2025년 6월

조혜련

CGN 〈오십쇼〉 신약 정주행하기

지면상 각 성경에는 대표 QR코드만 수록했습니다.
추가 내용은 '신약 정주행하기'에서 확인하세요.
해당 영상은 퐁당 OTT로도 시청할 수 있습니다.

중간사 400년

400년의 침묵

구약의 마지막 선지자인 말라기부터 예수님이 오실 때까지 약 400년의 기간이 있다. 그 기간 백성들은 예루살렘 성전이 재건된 이후로 하나님께 제사를 드리고 있었지만 그들의 마음은 딴 곳에 있었다. 말라기 선지자가 외쳐 전한다.

"여호와를 경외함이 어디 있느냐! 너희는 입술로 하나님을 섬기되, 마음으로 하나님을 멸시하고 있다!"

말라기의 마지막 말은 '여호와의 크고 두려운 날'에 관한 예언이었다. 그리고 400년간의 침묵. 하나님의 음성은 멈췄고, 예언자도 사라졌다.

B.C. 430년경-332년, 이스라엘은 여전히 바사(페르시아)의 속국이었다.

하지만 이 시기는 비교적 평화로웠다. 바사는 유대인의 신앙을 인정해 주었기 때문이다. 성전에서는 제사가 계속되었고, 유다 공동체는 율법을 중심으로 자신들의 정체성을 재건했다.

이 시기 등장한 새로운 집단이 있었다. 바로 바리새파다! 그들은 바사 땅에서 성전이 없어도 '율법'을 중심으로 살자며 회당을 세우고, 말씀을 연구하며 하나님을 경외했다.

"우리가 망한 것은 하나님의 율법을 무시했기 때문이야. 다시는 그런 실수를 반복하지 말자."

그들은 율법을 지키는 것을 생명처럼 여기며, 일상의 작은 규례 하나까지 세세히 규정했다. 그 중심에는 '하나님 나라의 회복은 오직 순결한 율법 준수에서 온다'는 믿음이 있었다.

알렉산더 시대와 헬레니즘

바사를 무너뜨린 사람은 바로 그 유명한 알렉산더(Alexander, B.C. 336-323년 재위) 대왕이다. 그는 B.C. 330년에 예루살렘을 점령한다. 알렉산더 대왕은 마케도니아(마게도냐)의 왕자로 스무 살에 왕이 되었으며 서른 살도 되기 전에 세상을 정복한 자였다. 아리스토텔레스(Aristoteles)에게 철학을 배운 그는 '모든 민족을 하나로 만들자'는 꿈을 품고 칼을 들고 동쪽 땅을 정복해 나갔다. 그는 이집트를 정복하고, 바벨론을 넘어서 인도까지 진군하며 온 세상에 외쳤다.

"하나의 언어, 하나의 문화, 하나의 세계! 그것이 평화다!"

그의 발자취는 곧 헬레니즘 제국의 확장이 되었다. 그는 도시를 세우고 그 이름을 '알렉산드리아'라 붙였고, 그중 하나는 이집트에 세워져 지중해 문명의 수도가 된다.

전설에 따르면, 알렉산더 대왕이 예루살렘에 도착했을 당시, 전쟁 준비를 하던 중에 한 노제사장이 흰옷을 입고 율법서를 들고 나왔다고 한다. 알렉산더는 놀랍게도 그 앞에 무릎을 꿇고 말한다.

"나는 꿈에서 이 사람을 보았다."

예루살렘은 전쟁 없이 헬레니즘 제국의 일부가 된다. 이 사건 이후 유대 땅에도 헬라 문화가 조용히, 그러나 강력히 스며들기 시작한다. 헬레니즘 제국, 곧 알렉산더 대왕의 번개와 같은 정복으로 인해 유대 땅에는 깊은 문화가 남겨진다. 그의 철학은 단순한 정복이 아니었다. 그는 모든 민족에게 하나의 언어(헬라어), 하나의 문화, 하나의 세계관을 심으려 했다. 바로 헬레니즘이다.

유대 땅에 헬라어 학교가 세워지고, 철학, 수사학, 체육을 가르쳤다. 체육관에서 젊은이들이 벌거벗고 운동하며 헬라 문화를 배웠다. 유대인들이 헬라식 이름을 사용하는 등 이러한 물결은 유대인들의 정체성을 무너뜨리기 시작했다. 그때, 네 부류의 서로 다른 반응이 등장한다.

바리새인: '율법으로 방어하라'

"우리는 율법을 지키지 못해 망했다. 헬라 문화는 유혹이다!"

바리새인은 율법을 더욱 촘촘하게 해석했고, 장로들의 유전(전통)으로 울타리를 만들었다. 회당 중심의 신앙 운동을 이끌었고, 부활과 천사, 영혼의 불멸도 믿었다.

사두개인: '현실에 타협하라'

제사장 가문 중심의 사두개인은 헬라 문화와 정치에 능숙히 협력했다. 성전에서 로마와 헬라 세력과 협력해 돈을 벌었고, 헬라 철학과 유물론에 영향을 받아 영혼, 부활, 천사를 부정했다. 이 땅에서의 안정과 권력이 제일 중요하다고 믿었다.

에세네파: '광야로 피하라'

"이 성전은 이미 더럽혀졌다. 우리는 거룩한 공동체로 구별되어야 한다."

그들은 쿰란 근처 광야로 나가 살았다. 혼인도 하지 않고, 식사도 정결하게 했으며, 하나님의 때를 기다리며 말씀을 필사했다. 그들은 종말론적이었으며 헬라 문화와 완전히 단절했다.

열심당: '칼로 나라를 되찾자'

"우리의 정체성은 하나님이 주신 것이다. 칼로라도 지켜 내자!"

그들은 무장하고 로마와 헬라 세력을 향해 반란을 일으켰다. 정치적 메시아를 기다렸고, 종종 로마 총독들을 암살했다.

알렉산더 사후 쪼개진 제국

알렉산더 대왕이 젊은 나이에 죽고 나서 헬레니즘 제국은 그와 함께 싸웠던 장군들에 의해 분열된다. 후계자들(디아도코이)은 프톨레마이오스 1세, 셀레우코스 1세, 카산드로스, 리시마코스다.

이 중에 유대 땅을 통치한 두 왕을 살펴보자. 첫 번째는 프톨레마이오스 1세 소테르(Ptolemy I Soter)다. 그는 알렉산더 대왕이 죽은 후, 그의 시신을 가져와 이집트 알렉산드리아에 안치한 인물이다. 똑똑하고 실리적인 통치자였던 그는 이집트에 왕국을 세우고, 유대 이스라엘을 관대하게 다스렸다.

▲ 알렉산더 사후, 후계자들의 지배 지형

프톨레마이오스 1세	이집트, 팔레스타인 남부, 리비아 유대 땅을 초기에 통치함
셀레우코스 1세	시리아, 바벨론, 메소포타미아, 페르시아를 통치했으며 나중에 유대 땅을 장악함
카산드로스	마케도니아, 그리스 본토 땅을 다스렸고 유대와는 직접 관계가 없음
리시마코스	소아시아 서부, 트라키아, 비잔티움 등을 통치했으며 유대와 직접 관계가 없음

이때 유대인들은 이집트로 이주했고, 거기서 헬라어 성경(70인역, LXX)이 번역된다.

두 번째는 셀레우코스 1세 니카토르(Seleucus I Nicator)다. 바벨론과 시리아, 동방 지역을 장악한 장군이다. 그의 후손들, 특히 안티오코스 4세 에피파네스(Antiochos IV Epiphanes)는 유대인을 심하게 박해하고 성전을 더럽힌 인물로 유명하다.

이스라엘(유대 땅)은 처음엔 프톨레마이오스 왕조가, 나중엔 셀레우코스 왕조가 다스렸다. 이스라엘은 프톨레마이오스 왕조에서 셀레우코스 왕조로 넘어오며 극심한 탄압과 저항을 겪는다. 지배 초기 헬레니즘 문화가 많이 들어왔고, 갈수록 종교적 탄압이 심해졌다. 결국 마카비 혁명이 일어났고, 수전절(하누카)이 탄생하게 된다.

마카비 혁명과 수전절

헬라 문화의 정점은 셀레우코스 왕조의 왕, 안티오코스 4세 에피파네스(B.C. 175-164년 재위)에게서 나타났다. 그는 헬레니즘을 강제로 유대인들에게 주입했다. 성전은 제우스의 신전으로 바뀌고, 율법은 금지되었다. 돼지가 성전 제단 위에 올라가고, 율법서가 불에 태워졌다. 이때 유대 땅 곳곳에서 저항이 터졌다.

B.C. 167년 당시 유대 땅. 안티오코스 4세 에피파네스는 미쳐 있었다. 스스로를 '신의 현현'이라 부르며, 유대인에게 외친다.

"하나의 신만을 믿을 수 없다. 제우스를 섬겨라. 안식일은 폐지다. 돼지 피로 너희 성전을 정결하게 하겠다."

유대인들은 분열되었고, 아예 이방 제사에 참여하며 지배 세력의 권력을 얻으려 했다. 당시 예루살렘 북서쪽에 모디인이라는 조용한 시골 마을에 살던 마타티아스(Mattathias)는 은퇴한 제사장이었다. 산속에서 다섯 아들과 함께 율법을 지키며 소박하게 살고 있었다. 어느 날, 모디인에 셀레우코스 군대와 헬라 관리가 도착했다.

"왕의 칙령이다! 모든 사람은 제단 앞에서 돼지를 제물로 바쳐라!"

마을 사람들은 술렁거렸고, 마타티아스의 집 앞에도 제단이 설치되었다. 관리자가 외쳤다.

“마타티아스, 당신은 존경받는 제사장이오. 첫 번째로 제물을 바쳐 백성에게 본을 보여 주시오. 그러면 왕께서 많은 상을 내릴 것이오!”

마타티아스는 조용히 대답했다.

“비록 온 나라가 왕의 명령을 따라 제우스를 섬긴다 해도 나와 내 아들들은 조상의 법을 어기지 않겠다.”

그 순간, 제물을 바치기 위해 있던 한 유대인이 두려움에 떨며 앞으로 나가 돼지의 피를 제단에 부었다. 순식간에 공기가 얼어붙는다. 마타티아스의 눈에 불꽃이 일어난다. 거룩한 분노가 인 그는 한마디의 말도 없이 허리춤에서 칼을 뽑았다. 그는 먼저 하나님을 배신한 유대인을 찔러 죽였고, 그다음 헬라 군인을 향해 돌진했다. 피가 튀고, 군인들이 비명을 지르며 혼란에 빠졌다. 마을 사람들은 눈을 부릅뜨고 숨을 죽였다. 그리고 마타티아스는 외쳤다.

“율법을 지키려는 자는 나를 따르라! 하나님의 언약을 위하여 산으로 함께 가자!”

그날, 마타티아스는 다섯 아들과 함께 산속으로 들어갔다. 그리고 게릴라 혁명군의 아버지가 되었다. 마타티아스 제사장의 셋째 아들, 유다 마카비(Judah Maccabee)는 ‘망치’라는 별명을 가진 조용한 전사였다. 그는 한 손엔 율법을, 다른 손엔 칼을 들었다. 그의 군대는 시작부터 작았다. 처음엔 몇십 명이었다. 그러나 말씀을 사모하는 자들, 하나님의 이름을 위해 싸우고자 하는 자들이 밤마다 하나둘 산으로 올라왔다.

그들은 말없이 훈련했다. 기름 없는 등잔불 아래, 말씀을 외우고, 칼을 갈았다. 하나님의 성전은 짓밟혔지만, 그들의 심장은 꺼지지 않았다.

헬라 장군 게오르게아스가 “이 짐승 같은 유대인들을 박멸하라!” 하며 5만 명의 병사와 코끼리 부대를 이끌고 나왔다. 유다의 병력은 6천. 게다가 무기도 변변치 않았다. 누군가 말했다.

"우리가 싸워 이길 수 있을까요?"

망치 유다 마카비는 조용히 대답했다.

"전쟁은 군사 수에 있지 않다. 전쟁은 하나님께 속한 것이다."

이는 다윗이 한 말과 비슷했다. 유다는 자신의 병사들을 이끌고 밤중에 적진으로 갔다. 그리고 헬라군이 자기들을 치기 위해 떠난 틈을 타서 그들의 진영을 역습했다. 화염이 치솟고, 헬라 군인들은 도망쳤다. 유다는 그 전투에서 완전한 승리를 거두었다. 몇 달 후, 유다는 예루살렘으로 진군했다. 도시는 침묵하고 있었고, 성전은 폐허가 되어 있었다. 제단 위엔 제우스 상이 서 있었고, 바닥엔 돼지의 핏자국이 마르지 않은 채 남아 있었다. 유다는 안타까워 무릎을 꿇고 하나님께 간절히 기도했다.

"하나님, 이 성소를 다시 거룩하게 하소서. 이 땅의 빛이 꺼지지 않게 하소서."

그들은 폐허를 치우고, 새로 제단을 만들고, 성소의 등불을 다시 밝혔다. 기름은 단 하루치뿐이었다. 그러나 그 등불은 기적처럼 8일 동안 꺼지지 않았다. 이것은 단지 전쟁의 승리가 아니었다. 신앙의 등불이 다시 타오른 사건이었다. 그들은 거룩을 회복했고, 하나님의 이름을 다시 성전 안에 세웠다.

마카비 전쟁은 B.C. 142년까지 이어졌고, 유다는 군사를 모으고 기적 같은 전투에서 셀레우코스 군대를 물리치며 성전을 되찾는다. 그리하여 B.C. 164년, 성전이 다시 정결하게 되고 그날부터 수전절(하누카)이 시작되었다.

8일 동안 꺼지지 않은 등불은 400년 침묵 속에 하나님의 불씨가 꺼지지 않았음을 보여 주는 표적이었다.

마카비 전쟁 후 세워진 하스모니안 왕조

마카비 전쟁의 승리 이후 마카비 가문은 하스모니안 왕조(B.C. 142-63년)를 세웠다. 하지만 왕과 제사장이 겸직되면서 권력 다툼이 일어나고, 바리새인과 사두개인의 정치적 갈등이 본격화되었다.

사두개인은 하스모니안 왕조 편에 섰고, 바리새인은 반대로 "율법에 따라 다스리라"고 외친다. 이 혼란 속에 로마가 개입한다.

로마의 등장과 헤롯 대왕

로마 장군 폼페이우스가 예루살렘 성전에 들어와 성소를 짓밟고, B.C. 63년에 하스모니안 왕조는 끝이 난다. 로마는 헤롯(Herod)을 꼭두각시 왕으로 세운다. 헤롯은 헬라-로마 문화에 완전히 물든 자였다. 그는 예루살렘 성전을 웅장하게 재건하고 로마에 충성하며 자신의 왕권을 위해서 아내와 두 아들도 죽였다. 이런 헤롯이었기에 동방 박사에게 "유대인의 왕이 태어났다"는 소식을 듣고는 두 살 이하 남자아이들의 몰살을 지시하는 것도 가능했던 것 같다.

B.C. 4년에 헤롯 대왕이 후계자 문제를 제대로 해결하지 못하고 죽자 그의 아내들과 아들들은 로마 황제에게 가서 왕위를 달라고 요청한다. 결국 로마의 황제인 아우구스투스(Gaius Julius Caesar Augustus, 아구스도)는 헤롯의 아들 중 세 명, 즉 헤롯 아켈라오(Herod Archelaus), 헤롯 안디바(Herod Antipas), 헤롯 빌립 2세(Herod Philip Ⅱ)를 분봉왕으로 임명하고 헤롯 대왕이 다스리던 땅을 나누어 준다. 유대 지역은 잔인한 왕, 아켈라오가 통치하게 된다(마 2:22 참조). 참고로 한 민족 전체를 다스리면 민족왕이라 하고, 영토의 4분의 1 정도를 다스리면 분봉왕이라고 한다.

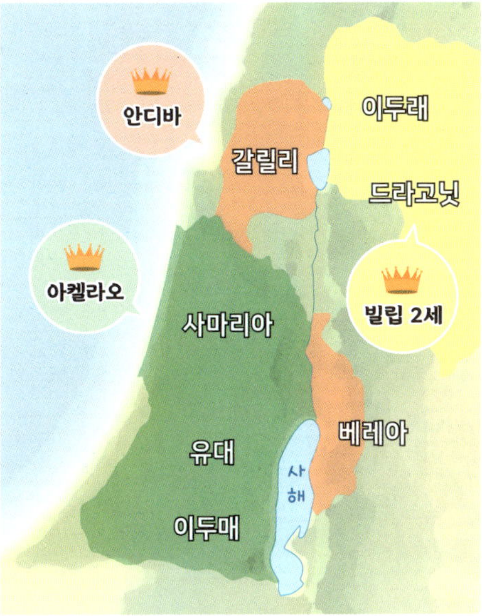

▲ 아켈라오, 안디바, 빌립 2세의 지배 지형

400년간 하나님이 하신 일

400년간 하나님의 직접적인 계시는 없었지만, 하나님은 침묵하지 않으셨다. 모든 것이 준비되었다. 헬라어는 복음을 전하기 위한 공용어가 되었고, 로마로 통하는 도로는 선교 여행의 길이 되었고, 회당은 예수님의 복음을 들을 수 있는 공간이 되었고, 종파들은 사람들의 갈증을 키워 메시아를 기다리게 했다.

사복음서 1

메시아, 예수 그리스도의 생애

예수님의 탄생
(마 1-2장; 눅 2:1-7)

예수님은 요셉의 약혼녀 마리아에게 성령으로 잉태되어 태어나셨다. 마리아에게 아이가 생긴 것을 알고 당황한 요셉은 의로운 사람이었기에 마리아와 조용히 인연을 끊고자 했다. 그때 천사가 나타나서 "그 아이는 성령으로 잉태된 것이다. 아들을 낳을 것인데, 이름을 예수라고 해라. 이는 '그가 자기 백성을 그들의 죄에서 구원할 자'라는 뜻이다. 이 모든 일은 주께서 선지자로 하신 말씀, 곧 '처녀가 잉태하여 아들을 낳을 것인데, 그 이름은 임마누엘이라 하리라'라는 말씀을 이루려 하심이다"라고 말했다. 여기서 '임마누엘'은 '하나님이 우리와 함께 계시다'라는 뜻이다.

로마 황제 아구스도가 세금 징수를 위하여 로마의 지배 아래 있는 모든 사람은 고향으로 돌아가 호적을 등록하라고 명령한다. 그런데 마침 그때는 예수님의 어머니 마리아가 만삭인 상태였다. 그들은 어쩔 수 없이 만삭의 몸을 이끌고 나사렛에서 고향 베들레헴으로 올라간다. 그런데 많은 사람이 몰려와 곳곳에 있는 여관이 모두 차 버려 방을 구할 수가 없었다. 도저히 방법이 없자 요셉과 마리아는 마구간에서 예수님을 낳게 된다. 이 세상을 구하기 위해 여자의 몸에 성령으로 잉태되신 분, 죄가 없는 예수님이 태어나신 것이다.

근처에서 양을 치던 목자들이 이 소식을 듣고 아기 예수님을 찾아와 하나님께 영광을 돌리며 찬송한다.

> 저 들 밖에 한밤중에 양 틈에 자던 목자들
> 천사들이 전하여 준 주 나신 소식 들었네
> 노엘 노엘 노엘 노엘 이스라엘 왕이 나셨네
> 새찬송가 123장, 〈저 들 밖에 한밤중에〉

예수님의 탄생을 축하하기 위해 동방에서 박사들이 찾아온다. 그들은 먼저 그 지역을 다스리고 있던 분봉왕 헤롯에게 말한다.

"유대인의 왕으로 나신 이가 어디에 계십니까? 우리는 동방에서 그의 별을 보고 경배하러 왔습니다."

헤롯왕은 당황했다. 유대인의 왕은 자신인데, 누군가가 그 자리를 빼앗을 것만 같았다. 그래서 대제사장들과 율법 교사들을 모아 놓고 그리스도가 어디에서 태어나는지를 물었다.

"선지자 미가가 유대 베들레헴이라고 예언했습니다."

> 베들레헴 에브라다야 너는 유다 족속 중에 작을지라도 이스라엘을 다스릴 자가 네게서 내게로 나올 것이라(미 5:2).

헤롯은 동방의 박사들에게 "나도 유대인의 왕에게 경배해야 하니, 찾으면 꼭 알려 주시오!"라고 말한다. 사실 헤롯은 예수님을 찾자마자 바로 죽이려고 마음먹었다. 그에게는 '내가 이곳의 왕인데, 감히 누가 왕이라는 거야' 하는 마음이 가득 차 있었기 때문이다. 권력을 유지하기 위해서라면 가족마저도 죽이는 헤롯이었다. 자신의 자리를 건드리려는 사람은 다 없애고 싶었던 것이다.

한편, 동방 박사들은 마구간에 계신 아기 예수님을 찾아서 황금과 유향과 몰약을 예물로 드리며 경배한다. 그리고 꿈에 하나님이 헤롯왕에게 돌아가지 말라는 마음을 주셔서 다른 길로 돌아서 자신의 나라로 간다. 주의 사자가 요셉에게도 나타나, 헤롯이 아기 예수님을 죽이려 하니 애굽, 곧 이집트로 피하라고 일러 준다. 그래서 예수님과 부모도 애굽으로 피신해서 헤롯왕이 죽을 때까지 거기에서 산다.

동방 박사들이 자신을 속이고 예수가 어디에 있는지 알려 주지 않고 떠나자 헤롯은 화가 나서 베들레헴에 있는 두 살 이하의 사내아이를 다 죽이게 한다. 자신의 권력을 지키기 위해 어린아이들을 죽이다니, 너무도 잔인한 대학살이다. 그 후 헤롯은 죽게 되고, 예수님은 부모와 함께 나사렛으로 돌아오신다. 사는 내내 하나님의 은혜가 예수님과 함께했다.

소년 시절의 예수님
(눅 2:41-52)

예수님이 열두 살 때의 일이다. 마리아와 요셉은 유월절에 어린 예수와 함께 예루살렘으로 올라갔다. 그런데 유월절 기간이 끝나고 갈릴리로 돌아가는 길에 보니 아들 예수가 없는 것이 아닌가! 마리아와 요셉은 너무도 당황하여 예루살렘으로 예수님을 찾으러 갔다. 그리고 부모가 예수님을 발견한 곳은 바로 성전이었다. 그곳에서 예수님은 유대인 선생들과 열띤 토론을 하고 계셨다. 율법을 가르치는 선생들은 예수님의 지혜와 대답을 들으며 눈이 휘둥그레졌다.

"예수야! 너를 찾느라 우리가 얼마나 애를 태웠는지 아니?"

그 모습을 보고 놀란 마리아의 말에 예수님은 말씀하셨다.

"저를 왜 찾으셨어요? 제가 아버지의 집에 있어야 한다는 것을 모르셨나요?"

마리아와 요셉은 예수님이 하신 말씀을 깨닫지 못했다.

세례 요한의 천국 전파
(마 3:1-12; 막 1:2-8; 눅 3:1-18)

시간이 흘러 예수님이 30세가 되셨을 때, 로마의 황제는 디베료이고 본디오 빌라도가 유대의 총독으로 있었다. 안나스와 가야바가 대제사장으로 있을 때 사가랴의 아들 요한이 요단강에서 사람들에게 죄 사함을 받게 하는 회개의 세례를 베풀었다. 그러면서 외쳤다.

"회개하라! 천국이 가까이 왔다!"

사람들은 자신들을 이 세상에서 구해 줄 그리스도를 기다리고 있었기에 '저 요한이 우리를 구해 줄 그리스도인가?' 하고 생각했다. 그러자 요한은 딱 잘라 말했다.

"아니다. 나는 물로 세례를 베풀지만, 내 뒤에 오시는 분은 성령과 불로 세례를 베푸실 것이다."

세례 받으시는 예수님
(눅 3:21-22)

백성이 요한에게 세례를 받을 때, 예수님도 요한에게 나아와 세례를 받고 기도하셨다. 그때 하늘이 열리면서 성령이 비둘기 같은 모습으로 예수님 위에 임하시더니 하늘로부터 이런 소리가 났다.

"너는 내 사랑하는 아들이다. 내가 너를 기뻐한다."

성부, 성자, 성령 삼위일체 하나님이 함께하신 순간이다.

예수님이 시험 받으시다
(마 4:1-11; 막 1:12-13; 눅 4:1-13)

예수님은 세례 요한에게 세례를 받은 후 성령에게 이끌리어 광야에서 사탄에게 세 번의 시험을 받게 되시는데, 이때 40일을 밤낮으로 금식하셨다.

사탄의 첫 번째 시험

사탄: 네가 하나님의 아들이면 이 돌이 떡이 되게 해 봐!

예수님: 성경에 기록되기를, "사람이 떡으로만 살 것이 아니라 하나님의 말씀으로 살 것이다"라고 했다.

사탄의 두 번째 시험

사탄: 자! 네가 하나님의 아들이라면 성전 꼭대기에서 뛰어내려 봐! 하나님

이 너를 지켜 주시지 않겠어? 한번 해 봐!
예수님: 성경에 기록되기를, "주 너의 하나님을 시험하지 말라"라고 했다.

사탄의 세 번째 시험

사탄: 네가 나에게 엎드려 절하면 세상 모든 것을 줄게. 절해 봐.
예수님: 성경에 기록되기를, "주 너의 하나님께 경배하고 다만 그를 섬기라"라고 했다.

예수님은 사탄에게 구약의 신명기에 기록된 하나님의 말씀을 근거로 말씀하셨다. 예수님의 기가 막힌 말씀에 사탄은 '할 말 없음'이었다. 사탄은 입 꽉 다물고 조용히 예수님에게서 떠나가고, 천사들이 예수님의 수종을 들었다. 이 모든 시험에서 예수님이 이기셨다.

세례 요한의 두 제자
(요 1:35-42)

요단강 건너편 베다니에서 세례 요한이 제자들과 함께 있는데 예수님이 지나가셨다. 그때 세례 요한이 예수님을 보고 이렇게 외쳤다.

보라 하나님의 어린양이로다(요 1:36).

그 말을 듣고 세례 요한을 따르던 두 명의 제자가 바로 예수님을 따랐다. 당신을 따르는 두 사람을 보고 예수님이 물으셨다.

"무엇을 구하느냐?"

"선생님, 어디에 계십니까? 거처를 알려 주시면 듣겠습니다."

이에 예수님은 "와서 보라!" 하고 말씀하셨다. 이 중 한 명이 베드로의 동생인 안드레다. 안드레가 형 베드로, 곧 시몬에게 가서 흥분하며 말한다.

"형! 우리가 이 세상을 구원할 메시아, 그리스도를 만났어!"

로마의 지배 아래 살고 있던 이스라엘 사람들은 자기들을 구해 줄 메시아를 늘 기다리고 있었다. 베드로를 데리고 예수님께 가니 예수님은 "네가 요한의 아들 시몬이니 장차 게바라 하리라"(요 1:42) 하고 말씀하셨다. '게바'는 반석이라는 뜻으로, 번역하면 베드로다. 갈릴리 어부 시몬에게 베드로라는 이름을 붙여 주신 분이 바로 예수님이시다.

부름을 받은 빌립과 나다나엘
(요 1:43-51)

이튿날 예수님이 갈릴리로 가다가 빌립을 만나서 그에게 "나를 따르라"라고 말씀하신다. 빌립은 안드레, 베드로와 한 동네, 곧 벳새다 사람이다. 예수님은 이렇게 제자들을 한 명, 한 명 찾아다니며 부르셨다. 예수님의 부름을 받은 빌립이 친구 나다나엘에게 찾아가서 흥분하며 말한다.

"모세가 율법에 기록했고, 또 여러 선지자가 기록한 그분을 만났어! 바로 요셉의 아들, 나사렛 예수야!"

그러자 나다나엘이 콧방귀를 뀌며 말한다.

"이봐, 나사렛에서 무슨 선한 것이 날 수 있어?"

나다나엘도 이스라엘 사람이었기에 자신들을 구해 줄 메시아를 기다리고 있었다. 그런데 그 메시아가 나사렛 촌구석에서 났다는 말이 납득되지 않았다. 그렇게 빈정거리는 나다나엘에게 빌립이 예수님과 똑같이 말한다.

"와서 보라!"

알고 싶으면 와서 보라는 것이다. 어쩔 수 없이 빌립을 따라오는 나다나엘을 보고 예수님이 "참으로 이스라엘 사람이라 그 속에 간사한 것이 없도다"(요 1:47)라고 말씀하신다. 그러자 나다나엘이 깜짝 놀라서 묻는다.

"어떻게 저를 아세요?"

"빌립이 너를 부르기 전에, 네가 무화과나무 아래에 있을 때 보았다."

하나님으로서 모든 것을, 모든 사람을 알고 계시는 예수님은 나다나엘의 존재를 벌써 아셨다. 또 나다나엘이 무화과나무 아래에 있었다는 것은 늘 진리를 알고 싶어 했다는 표현이다. 무화과나무는 무성한 잎으로 그늘이 크게 만들어졌기에 뜨거운 햇볕이 강한 그곳에서 랍비들은 율법을 교육하거나 묵상하는 장소로 무화과나무 아래를 사용했다. 그렇게 나다나엘도 시간이 나면 율법을 묵상했던 것이다. 그런 나다나엘의 모습마저도 예수님은 다 알고 계셨다.

가나의 혼인 잔치 (요 2:1-12)

나다나엘을 만난 지 3일째 되던 날, 갈릴리 가나에서 결혼식이 있었다. 그때 예수님과 예수님의 어머니 마리아, 제자들도 함께 참석했다. 그런데 결혼식이 무르익을 무렵에 포도주가 떨어졌다. 이에 어머니 마리아가 예수님께 포도주가 없다고 하자 예수님은 이렇게 말씀하셨다.

"여자여, 그것이 나와 무슨 상관이 있습니까? 아직은 제가 메시아임을 나타낼 때가 아닙니다."

여기에서 어머니를 "여자여"라고 부르신 것은 함부로 대한 것이 아니라, 사랑을 담아 부르신 것이다. 오해하지 말아야 한다.

예수님은 어머니에게 아직 당신이 메시아로 드러날 때가 이르지 않았다고 말씀하셨다. 인간적인 생각으로는 어머니 마리아가 하인들 앞에서 자신의 부탁이 거부된 것에 대해 기분이 나쁠 수도 있었지만, 마리아는 하인들에게 예수님이 시키시는 대로 하라고 했다.

한편, 예수님은 말씀은 그렇게 하셨지만 하인들에게 항아리에 물을 채우고 그것을 떠서 연회장에게 가져다주라고 하셨다. 하인들은 분명 항아리의 물을 떠서 연회장에게 가져다주면서 잔뜩 긴장했을 것이다. 포도주가 아니라 물이라는 것을 알았으니 말이다! 그런데 연회장이 그 물을 마시고는 신랑에게 "잔칫집에 가면 처음에 좋은 포도주를 주고 사람들이 취하면 조금 떨어지는 것을 내오는데, 여기는 갈수록 좋은 포도주를 주네! 아 맛 좋다!" 하는 것이 아닌가!

물이 포도주가 되는 기적을 예수님이 일으키셨다. 이것은 예수님이 처음 행하신 기적이다. 이 첫 표적을 제자들이 다 보았다. 그리고 예수님을 믿었다.

성전을 첫 번째로 정결케 하시다
(요 2:13-22)

유대인의 유월절이 가까워 오자 예수님은 예루살렘으로 올라가셨다. 그런데 성전에 가니 사람들이 그곳에서 소, 양, 비둘기를 팔고 돈을 바꾸어 주면서 자신들의 이익을 챙기고 있었다. 이 모습을 보고 화가 난 예수님은 노끈으로 채찍을 만들어 양과 소를 다 내쫓고, 환전상들의 돈과 상을 다 둘러엎으셨다. 그리고 비둘기를 파는 사람들에게 강한 어조로 말씀하셨다.

"이것을 가지고 나가라! 내 아버지의 집으로 장사하는 집을 만들지 마라!"

상인들은 대제사장과 산헤드린의 보호를 받으며 떳떳하게 성전에서 돈되는 장사를 하고 있었다. 자신들의 먹고사는 일을 예수님이 방해하시자 유대인들이 말했다.

네가 이런 일을 행하니 무슨 표적을 우리에게 보이겠느냐(요 2:18).

그러자 예수님은 "너희가 이 성전을 헐라. 내가 사흘 동안에 일으키리라"라고 말씀하셨다. 여기서 말하는 사흘은 예수님이 죽은 후에 부활하시기까지의 기간을 뜻한다. 하지만 그들은 이 말을 알아듣지 못하고 "이 성전은 사십육 년 동안에 지었거늘 네가 삼 일 동안에 일으키겠느냐"라고 항변한다.

유대의 종교 지도자들은 예수님이 하나님의 아들이신 것을 몰랐다. 그랬기에 예수님이 성전이심도 깨닫지 못하고 예수님이 말씀하시는 성전을 건물로 오해한 것이다. 당시 성전은 헤롯에 의해 재건 중에 있었다. 일하는 사람만 1만 8천 명에 46년이 지나도록 완성되지 않은 성전을 예수님이 3일 만에 세운다고 하시니 어이가 없었던 것이다. 나중에 제자들은 예수님이 부활하신 후에 이 말씀을 기억하고 예수님이 하신 말씀을 모두 믿게 된다.

예수님과 니고데모
(요 3:1-21)

바리새인 중 니고데모라는 사람이 밤중에 예수님을 찾아왔다. 성전에서 행하신 일이 획기적이었기에 벌써 예루살렘에 소문이 쫙 났다. 바리새파는 엄격한 유대교를 믿는 종파이며, 니고데모는 산헤드린 공회의 회원이었다. 산헤드린은 그 당시 유대인의 최고 종교 회의 기관으로, 고위 율법학자들과 백성의 지도자 71명으로 구성되어 있었다.

니고데모가 "당신은 하나님께로부터 오신 선생인 것을 압니다. 아니면 아무도 이런 일을 할 수가 없죠!"라고 말하는데, 예수님은 갑자기 거듭남에 대해 말씀하신다.

"진실로 진실로 네게 말한다. 사람이 거듭나지 않으면 하나님의 나라를 볼 수 없다."

니고데모는 예수님이 말씀하시는 것이 무슨 의미인지 알 수가 없었다. 어떻게 다시 태어난단 말인가?

"사람이 늙었는데 어떻게 다시 태어날 수 있습니까? 엄마의 뱃속에 다시 들어갔다가 나오는 것입니까?"

"사람이 물과 성령으로 나지 않으면 하나님의 나라에 들어갈 수 없다."

예수님은 이어서 말씀하신다.

> 하나님이 세상을 이처럼 사랑하사 독생자를 주셨으니 이는 그를 믿는 자마다 멸망하지 않고 영생을 얻게 하려 하심이라(요 3:16).

그러면서 하나님이 당신의 아들, 곧 니고데모 앞에서 이야기하는 예수님을 이 세상에 보내신 것은 구원하기 위함이고, 사람들은 그 빛이 왔으나 어둠을 더 사랑하기에 알아보지 못한다고 말씀하신다. 이 유명한 말씀이 바리새인인 니고데모와의 대화 중에 나온 이야기다.

예수님과 세례 요한 (요 3:22-36)

예수님은 제자들과 유대 땅에 가서 세례를 베푸셨다. 그때 세례 요한도 예루살렘에서 가까운 애논에서 세례를 주고 있었다. 그런데 요한의 제자들이 보니 예수님 쪽으로 사람이 많이 몰리는 것이 아닌가. 예수님 쪽이 세례 요한 쪽보다 완전 핫 플레이스다. 그 모습을 본 제자들이 세례 요한에게 외친다.

"선생님! 사람들이 다 예수 쪽으로 갑니다. 다 빼앗긴 것 같아요."

이때 세례 요한이 한마디 한다.

"만일 하늘에서 주신 것이 아니면 아무것도 받을 수 없다. 나는 그리스도가 아니다. 그리스도 앞에 보냄을 받은 자라고 말한 것을 너희가 증언해 주어야 한다. 신랑의 친구들은 신랑이 오면 기뻐해야 한다. 그는 크게 되어야 하고, 나는 작아져야 한다."

예수님은 신랑이시고 자신은 신랑의 친구에 불과하다고 이야기한 것이다. 역시 멋진 세례 요한이다!

사마리아 여인과 만나시다

(요 4:1-42)

예수님은 갈릴리로 가실 때 사마리아를 통과하신다. 유대에서 갈릴리로 가려면 사마리아를 통과하는 것이 가장 빠른 지름길이다. 요단 동편으로 돌아서 가는 길은 대략 6일이 걸리지만, 사마리아를 통과할 경우에는 3일 정도밖에 걸리지 않기 때문이다.

그러나 이스라엘 사람들은 사마리아인들과의 접촉을 꺼려서 보통은 멀어도 요단 동쪽으로 건너갔다. 그들이 사마리아로 가지 않는 이유는 북이스라엘이 앗수르에 의해 멸망했을 때(B.C. 722년) 사마리아에는 앗수르와 이스라엘 사람들이 섞여 살면서 혼혈이 생겨났고, 그곳 사람들은 신앙도 잃어버렸기 때문이다(왕하 17:24 참조). 그로 인해 유대인들은 사마리아인들과 교제하지 않았고, 그들을 사람 취급도 하지 않아서 만나지 않으려고 멀리 돌아서 갈릴리로 갔던 것이다. 그런데 예수님은 일부러 사마리아를 거쳐서 가신 것이다.

▲ 사마리아 수가 주변 지역

예수님은 사마리아의 수가라는 곳 우물 근처에 이르셨다. 제자들은 먹을 것을 사러 갔고, 한 사마리아 여인이 우물가에 물을 뜨러 왔다. 시간은 제육시, 그러니까 유대 시간에 6시간을 더해 보니 오늘날의 낮 12시다. 예수님은 이 여인에게 말을 건네셨다.

"나에게 물 좀 주시오!"

사마리아 여인이 보니 누가 봐도 유대인이다. 여인은 유대 남자가 말을 걸어오자 당황하며 말한다.

"네? 당신은 유대 사람인데 어떻게 사마리아 여자인 저에게 물을 달라고 하나요?"

이에 예수님은 이렇게 말씀하신다.

> 이 물을 마시는 자마다 다시 목마르려니와 내가 주는 물을 마시는 자는 영원히 목마르지 아니하리니 내가 주는 물은 그 속에서 영생하도록 솟아나는 샘물이 되리라(요 4:13-14).

"그런 물이 있으면 제게도 주세요! 이렇게 힘들게 물 뜨러 다니지 않게요!"

"가서 남편을 불러와라."

"저는 남편이 없어요."

"네가 남편이 없다 하는 말이 옳다. 너에게 남편 다섯이 있었고 지금 있는 자도 네 남편이 아니니 네 말이 참되다."

"어떻게 아셨죠? 선지자인가요? 그럼 질문이 있습니다! 우리는 그리심산에서 예배하는데 당신네 유대인들은 예배할 곳이 예루살렘에 있다고 하잖아요! 진짜 뭐가 맞는 건가요?"

사마리아 여인과의 대화가 깊어지고 있다. 여인은 예배를 궁금해하며 예수님께 질문한다. 예수님의 답변이 이어진다.

"이 산에서도 말고 예루살렘에서도 말고 너희가 아버지께 예배할 때가 이를 것이다. 하나님은 영이시니 예배하는 자는 영과 진리로 예배해야 한다."

"우리를 구하실 메시아가 오면 알려 주시겠죠!"

그러자 예수님이 그 여인을 쳐다보며 말씀하신다.

"내가 그다!"

이 말을 듣고 놀란 여인은 자기에게 중요한 물동이를 버려두고 동네로 뛰어 들어가 사람들에게 흥분해서 외친다.

"저기요, 내 말 좀 들어 봐요. 나에게 그동안 일어났던 일들을 말해 준 사람을 와서 봐요! 그가 그리스도예요."

그러는 사이에 예수님의 제자들이 먹을 것을 구해 왔다.

"스승님, 좀 드세요!"

예수님은 흐뭇한 표정으로 말씀하셨다.

"나에게는 너희가 모르는 양식이 있다."

제자들이 예수님의 말씀을 듣고 서로 이야기했다.

"누가 드실 것을 가져다 드렸나?"

"내가 말한 양식은 세상 음식과 다르다. 그것은 바로 나를 보내신 분의 뜻과 일을 이루는 것이다."

제자들은 알아들을 수 없었다. 예수님이 말씀하신 것은 바로 사마리아 여인에게 복음을 전한 그 이야기였다. 누군가를 전도한다는 것은 그야말로 밥을 안 먹어도 배부를 정도로 하나님이 기뻐하시는 일을 한 것이다. 사마리아 수가성의 많은 사람이 사마리아 여인의 이야기를 듣고 예수께 나아와 복음을 전해 듣고 하나님을 믿었다.

왕의 신하의 아들을 고치시다
(요 4:43-54)

예수님이 사마리아에 머문 이틀 후에 갈릴리로 가시는데, 그곳 사람들이 예수님을 영접했다. 그 이유는 예수님이 예루살렘에서 하신 일들을 그들이 보았기 때문이다. 예수님이 가나에 이르자 왕의 신하가 예수님께 간곡하게 부탁한다.

"제 아들이 죽어 가는데, 살려 주십시오!"

그런데 예수님은 "가라, 네 아들이 살아 있다"라고 하신다. 아들이 아파서 죽어 가는 것을 보고 온 아버지는 예수님의 말씀을 그대로 믿고 가나에서 40킬로미터나 떨어진 자신의 집이 있는 가버나움으로 내려가는 길에 자신의 종들을 만난다.

"주인님! 아드님이 살아나셨어요!"

예수님이 "가라, 네 아들이 살아 있다"라고 말씀하신 바로 그 시간에 아들의 열기가 떨어져 나은 것이다. 시공간을 초월하시는 예수님! 그 사실을 알고 왕의 신하의 온 집안이 다 예수님을 믿는다. 이것은 예수님이 갈릴리로 와서 행하신 두 번째 표적이다.

고향 사람들이 예수님을 싫어하다
(눅 4:16-30)

예수님이 안식일에 고향 나사렛 회당에 들어가 성경을 읽기 위해 서셨다. 예수님은 선지자 이사야의 글을 받아서 다음 말씀을 찾아 읽으셨다.

> 주의 성령이 내게 임하셨으니 이는 가난한 자에게 복음을 전하게 하시려고 내게 기름을 부으시고 나를 보내사 포로 된 자에게 자유를, 눈먼 자에게 다시 보게 함을 전파하며 눌린 자를 자유롭게 하고 주의 은혜의 해를 전파하게 하려 하심이라 하였더라(눅 4:18-19; 사 61:1-2 참조).

예수님은 말씀을 읽은 후에 그 뜻을 멋지게 풀이해 주셨다.

"엘리야 시대에 큰 흉년이 들었을 때 하나님은 오직 시돈 땅에 있는 사렙다 과부만을 구제하셨고(왕상 17:8-24 참조), 나병 환자가 많았으나 오직 수리아 사람 나아만만 깨끗함을 얻었다(왕하 5:14 참조)."

엘리야 시대에 흉년이 들었을 때 이스라엘의 많은 과부가 아닌 이방인 과부의 집을 찾아가 구원한 것은 엘리야가 하나님의 보내심을 받아 이룬 일이라고 말씀하신다. 또 엘리사 때에 많은 나병 환자가 있었으나 아람 사람 나아만만 깨끗함을 얻은 것 역시 하나님이 이방인에게 베푸신 은혜라고 밝히신다.

자신들만이 하나님의 자녀라는 선민의식이 가득한 유대인들이 아닌 이방인들이 구원받는다는 이야기를 듣자 나사렛 사람들은 화가 났다. 이에 그들은 예수님을 마을 밖으로 쫓아내어 산 낭떠러지까지 끌고 가서 떨어뜨리려 했다. 그러자 예수님은 그 길을 피해서 가셨다.

어부 베드로를 부르시다
(마 4:18-22; 막 1:16-20; 눅 5:1-11)

많은 무리가 예수님에게 몰려와 하나님의 말씀을 들었다. 그러던 어느 날, 예수님이 갈릴리 바닷가에 배 두 척이 있는 것을 보고는 그중의 한 배, 곧 베드로의 배에 올라 육지에서 조금 떨어지게 하기를 청한 후 거기서 말씀을 가르치셨다. 예수님은 말씀을 마친 후에 베드로에게 말씀하셨다.

"깊은 곳으로 가서 그물을 내려 고기를 잡아라."

베드로는 이 말에 기가 막혔을 것이다. 그는 바닷가 태생으로 어려서부터 고기잡이로 잔뼈가 굵은 전문 어부였다. 그래서 그 시간에 깊은 곳에서는 고기가 잡히지 않는다는 것을 너무도 잘 알았다. 그러나 베드로는 대답했다.

"선생님, 우리가 밤이 새도록 수고했지만 한 마리도 못 잡았습니다. 하지만 선생님의 말씀을 믿고 그물을 내려 보겠습니다."

그리고 순종하는 마음으로 깊은 곳에 가서 그물을 내렸다. 그런데 세상에, 이게 웬일인가? 그물이 찢어질 정도로 고기가 잡혔다. 베드로 혼자서는 도저히 안 되어 다른 배에 있는 동료들에게 도움을 요청했다.

"빨리 이리로 와 봐! 그물이 찢어질 것 같아! 빨리!"

그 후에 시몬 베드로가 예수님의 무릎 아래에 엎드려 말했다.

"주여, 나를 떠나십시오. 나는 죄인입니다."

베드로는 예수님의 신적 능력을 경험한 후 자신이 얼마나 나약하고 비천한 죄성을 가진 인간인지를 바로 느껴 회개할 수밖에 없었다. 이것은 예수님이 일으키신 기적이다. 베드로 말고도 야고보와 요한, 거기 있던 모든 사람이 다 놀랐다.

그리고 얼마 후, 예수님이 다시 갈릴리 바닷가를 다니시다가 베드로와 안드레가 그물 던지는 것을 보고 말씀하셨다.

"나를 따라라. 내가 너희로 사람을 낚는 어부가 되게 할 것이다."

이에 베드로와 안드레가 그물을 버리고 예수님을 따라나섰다. 자신들의 밥줄을 내려놓고 본격적으로 예수님을 따르는 일을 시작하게 된 것이다. 예수님은 조금 더 가다가 세베대의 두 아들, 야고보와 요한이 그의 아버지와 함께 배에서 그물 수선하는 것을 보고 동일한 말씀을 하셨다.

"나를 따라라."

이에 야고보와 요한도 즉시 배에서 내려 예수님을 따랐다. 그러자 같이 일하던 아버지와 어부들이 놀라서 외쳤다.

"야! 일하다가 어디 가?"

다 던져 버리고 떠나는 그들을 보고 당황했을 것이다. 그러나 야고보와 요한은 무엇에 이끌리듯이 예수님을 따르게 된다.

가버나움에서 귀신을 쫓아내시다

(마 7:28-29; 막 1:21-28; 눅 4:31-37)

예수님이 안식일에 가버나움 회당에서 가르치실 때, 듣는 사람이 다 놀랐다. 가르치시는 내용이 서기관들과 완전히 달랐기 때문이다. 예수님의 말씀에는 권위가 있었지만, 서기관들의 가르침은 틀에 박힌 전통 율법 중심이었다.

그때 회당에 있던 더러운 귀신 들린 사람이 소리를 질렀다.

"나사렛 예수여! 우리가 당신과 무슨 상관이 있습니까? 나는 당신이 하나님의 거룩한 자인 것을 압니다! 우리를 없애려고 온 것입니까?"

사람들은 하나님이신 예수님을 알아보지 못했으나, 귀신들은 그분을 바로 알아보았다. 자신들이 쫓겨날 것을 미리 알고 있었기에 예수님 앞에서 벌벌 떨며 말한 것이다. 그러자 예수님은 귀신에게 단호히 말씀하셨다.

"조용히 그 사람에게서 나와라!"

그러자 더러운 귀신이 그 사람에게 경련과 발작을 일으키며 큰 소리를 지르고 나왔다. 다행히 귀신 들렸던 사람은 다치지 않았다. 그 모습을 지켜보고 있던 사람들이 모두 깜짝 놀랐다. 이제까지 경험한 기적과는 너무도 달랐기 때문이다.

"이것이 어떻게 된 거지? 저 예수가 권위와 능력으로 더러운 귀신에게 명령하니 귀신도 복종하며 나가네? 어떻게 이런 일이!"

이 일로 인해 예수님에 대한 소문이 온 갈릴리 사방에 퍼지게 된다.

베드로 장모의 열병을 고치시다

(마 8:14-15; 막 1:29-31; 눅 4:38-39)

예수님이 가버나움 회당에서 나와 그 가까이에 사는 베드로의 집에 가시자 장모가 많이 아파서 누워 있었다. 베드로는 장가를 갔고 형제 안드레도 함께 사는 것 같다. 베드로의 장모를 낫게 해 달라는 사람들의 부탁에 예수님이 그녀의 손을 잡아 일으키시자(마태복음에는 '만지셨다', 마가복음에는 '손을 잡아 일으키셨다', 누가복음에는 '열병을 꾸짖으셨다'라고 나온다) 예수님의 치유의 권능이 즉각적이고 완전한 효력을 나타냈다. 베드로의 장모는 병이 즉시 나아, 바로 일어나서 자기 집에 온 사람들을 접대했다.

많은 병자를 고치시다

(마 8:16-17; 막 1:32-34; 눅 4:40-41)

날이 저물 때 사람들이 예수님의 이야기를 듣고 많은 병자와 귀신 들린 자를 데리고 온다. 온 동네 사람들이 예수님이 머무신 곳으로 모이기 시작한 것이다. 이에 예수님은 한 사람, 한 사람을 다 고쳐 주셨다. 그리고 말씀으로 많은 귀신을 쫓아내셨다. 이때 귀신들이 또 예수님이 그리스도이심을 알아보았다.

"당신은 하나님의 아들이다!"

더러운 귀신이 여러 사람 앞에서 예수님의 정체를 알아보고 고백한다고 해서 그들이 예수님을 믿는 것은 아니다. 예수님은 오직 구원받은 당신의 백성의 입을 통해 당신의 존재가 온 천하에 전파되기를 원하셨다(막 16:15 참조). 무엇보다 아직 당신의 존재를 공개하면 안 되었기에 귀신들을 꾸짖으며 그들이 말함을 허락하지 않으셨다.

나병 환자를 고치시다
(마 8:1-4; 막 1:35-45; 눅 5:12-16)

예수님은 피곤하심에도 불구하고 베드로의 집에 머물다가 새벽에 한적한 곳으로 기도하러 가셨다. 이처럼 예수님은 늘 기도하셨다. 당신이 맡은 구속 사역과 지금 당장 해야 할 갈릴리 사역이 잘 마쳐질 수 있도록 하나님 아버지께 간구하셨을 것이다.

기도를 마치고 산에서 내려오시자 온몸에 나병이 들린 한 사람이 나아와 엎드려 절하며 말한다.

"주여, 원하시면 저를 깨끗하게 하실 수 있습니다!"

나병 환자는 예수님이 자신을 고치실 수 있다고 확신했다. 모든 것을 주께 맡기는 그 자세가 지금 우리가 배워야 할 모습이다. 그가 다만 걱정하는 것은 예수님이 그의 치유를 원하시는가다. 예수님은 그를 불쌍히 여겨 그에게 손을 얹고 말씀하신다.

"내가 원하노니 깨끗함을 받으라!"

나병 환자는 사람들에게 가까이 와서도 안 되고 만져서도 안 되는데, 예수님은 손으로 직접 그 아픈 부위를 만지셨다. 그러자 즉시 그의 나병이 깨끗하게 치료되었다. 약간 좋아진 것이 아니라, 그 환자의 몸에서 영원히 떨어져 나가는 일이 일어났다. 예수님은 곧 그에게 엄하게 경고하신다.

"누구에게도 말하지 말고, 다만 제사장에게 가서 네 몸을 보여 주고 모세가 명한 예물을 드려 그들에게 네가 치료된 것을 입증하도록 해라."

이렇게 말씀하신 이유는, 원래 나병 환자는 자신이 깨끗하게 된 것을 제사장에게 보여서 공식적으로 선포를 받아야 했기 때문이다(레 14:1-20 참조). 그러나 놀랍게도 그의 나병이 고쳐진 것은 우리의 영원한 대제사장이 되시는 예수님이 행하신 기적이었다.

그렇게 소문내지 말라고 경고하셨으나 그 몸이 나은 사람은 흥분하여 사람들에게 다 말해 버렸다. 그러자 예수님의 소문이 더욱 널리 퍼져서 수많은 사람이 몰려들었다. 예수님은 더 이상 드러나게 동네에 들어가지 못하고 사람이 별로 없는 마을 밖 한적한 곳에 계셨으나, 어떻게 알았는지 사방에서 사람들이 예수님을 만나러 몰려왔다.

중풍 병자를 고치시다

(마 9:1-8; 막 2:1-12; 눅 5:17-26)

가버나움에서 예수님이 가르치실 때 사람들이 구름 떼처럼 몰려들었다. 예수님은 그야말로 스타셨다. 사람들은 그분을 한 번이라도 보려고 애를 썼다. 많은 사람이 몰려와 들어설 자리가 없을 정도로 문 앞까지 가득했다. 그러자 중풍 병자의 네 친구가 아픈 친구를 예수님께 보이기 위해 지붕에 있는 기와를 뜯어 구멍을 내고 중풍 병자의 침상을 조심스럽게 달아 내렸다. 그 당시 주택은 흙벽돌로 된 평평한 지붕에 바깥에는 지붕까지 이어지는 계단이 있었다. 그래서 친구들은 흙과 짚, 기와를 떼어 내고 환자의 침상을 달아 내렸던 것이다.

예수님은 친구들의 정성과 믿음을 보고 중풍 병자에게 말씀하신다.

"작은 자야, 안심해라. 네 죄가 용서함을 받았다."

그 환자는 지금 죄의 용서가 아니라 중풍병의 치료가 필요하다고 생각할 수 있다. 그러나 인간의 모든 고통은 하나님과 멀어짐으로써 시작되었기에, 예수님은 인간에게 가장 절실하게 필요한 것이 근본적으로 무엇인지를 말씀하신 것이다. 예수님이 이렇게 말씀하시자 그 집 안에 앉아 있던 어떤 서기관과 바리새인들이 '이 사람이 어떻게 저런 말을 하지? 그가 신성을 모독하고 있다. 오직 하나님 한 분 외에 누가 죄를 용서할 수 있는가?' 하고 생각했다. 그런데 놀라운 것은, 예수님이 그들의 생각을 아셨다는 것이다. 예수님은 이렇게 말씀하신다.

"너희가 왜 마음에 악한 생각을 하느냐? '네 죄가 용서함을 받았다'라는 말과 중풍 병자에게 '일어나 걸어가라' 하는 말 중에 어느 것이 쉽겠느냐? 그러나 내가 세상에서 죄를 용서하는 권능이 있는 줄을 너희에게 알게 하기 위해 이 일을 행한다."

둘 중의 무엇도 사람에게는 쉽지 않다. 그러나 하나님에게는 쉽다. 그들에게 있어 죄 사함은 눈에 보이지 않고 병이 나은 것은 눈에 보이는 결과지만, 예수님은 그들이 볼 수 없는 죄 사함을 선택하셨다. 곧 모든 것을 다 할 수 있는 신의 능력을 그들에게 선포하신 것이다. 예수님은 이어서 중풍 병자에게 말씀하신다.

"일어나 네 침상을 가지고 집으로 가라."

그러자 그가 곧 일어나 누웠던 침상을 가지고 하나님께 영광을 돌리며 자기 집으로 돌아갔다. 시간이 지나며 점점 좋아지는 것이 아니라, 그 순간에 바로 완치가 되었다. 하나님이 하신 것이다. 이 놀라운 장면을 보고 사람들은 하나님께 영광을 돌린다.

"우리가 이제까지는 이런 일을 보지 못했다."

이 사건이 강조하는 것은 바로 죄 사함에 있다. 중풍 병자가 지닌 문제의 근원은 바로 인간의 죄다. 예수님은 먼저 그의 죄를 사함으로 하나님 나라가 사람들 사이에 임했음을 선포하신 것이다.

마태의 부름 받음과 잔치

(마 9:9-13; 막 2:13-17; 눅 5:27-32)

예수님이 갈릴리 바닷가를 지나다가 알패오의 아들 레위가 세관에 앉아 있는 것을 보고 "나를 따르라"라고 말씀하신다. 레위는 마태라고도 불리는데, 마태복음을 쓴 예수님의 제자다. 그는 갈릴리 분봉왕 헤롯 안디바에 의해 로마를 위해 세금을 걷는 세리로 고용되었다. 로마와 이스라엘 사이에 끼어서 세금을 걷는 일을 하니 동족인 유대인으로부터 미움을 받으며 살았다.

예수님이 마태에게 "나를 따르라"라고 하시자 마태는 기다렸다는 듯이 바로 따랐다. 그런데 이 일은 그렇게 쉽지가 않다. 어부들이야 그물을 던져 놓고 예수님을 따르다가 아니다 싶으면 다시 물고기를 잡으러 갈 수 있지만, 세리라는 직업은 돌아갈 수 없었다. 그러나 마태는 망설이지 않았다.

마태는 예수님을 위해 큰 잔치를 베풀었다. 그곳에는 많은 세리와 죄인들이 와서 예수님과 그분의 제자들과 함께 앉아 있었다. 그러자 바리새인들이 그 모습을 보고 예수님의 제자들에게 말한다.

"어째서 너희 선생은 세리와 죄인들과 식사를 함께 하느냐?"

예수님이 그 말을 듣고 바리새인들에게 대답하신다.

"건강한 사람에게는 의사가 필요 없지만 병든 사람에게 필요하다. 너희는 나가서 '나는 긍휼을 원하고 제사를 원하지 않는다'는 말씀이 무슨 뜻인지 배워라. 나는 의인을 부르러 온 것이 아니라 죄인을 불러 회개시키려고 온 것이다."

하나님은 자신의 죄인 됨을 진솔하게 고백하는 자를 기쁘게 받으신다. 바리새인과 서기관들은 자신들이 의인이라 하니, 하나님의 일을 하고 있지만 하나님과는 거리가 먼 사람들이다.

38년 된 병자를 고치시다(요 5장)

예루살렘 양문 근처에 베데스다라는 연못이 있는데, 천사가 가끔 내려와 물을 움직일 때 먼저 들어가면 병이 낫는다는 이야기가 있어 많은 병자가 그것을 기다리고 있었다. 예수님이 유대인의 명절을 맞아 예루살렘으로 올라갈 때 그곳에 들러서 38년 된 병자를 보셨다. 예수님은 그의 병이 아주 오래된 것을 알고 물으셨다.

"네가 낫고자 하느냐?"

이렇게 예수님이 병자들을 치유하기 전에 늘 물어보시는 이유는 그들의 믿음을 확인하시기 위함이다.

"주여, 제가 스스로 일어날 수 없으니 누군가가 저를 이 못에 넣어 줘야 하는데, 그럴 사람이 없다 보니 제가 가려고 하면 다른 사람이 벌써 들어가 버립니다."

중풍 병자는 그나마 그가 치료받을 수 있도록 도와준 네 명의 친구가 있었는데, 38년 된 병자는 병이 너무 오래되어 그런지 이제는 그를 도와줄 가족, 친구마저 전혀 없는 상태다. 그때 예수님이 그에게 말씀하신다.

"네 자리를 들고 걸어가라."

그러자 그가 곧 나아서 자리를 들고 걸었다. 이 모습을 본 유대인들이 그가 안식일에 자리를 들었다며 옳지 않다고 했다. 안식일에 자리를 들고 가는 행위가 금지된 것은 십계명 중 제4계명, "일곱째 날에는 아무 일도 하지 말라"(출 20:10 참조)는 말씀에 의한 것이다. 랍비들의 오랜 가르침을 모은 책 《미쉬나》에는 안식일에 금지된 일의 종류가 서른아홉 가지나 기록되어 있는데, 제일 마지막이 물건을 옮기지 말라는 것이다. 율법이 낳은 또 다른 율법인 셈이다. 38년을 앓고 있던 병이 낫는 기적이 일어났는데, 그것에는 관심도 없고 안식일의 규례를 어겼다는 것이 더 중요한가 보다. 유대인들이 그 사람에게 말했다.

"누가 너에게 자리를 들고 가라고 했느냐?"

"저를 낫게 한 자가 자리를 들고 걸어가라고 했습니다."

"그가 누구냐?"

"모르겠습니다."

예수님은 그곳에서 이미 피하셨다. 그 후에 병이 나은 그를 성전에서 만났을 때 "네가 나았으니 더 심한 것이 생기지 않게 다시는 죄를 범하지 말라" 하고 부탁하신다. 그러나 병을 고침받은 자는 바로 유대인들에게 가서 그가 예수라고 전한다. 안식일에 이런 일들을 한다고 해서 유대인들이 예수님을 더 박해하게 된다. 예수님이 그들에게 "내 아버지께서 이제까지 일하시니 나도 일한다"라고 하시자 유대인들이 예수님을 더 죽이고자 한 것은 안식일을 범하고 하나님을 친아버지라 하여 예수님 당신을 하나님과 동등하게 여기는 것에 화가 났기 때문이다.

이에 예수님은 그들에게 "너희는 영생을 얻는다고 생각하고 성경을 연구하지 않느냐? 그런데 그 성경은 나에 대해 증언한다. 너희가 모세를 믿었다면 나를 믿었을 것이다. 모세가 나에 대해 기록했기 때문이다. 그러나 모세의 글도 안 믿는데 어떻게 내 말을 믿겠느냐!"라고 말씀하신다. 그들은 들으려고도 하지 않고, 믿으려고도 하지 않았다.

안식일의 주인임을 선포하시다

(마 12:1-8; 막 2:23-28; 눅 6:1-5)

어느 날 예수님이 안식일에 밀밭 사이로 걸어가실 때 제자들이 배가 고파서 밀 이삭을 잘라 손으로 비벼 먹었다. 이때 또 어디에서 나타났는지, 바리새인들은 제자들이 안식일에 해서는 안 되는 일을 했다고 말한다. 그들이 만든 '안식일에 해서는 안 되는 서른아홉 개의 항목' 중에서 이삭을 잘라 비비는 것은 추수하고 타작하는 것과 똑같은 일이라고 규정하고 있기 때문이다. 완전히 형식주의로 변해 버렸다. 그러자 예수님은 이렇게 말씀하신다.

"다윗도 배가 고파서 제사장 외에 먹어서는 안 되는 진설병을 먹은 기록을 보지 못했느냐. 내가 너희에게 말하는데, 성전보다 더 큰 자가 여기 있다. '나는 자비를 원하고 제사를 원하지 않는다'라고 말씀하신 뜻을 잘 생각해 봐라. 인자는 안식일의 주인이다."

사무엘상 21장 1-6절을 보면 다윗이 그 일행과 배가 고팠을 때 제사장들만 먹도록 허락된 진설병을 먹었다는 이야기가 나온다. 예수님은 그것을 설명하면서 "나는 자비를 원하고 제사를 원하지 않는다"라는 말씀은 율법보다 그 정신인 사랑과 공의가 더 중요하다는 것임을 깨우쳐 주고 싶으셨던 것이다. 바리새인들은 "인자는 안식일의 주인이다"라는 말씀이 무슨 뜻인지 몰랐을 것이다. 이것은 예수님이 당신을 메시아로 선포하신 것이다.

안식일에 손 마른 사람을 고치시다

(마 12:9-21; 막 3:1-6; 눅 6:6-11)

다른 안식일에 예수님이 회당에서 가르치시는데 오른손이 마른 사람이 있었다. 오른손이라고 구체적으로 밝힌 사람은 누가복음을 쓴 누가다. 그는 전문 의사로서 철저하게 조사한 후에 글을 썼기 때문이다. 서기관과 바리새인들은 예수님을 고발할 증거를 찾기 위해 안식일을 어기고 또 병을 고치는가 하여 도끼눈을 뜨고 있다. 그들은 의도적으로 예수님에게 묻는다.

"안식일에 병을 고치는 것이 옳은 일이오?"

안식일! 안식일! 안식일! 그들이 계속 강조하는 것은 그들이 만든 안식일의 규례다. 하나님이 강조하신 사랑은 눈을 씻고 봐도 찾기 힘들다. 형식주의에 빠진 것이다. 예수님은 그들에게 이렇게 말씀하신다.

"너희 중 어떤 사람에게 양 한 마리가 있는데, 그 양이 안식일에 구덩이에 빠지면 구해 주지 않을 사람이 있겠느냐? 사람이 양보다 귀하다."

그런 다음 손이 마른 사람을 고쳐 주시자, 서기관과 바리새인들은 화가 나서 예수님을 어떻게 죽일까 하고 서로 의논한다.

열두 명의 제자를 선택하시다

(막 3:13-19; 눅 6:12-19)

그 후 예수님은 산에 올라가 밤새 기도하고 내려오신다. 예수님은 모든 중요한 사건 전에 항상 기도하셨다. 하나님께 감사와 찬양을 드리며 죄인을 구속하고자 하는 거룩한 사명을 감당하기 위해 애절하고 절박한 심정으로 끊임없이 기도하셨다. 예수님도 이렇게 기도하셨는데, 죄인인 우리는 더욱 기도해야 하는 것이 아닌가 반성하게 된다.

이렇게 기도한 후에 앞으로 복음을 전할 열두 명의 제자를 세우신다. 시몬 베드로, 안드레, 세베대의 아들 야고보와 그의 형제 요한, 빌립, 바돌로매, 도마, 마태, 알패오의 아들 야고보, 야고보의 아들 유다라고도 불리는 다대오, 가나나인 또는 셀롯이라는 시몬 그리고 가룟 유다가 그들이다. 예수님은 이들에게 복음을 전하고 귀신을 내쫓는 권능을 주신다.

백부장의 하인을 고치시다
(마 8:5-13; 눅 7:1-10)

가버나움에 유대인 장로들이 와서 한 로마 백부장에 대해 이야기한다. 그는 로마인인데 이스라엘 민족을 사랑하고 그들을 위해 회당도 지어 주었다고 한다. 그런데 백부장의 종이 중풍병으로 아파해 예수님에게 병 낫기를 간절히 구하러 왔다고 한다. 종을 사랑하는 주인의 마음이 너무도 따뜻하다. 예수님이 그 이야기를 듣고 백부장의 집 근처에 오셨을 때, 백부장이 예수님께 나아와 말한다.

"주님이 저의 집에 들어오시는 것을 감당할 수 없습니다. 그냥 말씀만 하십시오. 제 종이 나을 것입니다."

백부장은 경건한 유대인이 이방인의 집에 들어가는 것이 금지되어 있다는 것을 알았던 것 같다. 그는 또 예수님의 위대한 능력을 믿었다. 그래서 예수님이 굳이 자기 집에 오시지 않아도 말씀 한마디면 종이 나을 거라고 말한 것이다. 이에 예수님이 깜짝 놀라 "이스라엘 어디에서도 이런 믿음을 본 적이 없다"라고 말씀하신다. 그는 이방인인데 이스라엘 사람을 넘어서는 믿음을 가지고 있었기 때문이다.

예수님은 이어서 "내가 너희 이스라엘 사람들에게 말한다. 동서로부터 많은 사람이 하나님 나라에 앉겠지만 이 나라의 아들들, 곧 유대 민족은 바깥 어두운 데로 쫓겨나 울며 이를 갈게 될 것이다"라고 말씀하신다. 이 말씀은, 유대인들은 자신들이 아브라함의 자손이므로 당연히 천국에 속한 자라고 생각하겠지만, 하나님 나라는 단순히 혈통으로 얻을 수 있는 것이 아니기에 결국 제대로 믿지 않으면 쫓겨날 거라고 선포하신 것이다. 유대인들이 이를 갈게 될 것이라고 말씀하심으로써 그들은 제외되고 로마의 백부장 같은 이방인이 선택된다는 메시지를 주신 것이다. 이 말씀을 하신 후에 예수님은 백부장의 종을 낫게 하신다.

나인성 과부의 아들을 살리시다
(눅 7:11-17)

예수님이 가버나움을 떠나 40킬로미터 정도 떨어진 나인성에 이르셨을 때 사람들이 죽은 자를 메고 나오고 있었다. 과부의 외아들이 죽은 것이었다. 당시에는 과부가 생계를 꾸려 나가는 것이 너무도 어려웠다. 그런 상황에서 마지막 소망이었던 외아들의 죽음은 너무도 슬픈 일이었다.

예수님은 과부가 구슬프게 우는 것을 보고 마음이 너무 아파서 "울지 말라"고 말씀하신 후에 가까이 다가가 관에 손을 대셨다. 그러자 관을 멘 자들이 멈추어 섰다. 예수님은 이어서 말씀하셨다.

"청년아, 내가 네게 말하니 일어나라."

그러자 죽었던 청년이 일어나 앉더니 말을 했다. 예수님은 그 청년을 그의 어머니에게로 보내셨다. 이것을 본 모든 사람이 두려워하여 하나님께 영광을 돌리면서 "큰 선지자가 우리 가운데 나타나셨다. 하나님이 당신의 백성을 돌보셨다"라고 외쳤다.

전에는 보지 못했던 큰 이적을 목격한 무리는 예수님을 엘리야나 엘리사 같은 선지자로 보았다. 사실 그들은 말라기 선지자 이후 약 4세기 동안 선지자의 음성을 듣지 못해서 하나님이 자신들을 버리신 것이 아닌가 생각하고 살았기에 예수님이 베푸신 이적에 놀랄 수밖에 없었다. 따라서 그들에게는 이 이적이 하나님이 오랫동안의 침묵을 깨고 이 '큰 선지자'를 통해 다시 그들을 방문하여 상하고 연약한 부분들을 치유하러 오셨다는 것을 뜻했다.

네 가지 땅에 떨어진 씨의 비유

(마 13:1-9; 막 4:1-9; 눅 8:4-8)

예수님은 바다에 떠 있는 배에 앉아 계시고, 사람들은 해변에 서 있었다. 예수님은 여러 가지를 비유로 가르치셨다. 이는 곧 복음을 세상에 알리신 것이다.

"씨 뿌리는 자가 씨를 뿌리러 나갔다."

그런데 씨가 길가에 떨어지자 새들이 와서 쪼아 먹어 버렸다. 여기서 씨는 하나님의 말씀인데 '길가', 곧 마음이 굳어져서 받아들이지 않는 것이다. 또 돌밭에 떨어진 씨는 싹이 나오기는 했지만 흙이 얕아서 뿌리를 제대로 내릴 수 없어 금방 말라 죽어 버렸다. 이는 진리를 단순하게 이해하여 깊게 받아들이지 못한 것이다. 또 어떤 씨는 가시떨기 속에 떨어져서 가시와 함께 자랐기에 방해를 받아 제대로 자라지 못했다. 이는 믿는 자가 외부에서 자극(세상 염려, 재물, 유혹 등)이 들어오면 마음이 흔들려서 넘어지는 것이다. 반면에 어떤 씨는 좋은 땅에 떨어져서 많은 열매를 맺었다. 거의 100배로! 여기서 좋은 땅이란 매일 말씀을 읽고 기도하고 하나님께 찬양하며 인생을 하나님 중심으로 사는 것을 이야기한다. 우리도 많은 열매를 맺는 좋은 땅이 되기를 소망해야 한다.

바람과 바다를 잔잔케 하시다

(마 8:23-27; 막 4:35-41; 눅 8:22-25)

날이 저물 때 예수님이 제자들에게 갈릴리 바다를 건너가자고 하신다. 배에 탄 후에 예수님은 배의 뒷부분인 고물에서 베개를 베고 잠이 드셨다. 아마 매우 피곤해서 깊이 잠드신 듯하다. 그런데 바다에 큰 광풍이 일어나서 배 안까지 물이 들어와 가득 차게 되자 제자들이 예수님을 흔들어 깨우며 말한다.

"선생님, 살려 주세요! 우리가 죽게 되었어요."

제자들은 자신들이 위험해지자 주님을 찾았다. 이에 예수님은 "어찌하여 무서워하느냐? 너희 믿음이 어디 있느냐?"라고 물으셨다. 그들 속에 있는 불신앙에 대해 꾸짖으신 것이다. 그러고는 곧 바람과 바다를 향해 "잠잠하고 고요하라" 말씀하시자 바로 그리되었다. 자연은 주님에게 바로 꼬리를 내리며 순종했다. 이에 제자들이 크게 놀란다.

"도대체 이분은 누구시기에 바람과 바다도 복종하는가?"

예수님의 절대적 권위, 곧 창조주에 대한 자연의 순종에 놀랄 수밖에 없었다. 아직 그들의 눈에는 예수님이 사람으로만 보였기 때문이다.

군대 귀신 들린 사람을 고치시다

(마 8:28-34; 막 5:1-20; 눅 8:26-39)

예수님이 갈릴리 맞은편 거라사인의 지방에 가셨다. 거기에는 무덤 사이를 배회하는 귀신 들린 사람이 있었다. 그런데 귀신 하나가 아니라 군대 귀신이 들어간 사람이었다. 그는 오랫동안 옷을 입지 않았으며, 집에 가지도 않았다. 너무 사나워서 고랑과 쇠사슬로 묶었으나 그것을 다 끊고 깨뜨릴 만큼 힘이 셌으며, 자신의 몸에 상처를 내고 무덤과 산을 다니면서 밤낮으로 소리를 질렀다. 이런 그를 불쌍히 여긴 예수님은 거친 파도마저 잠재우고 바다를 건너 만나러 오셨다. 한 사람을 소중히 여기는 우리 주님이시다!

이에 군대 귀신 들린 자가 예수님을 보고 달려와 소리를 지른다.

"지극히 높으신 하나님의 아들 예수여, 우리가 당신과 무슨 상관이 있습니까! 우리를 괴롭게 하지 마십시오."

귀신들은 예수님이 누구신지를 정확히 알았다. 예수님이 자신들과 상관이 없다고 말한 것은, 사탄의 세력들은 영원한 심판의 때가 이르기 전까지 제한적인 자유가 허락되었으니 아직 자신들을 건드리지 말라는 뜻이다. 그러자 예수님이 물으신다.

"네 이름이 무엇이냐?"

"군대입니다. 우리는 많습니다!"

그들이 자신들을 돼지에게로 들어가게 해 달라고 부탁하자 예수님이 허락하신다. 군대 귀신이 나와서 2천 마리의 돼지에게로 들어가자, 귀신 들린 돼지들이 놀라서 갈릴리 바다로 뛰어들어 모두 죽게 된다.

그때 귀신 들렸던 사람은 정신이 멀쩡히 돌아와서 옷을 입고 예수님의 발아래에 앉았다. 돼지를 치던 자들이 그 광경을 보고 놀라서 사람들에게 달려가 알렸다. 돼지가 다 몰살되고 손해를 입자 마을 사람들은 예수님에게 빨리 자기들에게서 떠나 달라고 부탁했다. 사람들은 예수님이 행하신 기적, 곧 가엾은 사람에게 행하신 선한 일에는 관심이 없었다. 그들은 구세주보다 재물과 세상을 더 사랑했다. 마치 우리의 모습과도 같다.

예수님이 배를 타고 가시려 하자 귀신 들렸던 사람이 예수님과 함께 가기를 원했다. 진실한 감사와 헌신의 마음이 우러난 것이다. 이 모습은 마을 사람들과 너무도 다르다. 자신을 구원하고 사랑과 자유를 주신 분을 따르고 싶었던 것이다. 그러나 예수님은 그에게 "집으로 돌아가서 주님이 너에게 행하신 일을 가족에게 알려라"라고 말씀하셨다. 가정과 사회, 곧 삶의 현장에 가서 그리스도인으로서 실천하며 살라는 것이다.

야이로의 딸과 혈루증을 앓던 여인 (마 9:18-26; 막 5:21-43; 눅 8:40-56)

예수님이 다시 갈릴리로 돌아오시자 무리가 환영했다. 이때 회당장(제사장은 아니지만 회당에서 예배를 주관하고 관리하는 사람) 야이로가 예수님의 발아래에 엎드리며 "열두 살 된 제 딸이 죽어 가니 오셔서 그 위에 손을 얹어 구원을 얻어 살게 해 주십시오" 하고 간곡히 청한다. 야이로는 예수님이 손을 얹어 주시면 딸이 곧 회복될 것이라는 믿음을 가지고 있었다. 예수님은 야이로와 함께 그의 집으로 가셨다. 많은 사람이 모여들어 예수님을 따라갔다.

그런데 그 무리 중에 12년 동안이나 혈루증을 앓아 온 여인이 있었다. 혈루증은 만성 하혈증으로 자궁 안에 혹 또는 종기가 생기거나 이상이 생겨서 계속 피가 흐르는 증세다(레 15:25 참조). 그녀는 병을 치료하기 위해 많은 돈을 날리며 노력했으나 병이 더 악화되었다. 절망의 벽에 부딪힌 여인은 예수님의 소문을 듣고 그분의 옷에 손이라도 대면 자신의 병이 치유될 것이라고 믿었다.

그러나 그녀가 사람들 사이에 서는 것은 쉬운 일이 아니었다. 혈루증을 앓고 있는 사람은 부정한 자로 여겨져 접촉하면 안 되었기 때문이다. 하지만 그녀는 모든 것을 극복하고 용기를 내어 예수님께로 나아왔다. 그리고 사람들 사이에 끼어서 겨우 예수님의 옷자락을 만졌는데, 이럴 수가! 12년 동안이나 흘렀던 피가 그 순간 멈추었고, 그녀는 자신의 병이 나았다는 것을 몸으로 느꼈다.

사실 여인은 모든 것을 은밀히, 예수님마저도 모르게 해결하고자 했다. 그러나 예수님은 당신의 능력이 나간 것을 아셨다. 모든 것을 알고 초월하시는 예수님은 여인의 상황 또한 미리 다 알고 계셨다.

"누가 내 옷자락을 만졌느냐?"

그러자 베드로와 제자들이 말했다.

"무리가 에워싸서 미는 것입니다."

그때 자신에게 이루어진 일을 숨기지 못할 것을 안 여인은 두려워 떨며 예수님 앞에 엎드려 손을 댄 이유와 곧 나은 사실을 모든 사람 앞에서 말했다. 그러자 예수님은 "딸아, 안심하라. 네 믿음이 너를 구원했다. 그러니 평안히 가라. 네가 병에서 나아 건강하게 될 것이다"라고 말씀하셨다.

그때 회당장 야이로의 집에서 온 사람들이 "당신의 딸이 죽었어요. 선생님을 더 이상 괴롭게 하지 마세요"라고 말했다. 이 말은, 어차피 딸이 죽었으니 더 이상 예수님을 귀찮게 하거나 마음에 부담을 드리지 말라는 것이다. 그러자 예수님은 "두려워하지 말고 믿기만 해라. 그러면 딸이 살아날 것이다"라고 말씀하신 후 아이의 부모와 베드로, 야고보, 요한만을 데리고 집으로 들어가셨다.

집에 도착하자 피리 부는 자들과 떠드는 자들의 소리가 들리면서 사람들은 울고 있었다. 벌써 아이의 장례식을 준비하고 있는 것이었다. 유대인들은 피리 불고 우는 사람들을 고용해서 장례식을 떠들썩하게 치렀다. 이에 예수님이 말씀하셨다.

"너희는 왜 떠들며 우느냐? 이 아이는 죽은 것이 아니라 잔다."

이 말을 들은 사람들은 예수님을 비웃었다. 자신들이 아이가 죽은 것을 봤는데 예수님이 잔다고 말씀하시자 비웃은 것이다. 예수님은 사람들을 다 내보내고 아이가 있는 곳으로 들어가셨다. 그리고 아이의 손을 잡고 "달리

다굼"이라고 말씀하셨다. 이 말은 "소녀야, 일어나라"라는 뜻인데 마가복음에만 나온다. 마가는 주님이 아이를 살리신 현장을 생동감 있게 표현한 것이다. 이에 소녀가 즉시 일어나서 걸으니 나이가 12세였다. 이를 본 사람들이 다 놀랐다. 예수님은 소녀에게 먹을 것을 주라고 하셨다. 그리고 이 일을 아무도 알지 못하게 하라고 하셨으나, 그 소문은 온 땅에 퍼졌다.

오병이어

(마 14:15-23; 막 6:35-46; 눅 9:12-17; 요 6:5-17)

빈 들에 사람들이 또 모여 있다. 제자들은 예수님께 "여기는 빈 들이고 날이 저물었으니, 무리를 보내어 마을에 들어가서 먹을 것을 사 먹게 하시죠" 하고 말했다. 그러자 예수님은 빌립에게 "우리가 어디서 떡을 사서 이 사람들을 먹이겠느냐?"라고 말씀하셨다. 예수님이 정말 몰라서 이렇게 말씀하신 것이 아니었다. 예수님은 벌써 당신의 권능으로 군중을 먹일 대책을 세우고 계셨다. 그러나 육신을 먹이는 문제보다 제자들의 신앙 교육을 중요하게 생각해서 빌립에게 물어보신 것이다.

이에 빌립은 나름 계산한 후에 "각 사람에게 조금씩 주어도 200데나리온의 떡이 부족합니다"라고 말했다. 1데나리온은 노동자 한 사람의 하루 품삯이다. 그는 계산을 하면서 주님의 능력을 먼저 생각하지 못했다. 이에 예수님은 "너희가 먹을 것을 주어라"라고 말씀하셨다. 그러자 안드레가 한 아이가 가지고 있던 보리떡 다섯 개와 물고기 두 마리를 가져왔다. 그러나 그것을 나누어 먹기에는 사람이 너무도 많았다.

예수님은 제자들에게 무리를 50명씩 떼를 지어 푸른 잔디 위에 앉히도록 하셨다. 그런 다음 떡과 물고기를 가지고 하늘을 우러러 축사한 후 떼어서 제자들에게 주셨다. 제자들이 무리에게 음식을 나누어 주어 먹게 했는데,

장정만 5천 명이 먹었으니 여자와 어린이를 합하면 2만 5천 명은 먹었을 것이다. 그렇게 먹고도 열두 바구니가 남았다.

이렇게 기적으로 떡과 물고기를 먹은 사람들은 예수님을 억지로 왕으로 삼으려 했다. 예수님을 자신들의 물질 문제를 해결해 줄 존재로 생각했기 때문이다. 사람들은 인기가 올라가면 그것을 성공으로 알고 흥분하지만, 예수님은 그들에게서 떨어져서 산에서 홀로 기도하셨다. 그때 제자들은 배를 타고 바다를 건너 가버나움으로 가고 있었다.

바다 위로 걸어오시다
(마 14:23-33; 막 6:47-52; 요 6:18-21)

제자들이 탄 배가 큰 바람과 파도에 곧 뒤집힐 것 같았다. 제자들이 힘겹게 노를 저으며 두려워할 때 바다 위에 하얀 물체가 보였다. 그 물체가 점점 더 가까워지자 제자들은 두려워서 유령이라고 소리 질렀다. 그런데 바로 예수님이셨다. 바다 위로 걸어오신 것이었다. 예수님이 바다 위로 걸은 것은 당신이 자연환경의 지배자임을 보여 주시기 위함이었다.

예수님은 그들에게 "안심하라. 나니 두려워하지 말아라" 하고 말씀하셨다. 그때 베드로가 "주여, 만일 주님이시라면 저도 물 위로 걷게 해 주세요" 하고 말했다. 예수님이 오라고 하시자 베드로가 배에서 내려 물 위로 걸어서 예수님께로 다가갔다. 그런데 바람을 보니 갑자기 두려운 마음이 생기면서 무서워졌다. 그러고는 물에 빠져 버렸다. 예수님을 바라보다가 바람을 봄으로써 자신을 삼킬 듯이 달려드는 풍랑이 두려워진 것이다.

"주여, 나를 구원하소서!"

예수님은 즉시 손을 내밀어 물에 빠진 베드로를 붙잡으면서 말씀하셨다.

"믿음이 작은 자야, 왜 의심했느냐?"

예수님과 베드로가 함께 배에 오르자 바람이 조용히 그쳤다. 그러자 그들은 예수님께 절하며 "당신은 참으로 하나님의 아들이십니다!"라고 고백했다. 예수님은 모든 만물을 지배하는 만유의 주인 동시에 모든 혼란과 두려움을 잠재우는 질서와 평화의 왕이시다.

수로보니게 족속 여인의 믿음
(마 15:21-28; 막 7:24-30)

예수님이 두로와 시돈 지방으로 가서 그곳에 있는 한 집에 들어가 아무도 모르게 머물려고 하셨으나 숨길 수가 없었다. 그때 귀신 들린 딸을 둔 가나안 여자 한 명이 와서 큰 소리로 외쳤다.

"다윗의 자손이여, 저를 불쌍히 여겨 주십시오! 제 딸이 귀신이 들렸는데 쫓아내 주십시오."

다윗의 자손이라고 말한 것은 예수님을 메시아로 알아본 것이다. 이때 예수님은 한 말씀도 대답하지 않으셨다. 이에 제자들이 와서 청하자 예수님은 그녀에게 냉정한 목소리로 말씀하셨다.

"나는 이스라엘 집의 잃어버린 양 외에는 다른 곳으로 보내심을 받지 않았다."

이렇게 말씀하신 것은 이 여자의 믿음을 더 보고자 하신 것이었다.

"나는 자녀를 먼저 배불리 먹게 할 것이다. 그러니 자녀의 떡을 개들에게 던져 주는 것은 옳지 않다."

여기서 자녀는 유대인을, 개들은 선택되지 않은 이방인을 말하는 것이다. 그러자 여자가 말했다.

"주여, 맞습니다. 그러나 개들도 주인의 상에서 떨어지는 부스러기를 먹지 않습니까!"

가나안 여자는 하나님의 질서에 의해 유대인에 비하여 이방인인 자신들은 선택되지 못한 개들임을 인정했다. 그러나 상에서 떨어지는 부스러기를 먹는 개들처럼 자신들도 돌봐 달라며 딸을 살리기 위해 애절한 마음으로 호소했다. 예수님은 이런 그녀의 말을 듣고 놀라셨다.

"여자여, 네 믿음이 크다. 돌아가라. 귀신이 네 딸에게서 나갔다!"

유대인들은 메시아로 오신 예수님을 배척했으나, 오히려 이방인들은 믿고 순종함으로 구원을 받게 된 것이다. 집으로 돌아가니 아이는 침상에 누워 있고, 귀신은 이미 나가고 없었다.

많은 병자를 고치시다

(마 15:29-31; 막 7:31-37)

예수님이 두로와 시돈을 거쳐 데가볼리를 통과해 갈릴리 바닷가에 이르러 산에 올라가셨다. 이때 사람들이 다리 저는 자, 장애인과 맹인, 말 못 하는 자 등 많은 병자를 데려오자 주님이 그들을 다 고쳐 주셨다. 말 못 하는 사람이 말하고, 장애인이 온전해지고, 다리를 저는 사람이 걷고, 맹인이 보게 되자 사람들은 이스라엘의 하나님께 영광을 돌렸다.

또 사람들이 귀먹고 말 더듬는 자를 데려와 안수해 주시기를 원했다. 예수님은 그를 따로 데리고 무리에게서 벗어나서 손가락을 그의 양쪽 귀에 넣고 침을 뱉어 그의 혀에 손을 댄 후에 하늘을 우러러 탄식하며 "에바다"라고 하셨다. 그 말은 '열리라'라는 뜻이다. 그러자 그의 귀가 열리고 맺힌 혀가 풀려 말이 분명해졌다.

그런데 예수님은 환자에게 손을 대지 않고 치료할 수 있음에도 왜 직접 하셨을까? 그렇게 함으로써 사랑을 표시할 뿐 아니라, 귀먹고 어눌한 자가

능동적으로 믿음을 가질 수 있도록 도와주시기 위한 것으로 보인다. 이런 기적을 보여 주신 후에 누구에게도 말하지 말라고 하셨으나, 그럴수록 그들은 더욱 소문을 냈다. 그러자 사람들은 놀라며 "그분이 하는 모든 것이 선하다. 듣지 못하는 사람도 듣게 하고 말 못 하는 사람도 말하게 하셨다"라고 말했다.

칠병이어
(마 15:32-39; 막 8:1-10)

예수님은 3일 동안 당신과 함께 지낸 사람들이 배가 고픈 것 때문에 걱정이 되셨다. 제자들에게 물으니 떡 일곱 개와 작은 생선 두어 마리가 있다고 했다. 예수님은 일곱 개의 떡과 두어 마리의 생선으로 여자와 어린이 외에 남자만 4천 명을 먹이셨다. 모두 배불리 먹고 남은 조각을 거두니 일곱 광주리였다.

사람들은 칠병이어의 기적을 경험하고 또 예수님만 바라보며 졸졸 따라다녔다. 주님은 무리를 흩어서 보낸 후 제자들과 함께 배에 올라 달마누다 지역으로 가셨다.

바리새인과 사두개인의 누룩
(마 16:5-12; 막 8:14-21)

제자들이 배를 타고 갈 때 떡을 준비하는 것을 잊어버려 떡이 한 개밖에 없었다. 예수님은 이때 제자들에게 바리새인과 사두개인과 헤롯의 누룩을 주의하라고 말씀하셨다. 제자들은 서로 "떡을 가져오지 못해서 뭐라고 하시나 보다"라고 말했다. 그러자 예수님이 그들의 생각을 알고 물으셨다.

“어찌 떡이 없는 것으로 상의하느냐? 눈이 있고 귀가 있어도 모르느냐? 내가 떡 다섯 개로 5천 명을 먹이고 남은 것이 얼마냐?”

“열두 바구니입니다.”

“또 떡 일곱 개로 4천 명을 먹이고 남은 것이 얼마냐?”

“일곱 광주리입니다.”

“내가 말한 것은 떡에 관한 것이 아님을 깨닫지 못하느냐? 오직 바리새인과 사두개인과 헤롯의 누룩을 주의하라.”

예수님은 이렇게 이적과 기적을 보여 주었지만 잊어버리는 제자들에게 경고하신 것이다.

베드로의 신앙 고백
(마 16:13-20; 막 8:27-30; 눅 9:18-21)

빌립보 가이사랴 지방에는 잡신이 많았으며 신전이 즐비하게 세워져 있었다. 그곳 주민들은 대부분 이방인으로 우상 숭배자들이있다. 바알, 판, 심지어 황제 신전까지 있었다. 예수님은 이러한 신전 앞에서 제자들에게 물으셨다.

“사람들이 나를 누구라 하느냐?”

“어떤 이는 세례 요한이라 하고, 어떤 이는 엘리야, 어떤 이는 예레미야나 선지자 중의 한 명이라고 합니다.”

“너희는 나를 누구라 하느냐?”

그러자 베드로가 대답했다.

“예수님은 주님이고 그리스도이며, 살아 계신 하나님의 아들이십니다.”

베드로의 이 대답에 예수님이 감동하셨다.

“너는 베드로다. 내가 이 반석 위에 내 교회를 세우리니 음부의 권세가 이기지 못할 것이다!"

죽음과 부활을 처음으로 예고하시다
(마 16:21-28; 막 8:31-9:1 눅 9:22-27)

예수님은 이때부터 제자들에게 앞으로 일어날 일들을 말씀하신다. 당신이 예루살렘에 올라가 고난을 받고 죽임을 당한 후 3일 만에 살아날 것을 말씀하신다. 이에 베드로가 흥분하여 "주여, 그런 일은 절대로 일어나지 않을 것입니다"라고 말한다. 그러자 예수님은 베드로를 꾸짖으며 제자들을 향해 말씀하신다.

> 누구든지 나를 따라오려거든 자기를 부인하고 자기 십자가를 지고 나를 따를 것이니라 … 인자가 아버지의 영광으로 그 천사들과 함께 오리니 그때에 각 사람이 행한 대로 갚으리라 진실로 너희에게 이르노니 여기 서 있는 사람 중에 죽기 전에 인자가 그 왕권을 가지고 오는 것을 볼 자들도 있느니라(마 16:24, 27-28).

예수님의 변모
(마 17:1-13; 막 9:2-13; 눅 9:28-36)

6일 후 예수님이 베드로와 야고보와 요한을 데리고 기도하기 위해 산에 올라가셨다. 누가는 이때 함께 올라간 제자들이 졸았다고 기록한다(눅 9:32 참조). 그렇다면 아마 그들은 잠에서 깨어 예수님의 모습이 변한 것을 보았을 것이다. 예수님의 얼굴은 해같이 빛나고, 옷은 빛과 같이 하얗게 되었다. 그때 예수님은 모세와 엘리야와 함께 이야기하고 계셨다. 아마 대화의 주제는 예수님의 고난과 십자가 죽음이었을 것이다.

이 모습을 본 베드로는 예수님께 "주님, 이곳에 있는 것이 너무 좋습니다. 만일 주님이 원하시면 제가 주님과 모세와 엘리야를 위해 초막 세 개를 짓겠습니다"라고 말했다. 베드로는 자기가 무슨 말을 하는지도 모를 정도로 황홀했다.

그때 구름이 그들을 덮었고, 그 속에서 "이는 내 사랑하는 아들이요, 내 기뻐하는 자니 너희는 그의 말을 들어라"라는 소리가 들렸다. 제자들은 너무 두려워서 엎드려 있었다. 이에 예수님은 그들에게 손을 대며 안심시키셨다.

"일어나라. 두려워하지 말아라."

그들이 눈을 떴을 때는 예수님만 계시고 다른 이들은 보이지 않았다.

귀신 들린 아이를 고치시다

(마 17:14-21; 막 9:14-29; 눅 9:37-43)

이튿날 예수님과 세 명의 제자가 산에서 내려오니 무리가 그들을 둘러쌌다. 그때 누군가가 와서 "선생님, 말 못 하게(마태복음에서는 '간질'이라고 말한다) 하는 귀신이 아들에게 들어가서 괴로워하는데 제자들에게 부탁했지만 고치지 못합니다"라고 말했다. 이에 주님이 물으셨다.

"언제부터 이렇게 되었느냐?"

"어릴 때부터입니다. 귀신이 그를 죽이려고 불과 물에 자주 던졌습니다. 그러나 무엇을 하실 수 있거든 도와주십시오."

"'할 수 있거든'이 무슨 말이냐! 믿는 자에게는 모든 것이 가능하다!"

그러자 아이의 아버지가 소리를 질러 말했다.

"제가 믿습니다. 저의 믿음 없음을 도와주십시오."

이에 예수님은 아이에게서 귀신을 쫓아내셨다. 이를 지켜본 제자들이 주님께 여쭈었다.

"주님, 우리는 어찌하여 귀신을 쫓아내지 못했습니까?"

그러자 주님이 말씀하셨다.

"너희의 믿음이 작기 때문이다. 기도 외에 다른 것으로는 이런 능력이 나갈 수 없다."

기도는 하나님의 권위와 섭리를 믿고 인정하는 자의 특권이고 의무다. 예수님은 또 이렇게 말씀하셨다.

"겨자씨만 한 믿음만 있어도 이 산을 명하여 여기서 저기로 옮겨지라 하면 옮겨지는 일이 일어날 것이다."

예수님은 진정한 생명력을 가진 살아 있는 믿음을 말씀하셨다. 이는 실제로 산을 이동시키는 능력과 기적을 뜻하는 것이 아니라, 하나님이 믿음을 가진 사람들을 통해 이루시는 상상을 초월하는 큰일들을 의미한다. 우리가 살아 있는 믿음을 가지고 있다면 산과 같은 거대한 장해물도 정복할 수 있다.

누가 큰 자인가
(마 18:1-5; 막 9:33-37; 눅 9:46-48)

한번은 제자들이 길에서 서로 토론을 벌였다. 하나님 나라에서 누가 더 크냐는 것이었다. 그때 예수님은 어린아이를 불러 세우고 말씀하셨다.

"누구든지 어린아이와 같이 자기를 낮추는 자가 하나님 나라에서 큰 자다. 누구든지 내 이름으로 이런 어린아이를 영접하면 곧 나를 영접하는 것이고, 나를 영접하면 곧 나를 보내신 이를 영접하는 것이다. 너희 모든 사람 중에서 가장 작은 자가 바로 큰 자다. 누구든지 첫째가 되고자 하면 모든 사람의 끝이 되고, 모든 사람을 섬기는 자가 되어야 한다."

'어린아이와 같은 자'란 연약하여 혼자 힘으로는 살 수 없는, 부모의 품안에 있듯이 하나님의 보호 아래서만 살려고 하는 겸손한 사람을 말한다.

간음하다가 붙잡힌 여자 (요 7:53-8:11)

예수님은 감람산으로 가서 기도한 후에 아침이 되면 성전에 와서 백성을 가르치셨다. 이때 바리새인과 서기관들이 음행 중에 잡힌 여자를 끌고 와서 "모세는 돌로 치라고 했는데 당신은 어떻게 할 거요?"(레 20:10; 신 22:22 참조) 하고 물었다. 그들은 트집을 잡으려고 여자를 데리고 온 것이었다. 예수님이 만일 그녀를 돌로 치라 하면 그들은 현재 로마의 지배 아래 있기에 유대 민간에게는 허락되지 않는 사형 집행권을 행사하는 것이므로 법을 어기는 것이 되고, 돌로 치지 말라 하면 모세의 율법을 어긴 것이 되니 죄인 취급을 받으실 수 있었다.

그때 예수님이 몸을 굽혀 손가락으로 땅에 무엇인가를 쓰셨다. 여자를 끌고 온 사람들은 예수님이 말을 안 하고 계시니 답답해서 계속 물었다.

"왜 대답을 안 합니까? 말해 봐요!"

이에 예수님이 일어나서 말씀하셨다.

"너희 중에 죄 없는 자가 먼저 돌로 쳐라."

간음하다 잡혀 온 여자보다 먼저 자기 자신을 심판하라는 말씀이다.

> 외식하는 자여 먼저 네 눈 속에서 들보를 빼어라 그 후에야 밝히 보고 형제의 눈 속에서 티를 빼리라(마 7:5).

예수님은 다시 몸을 굽혀 손가락으로 땅에 무엇인가를 쓰셨다. 그러자 돌을 든 사람들이 다 양심에 가책을 느껴 한 사람, 한 사람 돌을 떨어뜨리고 떠나갔다. 예수님이 일어서셨을 때는 예수님과 여자만 남아 있었다.

"너를 정죄하여 고소하던 사람들이 다 어디 갔느냐?"

"주여, 없습니다!"

"나도 너를 정죄하지 않겠다. 그러니 다시는 죄를 짓지 말아라."

선한 사마리아인의 비유
(눅 10:25-37)

어떤 율법 교사가 일어나 예수님을 시험하여 물었다. 마가는 이 사람을 '서기관'이라고 기록했다(막 12:28 참조). 일어나 물은 것은 예수님이 가르치고 계시는 자리였기 때문이었을 것이다.

"선생님, 제가 무엇을 해야 영생을 얻을 수 있습니까?"

"율법에는 뭐라고 기록되었으며 너는 그것을 어떻게 읽느냐?"

"율법에는 '네 마음과 뜻을 다해 하나님을 사랑하고 이웃을 사랑해라'라고 기록되어 있습니다."

이 말씀은 신명기 6장 5절을 인용한 것으로, 십계명을 줄여서 하나님과 이웃에 대한 사랑을 이야기한 것이다. 이에 예수님은 그에게 "네 대답이 옳다. 그렇게 행해라. 그러면 살 것이다"라고 말씀하셨다. 그러자 그 율법 교사는 자기가 옳다는 것을 보이기 위해 예수님께 재차 물었다.

"그러면 제 이웃이 누구입니까?"

이 질문에 대답하며 말씀해 주신 내용이 '선한 사마리아인의 비유'다. 내용은 이렇다. 예루살렘에서 여리고로 내려가다가 어떤 사람이 강도를 만나 옷이 벗겨지고 맞아서 죽을 지경이 되었다. 그런데 율법을 잘 아는 제사장과 레위인은 죽어 가는 사람을 보고 모른 척 지나갔다. 그때 한 사마리아인이 그를 보고 달려가 상처에 기름과 포도주를 붓고 정성스럽게 싸맨 후 자기의 나귀에 태워서 여관에 데리고 가서 보살펴 주었다. 그리고 여관 주인에게 은전을 주며 이 사람을 잘 돌봐 달라고, 비용이 더 들면 자신이 돌아올 때 지불할 테니 잘 부탁한다고 말하고 떠났다. 이 말씀을 마친 후에 예수님이 율법 교사에게 물으셨다.

"누가 진짜 이웃이냐?"

"자비를 베푼 사람입니다."

율법 교사는 사마리아인이라고 말하지 않고 '자비를 베푼 자'라고 말했다. 예수님은 유대인들이 미워하는 사마리아인이 진정한 사랑을 베풀었으며, 사마리아인도 이웃이 될 수 있다는 것을 말씀하려 하신 것이었다. 이어서 주님은 이렇게 말씀하셨다.

"너도 가서 그렇게 해라!"

잃어버린 양 한 마리의 비유

(마 18:12-14; 눅 15:1-7)

많은 세리와 죄인이 예수님의 말씀을 듣기 위해 나아왔다. 이에 바리새인과 율법 교사들이 수군거렸다.

"이 사람이 죄인들과 음식을 먹는다."

예수님이 이런 그들에게 비유로 말씀하셨다.

"너희에게 백 마리의 양이 있는데 그중 한 마리가 길을 잃었다. 그러면 아흔아홉 마리를 들에 두고 그 잃은 한 마리를 찾지 않겠느냐? 찾으면 기뻐서 어깨에 메고 신나게 집으로 돌아오지 않겠느냐? 찾으면 친구와 이웃을 초대해서 잃어버린 양을 찾았다며 잔치를 할 것이다. 이렇게 죄인 한 사람이 회개하면 하늘에서는 회개할 필요 없는 의인 아흔아홉 명으로 인해 기뻐하는 것보다 더 기쁠 것이다."

잃은 드라크마의 비유
(눅 15:8-10)

예수님은 계속해서 비유로 말씀을 이어 가셨다.

"어떤 여자가 열 개의 드라크마 중에서 하나를 잃어버렸다고 생각해 보아라. 등불을 켜고 집을 쓸며 구석구석 찾지 않겠느냐? 그러다 찾으면 친구와 이웃을 초청해서 잃어버린 동전을 찾았다며 기뻐할 것이다. 이와 같이 죄인 한 사람이 회개하면 하나님의 천사들 앞에서 큰 기쁨이 된다."

10드라크마는 1데나리온으로 하루 품삯밖에 안 되는 돈이지만, 당시에는 여인들이 결혼 지참금 형식으로 받은 드라크마 열 닢을 줄에 꿰어 그것으로 머리를 장식했다. 그들에게는 매우 소중한 물건이기에 잃어버린 것을 찾았을 때 이웃을 초청할 정도로 기뻐한 것이다.

돌아온 탕자 비유
(눅 15:11-32)

예수님은 또 다른 비유를 말씀하셨다. 그 내용은 이렇다. 어떤 사람에게 두 아들이 있었다. 둘 중에 작은아들은 아버지가 돌아가시기도 전에 자기 몫의 유산을 미리 받아서 집을 나가 다 써 버렸다. 그런데 그 나라에 흉년이 들어 궁핍해지자 남의 집에서 돼지를 치며 더부살이를 하게 되었다. 돼지가 먹는 쥐엄 열매로 배를 채우고자 했으나 그것조차 주는 사람이 없었다. 이에 작은아들은 스스로 돌이켜, 곧 회개하고 아버지에게로 돌아가 자신을 아들이 아닌 품꾼의 하나로 여겨 달라고 말하겠다며 일어나 아버지의 집으로 향했다.

한편, 매일같이 작은아들을 기다리던 아버지는 아직도 거리가 먼데 아들이 보이자 달려가서 목을 안고 그에게 입을 맞추었다. 아버지는 이어서 종들에게 말했다.

"그에게 제일 좋은 옷을 입히고 손에 가락지를 끼우고 발에 신을 신겨라. 그리고 살진 송아지를 끌어다가 잡아라. 여기 있는 내 아들은 죽었다가 다시 살아났고, 잃었다가 다시 얻었다."

그때 밭에 있다가 돌아온 맏아들은 풍악과 춤추는 소리를 듣고 한 종에게 무슨 일인지를 물었다. 이에 동생이 돌아와서 소도 잡고 잔치도 벌이는 것이라 하니 맏아들이 화가 났다. 그가 집으로 들어가려 하지 않자 아버지가 나와서 들어오라고 했으나 그는 아버지에게 이렇게 말했다.

"저는 여러 해 동안 아버지를 섬기고 있고 말씀을 어긴 적도 없는데, 저에게는 염소 새끼 한 마리도 즐기게 한 적이 없으시더니, 아버지의 재산을 다 없애고 창녀들과 놀다 온 동생에게는 살진 송아지를 잡아서 잔치까지 베풀어 주십니까?"

그러자 아버지가 말했다.

"아들아, 너는 나와 항상 함께 있으니 내 것이 다 네 것이다. 그러나 동생은 죽었다가 살아난 것과 다름이 없고 내가 잃었다가 얻었으니, 우리가 즐거워하고 기뻐하는 것이 마땅하지 않으냐!"

하나님의 장자로 여겨지는 첫째 아들, 곧 유대인들은 오히려 죄인들이 예수께 가까이 나아옴을 기뻐해야 한다는 것이다.

나사로의 죽음
(요 11:1-16)

마르다와 마리아 자매가 사는 감람산 동쪽 기슭 베다니 마을에서 나사로가 병이 들었다. 이 마리아는 예수님의 발에 향유를 붓고 자기의 머리털로 닦은 사람으로 알려져 있다(요 12:1-5 참조). 예수님은 이 집에 자주 가서 머무셨고, 그들을 아끼셨다. 그런데 오빠인 나사로가 많이 아프다며 예수님에게 사람을 보내어 소식을 전했다. 그때 예수님은 이렇게 말씀하셨다.

"이 병은 죽을병이 아니라 하나님의 영광을 위한 병이다. 하나님의 아들이 이로 인해 영광을 받을 것이다."

예수님은 나사로가 병이 들었다는 이야기를 듣고 의도적으로 이틀을 더 머무셨다. 그렇게 시간을 끄신 것은 하나님이 하시는 일을 보이고자 함이었다. 그 후 제자들에게 "유대로 다시 가자"라고 말씀하셨다. 그러자 제자들이 걱정하며 말했다.

"얼마 전까지도 선생님을 유대인들이 돌로 치려고 했습니다. 또 가시렵니까?"

유대인들이 몇 번이나 예수님을 돌로 치려 했기 때문이다. 그러나 예수님은 "나사로가 잠들었다"며 그를 깨우러 가자고 말씀하셨다. 여기서 '잠들었다'는 말은 그가 죽었다는 뜻이다.

나는 부활이요 생명이다
(요 11:17-44)

예수님이 베다니에 도착하신 것은 나사로가 죽은 지 4일이 지난 후였다. 마르다가 먼저 예수님을 만났다.

"주님이 이곳에 계셨다면 오빠가 죽지 않았을 텐데, 지금이라도 주님이 무엇이든지 하나님께 구하는 것을 하나님이 주실 줄 압니다."

마르다는 예수님을 믿는 마음이 부족한지, '믿는다'고 하지 않고 '안다'고 표현한다. 그러자 예수님이 말씀하셨다.

"네 오빠가 다시 살아날 것이다."

"부활 때에는 살아날 것을 제가 압니다!"

"내가 부활이요 생명이다. 그러므로 나를 믿는 자는 죽어도 살 것이며, 살아서 나를 믿는 자는 영원히 죽지 않을 것이다. 이것을 마르다야, 네가 믿느냐?"

"믿습니다. 주는 그리스도이며 세상에 오시는 하나님의 아들인 줄을 제가 믿습니다."

마르다가 다시 고백하지만, 아직 약하다. 앞에 계신 예수님을 보면서도 '세상에 오시는 하나님의 아들'이라고 말한다.

한편, 여동생 마리아는 예수님의 발 앞에 엎드려 말했다.

"주께서 이곳에 계셨다면 오빠가 죽지 않았을 것입니다."

"나사로를 어디에 두었느냐?"

"와서 보십시오."

다들 울고 있는 모습에 예수님은 마음이 아파서 눈물을 흘리셨다. 나사로의 무덤에 도착하자 예수님은 "돌을 옮겨 놓으라" 하고 말씀하셨다. 그러자 마르다가 말했다.

"주님, 죽은 지 4일이 되어서 벌써 냄새가 납니다."

"네가 믿으면 하나님의 영광을 본다고 하지 않았느냐?"

예수님은 이렇게 말씀하신 후에 눈을 들어 하늘을 우러러보시며 기도하셨다.

"아버지여, 제 말을 들으신 것을 감사합니다. 항상 들으시는 줄 알지만, 이렇게 말하는 것은 둘러선 무리가 아버지께서 저를 보내신 것을 믿게 하려는 것입니다."

그러고는 큰 소리로 "나사로야, 나오너라" 하고 부르셨다. 예수님이 부르시자 죽은 나사로가 손발이 베로 묶이고 얼굴이 수건에 싸인 채로 나왔다.

이 광경을 지켜본 사람들은 모두 놀라 자빠졌다. 예수님은 사람들에게 풀어 놓아 다니게 하라고 말씀하셨다.

예수님을 죽이려고 모의하다
(요 11:45-54)

죽었다가 살아난 나사로를 본 많은 사람이 예수님을 믿게 되었다. 그러나 어떤 사람은 바리새인들에게 가서 예수님이 하신 일을 알려 주었다. 위기감을 느낀 대제사장들과 바리새인들이 산헤드린 공회를 급하게 소집했다.

"큰일이다. 이렇게 놔두면 다들 그 사람을 믿을 것이고, 그러면 로마인이 와서 우리 땅을 빼앗고 우리 민족을 잡아갈 텐데 어쩌지!"

그때 대제사장 가야바가 그들에게 말했다.

"예수 한 사람만 죽으면 온 민족이 망하지 않고 너희에게 유익하게 될 것이다."

이것은 참으로 악한 말이다. 예수님 때문에 로마 군대가 유대를 멸할 위험이 있으니, 예수님을 죽이면 안전하다는 것이다. 대제사장 가야바는 예수님을 해하려는 악심으로 말한 것이나, 그것이 성령으로 말미암아 예언으로 이용되었다. 곧 예수님의 속죄의 죽음을 예언한 것이다. 이날부터 그들은 예수님을 죽이려고 모의한다.

삭개오의 뉘우침
(눅 19:1-10)

주님이 여리고로 가셨다. 거기에는 삭개오라는 사람이 있었는데, 그는 세리장이고 부자였다. 그는 로마를 위해 이스라엘 사람들에게 세금을 걷는 일을 하기에 사람들의 미움을 샀다.

그는 소문으로 들었던 예수님이 너무 만나고 싶었지만, 사람도 너무 많고 키가 작아서 만나기가 힘들었다. 그래서 그는 예수님이 지나가시는 길목에 있는 돌무화과나무에 기어 올라갔다. 그리고 얼마 후, 예수님이 그곳을 지나던 중에 나무 위에 있는 그를 보고 "삭개오야, 내려와라! 오늘은 네 집에서 자야겠다" 하고 말씀하셨다. 삭개오는 예수님이 자신의 이름을 불러주신 것에 기뻐하며 나무에서 급히 내려와 "오늘 저녁은 제가 삭개오(살게요)!" 하고 말했다. 이를 본 사람들은 "예수가 죄인의 집에 머물려고 들어갔다" 하며 수군거렸다.

삭개오는 예수님과 식사하던 중에 서서 갑작스러운 발표를 했다.

"주님, 제 재산 중에서 절반을 떼어 가난한 사람들에게 나누어 주겠습니다. 그리고 다른 사람의 것을 빼앗은 것이 있다면 네 배로 갚겠습니다."

누가 시키지도 않았는데 삭개오는 스스로 회개와 고백을 쏟아 냈다. 이에 예수님이 말씀하셨다.

"오늘 이 집에 구원이 이르렀다. 이 사람도 아브라함의 자손이다. 내가 세상에 온 것은 잃어버린 자를 찾아 구원하기 위해서다."

예수님은 삭개오를 믿음의 조상 아브라함의 자손이라고 선언함으로 그가 참된 믿음의 소유자라는 사실을 강조하셨다.

여리고 맹인
(마 20:29-34; 막 10:46-52; 눅 18:35-43)

여리고에서 맹인 거지 바디매오(마태복음에는 '맹인 두 사람', 누가복음에는 '한 맹인'이라고 되어 있다)가 구걸을 하다가 예수님이 지나가신다는 말을 듣고 "주여! 다윗의 자손 예수여! 저를 불쌍히 여기소서"

하고 말했다. 바디매오는 일찍부터 예수님에 관해 들었고, 그분이 메시아인 것을 믿어 만나기를 소원하고 있었다. 그가 애절하고 크게 소리를 지르자 사람들은 "조용히 좀 하시오" 하며 윽박질렀다. 그러나 그는 "저를 불쌍히 여기소서!" 하며 더 크게 소리 질렀다. 자기 인생의 마지막 기회인 것처럼 말이다. 이에 예수님이 그를 불러오라고 하시자 그는 기뻐서 겉옷도 내버리고 뛰어갔다. 거지에게 겉옷은 전 재산인데, 그것은 지금 중요하지 않다는 것이다. 예수님이 그에게 물으셨다.

"네가 무엇을 원하느냐?"

"주여, 눈이 떠져서 보기를 원합니다."

그를 불쌍하게 생각하신 예수님은 그의 눈을 만지며 "가라, 네 믿음이 너를 구원했다"라고 말씀하셨다. 그러자 그가 곧 보게 되어 길에서 예수님을 따랐다. 이를 본 사람들은 하나님을 찬양했다.

사복음서 2

예수님의 마지막 한 주간 사역

향유를 부은 여인
(마 26:6-13; 막 14:3-9; 요 12:1-8)

유월절 6일 전, 예수님은 전에 나사로를 살리셨던 감람산 동쪽 베다니에 오셨다. 나사로의 동생인 마르다는 예수님이 오셔서 기쁜 마음으로 잔치 음식을 만들고, 나사로는 예수님 옆에 앉아 있었다. 이때 마리아가 엄청 비싼 향유를 가져와 예수님의 발에 붓고 자신의 머리털로 예수님의 발을 닦았다. 이로 인해 향유 냄새가 집 안에 가득했다. 그때 이 광경을 지켜본 가룟 유다가 화를 냈다.

"왜 쓸데없이 향유를 허비하느냐! 차라리 그것을 팔아서 가난한 자들을 돕지!"

그가 이렇게 말한 것은 진정으로 가난한 자들을 생각해서가 아니라, 그 자신이 탐욕으로 가득한 위선자였기 때문이다. 결국 유다는 훗날 자신의 선생을 파는 무서운 죄를 저지르게 된다. 가룟 유다의 질책에 예수님은 이렇게 말씀하셨다.

"왜 그녀를 괴롭게 하느냐! 가난한 자는 너희 주위에 늘 있지만, 나는 항상 너희와 함께 있지 않을 것이다. 이 여인이 정성을 다해 향유를 부은 것은 나의 장례를 위한 것이니, 온 천하에 어디서든지 복음이 전파될 때 그녀가 한 일도 기억할 것이다."

예루살렘에 입성하시다

(마 21:1-9; 막 11:1-10; 눅 19:29-40; 요 12:12-16)

예루살렘에 드디어 예수님이 들어오신다. 고난 주간 첫날에 관한 기록이다. 벳바게에 이르렀을 때 예수님이 두 제자를 보내어 아직 사람이 타 보지 않은 나귀 새끼를 데리고 오라고 하셨다. 이는 "네 왕이 네게 임하시나니 그는 공의로우시며 구원을 베푸시며 겸손하여서 나귀를 타시나니 나귀의 작은 것 곧 나귀 새끼니라"(슥 9:9)라는 스가랴서의 말씀을 이루시려는 것이었다. 제자들이 나귀를 끌고 와서 그들의 겉옷을 그 위에 얹자 예수님은 그 위에 타고 예루살렘으로 들어가셨다.

많은 사람이 길에 겉옷을 깔고 종려나무 가지를 흔들며 "호산나, 우리 조상 다윗의 자손이여! 찬양하라, 주의 이름으로 오시는 분! 가장 높은 곳에서 호산나!" 하고 외쳤다. 여기서 '호산나'라는 말은 '우리를 구원하소서'라는 뜻으로 간구하는 기쁨의 환호 소리다. 그리고 겉옷을 나귀가 지나가는 곳에

까는 것은 왕에 대한 존경과 환영의 표시다(왕하 9:13 참조). 사람들은 또 예수님이 행하신 모든 일로 인해 기뻐하며 하나님께 찬양했다.

> 찬송하리로다 주의 이름으로 오시는 왕이여 하늘에는 평화요 가장 높은 곳에는 영광이로다(눅 19:38).

이 구절은 누가복음에 나오는데, 그동안 예수님이 보이신 많은 기적으로 하나님의 능력과 영광을 체험했다는 고백이다. 이때 어떤 바리새인들이 군중이 예수님을 왕으로, 메시아로 칭송한다며 예수님께 그들을 막아 달라고 요구했다. 그러자 예수님은 "만일 이 사람들이 잠잠하면 돌들이 소리 지를 것이다"라고 말씀하셨다. 예수님에 대한 메시아적인 찬양은 하나님의 섭리와 계획 아래 반드시 이루어져야 할 사실인 것이다.

멸망 예고와 탄식
(마 23:37-39; 눅 13:34-35, 19:41-44)

예수님은 예루살렘 가까이에 이르렀을 때 예루살렘성을 보고 우셨다. 예수님이 우셨다는 내용은 누가복음에 나오는데, 많은 사람의 환호와 찬양 이후의 울음이라 더 의미심장하다.

"너도 오늘 평화에 관한 일을 알았더라면 좋을 뻔했다. 그러나 지금 네 눈에는 안 보인다. 날이 이르면 원수들이 이 성을 철저히 파괴할 것이다."

여기서 '너'는 진정한 평화를 모르는 이스라엘 사람들을 지칭하신 것이다. 그들은 평화의 길을 모르는 것이 아니라, 눈이 가려져서 알지 못하는 것이다. 하나님이 그들을 위해 선지자를 보내고, 지금은 예수님을 통해 하나님 나라에 대한 메시지를 알려 주셔도 그들은 눈을 가리고 귀를 닫은 채 들으려 하지 않았다. '날이 이르면'이라는 말은 종말에 대한 것, 또 예루살렘이 함락되는 것에 대한 말씀이다. 예수님이 말씀하신 대로 예루살렘성은 A.D. 70년에 로마군에 의해 완전히 무너진다.

예수님에 대한 증언
(마 21:10-11; 요 12:17-19)

예수님이 예루살렘성에 들어가시자 "이 사람은 도대체 누구냐?" 하며 온 성이 소란스러워졌다. 무리들이 소리쳤다.

"갈릴리 나사렛 출신의 선지자 예수다!"

이 대답에는 선지자가 결코 나올 수 없는 곳인 나사렛에서 나온 예수라는 빈정거림이 있다. 유대인들은 예수님이 이적을 행하시고 그 가르침에 권세가 있음에도 불구하고 그분을 선지자로 이해할 뿐, 메시아로는 인정하지 않았다.

무화과나무를 저주하시다
(마 21:17-22; 막 11:11-14)

예수님은 예루살렘 성전을 둘러보고 날이 저물자 제자들과 베다니에 머무셨다. 그리고 다음 날 아침, 예루살렘으로 다시 들어갈 때 배가 고프셔서 무화과나무에 열매가 있나 보았으나 잎사귀만 무성하고 열매가 없었다. 이에 예수님이 "이제부터 영원토록 네가 열매를 맺지 못할 것이다"라고 하시자 곧 나무가 말라 버렸다. 이는 잎만 무성한 무화과나무처럼 겉으로는 경건의 모양을 자랑하면서도 실제로는 아무런 신앙의 열매를 맺지 못하는 유대인들의 모습을 상징하는 것이다. 이를 본 제자들이 놀라서 물었다.

"우와! 무화과나무가 어떻게 해서 바로 말랐습니까?"

이에 주님은 "믿음이 있고 의심하지 않으면 이 산더러 들려서 바다에 던져지라 해도 될 것이다. 너희가 기도할 때에 무엇이든지 믿고 구하는 것은 다 받을 것이다"라고 말씀하셨다.

의심 없이 하나님을 믿고 드리는 기도는 이루어진다. 그러므로 기도란 하나님이 일하시도록 끊임없이 두드리는 것이다. 예수님은 제자들에게, 무엇이든지 기도로 구한 것은 이미 받은 줄로 믿으라고 가르치셨다.

성전을 두 번째로 정결케 하시다

(마 21:12-16; 막 11:15-18; 눅 19:45-48)

예수님이 성전에 들어가 두 번째로 성전 안에서 물건 파는 사람들을 내쫓고 의자를 둘러엎으셨다. 또 아무나 물건을 가지고 성전을 지나다니지 못하게 하셨다. 그러고는 말씀하셨다.

"성경에 기록된바 내 집은 기도하는 집이라 했는데, 너희는 오히려 강도의 소굴을 만들었다."

이사야 56장 7절과 예레미야 7장 11절을 인용하여 오직 하나님을 섬기며 기도해야 하는 성전에서 모든 장사꾼과 결탁한 제사장들에게 하나님의 심판이 내려질 것이고, 예루살렘 성전도 멸망한다는 것을 암시하셨다. 그리고 맹인과 다리 저는 사람들이 나아오자 다 고쳐 주셨다.

한편, 대제사장과 율법 교사들은 예수님이 행하시는 일을 보고, 또 아이들이 "호산나, 다윗의 자손이여!" 외치는 소리를 듣고 화가 났다. 예수님을 메시아, 곧 그리스도라고 하는 말이기 때문이다. 예수님이 날마다 성전에서 가르치시자 그들은 예수님을 죽일 방법을 의논했다. 당장이라도 죽이고 싶지만, 예수님을 따르는 많은 사람 때문에 어쩔 수가 없었다.

예수님을 만나러 온 헬라인들
(요 12:20-36)

유월절에 예배하기 위해 온 사람 중에 헬라인 몇 명이 예수님을 뵙기 위해 찾아왔다. 이에 예수님은 "이제 내가 영광을 얻을 때가 왔다"라고 말씀하셨다. 이방인인 헬라인이 복음을 듣기 위해 찾아온 것을 보며 너무 기뻐서 선포하신 것이다.

"한 알의 밀이 땅에 떨어져 죽지 않으면 그대로 있지만, 죽으면 많은 열매를 맺는다. 자기 목숨을 사랑하는 자는 잃을 것이고, 미워하는 자는 영원할 것이다. 사람이 나를 섬기려면 나를 따라야 한다. 내 아버지께서 그를 귀하게 여기실 것이다."

그런 다음 하나님 아버지께 기도하셨다.

"아버지, 아버지의 이름을 영광스럽게 하십시오!"

그때 하늘에서 소리가 났다.

"내가 이미 영광스럽게 했고, 또다시 영광스럽게 할 것이다."

하나님의 소리를 들은 사람들은 이를 천둥소리로 들었다. 예수님이 말씀하셨다.

"이제 심판이 이르렀으니 이 세상의 임금이 쫓겨날 것이다. 내가 땅에서 들리면 모든 사람을 내게로 이끌 것이다."

예수님은 마귀의 손에 붙들려 있는 우리를 구원하기 위해 모든 죄를 짊어지고 십자가에 달려 돌아가실 것이다. 이 말씀을 하신 것이다. 그런데 무리는 이 말을 듣고 "아니, 우리는 율법에서 그리스도가 영원히 계신다고 들었는데, 당신은 어째서 인자가 들려야 한다고 하시오? 도대체 인자가 누구요?" 하고 물었다. 그들은 이사야 선지자가 이야기한 메시아의 고난을 알지 못했다(사 53장 참조).

여러 가지 비유로 말씀하시다
(마 21:23-26:13; 막 12:1-14:9; 눅 20:9-21:38)

예수님과 제자들이 성전에서 복음을 전할 때 대제사장들과 율법 교사들과 장로들이 물었다.

"네가 무슨 권한으로 이런 일을 하느냐? 누가 너에게 권위를 주었느냐?"

이들은 자기들이 권세를 누리는 곳에 예수님이 와서 흔들어 놓으시니 화가 나서 견딜 수 없을 정도였다. 이에 예수님이 그들에게 물으셨다.

"나도 묻겠다. 세례 요한의 세례가 어디서부터 왔느냐? 하늘이냐, 사람이냐?"

그러자 그들은 잔머리를 굴리기 시작했다. 만일 하늘에서 왔다고 하면 왜 안 믿느냐 할 것이고, 사람에게서 왔다고 하면 유대인들이 세례 요한을 선지자로 여기기에 그들이 두려웠다. 그래서 이렇게 말했다.

"우리는 모른다!"

그러자 예수님도 "그럼 나도 무슨 권한으로 왔는지 말하지 않겠다" 하고 말씀하셨다. 하지만 그들에게 비유로 말씀해 주셨다.

두 아들의 비유(마 21:28-32)

예수님은 먼저 두 아들의 비유를 말씀하셨다.

"어떤 사람이 두 아들에게 포도밭에서 일하라고 하자 맏아들은 '네, 갈게요' 하고 안 갔으나 둘째는 '싫어요' 하고 일하러 갔다. 누가 아버지의 뜻대로 한 것이냐?"

"둘째입니다."

"이처럼 세리와 창녀들이 너희보다 먼저 하나님 나라에 들어갈 것이다."

이는 먼저 회개하는 자가 천국에 들어간다는 말씀이다.

"세례 요한이 와서 옳은 길을 알려 주었는데도 너희는 믿지 않았다. 그러나 세리와 창녀는 믿었으며, 너희는 이것을 보고도 끝내 뉘우쳐 믿지 않았다.”

포도원 농부의 비유(마 21:33-46; 막 12:1-12; 눅 20:9-19)

예수님은 이어서 다른 비유를 말씀하셨다. 그 내용은 이렇다. 어떤 주인이 포도원을 정성스럽게 만들었다. 산울타리도 두르고 즙 짜는 틀도 만들었다. 그런 다음 그 포도원을 농부들에게 세주고 오랫동안 다른 나라에 가 있었다. 시간이 지나 열매를 거둘 때가 되어서 소출의 얼마를 받기 위해 자기 종들을 농부들에게 보냈다. 그런데 못된 농부들이 그 종들을 잡아서 하나는 때리고, 하나는 죽이고, 또 하나는 돌로 쳤다. 두 번째, 세 번째로 보낸 종들도 그렇게 때리고 죽였다. 이 종들은 하나님이 보내신 선지자들을 의미한다. 주인은 안 되겠다 싶어 아들을 보냈는데, 그들이 아들도 죽여 버렸다. 이는 곧 예수님을 죽인 것이다. 예수님은 이어서 말씀하셨다.

“그럼 주인이 이들을 어떻게 하겠느냐? 포도원 주인이 와서 그 농부들을 진멸하고 포도원을 다른 사람에게 줄 것이다.”

예수님이 하신 말씀의 의미는 이렇다.

“너희는 하나님 나라를 빼앗길 것이고, 그것은 그 나라의 열매 맺는 백성이 받을 것이다.”

예수님을 믿지 않고 죽인 유대인들은 절대로 하나님 나라에 들어가지 못한다는 것이다.

> 건축자들이 버린 돌이 모퉁이의 머릿돌이 되었나니 이것은 주로 말미암아 된 것이요 우리 눈에 놀랍도다 함을 읽어 보지도 못하였느냐(막 12:10-11).

대제사장들과 바리새인들은 이 비유가 자신들을 가리킨 것임을 알았다. 그래서 예수님을 잡으려 했으나, 무리가 예수님을 의의 선지자로 여기기에 백성이 두려워서 공식적인 자리에서는 체포하지 못했다. 결국 가룟 유다의 배반으로 산에 계신 예수님을 밤에 은밀히 체포하는 치사한 방법을 사용한다.

열 처녀의 비유(마 25:1-13)

인자가 재림하시는 때에 하나님 나라는 마치 등을 들고 신랑을 맞으러 나간 열 명의 처녀와 같다. 이 중에서 다섯은 미련하고 나머지 다섯은 지혜로웠는데, 미련한 자들은 등은 가지고 갔지만 기름이 부족했고, 지혜로운 자들은 기름을 충분히 준비했다. 그들이 신랑을 기다리고 있는데 신랑이 늦게 오자 다 졸면서 잠이 들었다. 그러다 밤중에 큰 소리가 들렸다.

"신랑이 왔으니 맞으러 나와라."

그 소리에 처녀들이 모두 일어나 등을 준비했다. 그런데 미련한 처녀들의 등불이 기름이 모자라서 꺼지려 했다. 급한 마음에 지혜로운 처녀들에게 기름을 나누어 달라고 부탁했으나, 함께 사용하기에는 부족하니 가서 사 오라는 대답이 돌아왔다. 이에 미련한 처녀들은 기름을 사러 갔고, 그 사이에 신랑이 도착해 지혜로운 다섯 처녀만 혼인 잔치에 들어가게 되었다. 미련한 처녀들이 기름을 사 왔을 때는 이미 문이 굳게 닫힌 상태였다. 그들이 문을 열어 달라고 하자 "내가 너희를 알지 못한다"는 말이 들려왔다. 그 날과 시기는 모르니 항상 깨어 있어야 한다.

하나님 나라 달란트 비유(마 25:14-30)

예수님은 계속해서 비유로 말씀하시며, 하나님 나라는 어떤 사람이 종들을 불러 자신의 재산을 맡기는 것과 같다고 하셨다. 비유 속에서 주인은 종들의 재능에 따라 금 다섯 달란트, 두 달란트, 한 달란트를 주고 떠났다. 이때 다섯 달란트를 받은 종은 열심히 장사해서 다섯 달란트를 남겼고, 두 달란트를 받은 종은 두 달란트를 남겼다. 그런데 한 달란트를 받은 종은 아무것도 하지 않고 주인의 돈을 땅속에 묻어 두었다.

오랜 후에 주인이 돌아와서 결산하는데, 열심히 일해서 다섯 달란트와 두 달란트를 남긴 종들에게는 "착하고 충성된 종아! 내가 너에게 더 많은 것을 맡기리니, 네가 주인의 즐거움에 동참할 것이다"라고 말하며 칭찬해 주었다. 이는 우리가 하나님께 순종하여 받은 달란트를 마음껏 사용하면 하나님이 더 많은 일을 하게 하며 기뻐하신다는 것이다.

한편, 한 달란트를 받고 아무것도 하지 않은 종은 주인에게 이렇게 말한다.

"주인님은 완고한 분이라 심지 않은 데서 거두고 뿌리지 않은 데서 모으시니 제가 두려워서 받은 것을 그대로 땅에 숨겼다가 가져왔습니다!"

그는 주인을 오해해서 모독하고 있다. 이에 주인은 이렇게 말했다.

"악하고 게으른 종아! 네가 나를 그렇게 생각했다면 내 돈을 이자 놀이하는 자들에게라도 맡겨서 이자라도 받게 해야 하지 않았겠느냐?"

그러고는 주인은 그 돈을 빼앗아서 열 달란트를 가진 자에게 주었다.

우리가 성경을 읽지 않으면 한 달란트를 받은 종처럼 하나님을 오해할 수 있다. 무서우신 분, 인색하신 분 등으로 말이다. 그러니 반드시 말씀을 읽고 하나님이 어떤 분이신지를 알아야 한다. 또 하나님께 받은 달란트를 열심히 사용해야 착하고 충성된 종이라는 칭찬을 받을 것이다.

가난한 과부의 헌금
(막 12:41-44; 눅 21:1-4)

예수님이 헌금함 맞은편에 앉아 무리가 어떻게 헌금하는지를 보고 계셨다. 그때 한 가난한 과부가 두 렙돈을 넣었다. 두 렙돈은 하루 품삯의 64분의 1 정도 되는 금액이다. 예수님은 제자들에게 "가난한 과부는 다른 모든 사람보다 많이 넣었다. 이 과부는 자신의 생활비 전부를 넣었느니라"라고 말씀하셨다. 부자는 많은 돈 중의 일부를 드렸지만, 과부는 전 재산인 두 렙돈을 다 드렸기 때문이다. 마음이 물질보다 더 중요하다.

가룟 유다가 배반하다
(마 26:14-16; 막 14:10-11)

열두 명의 제자 가운데 가룟 유다에게 사탄이 들어가 스승인 예수님을 팔려는 마음이 생겼다. 이에 그가 대제사장을 찾아가 말했다.

"예수님을 넘겨주면 얼마를 주겠소?"

그들은 은 서른 개를 달아 주었고, 그것을 받은 가룟 유다는 스승을 넘겨줄 기회를 엿보기 시작했다. 여기서 은 30세겔은 출애굽기에 의하면 황소가 남의 노예를 죽였을 때 배상하는 액수다. 예수님이 노예의 값어치에 불과한 너무도 적은 액수로 거래되신 것이다.

마지막 유월절을 지키시다
(마 26:17-19; 막 14:12-16; 눅 22:7-13)

무교절 첫날, 곧 유월절 양을 잡는 날이 되었다. 유월절은 유대인들에게 가장 큰 명절이어서 전 세계의 디아스포라 유대인들이 이날을 위해 예루살렘으로 모여들었다. 그래서 유월절 식사 장소를 마련하는 것이 어려웠다. 또 어린양, 무교병, 포도주, 쓴 나물 등 각종 준비물도 필요하고 식사 장소에서 누룩을 모두 제거해야 해서 미리 청소도 해야 했기에(출 12:15 참조) 제자들이 예수님께 여쭈었다.

"주님, 우리가 어디서 준비하기를 원하십니까?"

주님은 이렇게 말씀하셨다.

"성안에 가면 물 한 동이를 가지고 가는 사람을 만날 것인데 그에게 '선생님 말씀이, 내 때가 가까이 왔으니 내가 제자들과 함께 네 집에서 유월절을 지킬 것이다. 내 객실이 어디 있느냐?' 하면 큰 다락방을 보일 것이다. 그러면 그곳에서 유월절을 준비해라!"

그래서 두 제자가 성안에 들어가니 예수님이 말씀하신 대로였다. 그들은 그곳에서 유월절 음식을 준비했다. 주님은 모든 것을 미리 다 준비해 두셨다.

제자들의 발을 씻기시다 (요 13:1-17)

유월절 전날 목요일이 되었다. 예수님은 당신이 이 세상을 떠나 아버지께로 돌아갈 때가 가까이 온 것을 알고 세상에 있는 당신에게 속한 사람들을 끝까지 사랑하셨다. 한편, 마귀는 가룟 유다의 마음을 충동하여 예수님을 팔려는 생각을 갖게 했다.

예수님은 저녁을 드시던 중 자리에서 일어나 겉옷을 벗고 수건을 가져다가 허리에 두른 다음 대야에 물을 떠서 제자들의 발을 씻기고 수건으로 닦아 주셨다. 이내 베드로의 순서가 되자 그가 흥분하며 외쳤다.

"주님, 당신께서 제 발을 씻으십니까?"

"내가 하는 것을 지금은 네가 모르지만, 나중에는 알게 될 것이다."

주님이 제자들의 발을 씻기심은 그분의 십자가의 고난으로 죄를 없애시는 것으로, 베드로는 나중에 그 뜻을 알게 된다. 그러나 지금은 "절대로, 절대로 제 발을 씻으실 수 없습니다" 하며 거절한다. 그러자 주님은 이렇게 말씀하셨다.

"내가 너를 씻어 주지 않으면 너는 나와 아무 상관이 없다."

"그렇다면 주님, 손과 머리도 다 씻어 주십시오."

베드로는 예수님이 그들을 씻기시는 것이 죄를 씻기시는 것인 줄 모르고 오해하여 욕심을 부렸다. 이에 주님은 이렇게 말씀하셨다.

"이미 목욕한 사람은 온몸이 깨끗하므로 발만 씻으면 된다."

이 말씀의 배경에는 유대인의 풍습이 있다. 유대인들은 잔칫집에 가기 전에 집에서 먼저 목욕을 했다. 하지만 가는 도중에 발이 더러워지기 때문에 잔칫집에 도착하면 그 집의 종이 발을 씻어 주거나 발 씻을 물을 주었다. 이미 목욕을 하고 왔기 때문에 온몸을 씻을 필요는 없고 발만 씻으면 되었다.

최후의 만찬
(마 26:20-30; 막 14:17-26; 눅 22:14-23; 요 13:18-30)

해가 질 무렵, 예수님이 제자들과 함께 식사를 하며 말씀하셨다.

"너희 중의 한 사람이 나를 팔 것이다. 이는 '내 떡을 먹는 자가 내게 발꿈치를 들었다' 한 성경을 응하게 하려는 것이다."

이것은 매우 가까운 사람의 배신으로 인해 큰 손해를 본 다윗의 경험을 들어 말씀하신 것이다(시 41:9 참조). 다윗왕이 당한 일은 그리스도가 당하실 일의 예표였던 것이다.

"지금부터 그 일이 일어나기 전에 미리 너희에게 말하는 것은, 그 일이 일어나면 내가 바로 성경에서 말한 그 사람인 것을 너희로 믿게 하려는 것이다."

제자들은 예수님이 돌아가시고 나서 부활, 승천하신 후 그들에게 성령이 임하셨을 때 이 모든 것을 알고 믿게 된다.

예수님은 이어서 떡을 가지고 축복하고 잔을 가지고 감사 기도하고 제자들에게 주며 말씀하셨다.

"이것을 받아먹어라. 이것은 내 살과 피다. 너희는 이것을 행하면서 나를 기념해라! 그러나 이제부터는 내 아버지의 나라에서 새것으로 너희와 함께 마시는 날까지 다시는 포도나무에서 난 것을 마시지 않을 것이다."

예수님은 이 최후의 만찬의 마지막 잔을 마심으로 구약의 율법에 의한 유월절 식사가 끝났음을 선언하셨다. 이로써 새것, 새 언약에 대해 말씀하신 것이다.

겟세마네의 기도

(마 26:36-46; 막 14:32-42; 눅 22:39-46)

예수님은 겟세마네라 하는 곳에 베드로와 요한, 야고보를 데리고 가서 기도하셨다. 그들에게 함께 기도할 것을 부탁하고 조금 떨어진 곳에서 하나님 아버지께 간절히 기도하셨다.

"아버지! 만일 할 수 있다면 십자가를 지는 이 잔을 저에게서 지나가게 해 주십시오. 그러나 제가 원하는 대로 하지 말고 아버지 뜻대로 하십시오!"

이때 하늘에서 천사가 나타나 예수님께 힘을 더했다. 그렇게 간절히 기도하실 때 땀이 땅에 떨어지는 핏방울같이 되었다. 예수님이 기도하고 가 보니 제자들이 슬픔으로 인해 피곤하여 잠을 자고 있었다. 예수님은 베드로에게 "자느냐? 나와 함께 잠시도 깨어 있을 수 없느냐? 시험에 빠지지 않도록 깨어 기도해라. 마음은 있어도 육신이 약하다" 하고 말씀하셨다.

이렇게 세 번을 기도하시기까지 제자들은 계속 잠을 자고 있었다. 이에 예수님은 “이제는 자고 쉬어라. 때가 가까이 왔으니 내가 죄인의 손에 팔릴 것이다”라고 말씀하셨다.

체포되시다

(마 26:47-56; 막 14:43-52; 눅 22:47-53; 요 18:1-11)

예수님이 말씀하실 때 가룟 유다가 예수님을 미워하는 무리를 데리고 왔다. 그들은 등과 횃불, 무기를 들고 있었다. 유다가 미리 “내가 입 맞추는 자가 바로 예수니 잡아가라”고 일러 두었기에, 가룟 유다는 예수님께 다가와 입을 맞추며 “선생님, 안녕하십니까?” 하고 말했다. 그러자 예수님이 “네가 입맞춤으로 나를 파느냐?” 하고 물으셨다.

예수님은 당신이 당할 일을 알고 “너희가 누구를 찾느냐?” 하고 물으셨다. 그러자 무리는 “나사렛 예수다”라고 말했다. 이에 예수님은 “내가 그다”라고 말씀하셨다. 그러자 예수님의 포스에 놀란 그들은 뒷걸음질을 치며 땅에 엎드렸다. 예수님은 제자들을 생각해서 말씀하셨다.

“나는 잡고 제자들은 그냥 가게 두어라.”

이렇게 예수님은 끝까지 제자들을 보호하셨다. 그때 베드로가 흥분해서 칼을 가지고 대제사장의 종인 말고의 귀를 베어 떨어뜨렸다. 그러자 예수님은 그 사람의 귀를 만져 낫게 한 후에 이렇게 말씀하셨다.

“베드로야, 칼집에 칼을 꽂아라. 나는 아버지께서 주신 십자가를 지는 잔을 마셔야 한다. 내가 아버지께 요청하면 당장 열두 군단보다 더 되는 천사를 보내실 거라는 사실을 모르느냐? 그러나 그렇게 하면 성경이 말한 것을 이룰 수 없다.”

그런 다음 무리를 향해 말씀하셨다.

"내가 날마다 성전에 앉아 가르칠 때는 잡지 않더니, 오늘은 강도를 잡는 것같이 칼과 몽치를 가지고 왔구나. 그러나 이는 다 선지자들의 글을 이루려 함이다."

이렇게 해서 예수님은 붙잡히셨고, 제자들은 모두 줄행랑을 치며 도망갔다. 그리고 사람들은 예수님을 잡아서 대제사장 가야바의 장인인 안나스에게 끌고 갔다.

베드로의 부인

(마 26:69-75; 막 14:66-72; 눅 22:54-62;요 18:15-18, 25-27)

예수님이 심문을 받으실 때 베드로는 예수님이 계시는 곳까지 따라왔다. 날이 추워서 근처에서 모닥불을 쬐고 있었다. 그때 사람들이 베드로를 알아보았다.

"이 사람은 예수와 같은 도당이다."

"같이 동산에 있는 것을 봤다."

"말투를 보니 틀림없네!"

사람들이 이렇게 몰아가자 베드로는 "나는 그딴 사람 모른다" 하며 예수님을 저주까지 했다. 그렇게 말하고 있을 때 닭이 "꼬끼오!" 하고 두 번 울었다. 그때 예수님이 돌아서서 베드로를 보셨고, 이에 베드로는 "닭 울기 전에 네가 나를 세 번 부인할 것이다"라고 하신 예수님의 말씀이 생각나서 대성통곡했다.

가룟 유다의 후회

(마 27:3-10)

예수님은 갇히셨고, 제자들은 뿔뿔이 흩어졌다. 이때 예수님을 판 가룟 유다가 양심에 찔려 때늦은 후회를 했다. 그는 예수님을 판 대가로 받은 은 서른 개를 대제사장들과 장로들에게 도로 갖다주고 "내가 죄 없는 사람을 파는 죄를 범했다"라고 말했다. 그러자 그들은 이렇게 말했다.

"그게 우리랑 무슨 상관이야! 네가 당해라!"

가룟 유다는 그 돈을 성소에 던져 넣고 스스로 목을 맨다. 너무도 안타깝다.

본디오 빌라도 앞의 예수님

(마 27:11-26; 막 15:1-15; 눅 23:1-25; 요 18:33-40)

유대인들은 예수님을 급하게 재판하기 위해 로마의 빌라도 총독에게 끌고 갔다. 그때가 새벽 6시경이다. 그들은 유월절 음식을 먹기 위해 빌라도가 있는 곳에 들어가지 않고 그를 나오게 했다.

"무슨 일로 이 사람을 고발하느냐?"

"예수라는 사람이 자기가 왕, 곧 그리스도라고 합니다."

"너희가 너희 법에 따라 재판해라."

"아닙니다. 우리에게는 사형을 시킬 권한이 없습니다."

그들은 예수님을 죽이고 싶었던 것이다. 빌라도는 예수님과 이야기를 해보았지만, 그분에게는 죄가 없다는 것을 알았다. 이에 빌라도가 "내가 누구를 풀어 주랴? 예수냐, 바라바냐?" 하고 물었다. 이는 유월절에 죄수 한 명을 풀어 주는 전통이 있었기 때문이다. 그런데 모든 사람이 "바라바! 바라바!"라고 외쳤다. 빌라도가 그들에게 물었다.

"그러면 내가 예수를 어떻게 하기를 원하느냐?"

"십자가에 못 박으소서!"

빌라도는 결국 그들의 말을 들어주었다. 그리고 손을 씻으며 이 일에 자기는 잘못이 없다고 방관했다. 죄가 없는 것을 알면서 방관한 것은 정말 나쁜 죄다. 그래서 사도신경을 통해 "본디오 빌라도에게 고난을 받아 십자가에 못 박혀 죽으시고"라는 내용을 전 세계 신자들이 고백하고 있다.

희롱당하시는 예수님
(마 27:27-31; 막 15:16-20; 요 19:1-3)

군인들이 예수님을 끌고 관정 안으로 들어가자 빌라도가 채찍질을 했다. 이어서 군인들이 예수님의 옷을 벗긴 후 자색 옷을 입히고 가시로 관을 만들어 머리에 씌웠다. 자색 옷을 입힌 것은 '유대인의 왕'이라고 조롱하기 위해서였다. 그들은 갈대를 예수님의 오른손에 쥐여 주고 그 앞에 무릎을 꿇은 후 "유대인의 왕이여 평안하라" 하며 침을 뱉고 갈대를 빼앗아 머리를 치며 때렸다. 희롱을 다 한 후에는 자색 옷을 벗기고 도로 예수님의 옷을 입혀 십자가에 못 박으려고 끌고 나갔다.

십자가를 지시다
(마 27:32; 막 15:21; 눅 23:26-31; 요 19:17)

예수님은 당신이 달릴 십자가를 친히 지고 골고다 언덕으로 가셨다. 그런데 심한 매질을 당해 일어설 수조차 없게 되었다. 그때 구레네 출신의 시몬이 그 옆을 지나가다가 대신 십자가를 지는 영광을 얻게 되었다. 그는 이때 유월절 행사를 위해 예루살렘에 들어온 것으로 보인다. 그의 아들인 알렉산더와 루포가 사도들에게 잘 알려진 사실로 볼 때, 그 역시 이 십자가 사건 이후에 그리스도인이 된 것 같다.

십자가에 달리시다

(마 27:33-44; 막 15:22-32; 눅 23:32-43; 요 19:18-27)

골고다! 해석하면 '해골'이라는 뜻이다. 로마 군인들이 골고다 언덕에서 예수님을 십자가에 못 박았다. 아무 죄도 없는 예수님을 말이다. 다른 죄수 두 명도 예수님과 함께 좌우편에 못 박혔다. 이때 빌라도는 '나사렛 예수, 유대인의 왕'이라고 적은 죄패를 예수님의 머리 위에 달았다. 대제사장들이 "'유대인의 왕'이라고 쓰지 말고, '자칭 유대인의 왕'으로 바꾸소서"라고 했으나 빌라도는 "나는 쓸 것을 썼다" 하고 그대로 두었다. 조금의 찔림이 있었던 것일까?

한편, 예수님 옆에 못 박힌 죄인 중의 한 명이 예수님께 비아냥댔다.

"네가 그리스도라면 너와 우리를 구원해 봐라."

그러자 다른 죄인이 그 사람을 꾸짖었다.

"우리는 죄를 지어 십자가 처형이 마땅하나, 이분은 아니다. 예수여, 당신의 나라에 들어가실 때 저를 기억해 주십시오."

그러자 예수님이 그에게 말씀하셨다.

"오늘 네가 나와 함께 낙원에 있을 것이다."

예수님의 죽음

(마 27:45-56; 막 15:33-41; 눅 23:44-49; 요 19:28-30)

예수님은 아침 9시부터 오후 3시까지 총 6시간을 십자가에 매달리셨다. 얼마나 고통스러우셨을까? 오후 3시가 되자 예수님은 큰 소리로 외치셨다.

"엘리 엘리 라마 사박다니!"

이 말은 "나의 하나님, 왜 나를 버리셨습니까!"라는 뜻이다. 그러자 그 소리를 들은 어떤 사람은 "엘리야를 부른다"라고 하고, 또 어떤 사람은 "엘리야가 와서 그를 내려 주나 보자"라고 말했다.

예수님은 잠시 후 "내가 목마르다"라고 말씀하셨다. 그때 누군가가 솜 같은 것에 신 포도주를 적셔서 긴 갈대에 꿰어 예수님의 입을 적셔 주었다. 신 포도주를 받은 후에 "다 이루었다"라고 말씀하셨다. 그리고 다시 큰 소리로 "아버지여, 내 영혼을 아버지의 손에 부탁합니다"라고 외치신 후 숨을 거두셨다.

그때 성소의 휘장이 위로부터 아래까지 찢어지고, 땅이 진동하며 바위가 터지고, 무덤이 열려서 죽었던 성도의 몸이 일어났다. 예수님이 당신의 몸으로 하나님과 우리 사이에 있던 성소와 지성소 사이의 휘장이라는 벽을 허무신 것이다.

예수님의 옆구리를 찌르다
(요 19:31-37)

유대인들은 안식일에 시체를 십자가에 두지 않기 위해 총독 빌라도에게 그들의 다리를 꺾어 시체를 치우게 했다. 그런데 군인들이 와서 보니 예수님은 이미 돌아가신 상태였다. 이에 다리를 꺾지 않고 창으로 옆구리를 찌르자 피와 물이 나왔다. 이로써 "뼈도 꺾지 말지며"(출 12:46)라는 구약의 말씀이 이루어졌다.

예수님의 무덤
(마 27:57-61; 막 15:42-47; 눅 23:50-56; 요 19:38-42)

산헤드린 공회의 의원인 아리마대 사람 요셉이 빌라도에게 예수님의 시체를 달라고 요구했다. 그는 예수님의 제자였으나 유대인이 두려워 그 사실을 숨기고 있었다. 부유한 그가 예수님의 시체를 가져다가 세마포로 싸고 새 무덤에 모셨다. 이때 요한복음 3장에서 예수님과 대화를 나누었던 바리새인 니고데모도 몰약과 침향 섞은 것을 가지고 와서 함께 도왔다. 니고데모는 바리새인이지만 예수님을 따르고 사랑했다.

경비병이 무덤을 지키다

(마 27:62-66)

유대인들이 빌라도에게 와서 "예수가 자기가 죽으면 3일 만에 부활할 거라 했습니다! 무덤을 철저하게 지켜서 제자들이 도둑질하여 우리를 속이지 못하게 해 주세요"라고 말했다. 이에 빌라도의 명령에 따라 경비병들이 무덤을 철저히 지켰다.

예수님의 부활

(마 28:1-15; 막 16:1-11; 눅 24:1-12; 요 20:1-18)

유월절 안식일이 지난 새벽, 막달라 마리아와 여인들이 예수님의 시신에 바르기 위해 향품을 사서 두었다가 무덤에 갔는데, 큰 지진이 나면서 주의 천사가 하늘에서 내려와 돌을 굴려 내고 그 위에 앉았다. 그것을 보던 군인들은 무서워 떨며 죽은 사람과 같이 되었다.

그런데 여인들이 무덤에 들어가 보니 그 안이 비어 있는 것이 아닌가! 이때 흰옷을 입은 한 청년이 "예수님은 부활하셨다. 제자들에게 가서 알려 주어라" 하고 말했다. 여인들은 즉시 달려가 제자들에게 "예수님이 무덤에 안 계세요. 사람들이 어디에 두었는지 모르겠어요!" 하고 말했다. 이에 베드로와 요한이 함께 무덤에 가 보았으나 예수님은 계시지 않았다.

잠시 후, 막달라 마리아가 혼자 무덤 밖에서 울고 있을 때 부활한 예수님이 말을 거셨다.

"마리아야."

따뜻한 우리 예수님! 마리아는 예수님의 말씀을 듣고 제자들에게 가서 그대로 전했다.

한편, 경비병들은 흥분하여 대제사장들에게 예수님의 부활 소식을 알렸다. 그러자 그들은 돈을 많이 주면서 예수의 제자들이 시체를 도둑질해 간 것으로 거짓말을 하게 했다. 그래서 지금까지 유대인들은 그 말을 믿고 있다.

엠마오로 가는 제자들이 예수님을 만나다
(눅 24:13-35)

그날에 제자 중 두 사람이 엠마오로 가면서 대화를 나누었다. 그때 예수님이 나타나 함께 길을 걸어가셨으나 그들은 예수님인지 알지 못했다.

"무슨 이야기를 나누는 거요?"

예수님이 물으시자 글로바라는 사람이 "아니, 예루살렘에 있으면서 예수의 소식도 못 들었소? 그가 선지자였는데, 대제사장들과 관리들이 그를 십자가에 못 박아 사형시켰다오! 우리는 그가 이스라엘을 구할 자라고 믿었거든! 그런데 우리 중에 어떤 여자들이, 그가 죽은 지 사흘이 되었는데 무덤에서 시체는 못 보고 예수님이 살아나셨다고 하는 천사들의 나타남을 봤다는 거요. 또 베드로와 요한도 무덤에 갔는데 예수님을 보지 못했다고 하오"라 말했다. 그러자 예수님이 말씀하셨다.

"미련하고 선지자들이 말한 모든 것을 마음에 더디 믿는 자들아. 그리스도가 이런 고난을 받고 자기의 영광에 들어가야 할 것이 아니냐."

그러고는 모세와 모든 선지자의 글로 시작해서 모든 성경에 쓴 것이 당신에 관한 것임을 자세히 설명해 주셨다. 엠마오에 다다랐을 때 예수님은 다른 곳으로 가려 하셨으나, 두 제자가 자기들과 더 있어 달라고 부탁해서 그들과 함께 가셨다. 그곳에 우리도 있었다면 얼마나 좋았을까?

그곳에서 함께 음식을 드실 때 예수님이 떡을 가지고 축사한 후에 그들에게 떼어 주시니 그들의 눈이 밝아져 예수님이라는 것을 알아보게 되었다. 그러나 예수님은 보이지 않았다. 이에 두 사람은 서로 고백했다.

"길에서 우리에게 말씀하시고 성경을 풀어 주실 때 우리 속에서 마음이 뜨거워지지 않았어?"

그리고 곧 예루살렘으로 돌아가, 길에서 예수님을 만나고 떡을 먹다가 예수님이신 것을 알았다고 제자들에게 고백했다.

제자들에게 나타나시다

(막 16:14; 눅 24:36-49; 요 20:19-23)

제자들이 음식을 먹을 때 예수님이 그들에게 오셨다.

"너희에게 평강이 있을지어다."

제자들은 유령을 보는 줄 알았다. 무서워하는 제자들에게 예수님이 말씀하셨다.

"내 손과 발을 만져 보아라. 유령은 살과 뼈가 없지만, 나는 있다."

그러고는 함께 생선을 잡수셨다. 이후 그들을 향해 숨을 내쉬며 "성령을 받으라"라고 말씀하셨다.

도마의 의심

(요 20:24-29)

예수님이 제자들에게 찾아오셨을 때 도마는 그 자리에 없었다. 다른 제자들이 도마에게 "우리가 주님을 보았다"라고 하자 도마는 "나는 주님의 손에 있는 못 자국을 보고 그 자국에 내 손가락을 넣어 보기 전까지는 믿지 않을 거야"라고 말했다.

그로부터 8일이 지난 후 제자들이 다시 집 안에 모여 있을 때, 도마도 함께 있고 문은 닫혀 있었다. 그때 예수님이 다시 찾아와 그들 가운데 서서 "너희에게 평강이 있을지어다"라고 말씀하셨다. 그리고 도마에게 "내 손을 보고, 네 손을 내밀어 내 옆구리에 넣어 보아라. 그리하여 믿는 자가 되어라"라고 말씀하셨다. 이에 도마가 대답했다.

"나의 주님이요, 나의 하나님이십니다."

그러자 예수님은 이렇게 말씀하셨다.

"너는 나를 보았기 때문에 믿느냐? 보지 않고 믿는 자들은 복이 있다."

일곱 제자에게 떡과 생선을 차려 주시다

(요 21:1-14)

베드로, 도마, 나다나엘, 야고보, 요한 그리고 다른 제자 두 명, 총 일곱 명이 갈릴리에 있다. 베드로가 "나는 물고기 잡으러 간다" 하니 다른 이들도 함께 가겠다 하여 다 배에 올랐으나 그날 밤에 한 마리도 잡지 못했다. 날이 밝아 올 때 예수님이 바닷가에 계셨으나 그들은 알아보지 못했다. 이에 예수님이 물으셨다.

"고기가 좀 있느냐?"

"없습니다!"

"배 오른편에 그물을 던져라."

예수님이 시키시는 대로 그물을 던졌더니 물고기가 너무 많아서 그물을 들 수가 없었다. 그때 예수님이 사랑하시는 그 제자, 곧 요한이 상황을 보고 그리스도이심을 알게 되어 베드로에게 말했다.

"주님이시다!"

베드로는 주님이시라는 말을 듣고 벗고 있던 겉옷을 두른 후에 바다로 뛰어내렸다.

육지에 오니 숯불이 있는데, 그 위에 생선과 떡이 놓여 있었다. 예수님은 "지금 잡은 생선을 조금 가져오거라"라고 말씀하셨다. 베드로가 가서 그물을 끌어 올리니 153마리나 되었다. 예수님은 "와서 아침을 먹어라"라고 말씀하셨다. 제자들은 그제야 그분이 주님이신 것을 알았다. 예수님은 떡과 생선을 제자들에게 주셨다.

사랑하느냐고 세 번 물으시다

(요 21:15-19)

아침을 먹은 후에 예수님이 베드로에게 물으셨다.

"요한의 아들 시몬아, 네가 이 사람들보다 나를 더 사랑하느냐?"

예수님은 이렇게 세 번을 반복해서 물으셨다. 베드로는 많이 찔렸을 것이다. 그날 밤 모닥불 앞에서 예수님을 세 번 부인했는데, 지금 예수님이 모닥불 앞에서 당신을 사랑하느냐고 물어보시니 말이다. 세 번째 물으실 때 베드로는 근심하며 이렇게 말했다.

"주님, 모든 것을 아시니 내가 주님을 사랑하는 줄을 주님이 아십니다."

그러자 예수님은 앞서 내 양을 먹이고, 내 양을 치라 말씀하신 것처럼 이번에도 "내 양을 먹이라"라고 말씀하셨다. 그리고 이어서 "너는 젊어서는 스스로 띠를 띠고 가고자 하는 곳에 갔지만, 늙어서는 네 팔을 벌리고 네가 원하지 않는 곳으로 갈 것이다"라고 말씀하셨다. 베드로가 어떤 죽음으로 하나님께 영광을 돌릴 것인지를 말씀하신 것이다. 베드로는 나중에 거꾸로 매달려 십자가형을 당한다.

제자들에게 전하신 사명

(마 28:16-20; 막 16:15-18; 눅 24:45-49)

예수님이 열한 명의 제자에게 말씀하셨다.

"하나님은 하늘과 땅의 모든 권세를 내게 주셨다. 그러므로 너희는 가서 모든 민족으로 제자를 삼고 아버지와 아들과 성령의 이름으로 세례를 주어라. 너희에게 알려 준 모든 것을 가르쳐 지키도록 해라. 세상 마지막 날까지 내가 너희와 항상 함께할 것이다."

예수님이 승천하시다

(막 16:19-20; 눅 24:50-53; 행 1:6-11)

제자들이 모였을 때 그들이 부활하신 예수님께 물었다.

"주께서 이스라엘 나라를 회복하시는 때가 지금입니까?"

"때와 시기는 오직 아버지만 아신다. 성령이 너희에게 임하시면 너희가 능력을 받고 예루살렘과 유대와 사마리아와 땅끝까지 다니며 내 증인이 될 것이다."

예수님은 이렇게 말씀하신 후에 하늘로 올라가셨고, 구름이 그분을 가리어 보이지 않게 했다. 그리고 그분은 하나님 오른편에 앉으셨다.

사도행전 1

제자들의 치열한 싸움이 기록되다

사도행전은 누가복음을 기록한 누가가 썼다. 누가는 다소 출신의 의사로서 사도 바울의 제자이며, 바울이 생을 마감할 때까지 동행한 자다.

사도행전은 신약성경의 역사서로 사도들의 행적을 기록한 책이다. 예수님이 승천하신 이후에 남겨진 제자들의 치열한 싸움이 기록되어 있다. 사도행전은 성령행전이라 해도 지나치지 않을 정도로 성령이 모든 것을 이끌고 가신다. 전체 28장 중 1-12장은 베드로를 중심으로, 13-28장은 바울을 중심으로 흐름이 이어져 간다.

우리는 지금 성경을 읽고 하나님을 믿으며 우리의 삶으로 사도행전 29장을 쓰고 있다. 하나님의 역사는 끝난 것이 아니라 지금도 쓰이고 있다.

기록의 범위
(1:1-2)

데오빌로여 내가 먼저 쓴 글에는 무릇 예수께서 행하시며 가르치시기를 시작하심부터 그가 택하신 사도들에게 성령으로 명하시고 승천하신 날까지의 일을 기록하였노라(행 1:1-2).

데오빌로는 누가와 친분이 있는 고위 관계자이며 기독교에 대해 상당한 관심을 가진 사람인 것 같다. 학자들에 의하면, 누가가 누가복음과 사도행전을 기록하기 위해 조사하러 다닐 때 필요한 경비를 데오빌로가 지원해 주었다고 한다. 먼저 쓴 글은 누가복음이다. 그 책에서 누가는 예수님이 제자들과 사람들에게 행하신 일, 가르치신 내용, 승천하신 사건을 다 기록했다.

성령에 대한 약속과 예수님의 승천
(1:3-11)

부활하신 예수님은 제자들에게 나타나 40일 동안 그들에게 보이셨다. 그 이유는, 예수님이 떠난 후에 무너질 제자들을 하나하나 세우시기 위해서였다. 예수님은 그들에게 부탁하셨다.

"예루살렘을 떠나지 말고 내게서 들은 대로 아버지께서 약속하신 것을 기다려라. 너희는 얼마 안 있어 성령으로 세례를 받을 것이다."

예수님이 성령이 오실 것을 예고하신 것이다. 이때 제자들이 궁금해서 예수님께 여쭈었다.

"주께서 이스라엘 나라를 회복하심이 이때입니까?"

제자들은 아직도 영원한 하나님 나라보다 정치적 해방을 꿈꾸고 있었다. 그런 제자들에게 예수님은 말씀하셨다.

"때와 시기는 하나님 아버지만 아신다. 하지만 오직 성령이 너희에게 임하시면 너희가 권능을 받고 예루살렘과 온 유대와 사마리아와 땅끝까지 이르러 내 증인이 될 것이다."

예수님의 말씀대로 사도행전에서 제자들의 흐름이 예루살렘에서 온 유대 그리고 사마리아와 땅끝으로 이어진다. 예수님은 이 말씀을 한 후에 제자들이 보는 데서 하늘로 올라가셨다. 구름이 가리어 보이지 않을 때까지 제자들은 하늘만 쳐다보고 있었다. 그때 흰옷을 입은 천사들이 말했다.

"왜 하늘만 쳐다보고 있느냐! 예수님은 지금 본 그대로 오실 것이다."

맛디아를 사도로 세우다
(1:12-26)

이후 제자들은 감람산에서 예루살렘으로 돌아와 그곳에 있는 다락방에 모여 기도에 힘썼다. 열한 명의 사도와 여자들, 예수님의 가족들이 함께 모이니 120명 정도가 되었다. 그때 베드로가 일어서서 말했다.

"가룟 유다는 우리를 배신했으니, 항상 우리와 함께 다니던 사람 중에서 한 명을 제비로 뽑아 사도로 삼자."

그들은 기도한 후에 제비를 뽑아 맛디아를 사도로 세웠다.

성령이 임하시다
(2:1-13)

오순절이 되었다. 전 세계로 흩어진 하나님을 믿는 디아스포라 유대인들이 오순절을 지키러 예루살렘으로 모였다. 예수님은 유월절 전날에 십자가에 못 박히고 부활한 후 승천하셨다. 그리고 50일이 지나서 오순절이 된 것이다.

제자들은 예수님이 말씀하신 대로 다락방에 모여서 기도하고 있었다. 그런데 갑자기 급하고 강한 바람 같은 소리가 가득하더니 마치 불의 혀처럼 갈라지는 것들이 그들에게 보이면서 각 사람에게 성령이 임하시기 시작했다. 사람들이 성령으로 충만해지자 그들은 각기 다른 언어, 곧 방언으로 말하며 기도하기 시작했다. 그것을 본 디아스포라들은 깜짝 놀랐다.

"아니, 저들은 갈릴리 사람들인데 어떻게 우리 언어로 말을 하지?"

이는 마치 아프리카 사람이 경상도 사투리를 아무렇지도 않게 하는 것과 같았다. 그러다 보니 어떤 이들은 "그들이 낮부터 술에 취해서 그래!" 하고 말했다.

베드로의 설교
(2:14-47)

이때 베드로가 열한 사도와 함께 일어나 소리쳤다.

"지금은 제삼시(아침 9시)다. 우리는 술에 취한 것이 아니라, 구약성경의 요엘 선지자가 말한 것이 우리에게 이루어진 것이다."

요엘은 약 800년 전에 활동했던 남유다 요아스왕 때의 선지자다. 그는 이렇게 예언했었다.

> 그 후에 내가 내 영을 만민에게 부어 주리니 너희 자녀들이 장래 일을 말할 것이며 너희 늙은이는 꿈을 꾸며 너희 젊은이는 이상을 볼 것이며 … 누구든지 여호와의 이름을 부르는 자는 구원을 얻으리니(욜 2:28, 32).

요엘 선지자가 예언한 그 일이 지금 이루어진 것이다. 예수님을 믿고 기도하며 구하고 사모하는 모든 사람에게 성령이 임하신 것이다. 베드로는 성령으로 충만해져서 계속 말을 이어 갔다.

> 또 내가 위로 하늘에서는 기사를 아래로 땅에서는 징조를 베풀리니 곧 피와 불과 연기로다 주의 크고 영화로운 날이 이르기 전에 해가 변하여 어두워지고 달이 변하여 피가 되리라(행 2:19-20).

약 7주 전, 예수님이 십자가에 못 박혀서 돌아가실 때 해가 빛을 잃고 온 땅이 3시간 동안 어둠에 덮였었다. 사람들은 그것을 기억하고 있었다.

"너희가 십자가에 못 박아 죽인 이 예수를 하나님은 우리의 그리스도가 되게 하셨다."

이때 양심에 찔린 사람들이 물었다.

"그럼 우리는 어떻게 해야 하느냐?"

그러자 베드로가 외쳤다.

"회개하고 예수 그리스도의 이름으로 세례를 받고 죄 용서함을 받아라! 그러면 성령을 선물로 받을 것이다."

'회개'의 헬라어 원뜻은 '돌이키는 것'이다. 180도 바뀌어서 죄의 길, 자기중심적인 삶에서 믿음과 순종으로 예수님을 따르는 제자가 되는 것이다. 이때 이 말을 받아들인 3천 명이나 되는 사람이 모두 세례를 받았다. 그들은 가르침을 받고, 서로 교제하고 떡을 떼며 힘써 기도했다.

사도들로 인해 많은 기적이 일어났다. 또 믿는 사람들은 기쁜 마음으로 모든 물건을 공동으로 사용하고, 자신의 재산과 소유를 팔아 사람들에게 나누어 주었다. 그러면서 하나님을 찬양했다.

걷지 못하는 사람을 고치다
(3:1-10)

성전 앞 미문, 곧 아름다운 문 입구에서 구걸하는 사람이 있었다. 그는 태어나면서부터 한 번도 걸어 보지 못한 사람이었다. 구걸하는 미문 앞까지도 사람들이 메고 와야 했다. 그때 베드로와 요한이 오후 3시, 곧 기도하는 시간이 되어 성전에 올라가는데 걷지 못하는 그 사람이 그들을 보고 구걸을 했다. 성령 충만한 베드로는 그를 긍휼한 마음으로 보고 말했다.

"우리를 보아라."

그는 두 사람에게 무엇을 얻을까 기대하며 바라보았다. 베드로가 말했다.

"금과 은은 내게 없지만 내게 있는 것을 너에게 준다. 곧 나사렛 예수 그리스도의 이름으로 일어나 걸어라."

그러고는 오른손을 잡아 일으키자 발과 발목에 힘이 생겼다. 그는 벌떡 일어나 장애인이었기에 평생 들어가 볼 수 없었던 성전에 들어가는 동안 걷고 뛰며 하나님을 찬양했다. 그리고 그것을 본 모든 사람이 깜짝 놀랐다.

'그렇게 오랫동안 성전 문 앞에서 구걸하던 사람이 걷다니!'

바로 눈앞에서 일어난 기적이었다.

솔로몬 행각에서 베드로가 설교하다
(3:11-26)

걷지 못하던 사람이 걷게 되자 많은 사람이 베드로와 요한 앞에 몰려들었다. 그곳은 성전 쪽에 위치한 솔로몬 행각이었다. 베드로가 사람들에게 말했다.

"왜 우리 개인의 능력으로 이 사람을 걷게 한 것처럼 우리를 보느냐?"

그리고 잠시 후, 성령 충만해져서 달라진 베드로의 설교가 시작되었다.

"하나님이 예수님을 영화롭게 하셨다. 너희는 예수님을 빌라도 총독에게 넘겼고, 예수님에게 죄가 없는 것을 알고 빌라도가 놓아 주려 했으나 반대하고 생명의 주를 죽였다. 그러나 하나님이 부활시키셨으니, 우리가 그 증인이다. 그 이름을 우리가 믿어서 걷지 못하는 환자가 고쳐진 것이다. 너희는 몰라서 예수님께 그렇게 한 것이다. 그러나 하나님이 모든 선지자의 입을 통해 그리스도가 고난받을 일을 미리 알게 하셨고, 이렇게 이루셨다. 자! 회개하고 죄 사함을 받아라! 이같이 하면 새롭게 되는 날이 주 앞으로부터 이를 것이다. 그리스도를 다시 보내실 것인데, 만물을 회복하실 때까지는 하늘이 마땅히 그분을 받아 둘 것이다."

이는 예수님이 재림하신 후 만물이 본래의 목적대로 하나님을 사랑하고 그분의 말씀에 순종하는 상태를 말한다. 이 같은 회복은 이미 시작되었고, 지금도 진행 중에 있다. 베드로의 설교는 계속 이어진다.

"모세가 말하기를, 하나님이 너희를 위하여 너희의 형제 가운데서 나 같은 선지자 하나를 세울 것인데, 그가 하는 말을 듣지 않으면 멸망한다고 했다"(신 18:15, 19 참조).

모세가 말하는 선지자가 바로 메시아이신 예수님이다. 그는 계속해서 말한다.

"또한 사무엘부터 모든 선지자도 이날에 있을 일을 말한 것이다. 너희는 선지자들의 자손이요, 언약의 자손이 아니냐! 아브라함에게 '땅 위의 모든 족속이 너의 씨로 말미암아 복을 받으리라' 하셨으니, 하나님이 그 종(예수)을 세워 복을 주려고 너희에게 먼저 보내어 너희로 하여금 회개하고(돌이켜) 악함을 버리게 하셨다."

어부였던 베드로는 성령 충만해진 후에 다른 사람이 되어 버렸다. 그는 이제 알았다. 예수님이 자기들에게 해 주셨던 모든 말씀의 의미를 말이다.

산헤드린 공회 앞에서 설교하다
(4:1-22)

사도들이 성전에서 가르치자 제사장들과 성전 맡은 자와 사두개인들이 예수 안에서 죽은 자의 부활을 가르치는 것을 싫어했다. 사두개인들은 부활도 믿지 않고 성경도 오직 모세오경만 인정했기 때문이다. 제사를 지내며 권력을 잡아야 하는데 자기들이 잡아 죽인 예수님을 그리스도라 하며 믿으라 하니 싫을 수밖에 없었다. 이에 그들은 사람들을 선동했다는 죄목으로 베드로와 요한을 감옥으로 끌고 갔다. 그들이 전한 말씀을 듣고 예수님을 믿게 된 사람이 남자만 해도 5천 명이 넘었기 때문이다. 여자와 아이들을 합하면 2만 명이 넘는 수다.

다음 날, 관리들과 장로들과 서기관들과 제사장들이 모여서 베드로와 요한에게 따졌다.

“너희가 무슨 권한으로 이런 일을 하느냐?”

그러자 베드로가 성령이 충만하여 또다시 설교를 시작했다.

“병자를 고친 것 말이냐? 그것은 너희가 십자가에 못 박고 하나님이 죽은 자 가운데서 살리신 나사렛 예수 그리스도의 이름으로 된 것이다. 이 예수님은 너희가 버린 돌이다. 그러나 이제 집 모퉁이의 머릿돌이 되셨다(시 118:22 참조). 다른 이에게는 구원이 없다. 예수님 말고는 구원을 받을 만한 다른 이름을 주신 일이 없다.”

이 말을 들은 그들은 깜짝 놀랐다. 완전 ‘우리 베드로가 달라졌어요!’다. 급하게 웅변 학원을 다녔나 싶을 정도로 베드로가 정말 뛰어났기 때문이다. 성령의 사람은 이렇게 달라진다. 그들은 어떤 트집도 잡을 수 없어서 “다시는 예수의 이름으로 말하거나 가르치지 말아라!” 하며 경고했다. 그러자 베드로는 “하나님 앞에서(코람 데오) 너희의 말을 듣는 것이 옳으냐, 아니면 하나님의 말씀을 듣는 것이 옳으냐? 우리는 보고 들은 것을 말하지 않을 수 없다"라고 말했다. 결국 베드로와 요한은 풀려나게 되었다.

기쁨으로 기도하다 (4:23-31)

베드로와 요한은 산헤드린 공회에서 풀려난 후 동료들에게 가서 제사장들과 장로들이 한 말을 모두 알렸다. 그 말을 들은 동료들은 같은 마음으로 하나님께 큰 소리로 말했다.

"하늘과 땅과 바다와 그 가운데 만물을 지으신 주여! 다윗의 입을 통해 세상의 왕들, 통치자들이 주님과 그의 그리스도를 대적한다고 미리 말씀하셨죠! 실제로 헤롯 안디바와 본디오 빌라도 총독이 예수님을 대적하기 위해 이 성에 모였습니다. 주여! 우리로 하여금 하나님의 말씀을 담대하게 전하게 하옵소서! 주의 손을 펼쳐 병을 낫게 하시고, 기적이 일어나게 하옵소서."

기도를 마치자 모인 곳이 진동하더니 모두가 성령 충만하여 담대히 하나님의 말씀을 전했다.

아나니아와 삽비라의 죽음 (4:32-5:11)

초대 교회 공동체는 모든 물건을 나누고 자신의 재물을 조금이라도 자신의 것이라고 하지 않았다. 그러던 중에 바나바가 자신의 밭을 판 금액을 내놓았다. 바나바의 본명은 요셉이며 레위인이요, 구브로 출신으로, 나중에 사도 바울과 전도 여행을 가는 등 동역하는 인물이다.

한편, 바나바가 소유를 내놓는 것을 보고 아나니아와 삽비라 부부도 그렇게 하려고 땅을 팔았는데 다 내놓기가 아깝다는 생각이 들었다. 그래서 얼마를 빼고 베드로 앞에 내놓았다. 그때 베드로가 말했다.

"아나니아야, 어찌 사탄이 네 마음에 가득해 성령을 속이고 땅값 얼마를 감추었느냐! 땅이 팔리기 전에도 네 것이고 팔린 후에도 네 것인데 마음대로 할 수 없었느냐? 이것은 사람에게 거짓말을 한 것이 아니라 하나님께 한 것이다."

이 말을 들은 후에 아나니아는 혼이 떠나가 죽었다. 그 후 부인 삽비라도 똑같이 거짓말을 하다가 죽었다. 이 소문을 들은 사람은 모두 두려워했다.

사도들이 다시 감옥에 갇히다

(5:12-42)

사도들의 손을 통해 많은 기적이 일어났다. 성령이 일으키신 것이다. 예수님을 믿는 사람이 점점 많아졌고, 사도 베드로가 지나갈 때면 사람들이 병자를 데리고 가서 베드로의 그림자라도 환부에 덮여서 병이 낫기를 바랐다. 그러자 대제사장과 사두개파 사람들은 시기심이 가득해서 사도들을 또 감옥에 가두었다. 그러나 주님의 사자가 밤에 옥문을 열고 그들을 끌어내었다.

"자, 이곳을 나가 성전에 서서 이 생명의 말씀을 온 백성에게 전해라!"

감옥에서 나온 그들은 새벽부터 성전에 나가서 백성을 가르쳤다. 새벽기도회가 일어난 것이다. 그때 대제사장과 공의회 사람들은 베드로와 제자들이 감옥에 갇혀 있는 줄 알고 군인들에게 끌어오라고 지시했다. 그런데 감옥 앞에 도착한 군인들은 깜짝 놀랐다. 분명 감옥 문은 잠겼는데 안에는 개미 새끼 한 마리가 없었다. 그들은 돌아와서 이렇게 보고했다.

"우리가 가 보니 감옥 문은 잠겨 있고 문마다 지키는 사람이 서 있는데 안에는 아무도 없었습니다!"

그때 누군가가 말했다.

"사도들이 성전에서 백성을 가르치고 있습니다."

그들이 사도들을 데려다 놓고 공의회 앞에 세우자 대제사장이 소리쳤다.

"우리가 예수의 이름으로 가르치지 말라고 하지 않았느냐! 그런데도 계속 가르치는 이유가 무엇이냐? 예수를 죽인 피의 대가를 우리에게 돌리려는 것이냐?"

그러자 베드로와 사도들이 또 설교를 시작했다. 이제는 버튼처럼 사도들을 누르면 설교가 그냥 나올 정도다.

"사람보다 하나님께 순종하는 것이 당연하다. 너희가 나무에 달아 죽인 예수님을 하나님이 살리셨고, 회개와 죄 사함을 위해 하나님이 예수님을 구세주로 삼으셨다. 우리가 그 일의 증인이다. 하나님이 그분에게 순종하는 사람들에게 주신 성령도 그러하다."

대제사장과 율법 교사들은 그들 때문에 너무 괴로웠다. 그래서 차라리 죽이자고 말했다. 스데반의 설교 후에 나타난 반응처럼 가슴이 찢어질 듯 살기가 가득한 분노가 일어난 것이다. 그런데 그때 바리새인 율법 교사이자 이후에 등장할 사도 바울의 스승인 가말리엘이 공의회 중에 일어나서 말했다.

"한때 사람들이 드다와 유다를 따랐지만 결국 다 흩어졌다. 이 사람들을 내버려두라. 이 일이 사람이 하는 거라면 바로 무너질 것이고, 하나님이 하시는 거라면 우리가 어떻게 막을 수 있겠는가?"

가말리엘은 사람들을 선동했다가 결국에는 망한 '드다'와 '유다'의 예를 들면서 사람이 만든 일이라면 흩어지거나 사라질 것이고, 하나님께로부터 났다면 자신들은 막을 수 없다고 말했다. 그들은 가말리엘의 말을 듣고 사도들을 채찍질하면서 앞으로는 예수의 이름으로 말하지도 말고 가르치지도 말라고 명령한 후 풀어 주었다.

사도들은 실컷 두들겨 맞고 나오면서도 너무 기뻤다. 자신들이 예수님의 이름 때문에 모욕을 당하는 영광을 누렸기 때문이다. 그 후에도 그들은 매일같이 어디에 있든지 예수는 그리스도라고 가르치고 전하기를 계속했다.

일곱 명의 일꾼을 뽑다

(6:1-7)

날이 갈수록 예수님을 믿는 제자가 더 많아졌다. 그러다 보니 그들 사이에서 먹는 것에 대해 차별을 느껴 불만이 생기기도 했다. 지중해 연안 디아스포라 출신의 유대인, 헬라파 유대인들이 자신들의 과부들보다 히브리어를 사용하는 본토 유대인의 과부들이 더 챙김 받는 것을 보면서 원망이 생긴 것이다. 이런 문제가 발생하자 열두 명의 사도가 모든 제자를 불러 놓고 말했다.

"우리가 하나님의 말씀보다 음식을 나누어 주는 일에 더 힘쓰는 것은 옳지 않다."

그래서 그들은 구제하는 일을 맡을 일곱 명의 집사를 뽑았다. 스데반, 빌립 등이 일곱 명의 일꾼에 포함되었다.

많아진 제자 중에는 유대인 제사장의 무리도 있었다. 그들이 예수님의 십자가의 도에 복종하기로 한 것은 그들에게 엄청난 변화가 일어난 것이었다.

스데반이 잡히다

(6:8-15)

스데반이 은혜와 능력이 충만하여 사람들에게 큰 기적을 행했다. 그러자 먼 곳에서 온 자유민들, 곧 구레네 사람과 알렉산드리아 사람, 길리기아 사람과 아시아에서 온 사람들이 회당에서 스데반과 논쟁을 벌였는데 스데반을 이길 수가 없었다. 도저히 방법이 없자 그들은 사람들을 고용해서 "스데반이 이 거룩한 성전과 모세의 율법을 험담한다! 나사렛 예수가 이 성전을 헐고 또 모세가 우리에게 전해 준 율법을 고칠 것이라고 그가 말하는 것을 우리가 들었다!"라고 거짓 증언하게 했다. 당시에는 두 명 이상의 증인이 신성 모독죄로 고발하면 공의회는 심문을 해야 했다. 그것을 이용한 것이다.

스데반의 설교
(7:1-53)

대제사장이 스데반에게 물었다.

"이 사람들이 말한 것이 사실이냐?"

그러자 스데반이 성경을 멋지게 정리하기 시작했다.

"아브라함이 갈대아 우르에서 살 때 하나님이 아브라함에게 '너의 고향과 친척을 떠나 내가 너에게 보일 땅으로 가라' 하고 말씀하셨다. 그래서 그는 그곳을 떠나 하란에서 살다가 그의 아버지가 죽은 후에 하나님이 말씀하신 곳으로 갔다. 그곳에서 아브라함이 이삭을 낳았고, 이삭이 야곱을 낳았고, 야곱이 열두 족장을 낳았다. 그 후 형들의 시기와 질투로 요셉이 애굽에 팔려 갔으나, 그곳에서 총리가 되어 야곱의 가족 모두가 애굽에 가서 살게 되었다. 이후 애굽에서 이스라엘 백성은 크게 번성하였고, 출애굽을 이끌 모세가 태어났다.

그는 애굽 공주의 아들로 자랐지만 40년 동안 광야 생활을 하며 훈련을 받았고, 결국 애굽에서 종으로 살던 이스라엘 민족을 모두 출애굽시켰다. 시내산에서 말하던 그 천사와 우리 조상들과 함께 광야 교회에도 있었고, 또 살아 있는 말씀을 받아서 우리에게 전해 준 자가 바로 이 사람이다.

광야에서 우리 조상들에게 증거의 장막이 있었으니, 이것은 모세에게 말씀하신 분이 명하사 그가 본 그 양식대로 만들게 하신 것이다. 이 증거의 장막은 여호수아가 가나안 땅으로 들어올 때 가지고 와서 다윗 때까지 있었다(B.C. 1003년까지). 그리고 그 후에 솔로몬왕이 장막이 아닌 하나님의 성전을 지었다. 그러나 지극히 높으신 이(하나님)는 손으로 지은 곳에 계시지 않는다. 이사야 선지자는 이렇게 말했다. '주께서 이르시되 하늘은 나의 보좌요 땅은 나의 발등상이니 너희가 나를 위하여 무슨 집을 짓겠으며 나의 안식할 처소가 어디냐 이 모든 것이 다 내 손으로 지은 것이 아니냐'(행 7:49-50; 사 66:1-2 참조)."

스데반이 이렇게 말한 이유는, 하나님은 오직 예루살렘 성전에만 계신다고 믿는 유대인들에게 하나님은 시공간을 초월해서 어디든지 계신다는 것을 설명하기 위해서다. 스데반은 이어서 말했다.

"육체의 할례는 받았을지 모르나 마음과 귀에 할례를 못 받은 사람들아, 너희도 조상들처럼 항상 성령을 거스른다. 너희 조상들이 선지자 중의 누구를 박해하지 않았느냐? 의인이 올 것이라고 예언한 자들을 죽였고, 이제 너희는 그 의인인 예수를 잡아 죽여 살인한 자가 되었다. 너희가 바로 천사를 통해 준 율법을 지키지 않은 것이다."

스데반의 순교 (7:54-60)

율법학자들은 스데반의 이야기를 듣고 양심의 가책을 받았으나, 오히려 스데반에게 이를 갈며 분노했다. 그러나 스데반은 성령 충만하여 말했다.

"보라, 하늘이 열리고 예수님이 하나님 오른편에 서신 것이 보인다."

그러자 그들은 크게 소리 지르며 귀를 막고 스데반을 성 밖으로 내친 다음 돌로 쳐 죽였다. 당시 신성 모독죄를 지은 사람을 처벌할 때는 죄인을 3.5미터 높이에서 떨어뜨린 후에도 그가 죽지 않으면 크고 무거운 돌을 들어 죄인에게 던졌다. 이때는 증인들이 먼저 던지고, 그 후에는 주위의 사람들도 던졌다. 그런데 스데반을 죽이는 것은 불법이었다. 이것은 공식적인 재판 절차도 거치지 않은 돌발적인 행동이었다.

그때 가말리엘의 제자요, 정통 바리새인이었던 사울이 스데반을 죽이는 장소에 서 있었다. 사울은 예수 믿는 사람들을 잡아 죽이는 데 앞장서고 있었다. 그렇게 하는 것이 하나님을 위한 일이라고 생각했기 때문이다. 스데반은 돌에 맞아 죽어 가며 이렇게 외쳤다.

"예수님, 제 영혼을 받아 주십시오. 그리고 이 죄를 저들에게 돌리지 말아 주십시오!"

그러고는 숨을 거두었다. 스데반은 초대 교회의 첫 순교자가 되었다. 그리고 이 일이 '예루살렘'에서 '온 유대'와 '사마리아'와 '땅 끝까지' 복음이 퍼져 나가는 계기가 되었다.

사울이 교회를 박해하다 (8:1-3)

사울은 스데반이 죽은 것을 당연하게 여겼다. 예루살렘에 박해가 심해지자 사도 외에는 다 유대와 사마리아 쪽으로 흩어졌다. 경건한 사람들이 스데반을 장사하며 울었다.

사울은 스데반이 죽은 후에도 예수쟁이들이 득실대는 교회를 없애려고 집집마다 들어가서 예수님을 믿는 사람들을 끌어내어 감옥에 넣었다. 마치 이를 잡듯이 샅샅이 뒤지며 온 열심을 쏟아부었다. 그는 그렇게 하는 것이 하나님을 위한 일이라고 확신했다.

빌립의 사마리아 전도 (8:4-13)

한편, 예루살렘에서 흩어진 사람들은 여러 곳을 다니며 복음의 말씀을 전했다. 일곱 집사 중 한 사람인 빌립은 사마리아성으로 가서 복음을 전하며 표적을 행했다. 빌립이 기도하자 사람들에게 붙어 있던 더러운 귀신들이 나가고, 중풍병자와 걷지 못하는 사람이 걷는 기적이 일어났다. 이런 기적으로 그 성의 많은 사람이 기뻐하며 믿게 되었다. 또한 많은 사람이 믿고 세례를 받았다. 그 동네의 시몬이라는 마술사도 빌립의 능력을 보고 놀라서 믿고 세례를 받은 후에 전심으로 그를 따라다녔다.

마술사 시몬을 타이른 베드로와 요한 (8:14-25)

예루살렘에 있는 사도들이 사마리아의 소식을 듣고 그곳으로 베드로와 요한을 보냈다. 그들이 그곳에서 성령 받기를 기도하니 사람들이 성령을 받았다. 그때 그것을 가만히 보고 있던 마술사 시몬이 그들에게 돈을 쿡 찔러 주면서 이렇게 말했다.

"이 능력을 나한테도 줘서 내가 누구든지 안수하면 그 사람이 성령을 받게 해 주시오."

시몬은 성령을 돈으로 사서 슈퍼맨처럼 그 능력을 막 써먹을 수 있다고 생각한 것 같다. 베드로는 기가 막혀서 "너는 하나님의 선물을 돈을 주고 사는 줄 아느냐! 하나님 앞에서 바르지 못하니, 이 도는 너와 아무런 관계가 없다. 혹 마음에 품은 나쁜 생각을 없애 주실 수도 있으니, 너의 악함을 회개하고 주께 기도해라!" 하고 말했다. 이에 시몬은 두려워서 "나를 위해 주께 기도하여 나한테 말한 것이 하나도 임하지 않게 해 주시오"라고 말했다.

베드로는 그에게 회개하고 기도하라고 했지만, 시몬은 스스로 회개하기보다 베드로에게 기도를 요청했다. 그는 여전히 기독교에 대해 오해하고 있는 것이다. 기도는 누가 대신해 주는 것이 아니라, 우리 스스로가 하는 것이다.

에디오피아 내시에게 복음을 전한 빌립
(8:26-40)

주의 사자가 빌립에게 "일어나 예루살렘에서 가사 근처까지 가라"라고 말씀하셨다. 그곳은 광야였다. 빌립이 순종하는 마음으로 가니, 그곳에는 에디오피아의 내시가 예루살렘에서 예배드리고 돌아가는 길에 수레에서 이사야서를 읽고 있었다. 성령이 빌립에게 그 내시가 탄 수레로 다가가라 하셔서 빌립이 달려갔다. 일반적으로 유대인들은 큰 소리를 내어 성경을 읽었는데, 이 내시도 유대인들의 습관을 따라 그렇게 읽는 것을 빌립이 들었을 것이다. 이에 빌립이 "그 내용을 알겠소?" 하고 물었다. 그러자 내시는 "해석해 주는 사람이 없으니 어찌 알겠소!" 하며 빌립에게 수레로 올라오라 하여 자기가 읽던 구절을 읽어 주었다.

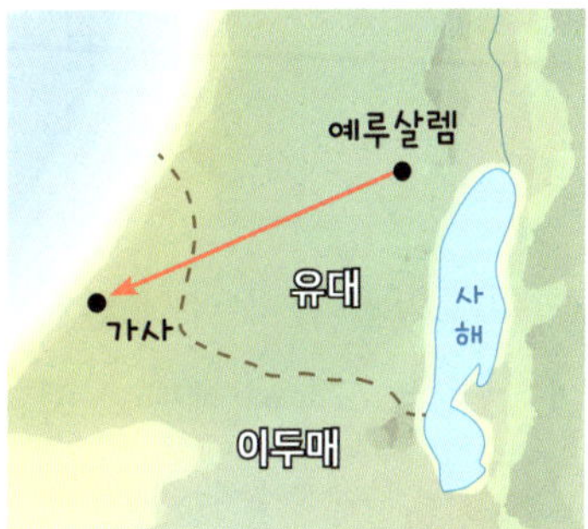

▲ 빌립의 이동 경로

> 그가 도살자에게로 가는 양과 같이 끌려갔고 털 깎는 자 앞에 있는 어린양이 조용함과 같이 그의 입을 열지 아니하였도다 그가 굴욕을 당했을 때 공정한 재판도 받지 못하였으니 누가 그의 세대를 말하리요 그의 생명이 땅에서 빼앗김

이로다(행 8:32-33; 사 53:7-8 참조).

그러자 내시가 물었다.

"이 사람이 누구요? 선지자요, 아니면 다른 사람이오?"

이에 빌립이 이사야서를 설명하며, 그렇게 끌려가는 어린양이 예수님이고 그분이 우리를 살리셨다는 복음을 전했다. 잠시 후 내시가 길을 가다가 물을 보더니 세례를 받고 싶다고 했다. 그들은 수레를 멈추고 물에 내려갔고, 빌립이 내시에게 세례를 주었다. 복음을 전해 듣고 세례까지 받은 내시는 기쁨이 충만해서 돌아갔다. 후에 그 내시는 에디오피아에 복음을 전하는 핵심 멤버가 되었다고 한다.

사울의 회개
(9:1-19)

스데반이 순교할 때 그 자리에 있었던 사울! 그는 길리기아 다소 출신으로 바리새인이었고, 가말리엘의 수제자이며, 구약에 능통했다. 구약 속 구원자를 기다리던 사울은 예수를 믿는 사람들을 용서할 수가 없었다. "나무에 달린 자마다 저주를 받는다"고 신명기에 쓰여 있는데, 그렇게 나무에 매달려 죽은 사람이 메시아라니 기가 막힐 정도로 화가 났다. 이에 예루살렘에 있던 사울은 다메섹으로 가서 예수 믿는 사람들을 잡기 위해 가야바 대제사장에게 공문을 요청했다.

"다메섹 회당에 가서 싹 잡아 올 테니 공문을 부탁합니다."

사울은 공문을 받고 길을 떠났다. A.D. 32년경의 일이다. 그런데 다메섹 근처에 갔을 때 하늘로부터 빛이 내려와 그를 둘러 비췄다. 사울은 너무 놀라 땅에 엎드러졌다. 그때 이런 소리가 들렸다.

"사울아, 사울아, 네가 어찌하여 나를 박해하느냐?"

"누구십니까?"

"나는 네가 박해하는 예수다."

예수님이 사울을 직접 만나러 오셨다. 그리고 왜 당신을 박해하느냐고 물으셨다. 사실 사울은 예수님을 박해한 것이 아니라 예수 믿는 사람들을 박해해 왔다. 그런데 예수님은 그 사람들을 당신과 동일시하셨다. 예수님은 이어서 말씀하셨다.

"너는 일어나 시내로 들어가라. 네가 행할 것을 너에게 이를 자가 있느니라."

사울과 함께 있던 사람들은 소리만 들렸다. 사울은 아무것도 볼 수가 없었기에 함께 있던 사람들이 데리고 시내로 가 주었다. 그는 3일 동안 보지도 못하고 먹지도 못했다.

그때 다메섹에 아나니아라는 제자가 있었다. 주님은 그에게도 말씀하셨다.

"사울이 한 집에서 지금 기도하고 있다. 그가 기도하는 중에 아나니아 네가 자기에게 안수하여 다시 보게 하는 것을 보았다."

이 말을 들은 아나니아는 깜짝 놀랐다.

"주여, 사울은 예루살렘에서 예수 믿는 사람들을 괴롭혔고, 이곳 다메섹에서도 예수 믿는 사람들을 잡아가려고 대제사장에게 공문을 받았다고 합니다."

그러자 주님은 "가라! 사울은 내 이름을 이방인과 임금들, 이스라엘 자손들에게 전하기 위하여 택한 나의 그릇이다"라고 말씀하셨다. 주님의 말씀을 들은 아나니아는 순종하여 그 길로 사울에게 달려가 안수하며 그에게 따뜻하게 말했다.

"형제 사울아!"

정말 감동의 순간이다. 아나니아는 예수 믿는 사람들을 죽이던 원수 같은 사울인데, 주님의 말씀을 듣고 그를 형제 사울이라고 불렀다.

"여기 오는 길에 네가 만났던 예수님이 나에게 말씀하시기를, 너를 다시 보게 하고 성령으로 충만하게 하라고 하셨다."

그러자 즉시 사울의 눈에 있던 비늘 같은 것이 벗겨져 다시 보게 되었다. 그는 세례를 받고 음식을 먹으며 강건해졌다. 사울은 즉시 각 회당에서 예수님이 하나님의 아들이심을 전했고, 그의 말을 들은 사람들은 다 놀랐다.

"아니, 사울은 예수 믿는 사람들을 없애던 사람이잖아? 여기에도 잡아가려고 온 거 아니었어?"

사울은 성경을 공부하며 메시아에 대해 연구했다. 그는 예수님이 자신을 직접 만나 주셨을 때 모든 것을 깨닫게 되었다. 구약에서 그렇게 말해 오던 메시아가 바로 예수님이시라는 것을 말이다.

사울의 피신 (9:23-24)

여러 날이 지나매 유대인들이 사울 죽이기를 공모하더니 그 계교가 사울에게 알려지니라 그들이 그를 죽이려고 밤낮으로 성문까지 지키거늘(행 9:23-24).

여기에서 '여러 날'은 학자마다 의견이 다르다. 바울은 다메섹에서 아라비아로 갔고, 그곳 나바테아에서도 복음을 전했다. 그러니까 대략 3년이 걸렸을 수도 있다. 그 후 나바테아의 왕이 사울을 죽이려고 성문까지 지키자, 사울을 따르는 제자들이 밤에 사울을 광주리에 담아 성벽에서 달아 내렸다.

예루살렘으로 간 사울

(9:26-31)

사울이 예루살렘에 이르러 제자들을 사귀고자 했지만, 그들은 그가 예수의 제자가 된 것을 믿지 않고 두려워했다. 또 반대로 유대인들은 배신자라고 사울을 싫어했다. 중간에 끼어서 위험한 상태였다. 그때 바나바가 사울을 사도들에게 데리고 가서 간증을 해 주었다. 사울이 길에서 어떻게 예수님을 보았는지와 주님이 그에게 말씀하신 일 그리고 다메섹에서 그가 어떻게 예수의 이름으로 담대히 말했는지를 말이다.

사울이 복음을 담대히 전하자 그를 시기하고 미워하는 헬라파 유대인들이 사울을 죽이려 했다. 위험을 느낀 형제들은 사울을 빼내어 가이사랴로 데리고 갔다가 그의 고향인 다소로 보냈다. 그로 인해 유대와 갈릴리와 사마리아 교회가 잘 서 가고 부흥하게 되었다.

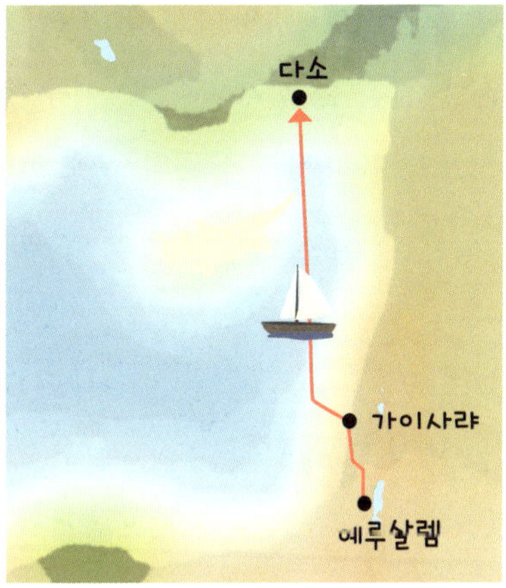

▲ 사울의 이동 경로

베드로의 치유 사역

(9:32-43)

이제 포커스는 베드로에게로 향한다. 베드로도 복음을 전하기 위해 사방을 다니다가 룻다라는 곳에 가게 되었는데, 그곳에는 애니아라는 여인이 중풍으로 8년째 누워 있었다. 베드로가 그녀에게 "애니아야, 예수 그리스도께서 너를 낫게 하시니 일어나 네 자리를 정돈해라"라고 말하자 바로 일어났다. 이 일로 인해 사람들이 베드로를 찾아오기 시작했고, 욥바에서도 제자들이 찾아왔다.

"저희는 욥바라는 곳에서 왔는데, 너무도 선한 다비다라는 분이 죽었습니다. 제발 살려 주세요."

베드로가 그들과 함께 가서 다락방에 있는 시체를 향해 말했다.

"다비다야, 일어나라."

그러자 그녀가 바로 일어나 앉았다. 이 소식을 들은 많은 사람이 주 예수를 믿었다. 베드로는 욥바에서 시몬의 집에 머물렀다.

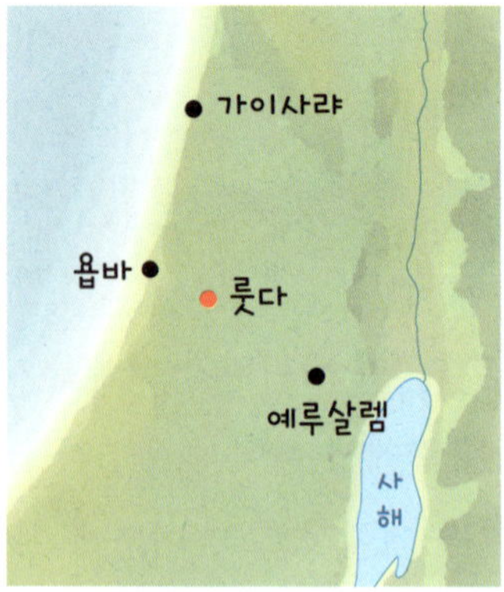

▲ 룻다 주변 지역

이방인 고넬료에게도 성령이 임하시다
(10장)

가이사랴에 고넬료라는 사람이 있는데, 그는 이달리야 부대의 백부장으로 하나님을 경외하며 많은 백성을 구제하고 항상 기도하는 사람이었다. 기도하는데 하루는 제구시, 곧 오후 3시쯤 되었을 때 환상 중에 하나님의 사자가 나타나 말했다.

"고넬료야, 네 기도와 구제가 하나님 앞에 놓여 기억되었다. 사람들을 욥바에 보내어 베드로를 청하거라."

고넬료는 하인 중에서 경건한 사람 하나를 불러 베드로에게 보냈다.

한편, 고넬료의 하인이 도착할 무렵의 일이다. 베드로가 제육시, 곧 12시에 기도하기 위해 지붕에 올라갔는데 환상이 보였다. 황홀한 중에 하늘에서 그릇이 내려오는데, 그 안에는 율법에 따라 먹어서는 안 되는 각종 네 발 가진 짐승과 기는 것, 공중에 나는 것들이 있었다. 보고 있는데도 베드로의 인상이 찌푸려졌다. 그런데 그때 이런 소리가 들렸다.

"베드로야, 일어나 잡아먹어라!"

"주여, 저는 속되고 깨끗하지 않은 것은 결코 먹지 않았습니다."

"하나님이 깨끗하게 하신 것을 네가 속되다고 하지 말아라."

이런 옥신각신이 세 번 반복된 후에 그릇이 올라갔다. 베드로는 이 환상이 무슨 뜻인지 알 수 없었다. 그때 마침 고넬료가 보낸 사람들이 베드로가 있는 곳에 도착했다.

"베드로라는 사람이 여기에 있습니까?"

그때 베드로에게 성령이 말씀하셨다.

"두 사람이 너를 찾으니 의심하지 말고 함께 가라. 내가 보내었다."

베드로는 그들을 만나 이야기를 듣고 고넬료를 만나러 가이사랴로 갔다. 그리고 그 집에 도착했을 때 고넬료가 베드로를 맞으며 그의 발 앞에 엎드려 절했다. 그러자 베드로가 말했다.

"나도 사람이니 일어서라. 유대인이 이방인과 교제하는 것은 위법인데, 하나님이 지시하시기를 아무도 속되다 하거나 깨끗하지 않다고 하지 말라 하시기로 내가 왔다. 무슨 일로 불렀느냐?"

이에 고넬료가 말했다.

"기도하는 중에 하나님이 베드로 당신에 대해 말씀하셨습니다. 우리는 주께서 당신에게 명하신 모든 것을 듣고자 합니다."

베드로가 말했다.

"참으로 하나님은 외모를 보지 않으시며, 각 나라 중 하나님을 경외하며 의를 행하는 사람은 다 받으시는 줄을 깨달았다. 예수님이 부활한 후에 우리 제자들 앞에 나타나셨고, 우리를 그 증언자로 세우셨다. 예수에 대해 모든 선지자도 그분의 이름을 힘입어 죄 사함을 받는다고 했다."

이렇게 베드로가 사람들에게 말할 때, 성령이 고넬료와 가족들을 포함한, 말씀을 듣는 모든 사람에게 내려오셨다. 베드로와 할례 받은 신자들(유대인)은 이방인들에게도 성령이 부어지는 것을 보고 놀랐다. 그들이 방언을 말하고 하나님을 높이는 것을 들었기 때문이다. 베드로가 말했다.

"이 사람들도 이렇게 성령을 받으니 예수 그리스도의 이름으로 세례를 베풀어라."

예루살렘에 보고하다
(11:1-18)

베드로가 예루살렘에 올라가니 할례 받은 유대인들이 난리가 났다.

"네가 어떻게 무할례자의 집에 들어가 함께 먹을 수가 있느냐?"

베드로가 말했다.

"내가 무할례자들에게 말을 시작할 때 성령이 그들에게 임하시는 것이 처음 우리에게 임하시는 것과 같았다. 그때 나는 '요한은 물로 세례를 베풀었지만 너희는 성령으로 세례를 받을 것이다'라는 주님의 말씀이 생각났다. 내가 누구이기에 하나님을 막겠는가!"

듣고 있던 유대인들은 더 이상 할 말이 없었다. 하나님이 하셨다는데 어떻게 반기를 들 수 있겠는가. 그래서 그들은 하나님께 영광을 돌리며 "하나님이 이방인에게도 생명을 얻는 회개를 주셨도다"라고 말했다.

수리아 안디옥교회의 설립
(11:19-30)

스데반의 죽음으로 예루살렘에서 흩어진 자들이 수리아의 안디옥까지 와서 유대인에게 말씀을 전했다. 이방인 전도 소식을 듣고 예루살렘교회는 바나바를 안디옥에 파송한다. 바나바는 이방인들의 교회인 안디옥교회에서 활동한다. 다소에 가서 사울을 데려온 바나바는 사울과 동역하며 안디옥교회에서 큰 무리를 1년간 가르쳤고, 그제야 비로소 제자들(성도들)이 '그리스도인'이라 일컬음을 받았다.

그때 예루살렘에서 선지자 아가보가 와서 천하에 큰 흉년이 든다고 예언했는데, 시간이 지난 후 로마의 글라우디오 황제 때(A.D. 41-54년) 실제로 흉년이 들었다. 이때 어려운 유대 형제들에게 사울 일행이 헌금을 보냈다.

박해와 순교
(12:1-19)

유대의 종교 지도자들이 예루살렘 성도들을 박해하던 때에 유대의 분봉왕인 헤롯 대왕의 손자 헤롯 아그립바 1세(A.D. 37-44년 재위)가 명령을 내려 요한의 형제 야고보를 칼로 죽였다. 야고보가 죽는 것을 유대인들이 좋아하자 그는 후에 베드로도 체포했다. A.D. 41년 유월절에 베드로를 심문하고 그다음 날 처형할 계획이었다. 베드로는 헤롯 궁 감옥에 갇혀 있었는데, 네 명의 군사로 이루어진 네 개의 조가 철저하게 감시하고 있었고, 교회는 베드로를 위해 간절히 기도했다.

헤롯 아그립바 1세가 베드로를 죽이려고 하는 전날 밤, 두 사슬에 매여 경비병 사이에서 자는데 주의 천사가 베드로의 옆구리를 치며 깨웠다.

"베드로야, 일어나라! 어서 띠를 띠고 신을 신어라. 그리고 겉옷을 입고 따라와라!"

베드로는 이게 꿈인지 생시인지 분간이 되지 않았다. 첫 번째, 두 번째 파수를 지나 예루살렘성으로 통하는 문에 이르자 문이 저절로 열렸고, 나와서 한 거리를 지나자 주의 천사가 떠나갔다. 베드로는 그제야 정신이 들어서 말했다.

“하나님의 사자가 와서 나를 헤롯 아그립바 1세와 대적자들의 손에서 벗어나게 하셨구나.”

베드로가 곧 마가 요한의 어머니 마리아의 집으로 가니 여러 사람이 모여서 베드로를 위해 기도하고 있었다. 베드로가 대문을 두드리자 로데라는 여자아이가 베드로를 알아보고 “베드로가 문밖에 있어요!”라고 소리쳤으나 그들은 믿지 않았다. 그런데 나가 보니 진짜 베드로가 와 있는 것이 아닌가! 베드로는 주께서 어떻게 자기를 감옥에서 끌어내 주셨는가를 이야기하고 다른 곳으로 갔다.

한편, 날이 새고 감옥에 있던 베드로가 없어진 것을 안 군인들은 난리가 났다. 헤롯 아그립바 1세는 베드로를 지키던 경비병들을 죽이라고 명령하고 가이사랴로 갔다.

헤롯의 죽음
(12:20-25)

헤롯은 두로와 시돈 사람들에게 화가 나 있었다. 그들은 헤롯 아그립바 1세가 다스리는 지역에서 나는 식량을 공급받고 있었기에 어쩔 수 없이 찾아와서 화평을 청했다. 헤롯이 날을 택한 후 그들 앞에서 화려한 옷을 입고 연설을 하자 “이것은 신의 소리요, 사람의 소리가 아니다” 하며 갖은 아첨을 떨었다. 그런데 헤롯이 영광을 하나님께 돌리지 않고 자신에게 돌려서 주의 사자가 그를 쳐서 벌레에 먹혀 죽게 했다.

한편, 바나바와 사울은 마가 요한을 데리고 부조하는 일을 마친 후에 예루살렘에서 수리아 안디옥으로 돌아온다.

순종하여 바나바와 사울을 파송하다 (13:1-3)

수리아 지역에 있는 안디옥교회는 날로 성장하고 있었다. 그들이 금식하며 기도하자 성령이 교회에게 말씀하셨다.

> 내가 불러 시키는 일을 위하여 바나바와 사울을 따로 세우라(행 13:2).

안디옥 성도들은 하나님의 말씀에 순종했다. 그 마음이 참 대단하다. 이는 교회가 한창 부흥하고 있는데 담임목사와 같은 바나바와 사울을 내놓는 것과 마찬가지이기 때문이다.

바울의 1차 전도 여행

구브로에서의 전도 (13:4-12)

바나바와 사울은 1차 전도 여행을 시작하면서 수리아 안디옥에서 26킬로미터 떨어진 실루기아 항구로 내려갔다. 그리고 그곳에서 배를 타고 구브로섬 살라미에 도착하여 하나님의 말씀을 유대인의 여러 회당에서 전했다. 이때 마가 요한도 1차 전도 여행에 함께했다.

바보라는 곳에 갔을 때 거짓 선지자인 마술사 바예수를 만났는데 그가 총독인 서기오 바울과 함께 있었다. 서기오 바울이 바나바와 사울을 불러서 하나님의 말씀을 들으려 하자 마술사가 그것을 막았다. 사울이 성령이 충만해서 마술사를 보고 "모든 거짓과 악행이 가득한 자여! 마귀의 자식이요, 모든 의의 원수여! 주의 손이 네 위에 있어서 맹인이 되어 얼마 동안 해를 보지 못할 것이다"라고 말하자 바로 안개와 어둠이 그를 덮어서 보이지 않게 되었다. 이것을 본 총독은 주의 가르치심을 더 놀랍게 여겼다. 구브로섬에서 하나님은 이렇게 기적을 일으키셨다.

비시디아 안디옥 (13:13-52)

바보에서 배를 타고 밤빌리아에 있는 버가에 이르렀을 때, 마가 요한이 갑자기 예루살렘으로 돌아가 버렸다. 이때 중간에 돌아가 버린 마가 때문에 바울은 화가 많이 났다.

바울과 바나바는 비시디아 안디옥에 도착하여 안식일에 어김없이 회당에 들어가서 말씀을 가르쳤다. 율법과 선지자의 글, 곧 구약의 내용을 읽자 회당장들이 바울과 바나바에게 "백성에게 권할 말이 있느냐?" 하고 물었다. 그러자 바울이 일어나서 설교를 시작했다.

"이스라엘 사람들과 하나님을 경외하는 사람들아 들으라."

여기서 '하나님을 경외하는 사람들'은 유대인이 아닌 하나님을 믿게 된 이방인들을 말한다.

"이 이스라엘 백성의 하나님이 우리 조상들을 택하여 출애굽시킨 후에 광야에서 40년 동안 당신을 배신하는 것도 다 참으면서 가나안 땅의 일곱 족속을 멸해 주시기까지 약 450년이 걸렸다. 그 후에 사무엘 때까지는 사사를 주셨고, 그 후에 그들이 왕을 달라고 하자 40년 동안 사울을 왕으로 주셨다가 폐하고 다윗을 왕으로 세워 주셨다. 하나님이 다윗에게는 '내 마음에 맞는 사람이라. 그가 내 뜻을 다 이루리라' 하시더니 그의 후손에서 구주를 세우셨는데, 그가 바로 세례 요한이 말한 예수다! 하나님이 이 구원의 말씀을 우리에게 보내셨는데, 예루살렘에 사는 자들과 그들의 관리들이 안식일마다 말씀은 외우지만 그 선지자들의 말을 이해하지 못함으로 예수님을 정죄해서 빌라도에게 부탁해 죽여 달라 했으니, 이것은 구약성경에서 예수님을 가리켜 기록한 말씀을 다 이룬 것이다. 하나님이 그를 죽은 자 가운데서 살리셨고, 여러 날 동안 제자들에게 나타나 보이셨으니 그들이 증인이다."

바울이 이렇게 담대하게 복음을 전하자 사람들은 다음 안식일에도 와 달라고 부탁했다. 그 가르침이 너무도 새롭고 신선했기 때문이다. 그다음 안식일에는 온 시민이 거의 다 하나님의 말씀을 듣고자 모였다. 이 모습을 보고 시기와 질투의 마음이 일어난 유대인들이 바울과 바나바를 공격하자 그들이 말했다.

"하나님의 말씀을 유대인인 너희에게 먼저 전해야 하지만 너희가 이것을 버리고 영생을 얻기에 합당하지 않게 하니 우리가 이방인에게 간다. 주님이 우리를 이방의 빛으로 삼아서 땅끝까지 구원하게 할 것이라 하셨다."

이 말을 들은 이방인들이 기뻐하여 하나님의 말씀을 찬송하며 믿었다. 결국 시기하던 유대인들이 바나바와 바울을 쫓아내어 그들은 이고니온으로 이동했다.

이고니온
(14:1-7)

이고니온에 도착한 바울과 바나바는 유대인의 회당에 들어가서 말씀을 전했고, 유대와 헬라의 많은 사람이 믿었다. 그러나 이곳에서도 순종하지 않는 유대인들이 선동하여 괴롭혔다. 두 사도를 모욕하며 돌로 치려고 달려들자, 그들은 알고 도망하여 루스드라와 더베와 그 근방으로 가서 복음을 전했다.

루스드라
(14:8-28)

루스드라에는 태어날 때부터 발을 쓰지 못해 한 번도 걸어 보지 못한 사람이 있었다. 그가 바울이 말하는 것을 열심히 듣고 있었다. 그에게 믿음이 있는 것을 보고 바울이 큰 소리로 말했다.

"네 발로 일어서라!"

그러자 한 번도 걸은 적이 없던 그가 일어서서 걸었다. 걷지 못하던 자를 고친 것을 본 사람들은 "신들이 사람의 형상으로 왔다" 하며 바나바는 제우스요, 바울은 헤르메스로 보고 제우스 신당의 제사장이 소와 화환을 가지고 와서 그들에게 제사를 드리려고 했다. 바울과 바나바는 이를 보고 옷을 찢으며 소리를 질렀다.

"왜 사람인 우리를 신처럼 섬기려 하느냐! 우리도 사람이다. 복음을 전하는 것은 이런 헛된 일을 버리고 천지를 창조하신 하나님께 돌아오게 하려 함이다. 하나님은 그동안 참아 주셨다. 모든 것을 공급하시는 하나님은 선하시다."

그리고 무리를 겨우 말려 자기들에게 제사를 드리지 못하게 했다. 이때 유대인들이 또 안디옥과 이고니온에서 와서 무리를 충동하자 그들이 바울을 돌로 쳤다. 그들은 바울이 죽은 줄 알고 성 밖으로 끌어냈다. 율법에는 죄인을 죽일 때 성 밖으로 끌어내어 죽이도록 했기 때문이다(신 17:5 참조). 그러나 제자들이 그 옆에 둘러섰을 때 피투성이가 된 바울이 일어났다.

"복음을 전하러 가자!"

그리고 이튿날 그 몸을 이끌고 96킬로미터나 떨어진 더베로 갔다. 그곳에서 많은 사람을 제자로 삼고, 왔던 길을 다시 돌아가며 제자들의 마음을 굳게 했다.

"믿음 안에 있으라. 하나님 나라에 들어가려면 많은 환난을 겪어야 할 것

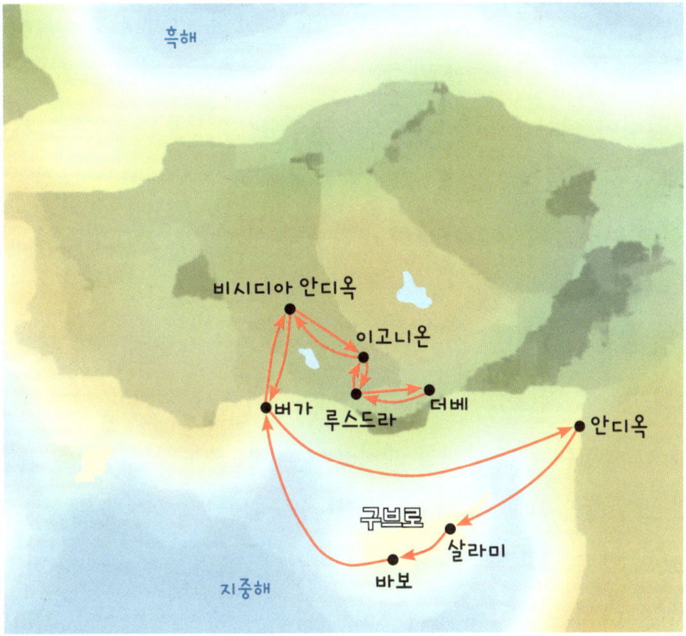

▲ 바울의 1차 전도 여행 경로

이다."

바울은 이렇게 당부하며 각 교회의 장로들을 임명한 뒤에, 금식 기도하며 그들이 믿는 주께 그들을 부탁하고 1차 전도 여행을 마치고 안디옥교회로 돌아왔다.

예루살렘 회의
(15:1-35)

어떤 사람들이 유대로부터 수리아 안디옥교회로 와서 믿는 형제들에게 "너희가 예수를 믿어도 모세의 법대로 '할례'를 받지 않으면 구원받지 못한다"라고 주장했다. 바울과 바나바는 그들과 실랑이를 하다가 이 문제를 정리하기 위해 예루살렘으로 향했다. 이들은 예루살렘에 갈 때도 그냥 가지 않았다. 가는 길에 베니게, 사마리아를 들러 이방인들이 주님께로 돌아온 일들을 말하며 간증하니 형제들이 기뻐했다.

바울 일행이 예루살렘에 와서 하나님이 행하신 모든 일을 말하니 바리새파 중에서 어떤 믿는 사람들이 "이방인에게 할례를 행하고 모세의 율법을 지키는 것이 마땅하지 않은가?" 하고 말했다. 많은 변론이 있고 나서 베드로가 말했다.

"너희가 알거니와 하나님이 이방인들에게도 우리 유대인과 똑같이 성령을 주며 차별하지 않으셨다. 그런데 너희는 어째서 우리 조상과 우리도 잘 메지 못하던 율법이라는 멍에를 제자들의 목에 두려 하느냐! 이방인이나 유대인이나 모두 동일하게 주 예수의 은혜로 구원받는 것을 믿는다."

베드로의 말을 들은 무리는 가만히 있었다. 그리고 바나바와 바울이 1차 전도 여행을 다니는 동안에 하나님이 이방인 중에서 행하신 표적과 기사에 관하여 말하는 것을 들었다. 이야기가 끝나자 예수님의 동생 야고보가 예루살렘교회의 지도자로서 회의의 결론을 내려 주었다.

"시므온(베드로)이 이야기한 것은 '이후에 내가 돌아와서 다윗의 무너진 장막을 다시 지으며 또 그 허물어진 것을 다시 지어 일으키리니 이는 그 남은 사람들과 내 이름으로 일컬음을 받는 모든 이방인들로 주를 찾게 하려 함이라'(암 9:11-12 참조)라는 선지자의 말씀과 일치한다. 그러니 이제 이방인 중에서 하나님께로 돌아오는 자들을 괴롭게 하지 말고 우상의 더러운 것, 음행, 목매어 죽인 것, 피를 멀리하라고 편지하는 것이 옳다."

이방인 지역마다 율법을 가르치는 사람들이 있어서 유대인들의 율법이 이방인들에게 그렇게 생소한 것은 아니므로 이방인 개종자들은 예루살렘 총회에서 결정된 조항들을 이해할 수 있었다. 이렇게 결론을 내리고 그것을 전하기 위해 예루살렘 사람들을 바울과 바나바와 함께 수리아 안디옥으로 보냈다. 그 소식을 듣고 모두가 기뻐했다.

바울의 2차 전도 여행

바울과 바나바가 갈라서다
(15:36-41)

바울이 2차 전도 여행을 가려 할 때 바나바가 마가 요한을 데리고 가자고 했다. 하지만 바울은 1차 전도 여행 때 밤빌리아에서 갑자기 떠난 마가와는 갈 수 없다 하여 둘이 심하게 다투었다. 결국 바울은 실라와 함께 수리아, 길리기아 쪽으로 가고, 바나바는 마가와 함께 구브로로 가게 되었다.

바울과 디모데의 동행
(16:1-5)

더베와 루스드라에 도착하니 그곳에는 디모데라 하는 제자가 있었다. 바울은 아마 1차 전도 여행 때 루스드라에서 돌에 맞고 난 후 복음을 전하려고 더베로 갔을 때 디모데를 만났거나 그에 대해 전해 들었을 수 있다. 디모데의 어머니는 유대인이고, 아버지는 헬라인이었다. 바울은 디모데의 인품을 보고 그를 제자로 삼은 후 할례를 받게 했다. 그 이유는 디모데의 어머니가 유대인이었기 때문이다. 어머니가 유대인이면 자식도 유대인이었기에 유대인의 규례를 지켜 행하게 했다. 나중에 제자가 된 디도는 헬라인이었기에 그에게는 할례를 권하지 않았다. 디모데는 2차 전도 여행에 동행한다.

바울이 환상을 보다
(16:6-10)

바울 일행은 이제 아시아, 곧 에베소가 있는 쪽으로 복음을 전하려고 나아갔다. 그런데 성령이 그 길을 막으셨다. 북쪽 비두니아로 가려고 할 때도 예수의 영이 허락하지 않으셨다. 그렇게 아시아와 비두니아의 길이 막고 막히면서 앞으로 나아가다 보니 드로아까지 가게 되었다. 그리고 그날 밤에 바울에게 환상이 보였는데, 마게도냐 사람이 서서 "마게도냐로 건너와서 우리를 도우라" 하고 말했다. 바다를 건너 마게도냐로 가게 되면 그곳은 유럽으로 가는 길이었다. 바울의 계획과 하나님의 계획은 전혀 달랐다. 하지만 바울은 순종하는 마음으로 마게도냐로 향했다.

> 바울이 그 환상을 보았을 때 우리가 곧 마게도냐로 떠나기를 힘쓰니 이는 하나님이 저 사람들에게 복음을 전하라고 우리를 부르신 줄로 인정함이러라(행 16:10).

그런데 사도행전 16장 10절부터 '우리'라는 말이 나온다. 사도행전을 누가가 썼으니 드로아에서부터 누가가 동행하게 된 것이다. 그렇게 해서 먼저 도착한 곳이 마게도냐의 빌립보다. 빌립보는 알렉산더 대왕의 아버지인 빌립 2세의 이름을 따서 만든 도시다.

▲ 바울의 2차 전도 여행 경로

빌립보에서 루디아를 만나다
(16:11-15)

바울은 어디를 가든지 먼저 유대인들이 세운 회당에 가서 복음을 전했다. 그런데 일행은 회당을 찾아볼 수가 없었다. 그래서 기도할 곳을 찾다가 강가에 여자들이 모여 있는 것을 보고 그곳에서 복음을 전했다. 그곳에는 자색 옷감 장수인 루디아가 있었는데, 그녀와 그 집이 다 세례를 받고 복음을 받아들였다.

옥에 갇힌 바울과 실라 (16:16-40)

하루는 기도하는 곳에 가는데 점치는 귀신 들린 여종이 그들을 알아보았다.

"아! 이 사람들은 하나님의 종인데 구원의 길을 전한다!"

한 번도 아니고 졸졸 쫓아다니면서 그 말을 반복하자 바울이 괴로워서 그 여자 안에 있는 귀신에게 소리쳤다.

"예수 그리스도의 이름으로 내가 네게 명하노니 그에게서 나와라!"

그러자 즉시 귀신이 나오고 여종은 정상이 되었다. 그런데 이 일로 점치는 일을 못 하게 된 여종의 주인들이 화가 났다. 바울 일행이 자신들의 밥벌이를 끊어 버렸기 때문이다. 그들은 바울과 실라를 붙잡아서 관리들에게 끌고 갔고 그들은 바울과 실라의 옷을 벗기고 매로 친 후에 감옥에 가두었다.

바울과 실라는 밤에 감옥에서도 하나님께 기도하며 찬송했다. 그리고 그 소리를 죄수들이 들었다. 그때 갑자기 큰 지진이 일어나더니 문이 다 열리면서 꽁꽁 묶고 있던 사슬도 다 풀리는 것이 아닌가! 잠을 자던 간수가 깜짝 놀라서 보니 옥문이 다 열려 있었다. 그는 죄수들이 다 도망간 줄 알고 두려운 마음에 스스로 칼을 빼어 죽으려고 했다. 그때 바울이 크게 소리 질렀다.

"네 몸을 상하게 하지 마라. 우리가 다 여기 있다!"

간수가 물었다.

"내가 어떻게 해야 구원받을 수 있겠습니까?"

"주 예수를 믿으라. 그리하면 너와 네 집이 구원을 받을 것이다!"

이 유명한 구절이 바울이 빌립보 감옥의 간수에게 전해 준 말이다. 이 말을 듣고 간수와 가족들이 세례를 받은 후 예수님을 믿게 되었다. 바울 일행은 루디아의 집에 가서 형제들을 만나고 다른 곳으로 이동했다. 이렇게 해서 빌립보교회가 세워진다.

데살로니가
(17:1-9)

바울 일행은 데살로니가로 갔다. 그곳에는 유대인의 회당이 있었기에 그들은 데살로니가에 3주 정도 머물며 성경을 가르쳤다. 그는 뜻을 풀어 그리스도가 해를 받고 죽은 자 가운데서 다시 살아나야 할 것을 증언하면서 "내가 너희에게 전하는 이 예수가 곧 그리스도다!"라고 말했다. 이 말이 그들에게는 충격이었을 것이다. 유대인들이 그토록 기다리던 메시아, 곧 그리스도가 얼마 전에 예루살렘에서 십자가형으로 죽은 예수라니 말이다! 바울의 이 설교를 들은 사람 중에서 믿는 사람들이 생겼다.

그러나 늘 그렇듯이 바울을 시기하고 미워하는 유대인들이 불량한 사람들을 몰고 와서 그들이 머물렀던 야손의 집에 쳐들어와 그들을 끌어내려 했다. 그러나 그들은 벌써 도망가고 없었다. 그 못된 유대인들이 주장한 것은 "천하를 어지럽히는 사람들이 여기에도 나타났는데 야손이 그들을 받아들였다. 그들은 가이사 외에 다른 임금이 있는데 그게 예수라고 말한다"는 것이었다.

베뢰아에서 복음을 전하다
(17:10-15)

밤에 믿는 형제들이 몰래 바울과 실라를 베뢰아로 보냈다. 그들은 또 유대인의 회당으로 들어갔다.

베뢰아에 있는 사람들은 데살로니가에 있는 사람들보다 더 너그러워서 간절한 마음으로 말씀을 받고 이것이 그러한가 하여 날마다 성경을 상고했다. '베뢰아 성경 공부'라는 말이 생길 정도로 베뢰아 사람들은 복음을 전해 들었을 때 누구보다도 말씀에 진지하고 진심이었다. 그래서 사도 바울의 가르침을 듣고 집으로 돌아가서 그것이 사실인지 알아보고 묵상도 하며 성경을 연구했다. 이렇게 베뢰아에서도 믿는 사람이 많아졌다.

그러나 시간이 지나자 데살로니가에 있던 못된 유대인들이 베뢰아까지 와서 또 난리를 치는 바람에 형제들은 또다시 바울을 다른 곳으로 보내야 했다. 실라와 디모데는 베뢰아에 머물고, 바울은 그리스 아덴(아테네)로 떠났다.

아덴
(17:16-34)

바울은 배를 타고 에게해로 내려가 그리스 신화가 펼쳐져 있는 아덴에 도착했다. 그곳에는 온갖 신이 다 있었다. 바울은 장소가 어디든지 복음을 전했다.

"이 말쟁이가 무슨 말을 하려는 거지?"

"이방 신들을 전하나 봐!"

사람들은 바울이 예수와 부활을 전하기에 그렇게 생각한 것 같다. 그들은 바울을 붙들어 아레오바고라는 장소로 데려갔다. 그곳은 아덴 사람들과 외국인들이 모여서 새롭거나 재미있는 것을 찾으며 하루 종일 토론하고 즐기는 곳이었다. 바울이 그 자리에 섰다.

"아덴 사람들아! 너희를 보니 범사에 종교심이 많은 것 같다! 내가 둘러보니 '알지 못하는 신에게'라고 새긴 단도 있더라. 그래서 내가 그 신에 대해 알려 주려 한다. 우주와 그 가운데 있는 만물을 지으신 하나님은 천지의 주재시니 사람이 손으로 지은 전에 거하지 않으신다. 또 무엇이 부족한 것처럼 사람의 손으로 섬김을 받지 않으신다. 그분은 모든 사람에게 생명과 호흡과 모든 것을 주시는 분이다. 그분은 인류의 모든 족속을 한 혈통으로 만들어 온 땅에 살게 하셨으며, 그들의 살 시기와 거주할 지역의 경계를 정해 놓으셨다. 이는 사람으로 하여금 하나님을 더듬어 찾아 발견하게 하시려는 것이다. 하나님은 우리 각 사람에게서 멀리 떨어져 계시지 않는다. 우리는 그분의 소생이다. 그러니 금, 은, 돌에 사람이 새긴 것들과 같지 않다. 모를 때는 하나님이 눈감아 주셨으나, 이제는 어디서든지 모든 사람에게 회개하라고 명하신다. 이는 하나님이 천하를 공의로 심판할 날을 작정하셨기 때문이다. 하나님은 당신이 정한 사람으로 심판하실 것인데, 그를 죽은 자들 가운데서 다시 살림으로써 모든 사람에게 믿을 만한 증거를 주셨다."

바울이 아덴에서 한 설교는 너무도 뛰어났다. 믿지 않는 그들에게 하나님과 예수님을 정말 멋지게 소개했다. 죽은 자의 부활에 대한 이야기를 듣고 어떤 사람들은 바울을 조롱했으나, 또 어떤 사람들은 한 번 더 들어 보겠다고 했다. 그들 중에서 믿는 사람들이 생겼는데, 디오누시오와 다마리라 하는 여자와 다른 사람들도 있었다.

바울의 고린도 초기 사역
(18:1-11)

그 후 바울은 아덴을 떠나 65킬로미터 떨어진 고린도로 갔다. 그는 그곳에서 로마 출신 유대인인 브리스길라와 아굴라 부부를 만나 함께 천막 만드는 일을 했다. 시대적 배경은 로마의 황제 글라우디오가 모든 유대인을 로마에서 쫓아냈을 때다. 그 이유는, 유대인과 그리스도인들의 분쟁으로 로마가 피해를 입고 있다고 생각한 황제가 다 쫓아내 버린 것이다. 그래서 브리스길라와 아굴라 부부도 로마를 떠나 이 고린도까지 오게 되어 바울을 만난 것이다. 바울은 그들과 함께 천막을 만들면서 안식일마다 회당에서 설교를 했다.

한편, 고린도에서도 유대인들이 바울을 대적하며 괴롭히자 바울은 "너희 피가 너희 머리로 돌아갈 것이요, 나는 깨끗하다. 이후에는 이방인에게로 갈 것이다"라고 말하고 회당 옆에 위치한 디도 유스도의 집으로 갔다. 회당장인 그리스보는 마음에 울림이 있어 사도 바울을 찾아와 온 집안이 주를 믿으며 수많은 고린도 사람들도 믿어 세례를 받았다.

그러던 어느 날 밤에 하나님이 바울에게 환상으로 말씀해 주셨다.

"두려워하지 말며 침묵하지 말고 말해라. 내가 너와 함께 있으니 어떤 사람도 너를 대적하여 해롭게 할 자가 없을 것이다. 이 성중에는 나의 백성이 많다."

하나님은 바울에게 힘을 실어 주셨다. 바울은 1년 6개월간 고린도에서 지내며 그들의 믿음을 튼튼히 해 갔다.

데살로니가전서

데살로니가교회에 편지를 보내다

고린도에 1년 6개월간 머물러 있을 때 바울은 자신이 3주밖에 머물지 못했던 데살로니가 성도들의 소식을 전해 듣는다. 소식의 내용은 그들이 신앙생활에 모범을 보이고, 박해 가운데에서도 믿음을 잘 지켜 나가며, 종말에 관해 잘못된 생각을 가져 어려움을 겪고 있다는 것이다. 그래서 바울은 데살로니가 성도들을 위해 편지를 쓴다(A.D. 51-52년경).

데살로니가에는 일찍부터 유대인들이 이주하여 회당을 짓고 터를 잡았다. 그러다 보니 다른 지역보다 유대인들의 텃세가 더 심했다. 바울이 갔을 때 극렬 유대인들의 난동으로 3주 만에 도망쳐 나올 정도였다. 그런 곳에 세운 교회의 성도들은 못된 유대인과 불신 이방인 사이에서 따돌림과 조롱과

협박을 받으며 믿음을 지키고 있었다.

성도들이 믿음의 본을 보이다(1장)

많은 환난 가운데서도 데살로니가 성도들이 믿음을 지키는 모습은 마게도냐와 아가야에 있는 사람들에게도 본이 되었다. 그들은 바울 일행이 데살로니가에 갔을 때 성도들이 바울 일행을 어떻게 환영했는지, 어떻게 우상을 버리고 하나님을 잘 섬기게 되었는지, 또 어떻게 하나님의 아들 예수님의 재림을 기다리는지를 이야기한다고 바울은 전한다.

> 주의 말씀이 너희에게로부터 마게도냐와 아가야에만 들릴 뿐 아니라 하나님을 향하는 너희 믿음의 소문이 각처에 퍼졌으므로 우리는 아무 말도 할 것이 없노라 그들이 우리에 대하여 스스로 말하기를 우리가 어떻게 너희 가운데에 들어갔는지와 너희가 어떻게 우상을 버리고 하나님께로 돌아와서 살아 계시고 참되신 하나님을 섬기는지와 또 죽은 자들 가운데서 다시 살리신 그의 아들이 하늘로부터 강림하실 것을 너희가 어떻게 기다리는지를 말하니 이는 장래의 노하심에서 우리를 건지시는 예수시니라(살전 1:8-10).

고난 가운데서 복음을 전파하다(2장)

바울 일행은 빌립보에서 고난을 받은 후 고통스러웠다. 귀신 들려 점치는 여종을 구하자 그 주인들이 바울 일행을 감옥에 넣어 버린 것이다. 그들은 그 후에 데살로니가로 가서 복음을 전했다. 그렇게 전하는 이유는 하나님을 기쁘시게 하려는 것이었다. 그리고 유모가 자녀를 기름같이 하여 복음뿐 아니라 목숨까지 주기를 기뻐한 것은 데살로니가 성도들이 사랑하는 자가 되었기 때문이다. 바울은 성도들에게 폐를 끼치지 않으려고 밤낮으로 천막을 만들며 복음을 전했다.

하나님께 정말 감사한 것은, 말씀을 전할 때 듣는 이들이 사람의 말로 받지 않고 하나님의 말씀으로 받아들였다. 하지만 데살로니가에서 우상 숭배 등 이전 관습을 버리고 복음을 믿으니 그 동족들에게서 고난을 받았다. 바울을 대적하는 유대인들은 이방인에게 구원을 전하는 것을 금해서 항상 자기 죄를 채웠다. 예수가 메시아이시라는 사실과 구원의 역사가 그분을 통해 이루어진다는 것을 부정하니 "너희가 너희 조상의 분량을 채우라"(마 23:32)라는 말씀처럼 그들은 자신의 죄를 항상 채우고 있는 것이다.

바울은 2장 말미에 이렇게 썼다.

> 형제들아 우리가 잠시 너희를 떠난 것은 얼굴이요 마음은 아니니 너희 얼굴 보기를 열정으로 더욱 힘썼노라 그러므로 나 바울은 한 번 두 번 너희에게 가고자 하였으나 사탄이 우리를 막았도다 우리의 소망이나 기쁨이나 자랑의 면류관이 무엇이냐 그가 강림하실 때 우리 주 예수 앞에 너희가 아니냐 너희는 우리의 영광이요 기쁨이니라(살전 2:17-20).

환난 가운데 교제와 위로(3장)

바울이 아덴에 잠시 머물러 있을 때 디모데가 데살로니가로 파송되었다가 고린도에서 합류했으며, 데살로니가의 소식을 듣고 편지를 쓴 것임을 3장에서 이야기한다.

지금은 디모데가 너희에게로부터 와서 너희 믿음과 사랑의 기쁜 소식을 우리에게 전하고 또 너희가 항상 우리를 잘 생각하여 우리가 너희를 간절히 보고자 함과 같이 너희도 우리를 간절히 보고자 한다 하니 이러므로 형제들아 우리가 모든 궁핍과 환난 가운데서 너희 믿음으로 말미암아 너희에게 위로를 받았노라(살전 3:6-7).

사실 고린도에서 바울은 유대인들의 괴롭힘으로 너무도 힘든 상황이었다.

우리가 우리 하나님 앞에서 너희로 말미암아 모든 기쁨으로 기뻐하니 너희를 위하여 능히 어떠한 감사로 하나님께 보답할까 주야로 심히 간구함은 너희 얼굴을 보고 너희 믿음이 부족한 것을 보충하게 하려 함이라 하나님 우리 아버지와 우리 주 예수는 우리 길을 너희에게로 갈 수 있게 하시오며 또 주께서 우리가 너희를 사랑함과 같이 너희도 피차간과 모든 사람에 대한 사랑이 더욱 많아 넘치게 하사 너희 마음을 굳건하게 하시고 우리 주 예수께서 그의 모든 성도와 함께 강림하실 때에 하나님 우리 아버지 앞에서 거룩함에 흠이 없게 하시기를 원하노라(살전 3:9-13).

정결한 생활을 권면하다 (4:1-12)

하나님의 뜻은 이것이니 너희의 거룩함이라 곧 음란을 버리고 각각 거룩함과 존귀함으로 자기의 아내 대할 줄을 알고 … 형제를 해하지 말라 … 하나님이 우리를 부르심은 부정하게 하심이 아니요 거룩하게 하심이니 그러므로 저버리는 자는 사람을 저버림이 아니요 너희에게 그의 성령을 주신 하나님을 저버림이니라(살전 4:3-4, 6-8).

이때 데살로니가교회에는 마치 주님이 곧 오실 것이라는 사상이 넓게 퍼져 있어서 자신의 일터에서 땀 흘려 일하지 않고 게으르고 무질서하게 살아가는 사람들이 있었다. 그런 사람들에게 충고한 것이다.

주의 재림과 부활 (4:13-5장)

> 형제들아 자는 자들에 관하여는 너희가 알지 못함을 우리가 원하지 아니하노니 이는 소망 없는 다른 이와 같이 슬퍼하지 않게 하려 함이라(살전 4:13).

예수님의 재림 전에 죽은 가족, 친구들에 대해 마음 아파하는 사람들이 있었다. 이에 바울은 예수님이 부활하신 것처럼 그분이 다시 강림할 때 먼저 죽은 자들도 데리고 오신다고 말한다. 그리고 우리 살아남은 자들은 그 뒤를 따른다고 말한다.

> 주께서 호령과 천사장의 소리와 하나님의 나팔 소리로 친히 하늘로부터 강림하시리니 그리스도 안에서 죽은 자들이 먼저 일어나고 그 후에 우리 살아남은 자들도 그들과 함께 구름 속으로 끌어 올려 공중에서 주를 영접하게 하시리니 그리하여 우리가 항상 주와 함께 있으리라 그러므로 이러한 말로 서로 위로하라(살전 4:16-18).

그러면서 바울은 예수님의 재림과 성도의 부활에 관한 놀라운 비밀을 알려 준다. 재림의 때에 먼저 죽은 자들의 부활이 있고, 거의 동시적으로 산 자들의 부활이 있다는 것이다. 그런데 때와 시기는 아무도 모른다.

형제들아 때와 시기에 관하여는 너희에게 쓸 것이 없음은 주의 날이 밤에 도둑 같이 이를 줄을 너희 자신이 자세히 알기 때문이라(살전 5:1-2).

그러나 우리 믿는 사람들은 어둠에 있지 않다. 빛의 아들이고 낮의 아들이기 때문이다.

너희는 다 빛의 아들이요 낮의 아들이라 우리가 밤이나 어둠에 속하지 아니하나니 그러므로 우리는 다른 이들과 같이 자지 말고 오직 깨어 정신을 차릴지라(살전 5:5-6).

자지 말고 오직 깨어 있으라는 권면은 영적인 깨어남을 이야기하는 것이다.

우리는 낮에 속하였으니 정신을 차리고 믿음과 사랑의 호심경[가슴에 대는 구리 조각, 갑옷같이 탄탄함]을 붙이고 구원의 소망의 투구를 쓰자(살전 5:8).

예수님이 우리를 위해 죽으신 것은 우리가 살아 있든지 죽었든지 그리스도와 함께 살게 하시려는 것이다.

또 형제들아 너희를 권면하노니 게으른 자들을 권계하며 마음이 약한 자들을 격려하고 힘이 없는 자들을 붙들어 주며 모든 사람에게 오래 참으라 삼가 누가 누구에게든지 악으로 악을 갚지 말게 하고 서로 대하든지 모든 사람을 대하든지 항상 선을 따르라 항상 기뻐하라 쉬지 말고 기도하라 범사에 감사하라 이것이 그리스도 예수 안에서 너희를 향하신 하나님의 뜻이니라(살전 5:14-18).

항상 기뻐하라는 것은 항상 기쁜 것에 대해 생각해 보고 기뻐하라는 것이다. 그리고 쉬지 말고 기도하라는 것은, 24시간 하나님을 마음의 중심에 두고 그분과 대화하며 그분에게 인생을 맡기고 살아가라는 것이다. 눈을 감았을 때만 기도하는 것이 아니다. 또 '범사에'는 '언제나'라는 뜻인데, 안 좋은 일이 생길지라도 감사하라는 것이다.

> 성령을 소멸하지 말며 예언을 멸시하지 말고 … 악은 어떤 모양이라도 버리라 (살전 5:19-20, 22).

끝으로 바울은 자신들을 위한 중보 기도를 부탁한다. 그리고 이 편지를 형제들에게 다 읽어 주라고 말한다.

데살로니가후서

데살로니가교회에 두 번째 편지를 보내다

데살로니가교회에 첫 번째 편지가 전해지고 4개월 정도 지났을 무렵, 바울은 다시 심각한 소식을 듣는다. 바울이 이야기한 그리스도의 재림에 대해 악용하는 사람이 생겨서 어떤 이들은 생업을 놓고 아무것도 안 하면서 예수님의 재림만 기다린다는 것이었다. 그래서 핍박받는 성도들이 인내하도록 격려하고, 거짓 가르침을 바로잡고자 쓴 것이 데살로니가후서다.

하나님의 공의로운 심판의 표(1장)

너희가 견디고 있는 모든 박해와 환난 중에서 너희 인내와 믿음으로 말미암아 하나님의 여러 교회에서 우리가 친히 자랑하노라 이는 하나님의 공의로운 심판의 표요 너희로 하여금 하나님의 나라에 합당한 자로 여김을 받게 하려 함이니 그 나라를 위하여 너희가 또한 고난을 받느니라 너희로 환난을 받게 하는 자들에게는 환난으로 갚으시고 환난을 받는 너희에게는 우리와 함께 안식으로 갚으시는 것이 하나님의 공의시니(살후 1:4-7).

데살로니가교회는 박해와 환난 가운데 있음에도 믿음을 지키고 있었다. 고난이 사라지지 않아도, 믿음과 인내로 견디는 모습은 하나님 앞에서 귀하다. 고난을 겪는다는 것이 불공평하게 느껴질 수 있다. 하지만 바울은 말한다, 이 고난은 "하나님의 공의로운 심판의 표"라고.

하나님은 고난을 통해 우리가 '그분의 나라에 속한 자'임을 드러내신다. 즉 고난이 저주가 아니라, 하나님의 나라를 위한 자격 증명인 셈이다. 하나님은 결국 성도를 핍박하는 자에게는 환난으로, 고난당한 성도에게는 안식으로 정확히 갚으신다. 이것이 하나님의 공의다.

미혹되지 말고 전통을 지키라 (2장)

영으로나 또는 말로나 또는 우리에게서 받았다 하는 편지로나 주의 날이 이르렀다고 해서 쉽게 마음이 흔들리거나 두려워하거나 하지 말아야 한다는 것이라 누가 어떻게 하여도 너희가 미혹되지 말라 먼저 배교하는 일이 있고 저 불법의 사람 곧 멸망의 아들[사탄, 적그리스도]이 나타나기 전에는 그 날이 이르지 아니하리니 그는 대적하는 자라 신이라고 불리는 모든 것과 숭배함을 받는 것에 대항하여 그 위에 자기를 높이고 하나님의 성전에 앉아 자기를 하나님이라고 내세우느니라(살후 2:2-4).

데살로니가 성도들은 거짓 선지자들로 인해 '주의 날'(재림)이 왔다고 혼란스러워했다. 사람들은 불안과 공포에 빠지고, 어떤 이들은 일상생활까지 포기하고 기다리고 있었다. 이러한 상황에서 바울은 이렇게 말한다.

"영적인 계시, 말, 심지어 내 이름으로 쓴 편지가 있다고 해도 쉽게 믿지 마라."

바울은 그날이 이르기 전에 반드시 두 가지 사건이 먼저 일어난다고 말한다. 첫째, '배교'다. 믿는 자들 중에서 하나님을 떠나고 진리를 거부하는 일이 벌어진다. 둘째, '불법의 사람', '멸망의 아들'이 나타난다. 바로 적그리스도다. 그는 하나님을 대적하고 모든 것 위에 자기를 높인다. 심지어 하나님의 성전에 앉아 스스로 하나님이라 주장한다.

즉 종말은 갑자기 오는 것이 아니라, 하나님의 계획 안에서 반드시 예고된 '징후'들이 먼저 나타난다.

기도를 부탁하다 (3:1-5)

끝으로 형제들아 너희는 우리를 위하여 기도하기를 주의 말씀이 너희 가운데서와 같이 퍼져 나가 영광스럽게 되고 또한 우리를 부당하고 악한 사람들에게서 건지시옵소서 하라 믿음은 모든 사람의 것이 아니니라(살후 3:1-2).

모든 사람이 주를 믿는 것은 아니다. 우리의 현실을 보더라도 이 말에 공감이 된다. 우리는 하나님의 택하심에 감사해야 한다.

게으름을 경계하다 (3:6-15)

마지막으로 바울은 절대로 게으르게 행하지 말라고 당부한다. 바울도 복음을 전하는 동안 천막을 만들며 스스로 돈을 벌었다. 그렇게 한 것은 모두에게 본을 보이기 위해서였다.

> 우리가 너희와 함께 있을 때에도 너희에게 명하기를 누구든지 일하기 싫어하거든 먹지도 말게 하라 하였더니 우리가 들은즉 너희 가운데 게으르게 행하여 도무지 일하지 아니하고 일을 만들기만 하는 자들이 있다 하니 이런 자들에게 우리가 명하고 주 예수 그리스도 안에서 권하기를 조용히 일하여 자기 양식을 먹으라 하노라 … 누가 이 편지에 한 우리 말을 순종하지 아니하거든 그 사람을 지목하여 사귀지 말고 그로 하여금 부끄럽게 하라 그러나 원수와 같이 생각하지 말고 형제같이 권면하라(살후 3:10-12, 14-15).

사도행전 2

어려움에 멈추지 않고 복음을 전하다

바울은 아직 2차 전도 여행 중이며 고린도에 있다. 시간이 지나 갈리오가 아가야 지방인 고린도의 총독이 되었다. 갈리오는 네로 황제의 가정 교사였던 철학자 세네카(Lucius Annaeus Seneca)의 형이다. 이때 바울을 반대하는 유대인들이 바울을 재판정으로 끌고 가서 고발했다. 고발의 내용은, 바울이 율법을 어기면서 하나님을 경외하라고 사람들을 권한다는 것이었다.

갈리오는 빌라도 총독과 완전 달랐다. 빌라도는 유대인들의 주장에 넘어가 예수님에게 아무 죄도 없는 것을 알면서도 십자가 처형을 내렸다. 그러나 갈리오는 칼같이 잘라 버렸다.

"너희 법에 관한 것은 스스로 처리해라. 나는 이런 일에 재판장 안 한다!"

바울은 이제 수리아로 가려고 한다. 그때 브리스길라와 아굴라 부부도 함께 고린도를 떠난다. 바울은 겐그레아에서 머리를 깎는데, 그전에는 서원한 것이 있어서 머리를 깎지 않았던 것 같다. 에베소에 와서 브리스길라와 아굴라 부부는 머물게 하고, 또 회당에 들어가 유대인들과 변론하며 복음을 전한 후 가이사랴로 가서 교회의 안부를 묻고 안디옥으로 간다.

바울의 고린도 후기 사역 (18:12-17)

갈리오가 아가야 지방인 고린도에서 로마 총독이 되었을 때(A.D. 52년경) 유대인들이 바울을 대적하여 재판정으로 끌고 가서 "바울이 율법을 어기면서 하나님을 경외하라고 사람들을 유혹한다"라고 거짓을 말했다. 그러자 갈리오 총독은 "그 문제가 너희 종교법에 관한 거라면 너희 스스로 처리해라" 하면서 무시해 버렸나. 그러고는 그들을 재판정에서 쫓아냈다. 화가 난 유대인들은 바울 대신 회당장인 소스데네를 붙잡아 재판정 앞에서 때렸지만, 갈리오 총독은 전혀 그 일에 관여하지 않았다.

바울이 고린도를 떠나다 (18:18-23)

바울은 여러 날 머물다가 고린도 형제들과 작별한 후 배를 타고 수리아 지역으로 가려 했다. 이때 고린도에서 만나 천막을 만들며 동역했던 브리스길라와 아굴라 부부도 함께 고린도를 떠났다. 바울은 이때 머리를 깎았다.

후에 에베소에 브리스길라와 아굴라 부부를 남겨 놓고 바울은 수리아 안디옥으로 떠났다. 에베소 사람들은 바울이 머물기를 요청했지만, "만일 하나님의 뜻이 있다면 다시 오겠다"라는 말을 남기고 떠났다.

바울의 3차 전도 여행

아볼로가 에베소에 오다 (18:24-28)

바울의 3차 전도 여행(A.D. 53-57년경)이 시작되었다. 그리고 그 무렵에 이집트 알렉산드리아 출신 유대인인 아볼로가 에베소에 왔다. 그는 말주변이 좋고 구약성경을 잘 아는 사람이었다. 그런데 그가 회당에서 말씀을 전하는 것을 보니 요한의 세례까지만 알고 예수님에 대해서는 잘 모르고 있었다. 그래서 브리스길라와 아굴라 부부는 아볼로에게 예수님에 대해서 자세히 설명해 주었다.

이제 복음을 제대로 깨닫게 된 아볼로가 에베소에서 아가야 고린도 지역으로 가서 복음을 전하려 하자 에베소의 믿음의 형제들이 그를 격려해 주었다. 그리고 브리스길라와 아굴라 부부와 사람들이 아가야 지역에 있는 제자들에게 편지를 써서 아볼로를 잘 영접하라고 부탁했다. 아볼로는 그곳에 가서 멋지게 복음을 전했다. 성경으로써 예수는 그리스도이심을 증언하며 반대하는 유대인들을 꾹 눌러 주었다.

바울의 에베소 사역
(19:1-22)

이렇게 아볼로가 고린도에서 복음을 전할 때, 바울은 북부 지역을 다니다가 드디어 소아시아 지역의 에베소에 도착했다. 그리고 그곳에서 어떤 제자들을 만나 물었다.

"너희가 믿을 때에 성령을 받았느냐?"

"우리는 성령이 계신 것도 듣지 못했습니다!"

"그럼 무슨 세례를 받았느냐?"

"요한의 세례요!"

바울은 아직 성령 세례도 받지 못하고 예수님에 대해서도 자세히 듣지 못한 그 사람들에게 복음을 가르쳤다.

"요한이 회개의 세례를 베풀며 백성에게 '내 뒤에 오시는 이를 믿으라' 한 말은 들었느냐?"

"네, 들었습니다!"

"그분이 곧 예수이시다!"

그들이 듣고 감동하여 주 예수의 이름으로 세례를 받았다. 바울이 그들에게 안수하자 성령이 그들에게 임하시어 방언도 하고 예언도 하게 되었다. 그들은 모두 열두 명 정도인데, 그 수가 마치 예수님의 제자와 같다.

바울이 3개월 동안 에베소에서 하나님 나라에 대해 말씀을 전하자 시기하는 유대인들이 또 나타나 방해를 했다. 이에 바울이 그들을 떠나 제자들을 따로 세우고 두란노 서원에서 매일 말씀을 가르쳤다. 그렇게 2년 동안을 함께했다.

에베소에 복음이 전해지고 많은 변화가 생겼다. 우상이 넘쳐 나는 그곳에 회개가 일어나고, 마술을 행하던 사람들은 엄청난 금액의 책들을 가져와서 전부 불살랐다. 그렇게 주의 말씀이 능력이 있어서 점점 더 힘 있게 퍼져 나갔다.

갈라디아서

갈라디아교회에 편지를 쓰다

바울이 3차 전도 여행 시 에베소에 있을 때, 하루는 갈라디아 지방(비시디아 안디옥, 이고니온, 루스드라, 더베 등)에서 온 사람들이 소식을 전했다. 복음을 흔드는 자들이 율법으로 돌아가야 한다고 성도들을 미혹해서 교회들이 무너질 판이라는 것이다. 특히 그들은 바울이 예수님의 제자가 아니라 근본이 없다고 주장하며 바울의 사도권을 부정했다. 이에 바울은 다급하고 간절한 심정으로 갈라디아교회에 편지를 썼다. 갈라디아서에서 바울은 전체적으로 급하고 화가 나 있다.

변질된 신앙을 책망하다
(1:1-10)

사람들에게서 난 것도 아니요 사람으로 말미암은 것도 아니요 오직 예수 그리스도와 그를 죽은 자 가운데서 살리신 하나님 아버지로 말미암아 사도 된 바울은(갈 1:1).

당시에 바울의 사도직이 공격받고 있었다. 거짓 교사들이 갈라디아교회에 들어와서 바울을 이렇게 비방했다.

"바울은 진짜 사도가 아니다."

"자기 혼자 주장하는 가짜 복음이다."

이 공격에 대해 바울은 1절부터 강하게 반박한다.

"사람들에게서 난 것도 아니요."

바울은 자신의 사도직은 사람이 임명한 것도, 어떤 조직이나 종교 권위로부터 위탁받은 것도 아니라고 말한다. 바울은 자신의 사역이 사람이 준 직함이 아니라, 하나님이 직접 부르신 것임을 강조한다.

이 선언은 갈라디아서 전체의 핵심, "복음도, 사도직도 인간이 아닌 하나님에게서 온 것이다!"로 연결된다.

바울이 사도가 된 이유
(1:11-24)

내가 전한 복음은 사람의 뜻을 따라 된 것이 아니니라 … 오직 예수 그리스도의 계시로 말미암은 것이라 내가 이전에 유대교에 있을 때에 행한 일을 너희가 들었거니와 하나님의 교회를 심히 박해하여 멸하고 … 그러나 내 어머니의 태로부터 나를 택정하시고 그의 은혜로 나를 부르신 이가 그의 아들을 이방에 전하기 위하여 그를 내 속에 나타내시기를 기뻐하셨을 때에 내가 곧 혈육과 의논하지 아니하고 … 그 후 삼 년 만에 내가 게바를 방문하려고 예루살렘에 올라가서 그와 함께 십오 일을 머무는 동안 주의 형제 야고보 외에 다른 사도들을 보지 못하였노라 … 그 후에 내가 수리아와 길리기아 지방에 이르렀으나 그리스도 안에 있는 유대의 교회들이 나를 얼굴로는 알지 못하고 다만 우리를 박해하던 자가 전에 멸하려던 그 믿음을 지금 전한다 함을 듣고 나로 말미암아 하나님께 영광을 돌리니라(갈 1:11-13, 15-16, 18-19, 21-24).

바울은 예수님이 다메섹에서 직접 만나 주셨고, 그 후 3년은 아라비아에서, 10년은 다소에서 지내며 믿음을 더 다졌다. 이때쯤 수리아 안디옥에 교회가 생기면서 바나바가 다소에 있던 바울을 그 교회로 데리고 가서 함께 사역한 것이다.

예루살렘교회와 이방인의 사도 (2:1-10)

바울과 바나바가 1차 전도 여행을 마치고 예루살렘을 방문한 지 14년 후에 예루살렘에 가서 전도 여행을 하며 모은 헌금을 전하며 전도 여행의 결과를 보고했다. 그때 바나바와 디도가 함께 갔는데, 디도는 이방인이었으나 전도 여행 때 예수님을 믿게 되었다. 그런데 바울은 디도가 유대인들이 받는 할례를 받지 않게 했다. 율법주의자들은 '할례'가 구원의 필수 조건이라고 주장했지만, 할례는 구원의 수단이 아니었기 때문이다. 이런 그릇된 주장으로 '오직 믿음으로'가 파괴되고 있었다. 하나님은 베드로는 할례 받은 유대인을 대상으로 복음을 전하게 하시고, 바울은 이방인의 사도로 삼으셨다.

율법이 아닌 오직 믿음으로 (2:11-21)

베드로가 수리아의 안디옥에 왔을 때 이방인들과 식사하다가 예루살렘에서 온 유대인들을 보자 벌떡 일어나 자리를 피해 버렸다. 이때 바나바도 당황해서 함께 일어나 버렸다. 바울은 형식에 빠져서 복음의 진리를 올바로 행하지 않는 것을 보고 베드로를 책망했다.

"너는 유대인이지만 복음을 만나 유대인의 율법 같은 것에 얽매여 살지 않으면서 왜 이방인에게 유대인처럼 살라고 강요하느냐?"

> 우리는 본래 유대인이요 이방 죄인이 아니로되(갈 2:15).

이것은 선민사상에 사로잡혀 있는 유대인들을 비꼬는 말이다. 사람은 율법의 행위가 아니라 오직 예수 그리스도를 믿음으로 의롭게 된다.

> 내가 그리스도와 함께 십자가에 못 박혔나니 그런즉 이제는 내가 사는 것이 아니요 오직 내 안에 그리스도께서 사시는 것이라 이제 내가 육체 가운데 사는 것은 나를 사랑하사 나를 위하여 자기 자신을 버리신 하나님의 아들을 믿는 믿음 안에서 사는 것이라(갈 2:20).

갈라디아 사람들에게 호소하다(3장)

어리석도다 갈라디아 사람들아 예수 그리스도께서 십자가에 못 박히신 것이 너희 눈앞에 밝히 보이거늘 누가 너희를 꾀더냐 … 너희가 성령을 받은 것이 율법의 행위로냐 혹은 듣고 믿음으로냐 너희가 이같이 어리석으냐 성령으로 시작하였다가 이제는 육체로 마치겠느냐 … 아브라함이 하나님을 믿으매 그것을 그에게 의로 정하셨다 함과 같으니라 그런즉 믿음으로 말미암은 자들은 아브라함의 자손인 줄 알지어다 또 … 모든 이방인이 너로 말미암아 복을 받으리라 하였느니라 … 무릇 율법 행위에 속한 자들은 저주 아래에 있나니 기록된 바 누구든지 율법 책에 기록된 대로 모든 일을 항상 행하지 아니하는 자는 저주 아래에 있는 자라 하였음이라 또 하나님 앞에서 아무도 율법으로 말미암아 의롭게 되지 못할 것이 분명하니 이는 의인은 믿음으로 살리라 하였음이라 율법은 믿음에서 난 것이 아니니 율법을 행하는 자는 그 가운데서 살리라 하였느니라 그리스도께서 우리를 위하여 저주를 받은 바 되사 율법의 저주에서 우리를 속량하셨으니 기록된바 나무에 달린 자마다 저주 아래에 있는 자라 하였음이라 이는 그리스도 예수 안에서 아브라함의 복이 이방인에게 미치게 하고 또 우리로 하여금 믿음으로 말미암아 성령의 약속을 받게 하려 함이라(갈 3:1-3, 6-8, 10-14).

그런즉 율법은 무엇이냐 범법하므로 더하여진 것이라 천사들을 통하여 한 중보자의 손으로 베푸신 것인데 약속하신 자손이 오시기까지 있을 것이라 … 그러면 율법이 하나님의 약속들과 반대되는 것이냐 결코 그럴 수 없느니라 … 그러나 성경이 모든 것을 죄 아래에 가두었으니 이는 예수 그리스도를 믿음으로 말미암는 약속을 믿는 자들에게 주려 함이라 … 이같이 율법이 우리를 그리스도께로 인도하는 초등 교사가 되어 우리로 하여금 믿음으로 말미암아 의롭다 함을 얻게 하려 함이라 믿음이 온 후로는 우리가 초등 교사 아래에 있지 아니하도다(갈 3:19, 21-22, 24-25).

바울이 이렇게 이야기한 이유는 갈라디아 성도들이 율법을 지켜야 잘 믿는 것으로 착각했기 때문이다. 하나님 앞에서 아무도 율법으로 말미암아 의롭게 되지 못 한다. 우리는 오직 예수 그리스도를 믿는 믿음으로 말미암아 의롭게 되어진다. 누구나 다 그리스도 예수 안에서 하나다.

갈라디아교회를 염려하는 바울 (4장)

유업을 이을 자가 모든 것의 주인이나 어렸을 동안에는 종과 다름이 없어서 그 아버지가 정한 때까지 후견인과 청지기 아래에 있나니 … 때가 차매 하나님이 그 아들을 보내사 여자에게서 나게 하시고 율법 아래에 나게 하신 것은 율법 아래에 있는 자들을 속량하시고 우리로 아들의 명분을 얻게 하려 하심이라 너희가 아들이므로 하나님이 그 아들의 영을 우리 마음 가운데 보내사 아빠 아버지라 부르게 하셨느니라 그러므로 네가 이후로는 종이 아니요 아들이니 아들이면 하나님으로 말미암아 유업을 받을 자니라 … 어찌하여 다시 약하고 천박한 초등 학문으로 돌아가서 다시 그들에게 종노릇하려 하느냐 너희가 날과 달과 절기와 해를 삼가 지키니 내가 너희를 위하여 수고한 것이 헛될까 두려워하노라(갈 4:1-2, 4-7, 9-11).

바울은 갈라디아 성도들에게 더 이상 율법의 종노릇 하지 말고 율법의 속박에서 벗어나 예수 그리스도 안에서 자유 할 것을 권면한다.

너희가 할 수만 있었더라면 너희의 눈이라도 빼어 나에게 주었으리라(갈 4:15).

갈라디아에서 전도할 때 바울에게 병이 있었는데, 갈라디아 성도들은 바울을 돌보며 감싸 주었다. 갈라디아 성도들은 이런 사랑을 바울에게 주었다. 바울은 지금 그런 그들이 복음을 버렸다고 이야기하는 것이다.

너희 속에 그리스도의 형상을 이루기까지 다시 너희를 위하여 해산하는 수고를 하노니(갈 4:19).

하나님의 마음으로, 마치 아이를 다시 낳듯이 그들을 품고 버리지 않는다는 말이다. 그리고 갈라디아 성도들이 예수님을 믿으며 할례와 절기와 음식을 지켜야 한다고 하자 바울은 아브라함의 이야기를 꺼낸다(창 16-21장 참조).

아브라함이 가나안 땅에 거주한 지 10년 뒤, 사라는 아이를 낳지 못하자 아브라함으로 하여금 자신의 여종에게 들어가 아이를 낳게 한다. 그 여종 하갈이 낳은 아들이 이스마엘이다. 그 후에 사라가 이삭을 낳는데, 사라가 낳은 아들 이삭은 약속으로 말미암았다.

이 하갈은 아라비아에 있는 시내산으로서 지금 있는 예루살렘과 같은 곳이니 그가 그 자녀들과 더불어 종노릇하고(갈 4:25).

바울이 이렇게 말한 것은 비유다. '시내산'은 모세가 율법을 받은 곳이고, '지금 있는 예루살렘'이란 예루살렘에서 갈라디아교회에 온 거짓 교사들을 말하는데, 그들이 율법을 지켜야 한다며 율법의 종살이를 강요하고 있다는 것이다.

오직 위에 있는 예루살렘은 자유자니 곧 우리 어머니[사라]라(갈 4:26).

사라를 '위에 있는 예루살렘'이요, 우리 모두의 '어머니'라고 표현한 것은 바울이 유일하다. 사라는 생리가 끝났지만, 하나님과의 약속으로 이삭을 낳았다. 사라가 이삭을 낳은 것은 사람이 할 수 없는 초자연적 일이다. 하지만 하갈이 이스마엘을 낳은 것은 사람이 한 일이다.

> 기록된바 잉태하지 못한 자여 즐거워하라 산고를 모르는 자여 소리 질러 외치라 이는 홀로 사는 자의 자녀가 남편 있는 자의 자녀보다 많음이라 하였으니(갈 4:27).

사람의 힘으로 낳은 자녀보다 불가능한 상황에서 하나님이 약속으로 주신 이삭과 같은 믿음의 자녀가 더 많다. 우리는 이삭과 같은 '약속의 자녀'다.

> 형제들아 너희는 이삭과 같이 약속의 자녀라 그러나 그때에 육체를 따라 난 자가 성령을 따라 난 자를 박해한 것같이 이제도 그러하도다(갈 4:28-29).

하갈이 낳은 이스마엘이 약속의 자녀 이삭을 괴롭혔듯이 지금도 그렇다.

> 성경이 무엇을 말하느냐 여종과 그 아들을 내쫓으라 여종의 아들이 자유 있는 여자의 아들과 더불어 유업을 얻지 못하리라 하였느니라 그런즉 형제들아 우리는 여종의 자녀가 아니요 자유 있는 여자의 자녀니라(갈 4:30-31).

그렇다. 우리는 여종의 자녀가 아니라 유업을 얻을, 자유를 누리는 여자의 자녀다.

그리스도인의 자유와 사랑 (5:1-15)

할례를 받으면 그리스도가 우리에게 아무런 유익이 없다. 그래서 바울은 예수 믿으면서 할례를 받는 사람들에게 말한다. 율법 전체를 하나도 빠뜨리지 말고 싹 다 지키라고 말이다!

율법 안에서 의로움을 얻으려면 그리스도에게서 끊어지고 은혜에서 떨어진다. 할례, 무할례는 중요하지 않다. 그런데 왜 갈라디아 성도들은 다시 율법으로 돌아가려고 할까? 예수 믿고 있는데 거짓 교사들이 와서 흔들어 놓으니 철저하게 율법을 지키며 우월감을 뽐내고 싶은 것이다.

너희를 어지럽게 하는 자들은 스스로 베어 버리기를 원하노라(갈 5:12).

바울은 그런 자들을 바로 끊어 내라고 말한다. 그리고 사랑으로 종노릇 하라고 한다. 모든 율법은 "네 이웃 사랑하기를 네 자신과 같이 사랑하라"(레 19:18)라는 말씀에서 이루어졌다고 했다. 하나님은 "내가 거룩하니 너희도 거룩하라"라는 하나님의 명령을 실천하는 방법으로 이웃 사랑을 강조하셨다.

육체의 일과 성령의 열매 (5:16-26)

바울은 육체의 욕심이 아닌 성령을 따라 행하라고 부탁한다. 육체가 하는 일은 음행, 더러운 것, 호색, 우상 숭배, 주술, 원수 되게 하는 것, 분쟁, 시기, 화내는 것, 편 가르고 분열시키는 것, 이단, 투기, 술 취함, 방탕함 등이다. 이런 것은 경계해야 한다. 왜냐하면 하나님 나라를 유업으로 받지 못하기 때문이다.

그렇다면 성령의 열매를 살펴보자! 성령의 아홉 가지 열매는 사랑, 희락, 화평, 오래 참음, 자비, 양선, 충성, 온유, 절제다. 그런데 헬라어를 보면 '아홉 가지'가 복수가 아니라 단수다. 성령이 주시는 하나로 연결된 열매인 것이다.

짐을 서로 지고 그리스도의 법을 성취하라(6장)

우리는 성령을 따라 살아야 한다. 그것은 어떤 삶일까? 성령을 받은 사람은 어떤 사람이 범죄한 일이 드러나면 온유한 심령으로 바로잡아 주고 자신도 살펴보아 그렇게 되지 않도록 해야 한다.

또 짐을 서로 지고 자랑하지 말아야 한다. 그냥 자기 일을 살피고 살라는 것이다. 거짓 교사들이 할례를 강요하며 율법을 지키라고 하는 것은 자기들을 따르는 추종자가 많은 것을 자랑하려는 것이다. 그러나 십자가 외에는 자랑할 것이 없다. 할례, 무할례는 중요하지 않다. 중요한 것은 하나님의 자녀로 새로 지으심을 받는 것이다. 이후로는 누구든지 자신을 괴롭게 하지 말라고 바울은 당부한다.

> 내가 내 몸에 예수의 흔적을 지니고 있노라(갈 6:17).

우리도 내 몸에 예수의 흔적이 있다는 고백을 하기 원한다.

고린도전서

고린도교회에 편지를 보내다

바울은 지금 에베소에 있다. 그런데 고린도에서 온 사람이 소식을 전하기를 고린도교회가 분파, 소송, 은사, 결혼, 성만찬, 부활, 성적 타락, 우상 숭배 등으로 내분이 일어나 괴롭다고 한다. 고린도교회는 4-5년 전 바울이 2차 전도 여행 때 고린도에서 1년 6개월을 지내며 세운 교회다. 바울이 떠난 후에 여러 문제가 생겼다는 소식에 그가 에베소에서 편지를 써서 보낸 것이 고린도전서다.

고린도교회의 분쟁 (1:10-31)

내가 이것을 말하거니와 너희가 각각 이르되 나는 바울에게, 나는 아볼로에게, 나는 게바에게, 나는 그리스도에게 속한 자라 한다는 것이니 그리스도께서 어찌 나뉘었느냐 바울이 너희를 위하여 십자가에 못 박혔으며 바울의 이름으로 너희가 세례를 받았느냐(고전 1:12-13).

교회가 지금 갈라졌다. 바울이 "내가 십자가에 매달렸소?"라고 한 것은 당시 고린도 성도 중에 세례를 누구한테 받는지를 중요하게 생각하는 사람이 있었기 때문이다. 바울은 말한다.

> 그리스도께서 나를 보내심은 세례를 베풀게 하려 하심이 아니요 오직 복음을 전하게 하려 하심이로되 말의 지혜로 하지 아니함은 그리스도의 십자가가 헛되지 않게 하려 함이라(고전 1:17).

이 말은 세례를 부정하는 것이 아니라, 그것은 다만 종교 의식이고 십자가 복음을 마음속에 진심으로 영접하는 것이 참된 믿음이라는 것이다.

> 그러나 하나님께서 세상의 미련한 것들을 택하사 지혜 있는 자들을 부끄럽게 하려 하시고 세상의 약한 것들을 택하사 강한 것들을 부끄럽게 하려 하시며 … 이는 아무 육체도 하나님 앞에서 자랑하지 못하게 하려 하심이라(고전 1:27, 29).

고린도교회는 파를 나누어 서로 자랑하는 일이 많았다. 그러나 오직 하나님의 은혜로 택함 받은 성도는 자랑할 것이 없다.

십자가에 못 박히신 예수 그리스도(2장)

내가 너희 중에서 예수 그리스도와 그가 십자가에 못 박히신 것 외에는 아무것도 알지 아니하기로 작정하였음이라(고전 2:2).

바울은 예수 그리스도와 그분이 십자가에 못 박히신 것 외에는 아무것도 알지 않기로 작정했다. 아덴에서 철학자들과 변론할 때 세상의 철학적 지혜를 빗대어 이야기했으나 실패한 바울은 그 후 오직 예수, 십자가만 생각했다.

내가 너희 가운데 거할 때에 약하고 두려워하고 심히 떨었노라(고전 2:3).

바울 자신도 인간적으로 나약하기에 그것을 인정하며 두려워 떨었었다. 그런데도 버텼다. 하나님이 바울에게 "두려워하지 말며 침묵하지 말고 말하라"(행 18:9)라고 말씀해 주신 위로와 응원이 있었기 때문이다.

하나님의 동역자들(3장)

지금 바울은 고린도에서 500킬로미터 떨어진 에베소에 있고, 그곳에서 3년 가까이 머물며 목회를 하고 있다.

형제들아 내가 신령한 자들을 대함과 같이 너희에게 말할 수 없어서 육신에 속한 자 곧 그리스도 안에서 어린아이들을 대함과 같이 하노라 내가 너희를 젖으로 먹이고 밥으로 아니하였노니 이는 너희가 감당하지 못하였음이거니와 지금도 못하리라(고전 3:1-2).

바울은 고린도 성도들의 영적 상태를 사람의 식단에 비유한다. 그는 그들이 믿음이 약하기에 어린아이들을 대하듯이 밥이 아닌 '젖'을 먹였다. 아주 기초적인 복음을 말하는 것이다.

> 그런즉 아볼로는 무엇이며 바울은 무엇이냐 그들은 주께서 각각 주신 대로 너희로 하여금 믿게 한 사역자들이니라 나는 심었고 아볼로는 물을 주었으되 오직 하나님께서 자라나게 하셨나니 … 심는 이와 물 주는 이는 한가지이나 각각 자기가 일한 대로 자기의 상을 받으리라(고전 3:5-6, 8).

바울은 심었고 후에 아볼로가 와서 물을 주었지만, 오직 하나님이 자라나게 하셨다. 하나님 외에 다른 이들은 각각 자기의 상을 받는 것으로 끝난다.

> 이 닦아 둔 것 외에 능히 다른 터를 닦아 둘 자가 없으니 이 터는 곧 예수 그리스도라(고전 3:11).

다른 터는 없다. 오직 예수 그리스도뿐이다.

> 만일 누구든지 금이나 은이나 보석이나 나무나 풀이나 짚으로 이 터 위에 세우면 각 사람의 공적이 나타날 터인데 그날이 공적을 밝히리니 이는 불로 나타내고 그 불이 각 사람의 공적이 어떠한 것을 시험할 것임이라 만일 누구든지 그 위에 세운 공적이 그대로 있으면 상을 받고 누구든지 그 공적이 불타면 해를 받으리니 그러나 자신은 구원을 받되 불 가운데서 받은 것 같으리라(고전 3:12-15).

예수님의 재림 때 각 사람이 지은 집에 대해 공적을 검증받게 되는데, 검

중의 도구는 '불'이고 금, 은, 보석은 남게 될 것이다. 그러나 나무, 풀, 짚은 다 타 버린다. 바울은 지금 구원이 아니라 상급에 관해 이야기하고 있다. 구원을 받기는 했지만 불길 속에서 온몸이 불에 그을린 채 겨우 빠져나오는 모습은 안타깝다. 그러므로 분쟁, 시기, 게으름 같은 것이 아니라 충성, 신실함, 겸손, 온유 같은 불연성 자재로 우리 신앙의 집을 건축해야 한다.

> 너희는 너희가 하나님의 성전인 것과 하나님의 성령이 너희 안에 계시는 것을 알지 못하느냐(고전 3:16).

성도가 하나님의 성전이 되는 이유는 각 성도의 마음속에 성령이 계시기 때문이다. 그러므로 우리가 분열, 분쟁을 일으키면 하나님의 성전을 훼손시키는 일이 된다.

> 바울이나 아볼로나 게바나 세계나 생명이나 사망이나 지금 것이나 장래 것이나 다 너희의 것이요 너희는 그리스도의 것이요 그리스도는 하나님의 것이니라(고전 3:22-23).

바울, 아볼로, 게바는 다 고린도 성도들의 것이고, 고린도 성도들은 그리스도의 것이고, 그리스도는 하나님의 것이라는 뜻이다.

그리스도의 일꾼, 하나님의 비밀을 맡은 자(4장)

> 사람이 마땅히 우리[바울과 제자들]를 그리스도의 일꾼이요 하나님의 비밀을 맡은 자로 여길지어다(고전 4:1).

여기서 '하나님의 비밀'은 예수 그리스도의 십자가 복음이다.

> 내가 자책할 아무것도 깨닫지 못하나 이로 말미암아 의롭다 함을 얻지 못하노라 다만 나를 심판하실 이는 주시니라 … 형제들아 내가 너희를 위하여 이 일에 나와 아볼로를 들어서 본을 보였으니 이는 너희로 하여금 기록된 말씀 밖으로 넘어가지 말라 한 것을 우리에게서 배워 서로 대적하여 교만한 마음을 가지지 말게 하려 함이라(고전 4:4, 6).

바울은 "나와 아볼로를 예로 들어서 이야기했다. 기록된 말씀 밖으로 넘어가지 마라. 이것을 잘 배워서 서로 대적하여 교만한 마음을 갖지 마라"라고 말한다.

> 너희가 이미 배부르며 이미 풍성하며 우리 없이도 왕이 되었도다 우리가 너희와 함께 왕 노릇 하기 위하여 참으로 너희가 왕이 되기를 원하노라 내가 생각하건대 하나님이 사도인 우리를 죽이기로 작정된 자같이 끄트머리에 두셨으매 우리는 세계 곧 천사와 사람에게 구경거리가 되었노라 우리는 그리스도 때문에 어리석으나 너희는 그리스도 안에서 지혜롭고 우리는 약하나 너희는 강하고 너희는 존귀하나 우리는 비천하여 바로 이 시각까지 우리가 주리고 목마르며 헐벗고 매 맞으며 정처가 없고 또 수고하여 친히 손으로 일을 하며 모욕을 당한즉 축복하고 박해를 받은즉 참고 비방을 받은즉 권면하니 우리가 지금까지 세상의 더러운 것과 만물의 찌꺼기같이 되었도다(고전 4:8-13).

바울은 계속해서 풍자적으로 이야기한다.
"우리를 제치고 왕이 되었느냐? 너희가 정말 왕이 되면 좋겠다. 우리도 더불어 왕 노릇 하게 말이다. 하나님이 우리 사도들을 끄트머리에 두셔서 우리는 천사와 사람에게 구경거리가 되었다. 우리는 그리스도 때문에 어리석은 사람이 되었으며, 연약하고 비천하다. 우리는 이 시각까지도 주리고, 목마르고, 헐벗고, 매 맞고, 정처 없이 떠돌아다닌다. 그래서 만물의 찌꺼기 같이 되었다."

> 내가 너희를 부끄럽게 하려고 이것을 쓰는 것이 아니라 오직 너희를 내 사랑하는 자녀같이 권하려 하는 것이라(고전 4:14).

바울은 고린도 성도들을 부끄럽게 하려는 것이 아니라, 자녀같이 권하려 하는 것이라고 말한다.

> 그리스도 안에서 일만 스승이 있으되 아버지는 많지 아니하니 그리스도 예수 안에서 내가 복음으로써 너희를 낳았음이라(고전 4:15).

그러면서 스승은 많아도 아버지는 많지 않다며, 자신이 복음으로써 그들을 낳았다고 말한다.

> 이로 말미암아 내가 주 안에서 내 사랑하고 신실한 아들 디모데를 너희에게 보내었으니 그가 너희로 하여금 그리스도 예수 안에서 나의 행사 곧 내가 각처 각 교회에서 가르치는 것을 생각나게 하리라(고전 4:17).

바울은 고린도교회에 디모데를 보내며 자신이 한 말을 그가 생각나게 할 것이라고 말한다.

> 어떤 이들은 내가 너희에게 나아가지 아니할 것같이 스스로 교만하여졌으나 주께서 허락하시면 내가 너희에게 속히 나아가서 교만한 자들의 말이 아니라 오직 그 능력을 알아보겠으니 하나님의 나라는 말에 있지 아니하고 오직 능력에 있음이라(고전 4:18-20).

하나님 나라는 말이 아니라 복음의 말씀대로 실천하며 살아가게 하는 능력에 있다. 말재주나 귀신을 내쫓는 힘이 아니라 성령의 역사로 일어나는 삶의 변화가 하나님 나라의 능력인 것이다.

> 너희가 무엇을 원하느냐 내가 매를 가지고 너희에게 나아가랴 사랑과 온유한 마음으로 나아가랴(고전 4:21).

바울은 고린도 방문 때 꾸짖기 위해 가기보다 위로, 칭찬의 목적으로 가게 해 달라고 부탁한다.

교회 안의 음행한 자(5장)

고린도는 우상 숭배가 넘치고 성매매가 가득한 도시였다. 바울은 교회 안의 몇몇 성도가 아버지의 새 아내, 곧 계모를 취하는 근친상간의 죄를 저질렀는데, 그것을 부끄러워하지 않고 자랑한다는 이야기를 들었다. 바울은 이러한 음행한 자를 단죄했다고 말한다.

> 이런 자를 사탄에게 내주었으니 이는 육신은 멸하고 영은 주 예수의 날에 구원을 받게 하려 함이라(고전 5:5).

이것은 그런 자들을 출교, 곧 교회에서 쫓아내라는 의미다. 나중에 디모데에게 보낸 편지인 디모데전서에도 보면 바울이 후메내오와 알렉산더를 사탄에게 내주었다고 말하기도 했다.

그 가운데 후메내오와 알렉산더가 있으니 내가 사탄에게 내준 것은 그들로 훈계를 받아 신성을 모독하지 못하게 하려 함이라(딤전 1:20).

이렇게 한 이유는 그들을 영영 버리거나 파멸시키기 위해서가 아니라, 최종적으로는 다시 얻기 위해서다.

너희가 자랑하는 것이 옳지 아니하도다 적은 누룩이 온 덩어리에 퍼지는 것을 알지 못하느냐(고전 5:6).

적은 누룩이라도 순식간에 교회 공동체에 퍼진다. 그래서 작은 죄라도 방심하지 말고 경계심을 가지고 끊어 내야 한다.

내가 너희에게 쓴 편지에 음행하는 자들을 사귀지 말라 하였거니와 이 말은 이 세상의 음행하는 자들이나 탐하는 자들이나 속여 빼앗는 자들이나 우상 숭배하는 자들을 도무지 사귀지 말라 하는 것이 아니니 만일 그리하려면 너희가 세상 밖으로 나가야 할 것이라(고전 5:9-10).

바울은 음행하는 자를 사귀지 말라고 했는데, 이는 세상 사람들과 교제하지 말라는 뜻이 아니다. 세상 사람들과 교제하지 않으려면 세상 밖으로 나가 혼자 살아야 한다. 만날 사람이 없을 것이다.

이제 내가 너희에게 쓴 것은 만일 어떤 형제라 일컫는 자가 음행하거나 탐욕을 부리거나 우상 숭배를 하거나 모욕하거나 술 취하거나 속여 빼앗거든 사귀지도 말고 그런 자와는 함께 먹지도 말라 함이라(고전 5:11).

바울은 교회 안의 문제에 주목한다. 교회 안에 있는 어떤 형제라 불리는 자가 음행하거나 탐욕을 부리거나 우상 숭배를 하거나 모욕하거나 술 취하거나 속이고 빼앗으면, 그들과 교제를 단절할 것을 제안한다.

세상 법정에 송사하지 말라(6장)

바울은 6장에서 성도들 간의 소송 문제에 관해 이야기한다.

그런즉 너희가 세상 사건이 있을 때에 교회에서 경히 여김을 받는 자들을 세우느냐(고전 6:4).

바울은 사건이 일어났을 때 교회에서 가볍게 여김을 받는 자들을 세우느냐고 묻는다. A.D. 1세기 로마 법정은 기독교를 비판했고, 신자들끼리 싸우면 조롱거리가 되어 결국 교회에 상처를 입히고 복음 전파에 해를 끼쳤다. 바울은 자신의 유익보다 하나님의 영광을 먼저 생각한 것이다.

형제가 형제와 더불어 고발할뿐더러 믿지 아니하는 자들 앞에서 하느냐 너희가 피차 고발함으로 너희 가운데 이미 뚜렷한 허물이 있나니 차라리 불의를 당하는 것이 낫지 아니하며 차라리 속는 것이 낫지 아니하냐 너희는 불의를 행하고 속이는구나 그는 너희 형제로다 불의한 자가 하나님의 나라를 유업으로 받지 못할 줄을 알지 못하느냐 미혹을 받지 말라 음행하는 자나 우상 숭배하는 자나 간음하는 자나 탐색하는 자나 남색하는 자나 도적이나 탐욕을 부리는 자나 술 취하는 자나 모욕하는 자나 속여 빼앗는 자들은 하나님의 나라를 유업으로 받지 못하리라(고전 6:6-10).

믿지 않는 자 앞에서 믿는 자들이 서로 물어뜯는 모습을 보여 주려면 차라리 손해를 보고 속아 지내라고 말한다. 복음을 땅에 떨어뜨리는 일은 절대로 해서는 안 된다는 것이다.

모든 것이 내게 가하나 다 유익한 것이 아니요 모든 것이 내게 가하나 내가 무엇에든지 얽매이지 아니하리라(고전 6:12).

바울은 복음 안에서 하나님께 영광이 되고 유익한 것이 무엇인지 신중하게 생각하고 행동해야 한다고 말한다. 우리 몸을 이제 주님의 영광을 위해 사용해야 하는 것이다. 우리는 몸이고 예수 그리스도는 머리이시다. 그런데 그 몸을 마음대로 쓸 수 있느냐는 것이다. 절대 그럴 수 없다!

결혼에 대해 말하다(7장)

바울은 계속해서 결혼과 이혼 그리고 부부 생활에 대해 이야기한다. 당시 고린도교회는 결혼한 사람들이 한쪽은 부부 생활을 하지 않아 너무 금욕주의로 흘렀고, 다른 한쪽은 너무 문란했다. 그래서 바울은 결혼하지 않은 사람에게 자기처럼 결혼하지 않을 것을 권한다. 그 당시 기독교는 예수님이 곧 오신다는 종말 사상이 강했기에 시간이 얼마 없으니 독신 생활이 낫겠다고 생각한 것이었다. 그러나 바울은 정욕을 절제하지 못하면 반드시 결혼하라고 권면한다.

또 남편이 하나님을 믿지 않는다고 해서 그 사람과 이혼하거나 떠나서는 안 되고, 오히려 적극적으로 전도해서 구원의 자리로 인도하라고 말한다. 그리고 할례를 받는 것은 가치가 없으니 강요하지 말며, 대신 성령으로 마음의 할례를 받는 것이 무엇보다 중요하다고 말한다.

우상에게 바친 제물(8장)

이 내용은 우상에게 바쳐진 제물을 먹어도 되는지에 관한 것이다. 당시 고린도에는 우상 신전이 많아서 시장에서 파는 고기는 대부분 그곳에서 나온 것이었다. 사실 모든 우상은 아무것도 아니고 참된 신은 하나님 한 분뿐이시다. 우상은 아무것도 아니기에 거기에 바쳐진 음식을 먹고 안 먹고는 중요하지 않다. 그럼 무엇이 중요할까?

> 그런즉 너희의 자유가 믿음이 약한 자들에게 걸려 넘어지게 하는 것이 되지 않도록 조심하라(고전 8:9).

그리스도인이 우상에게 차려졌던 음식인 것을 알고도 먹으면 믿음이 약한 사람들은 그것을 보고 헷갈려 하니 그들을 위해 먹지 말아야 한다.

> 그러므로 만일 음식이 내 형제를 실족하게 한다면 나는 영원히 고기를 먹지 아니하여 내 형제를 실족하지 않게 하리라(고전 8:13).

바울은 음식으로 인해 형제가 실족하면 평생 고기를 먹지 않겠다는 마음이었다.

사도의 권리(9장)

고린도에 거짓 교사들이 몰려와서 바울은 예수의 제자도 아니고 사도도 아니라고 우긴다. 이에 억울한 바울이 말한다.

"나는 예수님을 다메섹에서 직접 만났소. 그리고 내가 고린도에 와서 교회를 세우고 당신들을 키웠다면, 다른 사람들이 뭐라 해도 당신들은 나를 사도로 인정해 줘야지. 나는 고린도에 있을 때도 다른 사람들에게 도움받지 않고 천막 만드는 일을 하면서 사역했소! 일하는 소도 먹을 것을 주는데 말이지!"

선교하면서 도움을 받는 것은 당연한 일이지만, 바울은 일부러 그렇게 하지 않았다. 모든 비난과 오해를 받기가 싫었기 때문이다. 바울은 결국 돈을 위해 일한다는 소리가 너무 듣기 싫었다.

> 내가 내 몸을 쳐 복종하게 함은 내가 남에게 전파한 후에 자신이 도리어 버림을 당할까 두려워함이로다(고전 9:27).

바울은 하나님을 가장 두려워했으며, 하나님께 상 받는 일만 생각하며 살았다.

우상 숭배를 피하고 하나님의 영광을 위하라(10장)

10장은 우상에게 바쳐진 음식물에 대한 최종 결론이다. 바울은 고린도 성도들에게 모세 때의 출애굽 이야기로 시작해서 금송아지 사건(출 32:1-6), 바알브올 사건(민 25:1-9), 불뱀과 놋뱀 사건(민 21:4-9), 고라와 250인의 반역 사건(민 16장)에 대해 쭉 이야기하면서 이 일들은 거울이 되고 우리를 깨우치기 위해 기록되었다고 이야기했다. 그러면서 이렇게 말했다.

> 그런즉 선 줄로 생각하는 자는 넘어질까 조심하라 사람이 감당할 시험밖에는 너희가 당한 것이 없나니 오직 하나님은 미쁘사 너희가 감당하지 못할 시험당함을 허락하지 아니하시고 시험당할 즈음에 또한 피할 길을 내사 너희로 능히 감당하게 하시느니라(고전 10:12-13).

바울은 우상 숭배를 멀리하라고 권면한다. 우상이 무엇인가? 이방인이 드리는 제사는 귀신에게 하는 것이니 참여해서는 안 된다. 모든 것이 가능하다고 사람들은 말하지만 모든 것이 덕을 세우는 것은 아니다. 바울은 그러니 다른 사람의 유익을 위해서 행동하라고 전한다. 그리고 정말 고기가 먹고 싶으면 어디서 난 것인지 묻거나 따지지 말고 먹으라고 한다. 땅에 충만한 것이 주님의 것이기 때문이다. 그러면서도 만일 그것이 우상에게 제물로 바쳐졌던 것임을 알았다면 그것을 알려 준 사람과 그의 양심을 위해 먹지 말라고 한다.

> 그런즉 너희가 먹든지 마시든지 무엇을 하든지 다 하나님의 영광을 위하여 하라(고전 10:31).

공식 예배와 성찬(11장)

여자가 머리에 쓰는 것과 성찬식에 대해 말한다. 이때는 여자들이 머리를 가리는 것이 예의였다. 머리를 드러내는 여자는 성적으로 문란한 속된 여자라고 생각했다. 그러니 그것을 공중도덕으로 지켜 달라고 부탁한 것이다.

당시 고린도교회에서 성만찬을 함께 먹을 때 부자는 많이 가져오고 가난한 사람은 적게, 빈궁한 사람은 가져오지 못하는 경우에 함께 어울리며 교제하지 않고 각자 자기 배를 채웠다. 바울은 성만찬은 예수님의 사랑을 생각하기 위함이지 배를 채우기 위한 것은 아니므로 교회에 와서 마음껏 먹고 마시거나 다른 사람에 대한 배려가 없는 것은 옳지 않다고 따끔하게 혼을 낸다.

성령의 은사와 지체 됨(12장)

12-14장은 성령의 은사에 관한 설명이다. 하나님이 주시는 은사는 여러 가지나 성령은 한 분이시다. 여기서 은사는 가르침, 병 고침, 예언, 방언, 통변 등을 일컫는다. 우리에게는 손과 발과 눈과 귀가 다 소중하고 필요하다. 눈이 손더러 "너는 왜 손이야? 나는 네가 필요 없어"라고 할 수 없다. 눈이 아프면 몸 전체가 아프고, 귀가 아파도 마찬가지다. 그렇게 우리는 다 하나로 연결되어 있다.

사랑(13장)

바울은 우리가 방언을 말하더라도 사랑이 없으면 꽹과리 소리와 같다고 한다. 예언하는 능력과 큰 믿음을 갖고 있어도, 구제를 많이 해도 사랑이 없으면 아무것도 아니라고 한다. 그러면서 사랑은 오래 참고, 온유하며, 시기하지 않고, 자랑하지 않고, 교만하거나 무례히 행하지 않고, 자기의 유익을 구하지 않으며, 성내지 않고, 악한 것을 생각하지 않고, 불의를 기뻐하지 않고, 오히려 진리와 함께 기뻐하고, 모든 것을 참으며, 모든 것을 믿으며, 모든 것을 바라며 견딘다고 말한다.

> 그런즉 믿음, 소망, 사랑, 이 세 가지는 항상 있을 것인데 그중의 제일은 사랑이라(고전 13:13).

방언과 예언(14장)

바울이 방언에 대해 편지를 쓰게 된 배경은 방언을 너무 무분별하게 사용해서 분란이 일어났기 때문이다. 교회 안에 질서가 없었기 때문이다.

그것을 정리해 주기 위해 무엇보다 예언의 은사를 높이 평가했다. 예언은 교회에 덕을 세우며, 성도를 권면하고 위로하는 메시지다. 또 방언은 알아들을 수 없지만, 예언은 알아들을 수 있다. 교회에서 방언하는 사람들이 아무리 은혜롭고 신령한 말을 해도 상대가 그 내용을 모르면 시끄러운 소리에 불과하다. 교회에 처음 온 사람이 성도들이 다 방언으로 소리치고 있는 모습을 본다면 다 미쳤다고 하지 않겠는가?

> 예언하는 자들의 영은 예언하는 자들에게 제재를 받나니 하나님은 무질서의 하나님이 아니시요 오직 화평의 하나님이시니라(고전 14:32-33).

이처럼 모든 은사는 교회의 유익을 위해 사용해야 한다. 누군가가 교회에서 방언을 한다면 해석하는 사람이 있어야 한다. 만일 없으면 교회에서는 방언하기보다 나중에 하나님께만 조용히 말씀드리는 것이 좋다.

> 여자는 교회에서 잠잠하라 그들에게는 말하는 것을 허락함이 없나니 율법에 이른 것같이 오직 복종할 것이요(고전 14:34).

당시 고린도교회에 말 많고 분란을 일으키는 여자가 많았다. 그래서 통제가 필요했던 것이지, 남녀 차별을 이유로 한 말이 아니다.

부활(15장)

> 그러나 내가 나 된 것은 하나님의 은혜로 된 것이니 내게 주신 그의 은혜가 헛되지 아니하여 내가 모든 사도보다 더 많이 수고하였으나 내가 한 것이 아니요 오직 나와 함께하신 하나님의 은혜로라(고전 15:10).

그런데 교회 안에 부활이 없다 하는 자가 있었다. 이에 바울은 그리스도가 부활하지 못하셨으면 그들의 믿음도 헛것이며, 그들은 여전히 죄 가운데 있을 것이라고 말한다.

> 그러나 각각 자기 차례대로 되리니 먼저는 첫 열매인 그리스도요 다음에는 그가 강림하실 때에 그리스도에게 속한 자요 그 후에는 마지막이니 그가 모든 통치와 모든 권세와 능력을 멸하시고 나라를 아버지 하나님께 바칠 때라(고전 15:23-24).

이때 부활의 순서는 그리스도가 첫 번째고, 그다음은 그분이 세상에 다시 오실 때 그분께 속한 자다. 그 후에는 마지막인데 예수님이 세상의 모든 통치와 권세와 능력을 멸하고 그 나라를 하나님께 바치실 때다.

그가 모든 원수를 그 발아래에 둘 때까지 반드시 왕 노릇 하시리니(고전 15:25).

예수님이 모든 원수를 그 발아래에 둘 때까지 반드시 왕 노릇 하실 것이니, 원수들의 결국은 사망이다.

만일 죽은 자들이 도무지 다시 살아나지 못하면 죽은 자들을 위하여 세례를 받는 자들이 무엇을 하겠느냐 어찌하여 그들을 위하여 세례를 받느냐(고전 15:29).

바울은 만일 부활이 없으면 죽은 자들을 위하여 세례 받는 자들이 무엇을 하겠느냐고 묻는다.

또 어찌하여 우리가 언제나 위험을 무릅쓰리요 형제들아 내가 그리스도 예수 우리 주 안에서 가진바 너희에 대한 나의 자랑을 두고 단언하노니 나는 날마다 죽노라(고전 15:30-31).

또 어째서 자신들이 위험을 무릅써야 하느냐고 묻는다. 그러면서 그는 날마다 죽는다고 말한다. 그다음 날 또 살아나는 것이다. 부활하는 것이다.

내가 사람의 방법으로 에베소에서 맹수와 더불어 싸웠다면 내게 무슨 유익이 있으리요 죽은 자가 다시 살아나지 못한다면 내일 죽을 터이니 먹고 마시자 하리라(고전 15:32).

바울은 지금 에베소에서 자신을 공격하는 맹수 같은 반대자들과 싸우고 있다. 그런데 만일 살아나지 못한다면 그냥 다 때려치우고 내일 죽을 터이니 먹고 마시자고 하지 않겠느냐는 것이다. 그러니 그 악한 친구들에게 속지 말라고 말한다.

> 깨어 의를 행하고 죄를 짓지 말라 하나님을 알지 못하는 자가 있기로 내가 너희를 부끄럽게 하기 위하여 말하노라 누가 묻기를 죽은 자들이 어떻게 다시 살아나며 어떠한 몸으로 오느냐 하리니(고전 15:34-35).

바울은 여기서 '씨'를 예로 들어 설명한다. 씨가 땅에 떨어지면 형체는 사라지고 사과, 복숭아 등 새 모습으로 나온다. 이처럼 우리도 땅에 묻혀 부활할 때의 모습이 있다. 그런데 그 모습이 다 다르다. 첫 사람 아담의 몸은 썩을 것, 욕되고 약한 것으로 흙에 속한 것이지만, 그리스도의 형상에서 보듯이 부활의 몸은 썩지 않고 영광스럽고 강한 것, 신령한 몸이며 하늘에 속한 것이다.

> 보라 내가 너희에게 비밀을 말하노니 우리가 다 잠잘 것이 아니요 마지막 나팔에 순식간에 홀연히 다 변화되리니(고전 15:51).

이때 이미 죽은 사람들은 썩지 않을 몸으로 다시 살아나고, 살아 있는 자도 모두 하늘의 몸으로 변화된다. 바울은 성령의 계시를 통해 이 같은 부활의 비밀을 알고 고린도 성도들에게 알려 준다.

성도를 위하는 연보와 권면(16장)

바울은 성도를 위하는 연보에 대해 말하며 잘 모아 두라고 한다. 그리고 예루살렘교회의 가난한 성도들을 돕는 구제 헌금 활동에 적극 동참하라고 한다.

바울은 3년 동안 에베소에 머물러 있다. 바울은 성도들에게 디모데가 가거든 잘 대해 달라고 부탁한다.

> 그러므로 누구든지 그를 멸시하지 말고 평안히 보내어 내게로 오게 하라 나는 그가 형제들과 함께 오기를 기다리노라(고전 16:11).

그러면서 디모데를 멸시하지 말라는 말을 덧붙인다.

> 형제 아볼로에 대하여는 그에게 형제들과 함께 너희에게 가라고 내가 많이 권하였으되 지금은 갈 뜻이 전혀 없으나 기회가 있으면 가리라(고전 16:12).

아볼로는 고린도에서 힘들었기에 지금 바울과 함께 에베소에 있다. 그에게 고린도로 가라고 권했으나 안 간다고 했다. 바울은 아가야 쪽의 첫 열매인 스데바나를 챙긴다. 브리스길라와 아굴라 부부가 문안하고, 바울이 친필로 문안한다.

에베소에서 바울의 사역(행 19:23-41)

그 무렵 에베소에서 바울이 전한 복음으로 큰 소동이 일어났다. 에베소는 아데미 신상으로 돈을 많이 벌었는데 자기들이 먹고사는 데 지장이 있다며 소란을 피운 것이다. 그들은 "위대한 에베소 사람의 아데미여!" 하고 두 시간 동안 외쳤다. 그때 에베소의 서기장이 나섰다. 그는 "바울 일행이 신전의 물건을 도둑질한 것도 아니고 여신을 비방한 것도 아닌데 이건 억지다!" 하며 그들을 해산시켰다.

마게도냐와 헬라 지역을 다니다 (행 20:1)

에베소에서 소동이 일어나자 바울은 제자들을 불러 격려하고 작별한 후 에베소를 떠나 마게도냐로 건너갔다(A.D. 56년경).

고린도후서

빌립보에서 고린도후서를 쓰다

바울이 마게도냐의 빌립보에 있을 때 고린도로 편지를 들고 간 디도가 돌아왔다. 이야기를 들어 보니 첫 번째 편지(고린도전서)를 받고 고린도 성도들이 변화되어 지금은 신앙생활을 너무 잘하고 있다는 것이었다. 그 이야기를 듣고 바울이 너무도 기뻐서 두 번째 편지인 고린도후서를 쓰게 된다(A.D. 56년경).

바울의 변경된 여행 일정
(1:12-2:4)

고린도교회에 거짓 교사들이 와서 "사도 바울은 가짜야! 그는 추천서도 없고 예수의 제자도 아니야! 고린도에 온다고 했으면서 오지도 않잖아!" 하며 들쑤셨다.

> 내가 마게도냐를 지날 터이니 마게도냐를 지난 후에 너희에게 가서 혹 너희와 함께 머물며 겨울을 지낼 듯도 하니 이는 너희가 나를 내가 갈 곳으로 보내어 주게 하려 함이라(고전 16:5-6).

그러자 바울은 마게도냐에 들렀다가 고린도에 가서 겨울을 보내려 했다. 그런데 바울의 계획대로 되지 않았다. 그는 편지에 사람들이 오해하는 것에 대한 설명을 실었다. 그의 원래 계획은 고린도에 갔다가 마게도냐로 가고 다시 고린도에 들러서 유대로 가는 것이었다. 하지만 이 여정은 그의 마음대로 쉽게 '예, 아니요' 할 수 있는 것이 아니었다.

> 이렇게 계획할 때에 어찌 경솔히 하였으리요(고후 1:17).

다 하나님의 뜻을 따라 한 것이었다.

> 우리 곧 나와 실루아노와 디모데로 말미암아 너희 가운데 전파된 하나님의 아들 예수 그리스도는 예 하고 아니라 함이 되지 아니하셨으니 그에게는 예만 되었느니라(고후 1:19).

예수님은 하나님께 '예' 하셨다. 그래서 우리가 구원을 얻었다.

> 하나님의 약속은 얼마든지 그리스도 안에서 예가 되니 그런즉 그로 말미암아 우리가 아멘 하여 하나님께 영광을 돌리게 되느니라(고후 1:20).

바울이 여행 일정을 바꾼 것은 하나님께 '예' 했기 때문이다. 그는 고린도 성도들에게 또다시 아픔을 주지 않기 위해 더 이상 고린도에 가지 않기로 결심한다.

> 내가 다시는 너희에게 근심 중에 나아가지 아니하기로 스스로 결심하였노니 내가 너희를 근심하게 한다면 내가 근심하게 한 자밖에 나를 기쁘게 할 자가 누구냐(고후 2:1-2).

예수 그리스도의 향기(2:12-17)

바울이 드로아에 갔을 때 전도의 문이 확 열렸다. 그런데 디도가 오지 않아서 마음이 불편해 마게도냐로 건너갔다.

> 항상 우리를 그리스도 안에서 이기게 하시고 우리로 말미암아 각처에서 그리스도를 아는 냄새를 나타내시는 하나님께 감사하노라(고후 2:14).

우리는 구원 얻는 자들에게나 망하는 자들에게나 하나님 앞에서 그리스도의 향기다.

새 언약의 일꾼들 (3장)

우리가 다시 자천하기를 시작하겠느냐 우리가 어찌 어떤 사람처럼 추천서를 너희에게 부치거나 혹은 너희에게 받거나 할 필요가 있느냐 너희는 우리의 편지라 우리 마음에 썼고 뭇사람이 알고 읽는 바라(고후 3:1-2).

여기서 '자천'은 자기 자신을 추천하는 것을 뜻한다. 바울은 고린도교회를 개척했다. 그러기에 바울이 사도인 것의 산증인은 추천장이 아니라 바로 고린도 성도들이다. 자기 자신을 추천하는 추천서를 가지고 와서 바울은 추천서가 없으므로 사도가 아니라고 주장한 거짓 교사들이 있었던 것 같다.

질그릇에 담긴 보배 (4:1-15)

바울은 박해와 비난 가운데서도 낙심하지 않는 이유를 이야기한다.

어두운 데에 빛이 비치라 말씀하셨던 그 하나님께서 예수 그리스도의 얼굴에 있는 하나님의 영광을 아는 빛을 우리 마음에 비추셨느니라(고후 4:6).

복음을 받아들인 사람은 하나님의 은혜를 받은 사람이다. 구주 예수님을 알고 믿음으로 영생의 복을 얻기 때문이다.

우리가 이 보배를 질그릇에 가졌으니 이는 심히 큰 능력은 하나님께 있고 우리에게 있지 아니함을 알게 하려 함이라(고후 4:7).

우리는 질그릇으로 보잘것없고 연약하다. 그러나 이 안에 보배를 가졌다. 바로 예수 그리스도의 영광을 아는 지식이 그것이다. 보배를 담은 질그릇인 우리는 환난을 당해도 곤경에 빠지지 않으며, 절망에 낙심하지 않으며, 거꾸러뜨림을 당해도 망하지 않는다.

날로 새로워지는 속사람(4:16-18)

그러므로 우리가 낙심하지 아니하노니 우리의 겉사람은 낡아지나 우리의 속사람은 날로 새로워지도다(고후 4:16).

우리가 받는 환난은 영원한 영광을 준다. 보이는 환난은 순간이나, 보이지 않는 영광은 영원하다.

세상의 장막집과 하늘의 영원한 집(5:1-10)

바울은 만일 우리의 장막(텐트)이 무너지면 하나님이 지으신 하늘에 있는 영원한 집이 있는 줄 안다고 말한다. 그러면서 그 집으로 덧입기를 간절히 원한다. 이는 벗은 자의 부끄러운 모습으로 발견되지 않으려 함이다. 하나님은 준비해 주셨고, 그것을 보증하기 위해 우리에게 성령을 주셨다.

그러므로 우리가 항상 담대하여 몸으로 있을 때에는 주와 따로 있는 줄을 아노니 이는 우리가 믿음으로 행하고 보는 것으로 행하지 아니함이로라(고후 5:6-7).

우리는 죽음을 두려워하지 않는다. 차라리 이 몸을 떠나 주와 함께 있기를 원한다. 그래서 살든지 죽든지 주를 기쁘시게 하는 자가 되기를 힘쓴다.

화목하게 하는 직분 (5:11-21)

17절과 20절은 바울이 복음의 본질과 그 복음을 맡은 자의 정체성을 아주 강력하게 요약한 말씀이다.

> 그런즉 누구든지 그리스도 안에 있으면 새로운 피조물이라 이전 것은 지나갔으니 보라 새것이 되었도다 … 그러므로 우리가 그리스도를 대신하여 사신[하나님의 대사]이 되어 하나님이 우리를 통하여 너희를 권면하시는 것같이 그리스도를 대신하여 간청하노니 너희는 하나님과 화목하라(고후 5:17, 20).

'그런즉 누구든지 그리스도 안에 있으면 새로운 피조물이다'라는 선언과 '우리가 그리스도를 대신하여 사신이 되어'라는 표현은 구원받은 자의 본질과 사명을 동시에 말해 준다. 신분, 배경, 과거와 무관하게 어떤 죄인이든, 어떤 상처가 있든 누구든지 그리스도 안에 있으면 포함된다. 그리스도 안에서 인간은 단순히 '변화된 버전'이 아니라 완전히 새롭게 창조된 존재가 된다. 과거의 죄, 상처가 그리스도의 십자가로 끝났다. '그리스도를 대신하여 사신이 되어'에서 '사신'은 왕을 대신하여 타국에 파견된 공식 대표다. 바울과 모든 복음 전파자는 하나님의 대리 외교관과 같다.

즉 바울은 "예수님을 믿는 순간, 과거는 끝나고 새로운 존재로 다시 태어난다. 그리고 새롭게 된 자는 복음의 대사가 되어 다른 이들을 하나님과 화목하게 만드는 사람이 된다"고 말하고 있다.

하나님의 은혜를 헛되이 받지 말라 (6:1-13)

바울은 자신이 사도가 아니라고 우기는 거짓 교사들과 거기에 넘어간 사람들에게 자신이 얼마나 힘들었는지를 6장에 낱낱이 기록해 놓았다. 환난(바울 서신에만 25번 나옴), 궁핍, 고난, 매 맞음, 갇힘, 난동, 수고로움(피곤), 자지 못함, 먹지 못함 등이 그것이다. 바울은 이 모든 일을 겪었다. 그리고 마음을 열어 놓았다.

> 고린도인들이여 너희를 향하여 우리의 입이 열리고 우리의 마음이 넓어졌으니 너희가 우리 안에서 좁아진 것이 아니라 오직 너희 심정에서 좁아진 것이니라 내가 자녀에게 말하듯 하노니 보답하는 것으로 너희도 마음을 넓히라(고후 6:11-13).

불신자와 연합하지 말라 (6:14-18)

바울은 이어서 죄악과의 분리에 대해 말한다.

> 너희는 믿지 않는 자와 멍에를 함께 메지 말라 의와 불법이 어찌 함께하며 빛과 어둠이 어찌 사귀며 그리스도와 벨리알[우상, 사탄]이 어찌 조화되며 믿는 자와 믿지 않는 자가 어찌 상관하며(고후 6:14-15).

의와 불법, 빛과 어둠, 그리스도와 벨리알, 믿는 자와 믿지 않는 자가 어찌 사귈 수 있느냐는 것이다.

> 하나님의 성전과 우상이 어찌 일치가 되리요 우리는 살아 계신 하나님의 성전이라 이와 같이 하나님께서 이르시되 내가 그들 가운데 거하며 두루 행하여 나

는 그들의 하나님이 되고 그들은 나의 백성이 되리라(고후 6:16).

너희는 너희가 하나님의 성전인 것과 하나님의 성령이 너희 안에 계시는 것을 알지 못하느냐(고전 3:16).

우리 안에는 하나님이 살고 계신다. 우리 몸이 바로 하나님의 성전인 것이다.

환난 속에서도 기뻐하는 이유 (7장)

바울은 이 약속을 가졌기에 거룩함을 온전히 이루어 영, 육을 깨끗이 하자고 부탁한다. 그리고 지금 심한 환난 속에서도 자신은 너무 기쁘다고 한다. 디도가 왔기 때문이다. 디도가 온 것이 바울에게는 하나님의 위로로 느껴졌다. 사실 편지로 고린도 성도들을 근심하게 해서 '편지를 괜히 보냈나' 하고 후회도 했으나, 지금은 그렇지 않다는 것이다.

고린도교회에 구제 헌금을 부탁하다 (8:1-15)

8-9장은 연보에 관한 내용이다. 고린도 성도들이 영적으로 타락했을 때는 돈 이야기를 하지 않았다. 그러나 지금은 그들이 하나님 앞에 바로 섰기에 연보, 구제 헌금에 대해 말하고 있다. 로마 글라우디오 황제 때 예루살렘에 극심한 흉년이 들어서 그들을 도우려고 한 것이다.

형제들아 하나님께서 마게도냐 교회들에게 주신 은혜를 우리가 너희에게 알리노니(고후 8:1).

바울은 고린도교회가 헌금 문제로 약속을 지키지 않는 상황에서도 비판이나 질책이 아닌, '형제들아'라는 친밀한 호칭으로 글을 시작한다. "너희를 꾸짖기 위한 게 아니라, 사랑 안에서 나누고 싶은 이야기가 있어"라는 뜻이다. 바울의 마음이 느껴진다. 바울은 가난하고 환난 중에도 풍성한 연보를 한 마게도냐교회를 예로 들며 '하나님이 그들에게 은혜를 주셨다'고 표현함으로써 모든 것이 하나님의 역사였음을 고백한다.

바울은 또한 "명하노니", "명령하노라"가 아닌 "알리노니"라고 말하며 강요가 아닌 나눔의 자세를 보여 준다. 마게도냐교회의 연보는 감동과 은혜의 간증이지, 경쟁의 지표나 헌금 압박이 아니란 뜻이다. 그 말 안에는 "나도 이 이야기를 너희와 나누며 감동했다"는 바울 자신의 따뜻한 감정이 실려 있다. 그래서 이 구절은 가난한 교회의 섬김을 이야기하면서도, 그 말 자체가 이미 '섬김의 마음'으로 가득한 장면이다.

그러므로 우리가 디도를 권하여 그가 이미 너희[고린도 성도들] 가운데서 시작하였은즉 이 은혜를 그대로 성취하게 하라 하였노라(고후 8:6).

이 말은 고린도 성도들이 어려운 예루살렘을 돕기 위해 마게도냐 사람들보다 먼저 연보를 했다는 것이다. 그런데 거짓 교사들이 흔들어서 지금은 하지 않게 되었다. 예수님은 천하를 가진 부요한 분인데 우리를 위하여 모든 것을 버리고 가난하게 되신 것처럼 어려운 이들을 위해 물질을 흘려보내라는 것이다.

디도 일행을 고린도교회에 파견하다 **(8:16-24)**

바울은 구제 헌금을 모금하기 위해 디도와 두 명의 형제를 고린도교회에 보낸다. 이렇게 하는 것은 돈에 대해 문제가 생기지 않도록 하기 위함이다. 디도는 동료, 동역자니 믿고 주라고 이야기한다.

올바른 구제 헌금 **(9장)**

바울이 마게도냐인들에게 아가야(고린도)에서는 1년 전부터 준비했다는 것을 자랑하자 그들 가운데 열심이 많은 사람들이 바울의 말을 듣고 분발했다.

> 혹 마게도냐인들이 나와 함께 가서 너희가 준비하지 아니한 것을 보면 너희는 고사하고 우리가 이 믿던 것에 부끄러움을 당할까 두려워하노라(고후 9:4).

혹시 마게도냐인들이 바울과 함께 갔는데 고린도 성도들이 연보하지 않는 것을 보면 고린도 성도들은 물론이고 바울도 부끄러움을 당하지 않을까 염려한다. 그래서 그는 먼저 가서 연보하게 하는 것이 필요하다고 말한다.

여기서 연보는 헬라어로 '카리스'(은혜), '코이노니아'(교제) 등의 단어로 표현되며, 억지나 강요가 아닌 자원하는 마음으로 드리는 헌금을 뜻한다. 이는 신앙 공동체의 필요를 채우기 위한 사랑의 실천이다.

바울이 사도직을 변호하다(10장)

바울이 자신을 비난하는 사람들에게 직접 자신의 사도직에 대해 말한다.

너희를 대면하면 유순하고 떠나 있으면 너희에 대하여 담대한 나 바울은(고후 10:1).

바울은 고린도교회에 온유하고 부드러운 태도로 말하지만, 필요하다면 단호하고 담대하게 행동할 수 있음을 밝힌다. 그는 사람을 외모나 말투로 판단하지 말라고 하며, 자신이 그리스도께 속한 사람임을 강조한다.

너희는 외모만 보는도다 만일 사람이 자기가 그리스도에게 속한 줄을 믿을진대 자기가 그리스도에게 속한 것같이 우리도 그러한 줄을 자기 속으로 다시 생각할 것이라(고후 10:7).

또한 바울은 자신이 하나님이 주신 사명의 범위 안에서 일하고 있으며, 그렇기에 고린도에서 복음을 전한 것이라고 말한다. 그리고 자랑을 하더라도 하나님이 인정하시는 것을 자랑하라고 권면한다.

자랑하는 자는 주 안에서 자랑할지니라(고후 10:17).

교회에 침투한 거짓 교사들을 조심하라 (11:1-15)

바울은 자신을 거짓 교사들과 비교하면서, 일부러 자신의 자랑을 늘어놓아 자신을 공격하는 자들에게 일침을 가한다.

내가 하나님의 열심으로 너희를 위하여 열심을 내노니 내가 너희를 정결한 처녀로 한 남편인 그리스도께 드리려고 중매함이로다(고후 11:2).

사도 바울은 고린도 성도들을 정결한 처녀로 여기며, 그들을 남편 되시는 그리스도께 드리기 위해 중매했다고 말한다. 그러나 그들이 다른 영을 받아들이고, 다른 예수를 따르며, 복음에서 벗어나 부패할까 두려워한다. 그러면서 어떻게 그리 쉽게 다른 영, 다른 복음을 받아들일 수 있느냐고 묻는다.

> 나는 지극히 크다는 사도들[거짓 교사들]보다 부족한 것이 조금도 없는 줄로 생각하노라(고후 11:5).

바울은 이어서 말한다.

"내가 말솜씨는 없어도 지식에는 그렇지 않다. 내가 나를 낮추어 복음을 전해서 죄를 지었느냐? 고린도에서는 돈 한 푼 받지 않고 천막을 만들며 일해서 복음을 전했고, 오히려 마게도냐에서 온 형제들이 나를 도와주었다. 그만큼 돈으로 오해가 생길까 봐 조심하고 또 조심했다. 내가 너희를 사랑하지 않았다고? 하나님이 아신다."

거짓 교사들은 사도 바울이 돈을 받지 않는 것은 사도의 자격이 없어서라며 자기들은 돈을 요구했다. 그러나 바울은 앞으로도 절대 바꾸지 않겠다고 한다.

> 그런 사람들은 거짓 사도요 속이는 일꾼이니 자기를 그리스도의 사도로 가장하는 자들이니라 이것은 이상한 일이 아니니라 사탄도 자기를 광명의 천사로 가장하나니(고후 11:13-14).

바울의 수고와 고난 (11:16-33)

이제 바울은 그 거짓 교사들처럼 자기 자신을 어리석게(?) 자랑해 본다. 그들이 바울을 이렇게 괴롭히지 않았다면 고린도후서의 이 고백은 성경에 없었을 것이다. 너무도 처절하다.

"그들이 히브리인이냐? 나도 그렇다. 그들이 이스라엘인이냐? 나도 그렇다. 그들이 아브라함의 후손이냐? 나도 그렇다. 내가 수고를 넘치도록 하고, 옥에 갇히고, 매도 수없이 맞고, 여러 번 죽을 뻔하고, 유대인들에게 사십에 하나 감한 매를 다섯 번 맞고, 세 번 태장(로마인이 때린 것)으로 맞고, 한 번 돌로 맞고, 세 번 파선하고, 일 주야를 깊은 바다에서 지냈으며, 여러 번의 여행 중에 강, 강도, 동족, 이방인, 시내, 광야, 바다, 거짓 형제 등에게 위험을 당하고, 수고하며 자지 못하고, 주리고, 목마르고, 굶고, 춥고, 헐벗었다."

그러면서 그는 아직도 매일 교회를 위해 마음을 쓴다고 고백하며 과거 자신의 다메섹 사건을 끄집어낸다.

> 다메섹에서 아레다왕의 고관이 나를 잡으려고 다메섹성을 지켰으나 나는 광주리를 타고 들창문으로 성벽을 내려가 그 손에서 벗어났노라(고후 11:32-33).

이는 거짓 교사들이 행동은 하지 않고 말로만 떠드는 것을 보고 어이가 없어 쓴 것이다.

바울의 신비한 체험과 몸의 가시 (12:1-10)

무익하나마 내가 부득불 자랑하노니 주의 환상과 계시를 말하리라(고후 12:1).

바울은 주님이 보여 주신 환상과 계시를 말한다.

> 내가 그리스도 안에 있는 한 사람을 아노니 그는 십사 년 전에 셋째 하늘에 이끌려 간 자라 (그가 몸 안에 있었는지 몸 밖에 있었는지 나는 모르거니와 하나님은 아시느니라) … 그가 낙원으로 이끌려 가서 말로 표현할 수 없는 말을 들었으니 사람이 가히 이르지 못할 말이로다(고후 12:2, 4).

바울은 그 내용을 전지적 관찰자 시점으로 쓰고 있다.

14년 전은 언제인가? 바울이 다소에 칩거하던 때다. 그 기간이 10년 정도 된다. 그때 바울은 셋째 하늘(하나님이 계신 곳, 낙원)로 이끌려 갔다.

> 내가 만일 자랑하고자 하여도 어리석은 자가 되지 아니할 것은 내가 참말을 함이라 그러나 누가 나를 보는 바와 내게 듣는 바에 지나치게 생각할까 두려워하여 그만두노라(고후 12:6).

바울은 왜 영적인 환상을 먼저 자랑했을까?

> 여러 계시를 받은 것이 지극히 크므로 너무 자만하지 않게 하시려고 내 육체에 가시 곧 사탄의 사자를 주셨으니 이는 나를 쳐서 너무 자만하지 않게 하려 하심이라(고후 12:7).

병도, 고난도 하나님이 바울을 위해 주셨다고 말한다. 사탄은 하나님의 권한 아래에 존재한다. 절대 넘어설 수 없다. 바울은 몸이 너무 힘들어 하나님께 기도했다.

이것이 내게서 떠나가게 하기 위하여 내가 세 번 주께 간구하였더니 나에게 이르시기를 내 은혜가 네게 족하도다 이는 내 능력이 약한 데서 온전하여짐이라 하신지라 그러므로 도리어 크게 기뻐함으로 나의 여러 약한 것들에 대하여 자랑하리니 이는 그리스도의 능력이 내게 머물게 하려 함이라 그러므로 내가 그리스도를 위하여 약한 것들과 능욕과 궁핍과 박해와 곤고를 기뻐하노니 이는 내가 약한 그때에 강함이라(고후 12:8-10).

그러나 하나님은 "내 은혜가 네게 족하다. 왜냐하면 내 능력이 약한 데서 온전해지기 때문이다"라고 응답하신다. 약할 때 강함 되시는 하나님을 찬양하자!

고린도교회에 대한 바울의 염려 (12:11-21)

바울은 자신이 어리석은 자가 되었으나 고린도 성도들한테 칭찬받아야 한다고 말한다. 그는 지극히 크다는 거짓 교사들보다 조금도 부족하지 않기 때문이다.

바울은 고린도에 갔을 때 좋게 변화된 모습을 보고 싶은데 다툼, 시기, 분냄, 당 짓는 것, 비방, 수군거림, 거만, 혼란이 가득할까 두렵다고 고백한다.

권면과 끝인사 (13장)

바울은 이제 세 번째 방문을 예고하며 경고한다. 전에 범죄한 사람들에 대해 이번에 가면 용서하지 않을 거라고 말한다. 편지를 쓰고, 사람을 보내고, 또 편지를 썼는데 그 후에도 문제면 그는 용서할 대상이 아니다. 바울이 이렇게 편지를 쓰는 것은 성도들을 출교시키는 일이 없도록 하려는 것이다. 그리고 다섯 가지를 명령한다.

1. 기뻐하라.
2. 온전하게 되라.
3. 위로를 받으라.
4. 마음을 같이하라.
5. 평안하라.

이 다섯 가지는 어떻게 가능한가? 사랑과 평강의 하나님이 함께 계시면 가능하다. 그리고 이어서 현재 많은 교회의 축도 내용인 다음 말씀이 이어진다.

> 주 예수 그리스도의 은혜와 하나님의 사랑과 성령의 교통하심이 너희 무리와 함께 있을지어다(고후 13:13).

로마서

고린도에서 로마서를 쓰다

바울은 그 후 고린도에서 3개월을 머물며 아직 만나 보지 못한 로마교회의 성도들에게 편지를 쓴다. 그것이 로마서다. 그 편지를 뵈뵈를 통해 로마에 전한다. 한편, 로마서를 쓰기 전에도 로마에 교회가 있었다. 바울이 개척한 것이 아니라, 누군가에 의해 자연스럽게 교회가 생겨난 것이었다.

먼저 로마서 16장을 보면 많은 사람의 이름이 나온다. 총 스물일곱 명이고 예닐곱 개의 그룹으로 나누어진다. 그중 네 명은 전형적인 노예 이름이다. 당시 로마교회는 유대인은 유대인끼리, 이방인은 이방인끼리, 노예는 노예끼리 예배드렸다. 그런데 이 이야기를 고린도에서 바울이 들었다. 왜 이렇게 나누어졌을까? A.D. 49년, 로마에서 유대인 그리스도인들끼리 '예수가 그리스도냐' 하는 문제로 싸움이 벌어졌다. 그로 인해 경제가 좋아지지 않자 글라우디오 황제가 유대인들을 로마에서 모두 다 쫓아내 버렸다.

> 아굴라라 하는 본도에서 난 유대인 한 사람을 만나니 글라우디오가 모든 유대인을 명하여 로마에서 떠나라 한 고로 그가 그 아내 브리스길라와 함께 이달리야로부터 새로 온지라 바울이 그들에게 가매(행 18:2).

이때 브리스길라와 아굴라도 로마를 떠나게 되었다. 유대인이 추방된 후 로마교회는 100퍼센트 이방인 그리스도인으로 구성되었다. 처음에는 예배드리는 것도 힘들고 모든 것이 서툴렀다. 그러는 사이에 기간이 점점 길어져 유대인 그리스도인들이 5년 동안이나 돌아오지 않게 되었다. 그 후 A.D. 54년에 글라우디오가 죽고 네로가 황제가 되면서 추방되었던 유대인들이 로마로 돌아오게 되었다.

그들이 돌아오고 첫 주일, 유대인 그리스도인들이 교회에 갔다. 너무도 반가웠다. 무려 5년 동안 얼굴을 보지 못한 교회 식구들이니 정말 반가웠을 것이다. 그런데 5년이나 자리를 비운 사이에 이방인 그리스도인들이 자기들끼리 예배를 너무도 잘 드리고 있었다. 그때 갑자기 돌아온 유대인 그리스도인이 이렇게 말했다.

"그동안 수고했어. 이제 내가 설교할게."

그러자 이방인 그리스도인이 "너희 없이 우리도 너무 잘해 왔는데 갑자기 자리를 비키라니, 이게 뭔 소리야!" 하며 교회끼리 분열이 나고 싸움이 시작되었다. 이 소식을 듣고 바울이 고린도에서 로마 성도들에게 급하게 편지를 썼는데, 그것이 로마서다.

복음은 예수 그리스도 (1:1-7)

예수 그리스도의 종 바울은 사도로 부르심을 받아 하나님의 복음을 위하여 택정함을 입었으니 이 복음은 하나님이 선지자들을 통하여 그의 아들에 관하여 성경에 미리 약속하신 것이라 그의 아들에 관하여 말하면 육신으로는 다윗의 혈통에서 나셨고 성결의 영으로는 죽은 자들 가운데서 부활하사 능력으로 하나님의 아들로 선포되셨으니 곧 우리 주 예수 그리스도시니라(롬 1:1-4).

이 복음은 곧 예수님이라는 것이다.

> 내가 복음을 부끄러워하지 아니하노니[자랑스러워하니] 이 복음은 모든 믿는 자에게 구원을 주시는 하나님의 능력이 됨이라 먼저는 유대인에게요 그리고 헬라인에게로다(롬 1:16).

이 복음은 종, 여자, 가난한 자, 유대인, 이방인 누구에게나 차별이 없다. 그렇기에 성도가 사람들을 차별해서는 안 된다.

모든 경건하지 않음과 불의 (1:18-32)

하나님의 진노가 불의로 진리를 막는 사람들의 모든 경건하지 않음과 불의에 대하여 하늘로부터 나타나나니(롬 1:18).

하나님의 진노는 '의'를 잃어버렸기 때문에 나타난다. 그럼 하나님의 진노를 피하는 방법은 '의'를 가져오면 되는 것이다. 그래서 유대인들은 의인이 되려고 율법을 다 지키려 했다. 그렇다면 묻고 싶다. 사람이 율법을 다 지킬 수 있는가? 없다! 그래서 이 세상에 선한 사람은 단 한 명도 없다.

> 창세로부터 그의 보이지 아니하는 것들 곧 그의 영원하신 능력과 신성이 그가 만드신 만물에 분명히 보여 알려졌나니 그러므로 그들이 핑계하지 못할지니라(롬 1:20).

창조물들을 보면 하나님이 느껴진다. 하늘, 바다, 나무 등 모든 것은 인간이 아닌 오직 하나님이 만드신 것들이다. 그런데 그것을 알고 보면서도 사람들은 하나님을 인정하지 않는다.

> 하나님을 알되 하나님을 영화롭게도 아니하며 감사하지도 아니하고 오히려 그 생각이 허망하여지며 미련한 마음이 어두워졌나니 스스로 지혜 있다 하나 어리석게 되어 썩어지지 아니하는 하나님의 영광을 썩어질 사람과 새와 짐승과 기어 다니는 동물 모양의 우상으로 바꾸었느니라(롬 1:21-23).

죄의 본질은 하나님을 알면서 영화롭게 하지 않는 것(하나님의 하나님 되심을 인정하지 않는 것, '내'가 곧 하나님인 것), 감사하지 않는 것, 스스로 지혜 있다며 어리석게 되어 우상을 만드는 것이다. 진정한 회개는 하나님으로 하여금 우리의 삶에 하나님이 되시게 하는 것이다.

> 그러므로 하나님께서 그들을 마음의 정욕대로 더러움에 내버려두사 그들의 몸을 서로 욕되게 하게 하셨으니 이는 그들이 하나님의 진리를 거짓 것으로 바꾸어 피조물을 조물주보다 더 경배하고 섬김이라 주는 곧 영원히 찬송할 이시로다 아멘 이 때문에 하나님께서 그들을 부끄러운 욕심에 내버려두셨으니 곧 그

> 들의 여자들도 순리대로 쓸 것을 바꾸어 역리로 쓰며 그와 같이 남자들도 순리대로 여자 쓰기를 버리고 서로 향하여 음욕이 불 일 듯하매 남자가 남자와 더불어 부끄러운 일을 행하여 그들의 그릇됨에 상당한 보응을 그들 자신이 받았느니라 또한 그들이 마음에 하나님 두기를 싫어하매 하나님께서 그들을 그 상실한 마음대로 내버려두사 합당하지 못한 일을 하게 하셨으니(롬 1:24-28).

하나님의 진노의 결과는 바로 그들을 그냥 내버려두시는 것이다. 이는 말씀에서 잘 드러난다.

> 마음의 정욕대로 더러움에 내버려두사(24절)
> 하나님께서 그들을 부끄러운 욕심에 내버려두셨으니(26절)
> 그들이 마음에 하나님 두기를 싫어하매 하나님께서 그들을 … 내버려두사(28절)

하나님은 그들을 그 상실한 마음대로 살아가도록 내버려두신다. 주변 사람들은 하나님이 이들을 내버려두고 계시다는 걸 다 아는데 본인만은 모른다. 은혜는 내가 맡는 게 아니라, 하나님이 맡아 주시는 것이다.

> 곧 모든 불의, 추악, 탐욕, 악의가 가득한 자요 시기, 살인, 분쟁, 사기, 악독이 가득한 자요 수군수군하는 자요 비방하는 자요 하나님께서 미워하시는 자요 능욕하는 자요 교만한 자요 자랑하는 자요 악을 도모하는 자요 부모를 거역하는 자요 우매한 자요 배약하는 자요 무정한 자요 무자비한 자라(롬 1:29-31).

그 결과가 스물한 가지의 죄다. 그렇다면 죄는 무엇일까? 우리 자신이 하나님이 되는 것이다. 곧 하나님을 인정하지 않는 것이다. 아담과 하와가 왜

선악과를 먹었는가? 하나님처럼 되고 싶었기 때문이다.

'너의 삶의 주인은 바로 너 자신이다.'

이것은 잘못된 생각이다. 인간은 자신의 인생을 위해 아무것도 할 수 없다. 생명의 주인은 바로 하나님이시다.

하나님의 심판과 율법(2장)

2장은 '너'라는 단어를 쓰면서 지적한다. 바로 '유대인'에게 이야기하는 것이다. 바울은 유대인이 죄를 저지른 것을 고발하며 이것은 유대인이 '이스라엘 민족'에 속해서 율법을 지녔다는 이유로(롬 2:12-16 참조), 또 할례 받았다는 이유로(롬 2:25-29 참조) 하나님께 용서받지 못한다는 것을 보여 준다. 일반 사람들이 하나님이 자연 속에서 주신 계시를 외면한 것처럼(롬 1:20-32), 유대인도 마찬가지로 불순종으로 말미암아 그들에게 특별히 주신 계시를 무시했기 때문이다(롬 2:17-24 참조).

유대인들은 하나님의 선물인 율법을 소유했지만 지키지 않음으로 이방인과 같이 심판을 받게 된다. 하나님 앞에서 의롭다고 하는 자는 율법을 듣는 자가 아니라 행하는 자다(롬 2:13 참조).

유대인이라 해도 율법을 파괴하는 자는 할례가 무의미하다(롬 2:25 참조). 그래서 표면적 유대인이 유대인이 아니고 이면적 유대인이 유대인이며, 할례는 육신이 아니라 마음에 해야 한다! 참 할례는 영에 있고 율법 조문에 있지 않기 때문이다. 그 칭찬은 사람이 아니라 하나님에게서 받는다.

인간의 죄와 하나님의 의(3장)

그렇다면 할례 받은 유대인이 이방인보다 나은 것은 무엇일까?(롬 3:1-9) 유대인은 하나님의 말씀을 맡았다. 그러나 유대인이나 이방인이나 범죄함은 별 차이가 없다. 어떤 육체도 하나님의 법을 완전히 지킬 수 없기 때문이다.

> 기록된바 의인은 없나니 하나도 없으며(롬 3:10).

> 그러므로 율법의 행위로 그의 앞에 의롭다 하심을 얻을 육체가 없나니 율법으로는 죄를 깨달음이니라(롬 3:20).

우리는 행위로 의롭게 될 수 없다.

> 이제는 율법 외에 하나님의 한 의가 나타났으니 율법과 선지자들에게 증거를 받은 것이라(롬 3:21).

구약성경은 예수 그리스도를 믿음으로써 그분을 통하여 구원을 이룬다는 약속이다.

> 모든 사람이 죄를 범하였으매 하나님의 영광에 이르지 못하더니 그리스도 예수 안에 있는 속량[돈을 주고 노예를 삼]으로 말미암아 하나님의 은혜로 값없이 의롭다 하심을 얻은 자 되었느니라(롬 3:23-24).

의로 여겨진 아브라함의 믿음 (4장)

바울은 "내가 말한 것이 아니라 구약에서 말한 것이다" 하고 아브라함의 이야기를 꺼낸다. 율법을 시내산에서 받은 것은 모세 때다. 그러므로 유대인들이 말하고 주장하는 것처럼 사람이 오직 율법으로만 의롭게 되는 것이 사실이라면, 모세 이후에 태어난 사람들은 기회가 있다. 반면에 그 이전은 기회가 없다. 십계명도 없고 제사도 없기 때문이다. 그러므로 유대인들이 말한 것은 거짓말이다. "아니야, 오직 율법을 지켜야만 돼. 율법으로만 의롭게 되는 거야" 주장하면 아브라함의 경우는 어떻게 되겠는가?

아브람이 여호와를 믿으니 여호와께서 이를 그의 의로 여기시고(창 15:6).

아브라함은 믿음으로 '의'를 이루었다. 유대인들은 다 알면서 지키지 않으려고 한다.

"그래도 할례를 받아야 해!"

그러면 아브라함이 의롭게 되기 전에 할례를 받았는가? 아브라함은 창세기 15장에서 하나님을 믿고 의롭게 되었다. 그리고 17장에서 할례를 받았다. 이 사실은 아브라함이 무할례자면서 믿는 모든 사람의 조상이며, 무할례자들도 믿음으로 의롭다는 인정을 받게 하려는 것이다.

유대인들은 자신들이 아브라함의 자손이라고 주장한다. 그러나 아브라함은 모든 믿는 자의 조상이다. 아무리 유대인이라 할지라도 예수님을 그리스도로 믿는 믿음이 없으면 아무런 상관이 없다. 다윗은 이렇게 말했다.

허물의 사함을 받고 자신의 죄가 가려진 자는 복이 있도다(시 32:1).

주님이 그 사람의 죄를 인정하지 않고 의로 여겨 주시는 자가 복이 있다는 것이다.

아담과 예수 그리스도(5장)

유대인은 사람을 유대인과 이방인으로 구분한다. 그러나 바울은 아담 안에 있는 자와 그리스도 안에 있는 자로 나눈다. 그리고 구원은 오직 그리스도 안에 있는 사람만 받는다.

만약 유대인들이 "맞아! 예수는 유대인이야! 그러니까 우리 유대인은 그리스도 안에서 태어나는 거야!"라고 외친다면, 바울은 "아니다! 우리는 모두 아담 안에서 죄를 가지고 태어난다. 그러므로 우리는 그리스도 안으로 옮겨져야 한다"라고 외칠 것이다.

아담 안에 있는 사람이 죄를 범하면 사탄이 '정죄'의 화살을 쏴서 사망에 이르게 한다. 누구도 예외는 없다. 그러면 어떻게 해야 아담 안에서 그리스도 안으로 옮길 수 있을까? 바로 죽어야 한다. 그러면 아무 죽음이나 되는가? 자살도 되는가? 아니다. 모든 죽음이 우리를 그리스도 안으로 인도하는 것은 아니다. 우리에게는 방법이 없다. 그래서 예수 그리스도, 곧 완전하신 하나님이 완전한 사람의 꼴로 여인의 몸에 잉태되어 율법 아래에 나셨다. 완전한 의를 가진 유일한 그분이 당신을 믿는 모든 사람을 끌어안고 십자가의 죽음 후에 부활함으로 우리를 당신 안으로 옮기셨다.

다른 방법은 없다. 우리의 결단, 우리의 노력, 종교 의식으로 안 된다. 헌금을 열심히 한다고 되는 것이 아니다. 그저 믿어야 한다. 그렇다면 믿고 나서 우리는 또 죄를 범할까? 범한다. 그러나 달라진 것이 있다면, 사탄이 정죄하면 예수 그리스도가 막아 주신다는 것이다. 그리스도의 보혈과 의가 우리를 감싸고 있다.

그리스도와 함께 죽고 살다 (6:1-14)

여기서 반드시 나와야 되는 질문이 있다.

"아, 내가 예수님을 그리스도로 믿는다면 그리스도 안에 거하니까 이제 내 마음대로 살아도 되겠네? 죄를 지어도 정죄 안 받는 거 아니야?"

> 그런즉 우리가 무슨 말을 하리요 은혜를 더하게 하려고 죄에 거하겠느냐 그럴 수 없느니라 죄에 대하여 죽은 우리가 어찌 그 가운데 더 살리요(롬 6:1-2).

사실 강도가 더 세졌다. 우리는 죄 가운데서 살 수 없다. 우리가 그리스도 안에 있으니 예수님은 우리의 머리이시고, 우리는 그리스도의 몸이다. 몸이니 우리의 모든 것이 예수 그리스도다. 그리스도를 믿어 그분의 몸이 되면 우리가 하는 모든 것은 예수님이 하시는 것이다. 우리가 욕하고 음란하며 죄 안에 살면 예수님을 욕되게 하는 것이다.

> 무릇 그리스도 예수와 합하여 세례를 받은 우리는 그의 죽으심과 합하여 세례를 받은 줄을 알지 못하느냐(롬 6:3).

우리는 '죄'에 대해 죽고 '의'에 대해 부활, 곧 '새 생명'을 얻게 된다.

> 그러므로 우리가 그의 죽으심과 합하여 세례를 받음으로 그와 함께 장사되었나니 이는 아버지의 영광으로 말미암아 그리스도를 죽은 자 가운데서 살리심

과 같이 우리로 또한 새 생명 가운데서 행하게 하려 함이라(롬 6:4).

우리는 예수로 다시 태어났다.

우리가 알거니와 우리의 옛 사람이 예수와 함께 십자가에 못 박힌 것은 죄의 몸이 죽어 다시는 우리가 죄에게 종노릇하지 아니하려 함이니(롬 6:6).

우리 옛 사람이 예수와 함께 십자가에 못 박힌 것은 죄의 몸이 죽어 다시는 우리가 죄에게 종노릇하지 않기 위함이다. 그래서 의롭다 함을 얻는 것이다.

그가 죽으심은 죄에 대하여 단번에 죽으심이요 그가 살아 계심은 하나님께 대하여 살아 계심이니 이와 같이 너희도 너희 자신을 죄에 대하여는 죽은 자요 그리스도 예수 안에서 하나님께 대하여는 살아 있는 사로 여길지이다(롬 6:10-11).

죄가 너희를 주장하지 못하리니 이는 너희가 법 아래에 있지 아니하고 은혜 아래에 있음이라(롬 6:14).

죄는 우리를 주장하지 못한다. 우리는 예수님의 은혜 아래에 있기 때문이다.

의의 종
(6:15-23)

하나님께 감사하리로다 너희가 본래 죄의 종이더니 너희에게 전하여 준 바 교훈의 본을 마음으로 순종하여 죄로부터 해방되어 의에게 종이 되었느니라(롬 6:17-18).

우리는 죄로부터 해방되어 죄의 종에서 의의 종이 되었다.

너희 육신이 연약하므로 내가 사람의 예대로 말하노니 전에 너희가 너희 지체를 부정과 불법에 내주어 불법에 이른 것같이 이제는 너희 지체를 의에게 종으로 내주어 거룩함에 이르라 … 그러나 이제는 너희가 죄로부터 해방되고 하나님께 종이 되어 거룩함에 이르는 열매를 맺었으니 그 마지막은 영생이라(롬 6:19, 22).

율법과 죄(7장)

남편 있는 여인이 그 남편 생전에는 법으로 그에게 매인 바 되나 만일 그 남편이 죽으면 남편의 법에서 벗어나느니라(롬 7:2).

바울은 이어서 법을 이야기한다. 여기서 '남편'은 곧 율법이다. 그러니 예수님이 오심으로 율법의 삶은 끝이 났다. 남편이 살아 있을 때 다른 남자에게 가면 음녀지만 남편이 죽으면 그 법에서 자유롭게 되니 다른 남자, 곧 예수님께 가더라도 배신을 하는 것이 아니다.

그러므로 내 형제들아 너희도 그리스도의 몸으로 말미암아 율법에 대하여 죽임을 당하였으니 이는 다른 이 곧 죽은 자 가운데서 살아나신 이에게 가서 우리가 하나님을 위하여 열매를 맺게 하려 함이라(롬 7:4).

옛 사람이 그리스도와 함께 십자가에 못 박혔으니, 이제 부활하신 예수님에게 가서 거룩으로 의의 열매를 맺자는 것이다.

우리가 육신에 있을 때에는 율법으로 말미암는 죄의 정욕이 우리 지체 중에 역사하여 우리로 사망을 위하여 열매를 맺게 하였더니(롬 7:5).

육신은 죄가 왕 노릇 한다.

이제는 우리가 얽매였던 것에 대하여 죽었으므로 율법에서 벗어났으니 이러므로 우리가 영의 새로운 것으로 섬길 것이요 율법 조문의 묵은 것으로 아니할지니라(롬 7:6).

케케묵은 율법 조문으로는 이제 안 한다. 그리스도를 믿음으로 갖게 된 새로운 생명을 산다.

그런즉 우리가 무슨 말을 하리요 율법이 죄냐 그럴 수 없느니라 율법으로 말미암지 않고는 내가 죄를 알지 못하였으니 곧 율법이 탐내지 말라 하지 아니하였더라면 내가 탐심을 알지 못하였으리라(롬 7:7).

율법이 죄인가? 아니다. 율법을 통해 죄인지를 깨닫게 되는 것이다. 율법 자체가 죄는 아니다.

생명에 이르게 할 그 계명이 내게 대하여 도리어 사망에 이르게 하는 것이 되었도다 … 그런즉 선한 것이 내게 사망이 되었느냐 그럴 수 없느니라 오직 죄가 죄로 드러나기 위하여 선한 그것으로 말미암아 나를 죽게 만들었으니 이는 계명으로 말미암아 죄로 심히 죄 되게 하려 함이라 우리가 율법은 신령한 줄 알거니와 나는 육신에 속하여 죄 아래에 팔렸도다 내가 행하는 것을 내가 알지 못하노니 곧 내가 원하는 것은 행하지 아니하고 도리어 미워하는 것을 행함이라(롬 7:10, 13-15).

"죄가 죄로 드러나기 위해 율법으로 나를 죽게 만들었으니 나는 죄 아래에 팔렸다. 나쁜 줄 알면서도 행하는 그것은 내가 아니요, 내가 속한 죄다. 거듭났다 해도 나는 죄의 영향력에서 자유롭지 못하다."

그래서 14-25절에서 바울은 하나님의 법에 동의하는 '마음'과 죄의 법에 굴복하는 '육신', 곧 '지체' 사이에서 헤매는 우리의 끝없는 씨름을 표현하고 있다.

"우리는 율법이 신령한 줄 알지만 육신에 속해서 죄 아래에 팔렸다. 우리는 항상 육신에 속한 죄인이고, 행하는 그는 우리 속에 거하는 죄다. 육신에 있는 한 죄는 항상 기회를 봐서 다른 방향으로 가게 한다. 그래서 내적 갈등이 일어난다."

그러므로 내가 한 법을 깨달았노니 곧 선을 행하기 원하는 나에게 악이 함께 있는 것이로다 내 [거듭난] 속사람으로는 하나님의 법을 즐거워하되 내 지체 속에서 한 다른 법이[그렇지 못한 겉사람은] 내 마음의 법과 싸워 내 지체 속에 있는 죄의 법[다른 법]으로 나를 사로잡는 것[따라 살고 싶어 하는 것]을 보는도다(롬 7:21-23).

우리는 두 법 사이에서 치열하게 싸운다. 죄의 법과 우리 마음의 법, 곧 하나님을 위해 살려는 선한 의지다. 하지만 둘이 싸우다가 결국 죄의 법에 사로잡힌다. 바울마저도 죄의 법이 자신을 사로잡는 것을 본다고 고백했다.

오호라 나는 곤고한 사람이로다 이 사망의 몸에서 누가 나를 건져 내랴(롬 7:24).

바울은 자신이 곤고한 사람이라 말하며 자신의 마음을 써 놓았다. 스스로의 의지나 노력으로는 죄의 법을 결코 이길 수 없다. 그렇다면 어떻게 이길 수 있을까? 답은 예수님이다.

우리 주 예수 그리스도로 말미암아 하나님께 감사하리로다 그런즉 내 자신이 마음으로는 하나님의 법을 육신으로는 죄의 법을 섬기노라(롬 7:25).

죄는 계속 우리를 유혹하고 괴롭힐 것이다. 그렇기에 예수님을 의지하고 성령의 도움으로 매일, 매 순간 싸워야 한다. 그럴 때 주님이 이기게 해 주신다.

생명의 성령의 법 (8:1-17)

그러므로 이제 그리스도 예수 안에 있는 자에게는 결코 정죄함[죄가 있다고 밝혀내고 괴롭히는 것]이 없나니 이는 그리스도 예수 안에 있는 생명의 성령의 법이 죄와 사망의 법에서 너를 해방하였음이라(롬 8:1-2).

죄와 사망의 법에서 해방될 방법은 무엇인가?

율법이 육신으로 말미암아 연약하여 할 수 없는 그것을 하나님은 하시나니 곧 죄로 말미암아 자기 아들을 죄 있는 육신의 모양으로 보내어 육신에 죄를 정하사(롬 8:3).

율법으로는 안 되었는데 하나님은 하신다. 하나님이 곧 죄로 말미암아 당신의 아들 예수님을 죄 있는 육신의 모양으로(사람으로 나게 해서) 보내셨다. 다른 사람들과 달리 예수님은 '죄 없는 몸'이셨다.

> 우리에게 있는 대제사장은 우리의 연약함을 동정하지 못하실 이가 아니요 모든 일에 우리와 똑같이 시험을 받으신 이로되 죄는 없으시니라(히 4:15).

그래서 우리의 연약함을 불쌍히 여기시며 우리처럼 시험을 받으신 예수님만이 죄 있는 사람들의 죄를 담당하실 수 있다.

> 육신을 따르지 않고 그 영을 따라 행하는 우리에게 율법의 요구가 이루어지게 하려 하심이니라(롬 8:4).

육신은 꼭 몸만을 말하는 것이 아니다. 내 마음대로 몸을 움직이는 자아다. 옛 자아는 나만을 위한 삶이었으며 만족이 없고 감사가 없었다. 육신을 따르는 자는 오직 육신의 일을 한다. 육신의 생각은 곧 사망이다. 하나님과 원수가 되기 때문이다. 그래서 육신에 있는 자들은 절대로 하나님을 기쁘시게 할 수 없다. 생각해 보라. 믿지 않는 사람은 하나님을 생각하지 않는다. 하지만 약하더라도 믿는 자는 하나님을 의식하며 산다. 마찬가지로 우리 속에 성령이 임재하시면 육신의 지배를 받고는 있으나 성령의 지배 속에 살게 된다. 그러니 누구든지 그리스도의 영, 성령, 곧 하나님의 영이 없으면 그리스도의 사람이 아니다.

> 예수를 죽은 자 가운데서 살리신 이의 영이 너희 안에 거하시면 그리스도 예수

를 죽은 자 가운데서 살리신 이가 너희 안에 거하시는 그의 영으로 말미암아 너희 죽을 몸도 살리시리라(롬 8:11).

우리 안에 성령이 거하시면 하나님이 영으로 살리신다.

무릇 하나님의 영으로 인도함을 받는 사람은 곧 하나님의 아들이라(롬 8:14).

누가 우리를 인도하시는가? 성령이 인도하신다! 그런데 억지로 인도하지 않으신다. 성령은 인격적이어서 우리를 강제로 끌고 가지 않으신다.

너희는 다시 무서워하는 종의 영을 받지 아니하고 양자의 영을 받았으므로 우리가 아빠 아버지라고 부르짖느니라 성령이 친히 우리의 영과 더불어 우리가 하나님의 자녀인 것을 증언하시나니 자녀이면 또한 상속자 곧 하나님의 상속자요 그리스도와 함께한 상속자니 우리가 그와 함께 영광을 받기 위하여 고난도 함께 받아야 할 것이니라(롬 8:15-17).

피조물이 회복의 날을 기다리다 (8:18-39)

이 세상 모든 피조물이 허무한 데 굴복하는 것은 피조물의 최고봉인 인간이 지은 죄로 모든 비극적 결과가 일어났기 때문이다. 그들은 '하나님의 자녀들이 나타나는 때'를 간절히 기다리고 있다. 곧 '예수의 재림'으로 새 하늘 새 땅이 되는 그때 말이다. 그때가 되면 온전한 회복을 맞는다.

모든 피조물은 고개를 내밀고 하나님의 아들들을 기다린다. 새로운 세상에 새로운 사람들이 오기를 기다리는 것이다. 이사야 11장 6-11절을 보면, 그 평화의 나라에서는 이리가 어린양과 함께 살고 표범이 어린 염소랑 함께 눕는다. 공격성과 두려움이 하나도 없다. 송아지, 어린 사자, 살진 짐승이 어린아이에게 끌려다닌다. 애니메이션을 보는 것 같다. 또 암소와 곰이 함께 먹는다. 메뉴가 같고 식탐이 없다. 사자가 풀을 먹고 아이가 독사의 구멍에 손을 넣었는데 독사가 물지 않는다. 그리고 여호와를 아는 지식이 세상에 충만하다. 이것이 예수님이 재림하실 때의 새로운 공동체의 모습이다.

그뿐 아니라 또한 우리 곧 성령의 처음 익은 열매를 받은 우리까지도 속으로 탄식하여 양자 될 것 곧 우리 몸의 속량을 기다리느니라(롬 8:23).

'성령의 처음 익은 열매'란 그리스도 예수님을 말한다(고전 15:20-23 참조). 그것을 받은 우리도 하나님의 자녀가 되는 것을 기다린다. 영은 구원받았으나 육신이 약하기 때문이다. 재림을 기다리는 우리는 참음으로 기다려야 한다.

이와 같이 성령도 우리의 연약함을 도우시나니 우리는 마땅히 기도할 바를 알지 못하나 오직 성령이 말할 수 없는 탄식으로 우리를 위하여 친히 간구하시느니라(롬 8:26).

성령은 우리의 연약함을 도우신다. 우리가 너무 힘들어 기도도 못하고 그냥 "주여!", "아!" 하고 탄식하며 하나님의 이름을 부를 때 성령도 우리를 위해 기도하신다. 어떻게 도우실까? 성령은 우리에게 그리스도를 보여 주신다.

마음을 살피시는 이가 성령의 생각을 아시나니 이는 성령이 하나님의 뜻대로 성도를 위하여 간구하심이니라(롬 8:27).

우리는 자기 문제 해결에 급급해서 하나님의 마음과 계획을 놓치고 간다. 성령은 그 성도를 위하여 하나님께 기도해 주신다.

우리가 알거니와 하나님을 사랑하는 자 곧 그의 뜻대로 부르심을 입은 자들에게는 모든 것이 합력하여 선을 이루느니라(롬 8:28).

또한 결국은 모든 일이 다 선으로 통하게 하신다.

또 미리 정하신 그들을 또한 부르시고 부르신 그들을 또한 의롭다 하시고 의롭다 하신 그들을 또한 영화롭게 하셨느니라 그런즉 이 일에 대하여 우리가 무슨 말 하리요 만일 하나님이 우리를 위하시면 누가 우리를 대적하리요 자기 아들을 아끼지 아니하시고 우리 모든 사람을 위하여 내주신 이가 어찌 그 아들과 함께 모든 것을 우리에게 주시지 아니하겠느냐(롬 8:30).

아들도 내주신 분이 모든 것을 주시지 않겠는가?

누가 정죄하리요 죽으실 뿐 아니라 다시 살아나신 이는 그리스도 예수시니 그는 하나님 우편에 계신 자요 우리를 위하여 간구하시는 자시니라(롬 8:34).

누가 정죄할 것인가? 죽으시고 살아나신 예수님이 하나님 우편에 계시면서 우리를 위하여 간구하신다.

누가 우리를 그리스도의 사랑에서 끊으리요 환난[고통]이나 곤고[역경]나 박해[핍박]나 기근[배고픔]이나 적신[헐벗음]이나 위험이나 칼이랴 기록된바 우리가 종일 주를 위하여 죽임을 당하게 되며 도살당할 양같이 여김을 받았나이다 함과 같으니라(롬 8:35-36).

우리가 종일 주를 위하여 죽임을 당하게 되며 도살할 양같이 여김을 받았나이다(시 44:22).

그러나 이 모든 일에 우리를 사랑하시는 이로 말미암아 우리가 넉넉히 이기느니라(롬 8:37).

바울은 시편 44편 22절로 우리의 고난은 당연한 것이며, 모든 고난을 이길 수 있다는 것이 중요하다고 가르친다.

내가 확신하노니 사망이나 생명이나 천사들이나 권세자들이나 현재 일이나 장래 일이나 능력이나 높음이나 깊음이나 다른 어떤 피조물이라도 우리를 우리 주 그리스도 예수 안에 있는 하나님의 사랑에서 끊을 수 없으리라(롬 8:38-39).

바울은 확신한다. 죽음, 생명, 천사, 권세자, 현재 일, 미래 일, 능력, 높음, 깊음, 다른 어떤 피조물도 우리를 하나님의 사랑에서 끊을 수 없다.

하나님이 처음 이스라엘을 선택하시다 (9:1-18)

바울은 9-11장에서 율법을 구원의 절대 표준으로 삼는 유대인들에게 성령의 감동과 하나님의 계시에 근거해서 이야기한다.

> 나의 형제 곧 골육의 친척을 위하여 내 자신이 저주를 받아 그리스도에게서 끊어질지라도 원하는 바로라(롬 9:3).

로마서 8장 35절에서 바울은 그 어떤 것도 우리를 그리스도의 사랑에서 끊을 수 없다고 했다. 그러나 바울의 형제, 곧 이스라엘인을 위해서라면 바울 자신이 그리스도에게서 끊어진다 할지라도 좋다고 말하며 이스라엘인을 향한 간절함을 드러낸다.

또한 이스라엘에게서 났다고 다 이스라엘이 아니다. 아브라함의 씨에서 난 이삭만 하나님의 자녀다. 곧 약속의 자녀 말이다. 하나님이 사라에게 아들이 있을 것이라 하셨는데 자식이 세상에 나지도 않았고, 리브가의 뱃속에 있는 쌍둥이 에서와 야곱 중에서 하나님은 벌써 야곱을 택하셨다.

> 기록된바 내가 야곱은 사랑하고 에서는 미워하였다 하심과 같으니라(롬 9:13).

에서를 미워하고 야곱을 택하셨다고 하나님이 불의하신가? 아니다. 모세에게도 하나님이 "내가 긍휼히 여길 자를 긍휼히 여기고 불쌍히 여길 자를 불쌍히 여기리라"(롬 9:15) 하셨다. 그러니까 원한다고, 달란다고 되는 것이 아니라 오직 하나님으로 말미암는다. 이 내용을 설명하기 위해 바울은 구약의 내용들을 꺼낸다.

출애굽 당시 바로 왕이 이스라엘 민족을 괴롭히고 내보내지 않았을 때, 하나님은 바로를 통해 당신의 능력과 이름을 드러내셨다. 바로의 완악함을 그대로 사용하셨다.

하나님의 진노와 긍휼 (9:19-33)

이 사람아 네가 누구이기에 감히 하나님께 반문하느냐 지음을 받은 물건이 지은 자에게 어찌 나를 이같이 만들었느냐 말하겠느냐 토기장이가 진흙 한 덩이로 하나는 귀히 쓸 그릇을, 하나는 천히 쓸 그릇을 만들 권한이 없느냐(롬 9:20-21).

여기서 '그릇'은 우리다. 유대인 그리고 이방인 중에서 하나님이 부르신 자들이다. 호세아 선지자는 하나님이 "너희는 내 백성이 아니다"라고 하신 곳에서 하나님의 아들이라는 말을 듣게 된다고 했다.

> 내가 … 내 백성 아니었던 자에게 향하여 이르기를 너는 내 백성이라 하리니(호 2:23).

또 이사야 선지자는 이스라엘에 관해서 "이스라엘 자손들의 수가 비록 바다의 모래 같을지라도 남은 자만 구원을 받으리니"(롬 9:27; 사 10:22 참조)라고 말했다. 그렇다면 유대인으로 태어났다고 다 구원받는 것이 아니라 예수를 믿음으로다. 그러니 믿음과 구원은 철저하게 개인적이다. 내가 믿는다고 배우자나 부모가 구원받을 수 없다. 만일 우리도 '씨'를 남기지 않았다면 소돔과 고모라처럼 망했을 것이다. 곧 믿음의 씨다. 의의 법이라며 율법을 지키려고 애쓰는 이스라엘 사람들은 믿음을 의지하지 않고 자기 행위를 의지하다가 부딪칠 돌, 곧 예수님께 부딪쳤다.

믿음으로 말미암는 의(10장)

이스라엘을 구원받게 하는 것이 바울이 원하는 것이다. 그런데 그들이 하나님의 의를 모르고 자기 의를 세우려고 복종하지 않았다. 그리스도는 모든 믿는 자에게 '의'를 이루기 위해 율법의 마침이 되셨다. 모세가 레위기 18장 5절에서 율법으로 말미암는 의를 행하는 사람은 그 의로 살 것이라 했는데, 율법은 나쁜 것이 아니다. 그런데 그것을 사람은 다 지킬 수가 없다. 그래서 오히려 율법주의가 되어 가며 변해 버렸다. 바울은 "말씀이 네게 가까워 네 입에 있으며 네 마음에 있다 하였으니 곧 우리가 전파하는 믿음의 말씀이라"(롬 10:8; 신 30:14 참조)라고 말한다.

> 네가 만일 네 입으로 예수를 주로 시인하며 또 하나님께서 그를 죽은 자 가운데서 살리신 것을 네 마음에 믿으면 구원을 받으리라 사람이 마음으로 믿어 의에 이르고 입으로 시인하여 구원에 이르느니라(롬 10:9-10).

누구든지 우리 주 예수님의 죽으심과 부활하심을 믿으면 구원을 얻는다. 차별이 없다. 하지만 들어야 믿는데 전파하는 이가 없으면 어떻게 듣고, 또 보내심을 받지 않았는데 어떻게 전파하는가? 성도는 하나님으로부터 세상에 보내심을 받은 자다. 그러므로 성도라면 모두 복음을 전해야 한다.

> 기록된바 아름답도다 좋은 소식을 전하는 자들의 발이여 함과 같으니라(롬 10:15).

하지만 모두가 순종하지 않았다. 그래서 바울은 여기에 구약의 다섯 구절을 인용하면서 설명한다.

그러나 그들이 다 복음을 순종하지 아니하였도다 이사야가 이르되 주여 우리가 전한 것을 누가 믿었나이까 하였으니(롬 10:16; 사 53:1 참조).

그러나 내가 말하노니 그들이 듣지 아니하였느냐 그렇지 아니하니 그 소리가 온 땅에 퍼졌고 그 말씀이 땅 끝까지 이르렀도다 하였느니라(롬 10:18; 시 19:4 참조).

사람들이 자기는 복음을 못 들었다고 하는데, 아니다. 땅끝까지 퍼졌다. 이때 사도 바울이 전도 여행을 다니며 회당마다 전했기에 이렇게 표현한 것이다.

모세가 이르되 내가 백성 아닌 자로써 너희를 시기하게 하며 미련한 백성으로써 너희를 노엽게 하리라 하였고(롬 10:19; 신 32:21 참조).

하나님의 섭리는 이스라엘 백성이 메시아를 배척해서 그 복음이 이방인에게 가고, 결국 이스라엘이 그것을 질투하여 복음을 받아들이는 것이다.

이사야는 매우 담대하여 내가 나를 찾지 아니한 자들에게 찾은 바 되고 내게 묻지 아니한 자들에게 나타났노라 말하였고(롬 10:20; 사 65:1 참조).

이스라엘에 대하여 이르되 순종하지 아니하고 거슬러 말하는 백성에게 내가 종일 내 손을 벌렸노라 하였느니라(롬 10:21; 사 65:2 참조).

하나님은 언제나 팔을 벌려 그들이 돌아오기를 기다리고 계신다.

이스라엘의 남은 자와 하나님의 구원 계획 (11장)

바울은 계속해서 이야기한다.

"그렇다고 하나님이 이스라엘을 버리셨는가? 아니다. 나 바울을 봐라. 내가 철저한 이스라엘인이다. 그런데 엘리야 시대에 바알에게 무릎 꿇지 않은 7천 명을 남겨 두신 것처럼, 지금도 하나님의 남은 자가 있다."

하나님이 영적으로 우둔한 자들에게는 혼미한 심령과 보지 못할 눈, 듣지 못할 귀를 주셨다고 했는데 그들은 영적으로 감각이 없다. 다윗은 "그들의 밥상이 올무가 되게 하시며 그들의 평안이 덫이 되게 하소서 그들의 눈이 어두워 보지 못하게 하시며 그들의 허리가 항상 떨리게 하소서"(시 69:22-23)라고 노래했다. 영적으로 우둔한 자는 오직 밥상, 곧 먹고사는 것에만 관심이 있고 사는 이유가 하나님과는 관계없다.

> 제사하는 처음 익은 곡식 가루가 거룩한즉 떡덩이도 그러하고 뿌리가 거룩한즉 가지도 그러하니라 또한 가지 얼마가 꺾이었는데 돌감람나무인 네[이방인]가 그들 중에 접붙임이 되어 참감람나무 뿌리의 진액을 함께 받는 자가 되었은즉 그 가지들을 향하여 자랑하지 말라 자랑할지라도 네가 뿌리를 보전하는 것이 아니요 뿌리가 너를 보전하는 것이니라 … 하나님이 원가지들도 아끼지 아니하셨은즉 너도 아끼지 아니하시리라 … 그들[유대인]도 믿지 아니하는 데 머무르지 아니하면[믿게 되면] 접붙임을 받으리니 이는 그들을 접붙이실 능력이 하나님께 있음이라 네[이방인]가 원돌감람나무에서 찍힘을 받고 본성을 거슬러 좋은 감람나무에 접붙임을 받았으니 원가지인 이 사람들[유대인]이야 얼마나 더 자기

감람나무에 접붙이심을 받으랴(롬 11:16-18, 21, 23-24).

'처음 익은 곡식 가루'는 이스라엘 민족을 말한다. 바울은 참감람나무의 가지, 곧 이스라엘이 꺾여서 돌감람나무 이방인이 그들 중에 접붙임되어 그 뿌리 진액을 받아 자라났는데, 하나님이 원가지인 이스라엘도 잘못하면 잘라 버리셨는데 이방인인 너는 어떻겠느냐며 두려워하라고 한다. 그러니 유대인들의 회복은 더 쉽다. 능력이 하나님께 있으니 말이다.

형제들아 너희가 스스로 지혜 있다 하면서 이 신비를 너희가 모르기를 내가 원하지 아니하노니 이 신비는 이방인의 충만한 수가 들어오기까지 이스라엘의 더러는 우둔하게 된 것이라 그리하여 온 이스라엘이 구원을 받으리라(롬 11:25-26).

복음으로 말하면 유대인이 이방인으로 말미암아 원수처럼 멀어졌다. 그러나 하나님의 은사와 부르심에는 후회하심이 없다. 하나님의 지혜와 지식의 풍성함은 그 깊이를 알 수가 없다.

새로운 생활의 실천(12장)

이제 바울은 우리가 어떻게 실천해야 하는지를 알려 준다. 그는 먼저 우리의 몸을 거룩한 산 제물로 하나님께 드리라고 한다. 이것은 바로 영적 예배를 말하는 것이다.

"마음을 새롭게 하여 살면서 하나님이 기뻐하시는 일이 무엇인지 늘 분별하여 각자의 은사대로 도를 넘거나 남의 것과 비교하지 말고 해내라. 원수 갚는 것도 하나님께 맡기고 더 잘해 줘라. 오히려 원수를 먹이고 마시게 해라. 그래서 네가 숯불을 그 머리에 쌓아 놓아라."

숯불을 머리에 쌓아 놓는다는 말은 원수에게 은혜를 베풀면 그가 부끄러워서 숯불처럼 벌게진다는 의미다. 그러면 그로 인해 스스로 잘못을 깨닫거나, 그래도 안 되면 하나님이 하신다.

성경의 모든 곳에서는 개인적 복수를 허락하지 않는다. 우리는 용서하고 사랑하는 것만 되며, 그 나머지는 하나님이 처리하신다.

그리스도인의 국가관(13장)

바울은 여기서 성도의 바른 국가관에 대해 이야기한다. 하나님은 당신의 뜻에 따라 나라와 왕들을 세우신다. 이 모든 것은 하나님께로 비롯된 것이다. 그렇다면 의문이 생긴다. 세상이 이렇게 악한데 어떡해야 하는가! 그런데 하나님은 그것마저도 선하게 이용하신다. 그래서 하나님이 세우신 권세자들을 인정해야 한다. 그리고 세금을 내는 것도 마땅하다. 주님 오실 날이 가깝다. 사실 처음 믿을 때보다 더 가까워졌다.

> 밤이 깊고 낮이 가까웠으니 그러므로 우리가 어둠의 일을 벗고 빛의 갑옷을 입자 낮에와 같이 단정히 행하고 방탕하거나 술 취하지 말며 음란하거나 호색하지 말며 다투거나 시기하지 말고 오직 주 예수 그리스도로 옷 입고(롬 13:12-14).

형제를 비판하지 말라 (14장, 15:1-13)

그 당시 믿음이 연약한 자들이 있었다. 그들은 예수님을 믿으나 음식, 절기는 지켜야 한다고 논쟁을 벌이기도 했다. 이에 바울은 자신의 잣대로 남을 판단해서는 안 된다고 말한다. 어떤 사람은 연약해서 채소만 먹는다면, 그것을 가지고 판단해서는 안 된다. 중요한 것은 무엇을 하든지 하나님께 영광이 되는가, 아닌가로 결정하는 것이다. 우리가 살아도 주를 위해 사는 것이고, 우리는 주의 것이기 때문이다.

그러면서 바울은 어찌하여 주님이 목숨 걸고 구하신 형제를 비판하고 업신여기느냐고 묻는다. 우리는 다 하나님의 심판대 앞에 설 것이고 모든 혀가 하나님께 자백할 것이므로, 이제부터는 서로 남을 비판하지 말자고 권한다(고후 5:10; 계 20:11-20 참조). 그리고 다음의 내용으로 권면한다.

> 부딪칠 것은 형제 앞에 두지도 마라(13절)
>
> 무엇이든 스스로 속된 것이 없으되, 다만 속되다 여기는 그 사람에게는 속되다(14절)
>
> 누군가가 음식을 부정히 여기면 그 형제를 음식으로 망하게 하지 마라(15절)
>
> 고기도, 포도주도 형제를 위한다면 먹지 마라(21절)
>
> 자신의 행위가 옳아도 연약한 믿음의 형제가 힘들어하면 하지 마라. 그게 바로 배려와 절제다(22절)

바울의 로마 방문 계획 (15:14-33)

바울은 로마에 가려 했으나 계획에 차질이 생겨서 가지 못했다. 결국에는 훗날 죄수의 몸으로 가게 된다.

바울은 이방인들을 위해 하나님이 세우신 사도이며, 성령의 능력으로 예루살렘에서 일루리곤까지 다니며 3차 전도 여행을 했다. 거의 모든 지역을 다녔다고 해도 과언이 아니다. 사실 로마도 여러 번 가려고 했으나 길이 막혔다. 그런데 바울은 서바나로 갈 때 로마에 들르겠다고 한다. 서바나는 오늘날 스페인으로, 당시에는 그곳이 땅끝이라고 여겼기에 그곳에 가면 복음이 다 전해진다고 생각했다. 바울은 그곳으로 가는 길에 로마를 지나가려 한다며, 로마 성도들이 자신을 서바나에 풀타임 선교사로 보내 주는 후원을 바라기도 한다. 하지만 지금 이 편지를 쓰는 시기에는 먼저 예루살렘에 마게도냐와 아가야 성도들에게서 모은 구제 연금을 전해 주려 한다.

바울의 인사와 당부(16장)

바울의 마지막 문안 인사와 당부가 이어진다. 겐그레아교회의 뵈뵈가 로마 성도들에게 보내는 편지를 가지고 로마로 가는데 잘 부탁한다는 이야기도 한다. 그리고 스물일곱 명의 동역자의 이름이 나온다. 이렇게 많은 이름을 꺼낸 이유는 무엇일까?

그런데 "내가 ○○○에게 문안 인사한다"가 아니고 "너희가 ○○○에게 문안 인사를 하기 바란다"라고 썼다. 그들 대다수는 이방인과 노예다. 그들은 다 끼리끼리 예배드리고 흩어져 있는 것으로 보인다. 브리스길라와 아굴라 부부의 이름도 보인다. 그들은 고린도에서 바울을 만나 천막 만드는 일을 함께 했고, 에베소에 가서도 아볼로와 여러 사람에게 복음을 전했다. 그리고 네로 황제가 즉위하자 자신들의 고향인 로마로 돌아가 복음을 전하고 있는 것이다. 에배네도는 '아시아에서 처음 맺은 열매'라는 표현으로 볼 때 아시아에서 바울을 만나 최초로 회심했고, 그 후 로마에 와서 사는 것 같다. 안드로니고와 유니아는 바울과 함께 감옥에 갇힐 정도로 희생적인 사람들이었다.

나의 복음과 예수 그리스도를 전파함은 영세 전부터 감추어졌다가 이제는 나타내신바 되었으며 영원하신 하나님의 명을 따라 선지자들의 글로 말미암아 모든 민족이 믿어 순종하게 하시려고 알게 하신바 그 신비의 계시를 따라 된 것이니(롬 16:25-26).

구약에서부터 이야기한 그 비밀, 예수 그리스도가 이제는 밝혀졌다.

사도행전 3

마게도냐와 헬라 전도 (20:1-6)

거기[고린도] 석 달 동안 있다가 배 타고 수리아[예루살렘, 안디옥교회]로 가고자 할 그때에 유대인들이 자기를 해하려고 공모하므로 마게도냐를 거쳐 돌아가기로 작정하니(행 20:3).

바울의 3차 전도 여행이 계속되고 있다. 바울 일행은 유대인들이 바울을 죽이려고 공모하는 것을 듣고 육지로 마게도냐를 거쳐 가기로 한다. 같이 가던 일행은 드로아에 가서 기다리고, 그 후에 바울 일행이 가서 드로아에서 7일을 머문다.

유두고를 살리다
(20:7-12)

드로아에서 7일이 지난 안식일 다음 날, 바울이 밤늦게까지 설교하니 유두고라는 청년이 졸다가 3층에서 떨어져 죽었다. 이에 바울이 그 청년 위에 엎드려 그 몸을 안고 "떠들지 마라. 그에게 생명이 있다"라고 하며 죽은 유두고를 살렸다. 그것을 보고 많은 사람이 위로를 받았다.

드로아에서 밀레도까지의 여정
(20:13-16)

그 후 드로아→앗소→미둘레네→기오→사모→밀레도로 이동한다.

에베소 장로들에게 고별 설교를 하다
(20:17-38)

바울은 밀레도에서 사람을 에베소로 보내어 교회의 장로들을 오게 했다.

"내가 아시아에 들어온 첫날부터 어떻게 했는지 알 것이다. 겸손, 눈물로 행했고, 시험을 참고 주를 섬겼고, 유익한 것은 어디서든 누구에게나 전하고 가르쳤다. 내가 예루살렘에 가는데 무슨 일이 있을지 모른다. 그러나 내가 달려갈 길과 받은 사명, 곧 하나님의 은혜의 복음을 증언하는 일을 마치려 함에는 내 생명도 아까워하지 않을 것이다. 어쩌면 이제 얼굴을 못 볼 수도 있을 것이다. 그러므로 내가 증언하니, 나는 모든 사람의 피에 대하여 깨끗하다."

모든 사람의 피에 대하여 깨끗하다는 말은 파수꾼이 그 말을 다 전했을 때는 그 파수꾼에게 책임이 없다는 뜻이다(겔 3:17-21 참조). 바울은 계속해서 말했다.

“앞으로도 사나운 이리가 와서 양 떼를 괴롭힐 것이다. 또 너희 중에서 어그러진 말을 하는 사람도 나올 것이다. 내가 3년 동안 에베소에서 눈물로 가르치던 것을 기억하라. 부탁하니, 하나님의 말씀으로 기업을 세워라. 내가 어떤 것도 의존하지 않고 내가 쓸 것을 직접 일해서 충당한 것도 기억할 것이다. 내가 한 것같이 약한 사람을 돕고 주는 것을 기뻐해라.”

바울의 말이 끝나자 다 같이 기도했다. 다시 얼굴을 못 볼 거라는 말에 다 울며 바울을 전송했다.

바울의 마지막 예루살렘행 (21:1-16)

밀레도→고스→로도→바다라→두로로 이동한다.

> 제자들을 찾아 거기서[두로] 이레를 머물더니 그 제자들이 성령의 감동으로 바울더러 예루살렘에 들어가지 말라 하더라(행 21:4).

바울 일행은 두로의 바닷가에서 기도하고 돌레마이로 왔다. 그곳에서 형제들에게 안부를 묻고 가이사랴에 갔다. 빌립의 집에 머물렀는데, 그에게는 딸 넷이 있고 모두가 처녀로 예언을 했다.

빌립의 집에 머물던 어느 날, 아가보라는 선지자가 와서 바울의 띠로 자기 손발을 매고 유대인이 이렇게 바울을 묶어서 이방인에게 넘겨준다고 하자 바울 일행과 그곳의 사람들이 다 바울에게 예루살렘으로 가지 말 것을 권했다. 이에 바울이 말했다.

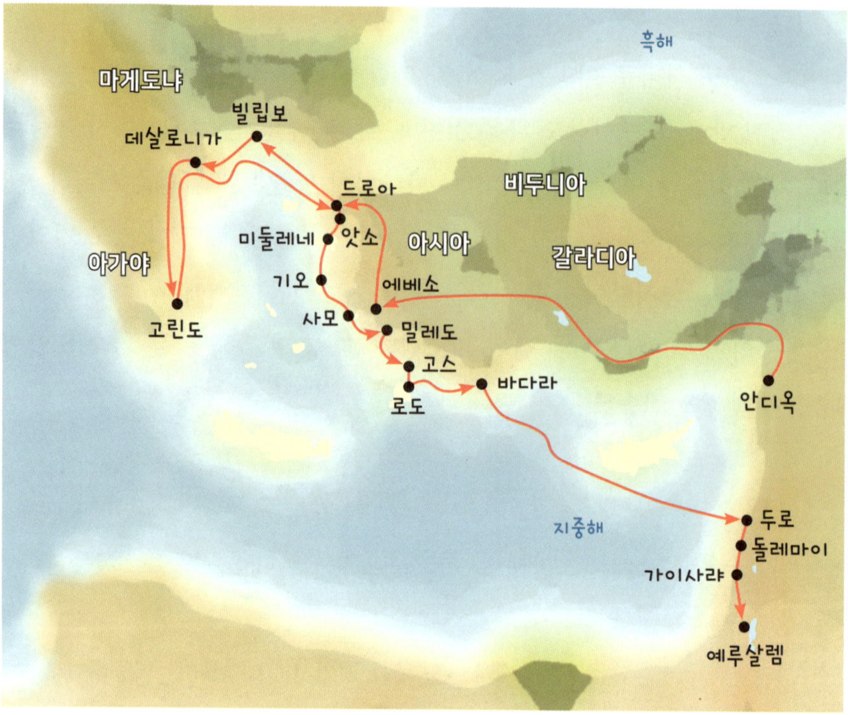

▲ 바울의 3차 전도 여행 경로

바울이 대답하되 여러분이 어찌하여 울어 내 마음을 상하게 하느냐 나는 주 예수의 이름을 위하여 결박당할 뿐 아니라 예루살렘에서 죽을 것도 각오하였노라 하니(행 21:13).

바울이 이렇게 말하며 예루살렘으로 가지 말라는 말을 듣지 않자 그들은 이렇게 말하고 그쳤다.

우리가 주의 뜻대로 이루어지이다(행 21:14).

예루살렘 도착, 야고보 방문
(21:17-26)

바울이 가이사랴에서 예루살렘으로 가서 야고보와 제자들을 만나 전도 여행 중, 하나님이 이방 가운데 하신 일을 전했다. 그러자 그들이 듣고는 유대인들이 바울을 두고 하는 말들을 전했다.

> 유대인 중에 믿는 자 수만 명이 있으니 다 율법에 열성을 가진 자라 네가 이방에 있는 모든 유대인을 가르치되 모세를 배반하고 아들들에게 할례를 행하지 말고 또 관습을 지키지 말라 한다 함을 그들이 들었도다(행 21:20-21).

그러면서 바울에게 그들의 오해를 풀 수 있는 아이디어를 냈다. 하나님 앞에 서원한 네 명이 정결한 예식을 행할 텐데 그 비용을 내라는 것이었다. 바울은 그것을 받아들였다.

잡혀서 끌려가는 바울
(21:27-40)

7일 뒤, 또 아시아로부터 온 유대인들이 바울에게 헬라인을 데리고 성전에 들어가 거룩한 곳을 더럽혔다고 했다. 전에 에베소 사람 드로비모가 시내에서 바울과 함께 있음을 보고 성전에 갔다고 생각했던 것이다. 이에 백성이 몰려와서 바울을 잡아 성전 밖으로 끌고 나가 때렸다. 로마 천부장이 가서 두 쇠사슬로 바울을 결박하고 무슨 일인지를 물었으나 왜 그런지 다들 모른다고 했다. 그는 진상을 알 수 없어 바울을 영내로 데려가라고 명했다. 바울은 너무 많이 맞아서 군사들에게 들려 갔다. 영내에 들어가려 할 때 바울이 천부장에게 말할 수 있게 부탁했다.

자신을 변호하는 바울(22장)

유대인 군중 앞에서 말할 수 있는 기회를 얻은 바울은 헬라말로 간증했다.

> 나는 유대인으로 길리기아 다소에서 났고 이 성에서 자라 가말리엘의 문하에서 우리 조상들의 율법의 엄한 교훈을 받았고 오늘 너희 모든 사람처럼 하나님께 대하여 열심이 있는 자라 내가 이 도[예수의 도]를 박해하여 사람을 죽이기까지 하고 남녀를 결박하여 옥에 넘겼노니 이에 대제사장과 모든 장로들이 내 증인이라 또 내가 그들에게서 다메섹 형제들에게 가는 공문을 받아 가지고 거기 있는 자들도 결박하여 예루살렘으로 끌어다가 형벌 받게 하려고 가더니(행 22:3-5).

하나님이 바울을 이방인의 사도로 보내셨다는 고백을 듣자 이방인을 싫어하는 유대인들이 소리를 지르며 "이러한 자는 없애 버리자" 하며 옷을 벗어 던지고 티끌을 공중에 날렸다. 천부장이 영내로 데려가라 명하고 그들이 왜 그에 대해 떠드는지 알기 위해 채찍질하며 심문하라고 했다. 그를 가죽 줄로 매자 바울이 백부장에게 말했다.

"너희가 로마 시민 된 자를 죄도 정하지 않고 채찍질하느냐?"

당시 로마 시민권자는 함부로 할 수 없었기 때문이다.

백부장: "바울이 로마 시민권자라고 합니다."

천부장: "나는 돈 주고 시민권을 얻었다."

바울: "나는 나면서부터다!"

천부장은 바울을 결박한 것 때문에 두려워했다. 그는 결박을 풀고 제사장들을 모아서 바울을 산헤드린 공회 앞에 세웠다.

공회 앞에서 변호하는 바울 (23:1-11)

바울이 산헤드린 공회 앞에 섰다. 그는 하나도 두려워하지 않았다. 바울은 그들을 "형제들아"라고 불렀다.

> 바울이 공회를 주목하여 이르되 여러분 형제들아 오늘까지 나는 범사에 양심을 따라 하나님을 섬겼노라 하거늘(행 23:1).

바울의 말을 듣던 대제사장 아나니아가 바울 곁에 선 사람에게 그 입을 치라고 명했다. 그러자 바울이 말했다.

> 바울이 이르되 회칠한 담이여 하나님이 너를 치시리로다 네가 나를 율법대로 심판한다고 앉아서 율법을 어기고 나를 치라 하느냐 하니(행 23:3).

'회칠한 담'은 안은 썩었는데 겉만 번지르르한 담, 곧 거짓 선지자를 말한다(겔 13:8-15 참조). 죄가 정해지지 않았는데 치라고 하니 그렇게 말한 것이다. 이때 곁에 선 사람들이 하나님의 대제사장을 욕하느냐고 물었다. 그러자 바울은 그가 대제사장인 줄 몰랐다고 말했다. 대제사장이 바뀐 것을 몰랐던 것이다. 자신의 잘못을 인정하는 바울이다. 바울이 무리 중 일부는 바리새인이고, 또 일부는 사두개인인 것을 알고 이렇게 외쳤다.

"나는 바리새인이다. 내가 죽은 자의 소망, 부활로 말미암아 심문을 받는다."

그러자 바리새인과 사두개인 사이에 다툼이 생겼다. 사두개인은 부활, 천사, 영이 없다고 믿었고 바리새인은 다 있다고 주장했기 때문이다. 그렇게 싸움이 나니 천부장이 바울을 데려갔다. 그리고 그날 밤에 주께서 바울에게 말씀하셨다.

> 담대하라 네가 예루살렘에서 나의 일을 증언한 것같이 로마에서도 증언하여야 하리라 하시니라(행 23:11).

바울을 죽이려는 유대인들의 음모와 맹세
(23:12-22)

날이 새니 유대인들이 눈엣가시인 바울을 죽이려고 40여 명이 동맹했다.

"바울을 죽이기 전에는 먹지도 않고 마시지도 않겠다!"

그 이야기를 바울의 생질이 듣고 바울에게 알려 천부장에게 그 소식이 전해졌다.

벨릭스 총독에게 호송되는 바울
(23:23-35)

천부장이 로마 군인 총 470명을 세워 바울 이동 작전을 펼쳤다. 하나님이 바울을 보호하신 것이다. 그렇게 안전하게 호송해서 가이사랴에 있는 로마 총독 벨릭스에게 보냈다. 천부장이 벨릭스에게 보낸 편지의 내용은 다음과 같았다.

"바울이 유대인들에게 잡혀서 죽게 된 것을 제가 로마 사람인 줄 알고 살려서 공회에 데리고 갔습니다. 그들이 주장하는 것은 다 율법에 관한 것이고 죽일 사유가 없습니다. 그런데 누군가가 자꾸 바울을 죽이려고 하니 당신에게 보냅니다. 그를 고발하는 고발자들도 갑니다!"

고발당한 바울의 변명
(24:1-23)

5일 뒤, 대제사장 아나니아, 장로들, 변호사 더둘로가 벨릭스 총독 앞에서 바울을 고발했다.

"바울은 전염병 같은 자요! 나사렛 이단의 우두머리! 그가 성전을 더럽혀서 잡았소."

그러자 유대인들이 옳다고 말했다. 그때 총독이 바울에게 말하라고 했다. 이에 바울이 답했다.

"내가 예루살렘으로 예배하러 간 지 12일이 되었는데 그동안 누구와 변론을 하거나 소동을 벌이지 않았소. 지금 저들은 내가 한 일을 들어서 고발하고 있는데 아무런 증거도 제시하지 못하오. 그러나 나는 저들이 말하는 이단이라 하는 도를 따라 조상의 하나님을 섬기고 구약에 기록된 것을 다 믿소. 전도 사역을 한 지 여러 해 만에 내 민족을 구제할 것과 제물을 가져와 드리는 중에 내가 결례(정결 의식)를 행하면서 주위에 어떤 모임이나 소란도 없었는데, 소아시아에서 온 유대인들이 나를 미워하고 질투하며 비방하고 있소. 그들에게 내가 옳지 않은 것을 봤으면 말하라고 하시오! 내가 외친 것은 부활뿐이오!"

로마 총독 벨릭스는 이 도(예수님의 가르침)에 관해 잘 알고 있었으므로 천부장 루시아가 오면 해결하자고 하고 심문을 연기했다. 그리고 백부장에게 명령하기를, 바울을 지키되 자유를 주고 친구들이 돌보게 하라고 했다.

바울이 감옥에 갇혀서 지내다
(24:24-27)

수일 후에 벨릭스가 유대 여자인 아내 드루실라와 함께 와서 바울에게 그리스도 예수를 믿는 도를 들었다. 바울이 의, 절제, 심판에 대해 이야기하자 벨릭스가 부담스러웠는지 "지금은 가라. 틈나면 또 부르겠다" 하고 말했다. 벨릭스는 바울이 구제금을 가지고 다닌다는 이야기를 듣고 돈을 좀 받기 위해 틈을 보았지만 어림없었다. 바울은 소송이 지연되면서 가이사랴 감옥에서 2년의 시간을 보내게 되었다.

> 이태[2년]가 지난 후 보르기오 베스도가 벨릭스의 소임을 이어받으니 벨릭스가 유대인의 마음을 얻고자 하여 바울을 구류하여 두니라(행 24:27).

그 사이에 벨릭스는 물러나고 베스도가 총독이 되었다. 벨릭스는 유대 사람의 환심을 사기 위해 바울을 내버려두었다. 바울은 계속 가이사랴 감옥에 머물렀다.

바울이 가이사에게 상소하다
(25:1-12)

베스도 총독이 부임한 지 3일 후, 그가 가이사랴에서 예루살렘으로 올라가니 종교 지도자들이 바울에 대해 이야기하며 바울을 예루살렘으로 옮기기를 청했다. 그들의 속셈은 그 중간에 바울을 죽이려는 것이었다. 베스도는 그들에게 바울이 가이사랴에 구류되어야 하며, 자기도 조만간 총독직에서 떠날 것이라고 말했다. 그러면서 이렇게 말했다.

"너희 중 몇 사람이 나와 함께 가이사랴에 가서 바울이 옳지 않으면 고발해라."

베스도는 그들과 얼마간을 지낸 뒤에 가이사랴에 내려가 바울을 데려오라고 했다. 바울이 나타나자 예루살렘에서 온 자들이 고발하는데 여전히 증거가 없었다.

> 바울이 변명하여 이르되 유대인의 율법이나 성전이나 가이사에게나 내가 도무지 죄를 범하지 아니하였노라 하니(행 25:8).

베스도 총독이 유대인의 마음을 얻으려고 바울에게 예루살렘으로 올라가서 심문받을 것인지를 물었다. 그러자 바울은 싫다며, 로마에 있는 가이사 황제에게 상소하겠다고 말했다.

아그립바왕과 버니게 앞에 선 바울 (25:13-27)

수일 후 아그립바왕[A.D. 50년경, 헤롯왕(마 2:1)의 증손자로 팔레스타인 북쪽 시방 다스림]과 버니게(누이)가 베스도에게 문안하기 위해 가이사랴에 왔을 때 베스도는 그에게 바울에 관한 일을 상의했다. 자신이 볼 때는 악행의 혐의가 없는 종교에 관한 것인데, 예수가 살아 있다고 주장하면서 로마 황제 가이사의 판결을 받게 해 달라고 해서 지키고 있다고 말했다. 아그립바가 바울의 말을 듣고 싶어 하여 이튿날 바울은 아그립바왕 앞에 섰다.

자신을 변호하는 바울
(26:1-23)

바울은 아그립바 앞에서 평소와 똑같이 간증했다.

"유대인들이 나를 죽이려 하나 하나님의 도우심으로 증언합니다."

아그립바왕을 전도하는 바울
(26:24-32)

이렇게 바울의 간증이 시작되었다. 그는 자신이 예수 믿는 사람들을 잡으러 다닌 일, 예수님이 다메섹에서 자신을 직접 만나 주신 일, 전도 여행을 하면서 사람들을 믿음으로 이끈 일 그리고 그리스도를 전했다.

바울의 간증을 들은 베스도는 이렇게 말했다.

"바울아! 네가 미쳤다. 네 많은 학문이 너를 미치게 한다."

그러자 바울이 말했다.

"나는 참되고 온전한 말을 하나이다. 이 일은 한쪽 구석에서 행한 것이 아니오. 곧 비밀스럽게, 사적으로가 아니오. 아그립바왕이여! 선지자를 믿으시죠?"

이렇게 물어본 것은, 유대인인데 선지자를 믿지 않는다면 유대인들의 신앙에 충실하지 못하다는 평판을 받기 때문이었다. 바울의 이야기를 듣고 아그립바왕이 말했다.

"바울아, 네가 적은 말로(이 짧은 시간에) 나를 권해 그리스도인이 되게 하려는구나."

이것은 자신을 설득해서 전도하려는 것이냐는 물음이다. 이에 바울은 당당하게 답했다.

"말이 많으나 적으나 당신을 비롯한 모든 사람이 이렇게 쇠사슬에 결박

된 것 외에는 나와 같이 예수님을 메시아로 믿기를 원합니다."

왕과 총독과 버니게와 사람들은 바울에게 사형이나 결박당할 만한 행위가 없다고 판단했다. 아그립바왕은 로마 총독 베스도에게 "이 사람이 만일 로마 황제 가이사에게 상소하지 않았다면 석방될 수 있을 뻔했다"라고 말했다.

로마로 호송되는 바울 (27:1-26)

우리가 배를 타고 이달리야에 가기로 작정되매 바울과 다른 죄수 몇 사람을 아구스도대의 백부장 율리오란 사람에게 맡기니(행 27:1).

백부장 율리오가 바울을 호송했다. 그들은 가이사랴를 떠나 시돈에 닿았다. 여기서 율리오는 바울에게 친절을 베풀어 필요한 것들을 공급받게 했다. 율리오는 무라 항구에 와서 바울을 비롯한 죄수들을 알렉산드리아 배로 옮겨 태웠다. 이는 이집트에서 곡물을 싣고 로마로 가는 배였다.

며칠 후 일행은 미항이라는 곳에 이르렀다. 그때는 바람이 너무 부는 시기여서 위험하므로 그곳에 여러 날 머물러야 했다. 이에 바울은 지금 출항하지 말고 이곳 미항에서 겨울을 나기를 추천했다. 그러나 선장과 선주는 날이 추워지기 전에 빨리 떠나자고 했다. 백부장 율리오는 고민하다가 선장과 선주의 의견을 따랐다.

배가 움직였다. 그들은 65킬로미터 정도 떨어진 뵈닉스라는 항구에 가서 겨울을 나기를 바랐다. 처음에는 순풍이어서 사람들이 좋아했다. 그런데 얼마 후 '유라굴로'라는 태풍이 불어와 휩쓸려 죽을 지경이 되었다. 이러다 '스르디스'에 처박힐지도 모를 일이었다. 스르디스는 강이나 바다에 쌓여 있는 모래톱이다. 그들은 짐을 다 바다에 던졌다.

3일 뒤, 사람들은 살 소망이 끊어지고 먹지 못하여 절망에 빠져 있었다. 바울은 "내가 미항에 있자고 했잖소! 그러나 목숨을 잃지는 않을 거요. 어젯밤에 하나님이 '바울아, 두려워 마라. 네가 반드시 로마 황제 앞에 서서 재판받을 것이고, 너와 함께하는 사람들의 생명을 보호할 것이다'라고 하셨소"라고 말했다. 그리고 어느 섬에 닿게 될 거라고 했다.

풍랑에 의해 배가 깨어짐 (27:27-44)

14일 뒤, 어느 육지에 가까이 간 것이 느껴졌다. 물의 깊이를 재어 보니 열다섯 길이다(약 27미터).

"수심이 얕아지니 암초를 조심해라."

이때 몇몇 선원은 거룻배를 내려 도망가려 했다. 바울이 도망가지 않도록 백부장에게 부탁하자 군인들이 거룻배 줄을 끊어 냈다. 그리고 바울은 음식을 먹으라고 권했다.

"태풍 속에서 먹지 못한 지 14일째요. 자! 이제 먹고 힘내시오."

모두 276명이었다. 그들은 음식을 먹고 다시 힘을 내어 움직였다. 배의 무게를 줄이기 위해 실었던 곡물을 다 바다에 버렸다.

"저기 항만이 보인다!"

멜리데섬이었다. 멜리데는 이탈리아 시실리에서 98킬로미터 정도 떨어진 곳에 위치한 작은 섬이다.

"앗! 모래톱에 걸렸다!"

배 뒷부분이 파도로 인해 깨어졌다. 군인들이 "백부장님! 죄수들이 도망칠 수 있으니 다 죽이는 것이 어떨까요?" 하고 묻자 율리오는 안 된다고 했다. 특별히 바울을 보호하기 위해서였다. 그렇게 276명이 다 섬으로 올라왔다.

바울이 보블리오의 부친을 고치다
(28:1-10)

그들이 구조된 섬은 멜리데라는 곳으로, 원주민들이 그들을 동정하여 불을 피우며 영접해 주었다. 그때 바울이 나무 한 묶음을 불에 넣을 때 독사가 나와서 그 손을 물었다. 원주민들은 "이 사람은 살인한 자다. 바다에서 구조를 받았으나 공의(죄의 삯)가 그를 살지 못하게 함이로다"라고 말했다. 그런데 바울이 자신을 물고 있는 뱀을 떨어 버렸다. 뱀에 물린 바울이 죽지도 않고 그에게 아무 일도 없자 동네 사람들이 놀라서 "신이다" 하고 말했다.

바울은 그 섬에서 가장 높은 사람인 보블리오의 아버지의 열병과 이질을 기도하여 낫게 하고, 섬의 다른 사람들의 병도 다 고쳐 주었다. 하나님이 베푸신 은혜다. 사람들은 너무도 고마워하며 바울 일행이 떠날 때 그들이 필요한 물건들을 배에 가득 실어 주었다.

바울의 로마행과 전도
(28:11-31)

멜리데섬에서 지낸 지 3개월, 알렉산드리아 배를 타고 그들은 로마로 갔다. 그들은 수라구사에 배를 대고 3일을 지낸 후에 레기온에서 하루를 보내고 보디올로 갔다. 거기서 형제들을 만나 7일을 머물렀다. 그리고 로마로 갔다. 로마에 있는 믿는 형제들이 바울 일행이 온다는 이야기를 듣고 로마에서 69킬로미터나 떨어져 있는 압비오 광장과 '세 여관'이라는 뜻의 트레이스 타베르네까지 마중을 나왔다. 바울은 그 모습을 보고 감동을 받아 하나님께 감사드리고 용기를 얻었다.

바울은 로마에서 가택 연금으로 지냈다. 감옥 생활이기는 하지만 사람들이 그 집에 올 수도 있고 자유로운 편이었다. 3일 뒤, 바울은 유대인 지도자들을 불러 이야기했다.

"내가 배척받을 만한 일을 한 적이 없는데 로마인에게 죄수로 내주었다. 로마인은 나를 석방하려 했으나 유대인들이 반대하여 내가 가이사에게 상소한 것이다. 이것은 내 민족을 고발하려는 것이 아니라 오히려 복음을 전하려 함이다. 이스라엘의 소망으로 내가 이 쇠사슬에 매였다."

그러자 유대인 지도자들이 말했다.

"우리는 너에 대한 편지를 받거나 좋지 않은 일을 듣지 못했다. 이에 너의 사상을 듣고자 한다. 예수를 믿는 파는 어디서든지 반대를 받는 줄 안다."

그들은 바울과 만날 날짜를 정했다. 그날 더 많은 사람이 바울의 집으로 찾아왔다. 로마에서 바울은 가택 연금 상태로 아침부터 저녁까지 하나님 나라에 대해 증언했고, 구약성경을 가지고 예수님을 증거했다. 이때 그 말을 믿는 사람도 있고 믿지 않는 사람도 있었다. 서로 의견이 맞지 않아서 흩어질 때 바울이 말했다.

"하나님이 이사야 선지자를 통해 이 백성에게 가서 말하기를 '들어도 깨닫지 못하고 보아도 알지 못한다. 마음이 우둔해져서 귀로는 둔하게 듣고 눈은 감았으니 눈으로 보고 귀로 듣고 마음으로 깨달아 돌아오면 내가 고쳐줄까 함이라' 하셨다. 그래서 구원이 이방인에게 전파된 줄 알아라. 그들은 그것을 들을 것이다."

바울은 2년간(A.D. 60-62년경) 셋집에서 머물며 자기에게 오는 모든 사람을 영접하고 하나님 나라를 전파하며, 예수에 관한 것을 담대하게 거침없이 가르쳤다.

바울은 로마 감옥에 있으면서 에베소서, 빌립보서, 골로새서, 빌레몬서를 썼다. 자신은 감옥에 있으나, 멀리 떨어져서 믿음 생활을 하는 성도들을 생각하면 한시도 쉴 수가 없었다. 바울은 오로지 예수님, 복음 생각뿐이었다.

에베소서

감옥에서 에베소교회에 편지를 쓰다 (1:1-2)

지금 바울은 로마의 감옥에 있다. 거기에서 에베소교회에 관한 소식을 들었는데 너무도 암울하다. 유대인 그리스도인들과 이방인 그리스도인들 사이에 갈등이 있고, 거짓 교사들이 들어와 분열시키고, 교회 안에 음란함과 죄들이 아직도 가득하다고 한다.

편지를 받는 대상은 다음과 같다.

> 에베소에 있는 성도들과 그리스도 예수 안에 있는 신실한 자들에게 편지하노니(엡 1:1).

'에베소에 있는 성도들'은 곧 '그리스도 예수 안에 있는 신실한 자들'로서 같은 사람들이다.

에베소에서 믿음 생활하는 성도들은 믿음을 지키기가 너무도 힘들었다. 육신은 에베소에 살지만 영혼은 주께 속했다. 믿음을 지키기 위해서는 문란한 에베소를 떠나고 싶었을 것이다. 그러나 바울은 그곳을 떠나지 말고, 현실에서 분리가 아닌 구별된 사람으로 살라고 했다. 우리도 마찬가지다. 지금 사는 곳을 떠나지 않고 그리스도인으로서 구별된 삶을 살아야 한다.

에베소를 향한 바울의 기도 (1:3-23)

3-14절은 열두 구절이지만, 헬라어로 해석하면 의미상 한 문장이다.

> 찬송하리로다 하나님 곧 우리 주 예수 그리스도의 아버지께서 그리스도 안에서 하늘에 속한 모든 신령한 복을 우리에게 주시되 (엡 1:3).

너무 충격적이다. 신령한 복을 하나님이 이미 우리에게 주셨다! '주실 것'이 아니라 '이미 주셨다!' 그런데 우리는 이것을 모르고, 사용할 줄도 모른다. 그렇다면 이 신령한 복은 아무 데서나 받을 수 있는가? 아니다. 그럼 어디에서 받아야 하는가? 이 말씀에서 찾아보자. 바로 '그리스도 안'이다. 그럼 누가 주시는가? 바로 하나님이시다. 언제부터 이 일이 시작되었는가? 창세전이다(엡 1:4 참조).

'그리스도 안에서', '예수 안에서'라는 말은 에베소서 1장에만 열 번 이상 나온다(1, 3, 4, 6, 7, 9, 10, 11, 12, 13, 15, 20절). 하나님은 창세전에 우리를 택하여 예정하고 당신의 아들들이 되게 하셨다. 그 목적은 은혜의 영광을 찬송하게 하려는 것이다. 예수님이 우리를 속량하셨다. 속량은 노예를 풀어 주기 위해 돈을 지불하는 것인데, 예수님이 죄의 노예 된 우리를 당신의 핏값으로 속량해 자유인이 되게 하신 것이다. 이로 인해 우리는 예정을 입어 예수님 안에서 기업이 되어 영광의 찬송이 되고, 약속의 성령으로 인 치심을 받는다. 도장을 팍 찍으신 것이다.

15-23절도 아홉 구절이지만 헬라어는 한 문장이다. 이 내용은 바로 에베소 성도들을 향한 바울의 기도다. 성경에 나오는 기도 가운데 최고봉이 에베소서 1장 16-23절이다.

> 내가 기도할 때에 기억하며 너희로 말미암아 감사하기를 그치지 아니하고 우리 주 예수 그리스도의 하나님, 영광의 아버지께서 지혜와 계시의 영을 너희에게 주사 하나님을 알게 하시고 너희 마음의 눈을 밝히사 그의 부르심의 소망이 무엇이며 성도 안에서 그 기업의 영광의 풍성함이 무엇이며 그의 힘의 위력으로 역사하심을 따라 믿는 우리에게 베푸신 능력의 지극히 크심이 어떠한 것을 너희로 알게 하시기를 구하노라 그의 능력이 그리스도 안에서 역사하사 죽은 자들 가운데서 다시 살리시고 하늘에서 자기의 오른편에 앉히사 모든 통치와 권세와 능력과 주권과 이 세상뿐 아니라 오는 세상에 일컫는 모든 이름 위에 뛰어나게 하시고 또 만물을 그의 발아래에 복종하게 하시고 그를 만물 위에 교회의 머리로 삼으셨느니라 교회는 그의 몸이니 만물 안에서 만물을 충만하게 하시는 이의 충만함이니라(엡 1:16-23).

기도 속에서 우리의 삶을 이끌어 가시는 하나님을 발견한다. 놀라운 것은, 기도하는데 그것의 모든 주체자가 내가 아니고 하나님이시라는 것이다.

하나님께서 지혜와 계시의 영을 여러분에게 주셔서 하나님을 알게 하시길 원합니다(17절)

부르심의 소망이 무엇이며 성도 안에서 그 기업의 영광의 풍성함이 무엇인지 알게 하시길 구합니다(18절)

하나님의 능력이 얼마나 큰지를 여러분이 알기를 원합니다(19절)

하나님이 예수님을 다시 살리셔서 하나님 우편에 앉히셨습니다(20절)

모든 만물을 그리스도의 발 아래 복종하게 하시고 그리스도를 교회의 머리로 삼으셨습니다(22절)

교회는 예수의 몸입니다(23절)

그러니 예수님이 머리이시고, 교회인 우리가 몸이다. 몸과 머리는 하나다. 곧 예수님과 우리는 따로 떨어져 있는 것이 아니라, 하나인 것이다.

그리스도를 통해 받은 새 생명 (2:1-10)

2장 1-10절도 열 구절이지만 헬라어로 해석하면 한 문장이다.

그[예수님]는 허물과 죄로 죽었던[앞으로 죽는 것이 아니라 이미 죽었다] 너희를 살리셨도다 그때에 너희는 그 가운데서 행하여 이 세상 풍조를 따르고 공중의 권세 잡은 자를 따랐으니 곧 지금 불순종의 아들들 가운데서 역사하는 영이라 전에는 우리도 다 그 가운데서 우리 육체의 욕심을 따라 지내며 육체와 마음의 원하는 것을 하여 다른 이들과 같이 본질상 진노의 자녀이었더니(엡 2:1-3).

이는 죄로 말미암아 하나님이 없는 삶을 말한다. 하나님이 없는 인생은 혼돈 그 자체다. 하나님이 없는 불안정한 삶을 이렇게 헬라어로 장황하게 묘사하며 표현했다.

> 긍휼이 풍성하신 하나님이 우리를 사랑하신 그 큰 사랑을 인하여(엡 2:4).

이때 드디어 주어가 나타났다. 바로 '하나님'이다. 하나님은 긍휼이 풍성하시다. 긍휼은 무엇일까? 긍휼과 은혜(헤세드; 히브리어)는 다르다. 긍휼은 히브리어로 '라함'이다. '라함'에서 '레헴'이 나왔다. '레헴'은 어머니의 자궁이다. 죄에 대한 것은 반드시 심판을 받아야 하지만, 하나님은 그 죄인을 볼 때 안타깝고 불쌍히 여기는 긍휼의 마음을 가지신다.

> 허물로 죽은 우리를 그리스도와 함께 살리셨고 … 또 함께 일으키사 그리스도 예수 안에서 함께 하늘에 앉히시니(엡 2:5-6).

그래서 허물로 죽은 우리를 그리스도와 함께 살리셨고, 일으키시고, 하늘에 앉히신다. 어떻게 그렇게 하셨는지 알아보자. 하나님이 예수님을 우리에게 보내셨고, 예수님이 당신을 우리와 함께 묶으셨다. 그래서 함께 살아났다. 또 하나님이 예수님을 높이시니까 묶여 있던 우리도 같이 높아지고, 하늘에 앉히시니 우리도 하늘에 앉게 된다. 이것이 에베소서에서 말하는 영광이다.

십자가로 화목하게 하시다 (2:11-22)

에베소 성도들은 대부분이 이방인으로서 할례를 받지 않았다. 그러니까 원래는 언약의 백성이 아니고 외인이었다. 그러나 그리스도의 피, 곧 십자가로 하나님의 자녀가 된 것이다. 둘로 하나를 만들어 원수 된 것, 그 담을 예수님이 당신의 육체로 헐어 버리셨다. 그리고 한 새 사람을 지어(one new man) 화평하게 하시고 십자가로 이 둘을 한 몸으로 하나님과 화목하게 하려 하셨다. 이는 유대인과 이방인이 한 성령 안에서 아버지께 나아감을 얻게 하시려는 것이다. 그러니 에베소 성도들은 외인도 아니요, 나그네도 아니요, 오직 성도들과 동일한 시민이고 하나님의 권속이다. 그리스도 예수님이 친히 모퉁잇돌이 되셨다. 예수 안에서 서로 연결하여 성전이 되어 가고, 우리도 성령 안에서 하나님이 거하실 처소가 되기 위해 그리스도 예수 안에서 함께 지어져 간다.

구원의 경륜과 비밀 (3:1-13)

하나님이 비밀을 알려 주셨다. 곧 '복음'이다. 이제 오직 그리스도를 믿으면 이방인이든 누구든 차별 없이 구원을 받는다는 것이다. 이 복음을 위해 바울은 하나님의 은혜의 선물을 따라 일꾼이 되었다. 바울은 자신의 고난이 에베소 성도들에게 영광이 된다고 말한다. 복음을 전하다가 감옥에 갇혔지만, 지금 시간을 갖게 되어 그들을 위해 이렇게 에베소서도 쓸 수 있기 때문이다.

그리스도의 사랑을 알게 하소서 (3:14-21)

에베소 성도들을 위한 바울의 기도가 시작된다. 우리도 이 기도를 매일 하면 좋겠다.

> 그의 영광의 풍성함을 따라 그의 성령으로 말미암아 너희 속사람[영, 마음, 이성과 의지가 활동하는 인격]을 능력으로 강건하게 하시오며 믿음으로 말미암아 그리스도께서 너희 마음에 계시게 하시옵고[항상 임재하실 수 있도록] 너희가 사랑 가운데서 뿌리가 박히고 터가 굳어져서 능히 모든 성도와 함께 지식에 넘치는 그리스도의 사랑을 알고 그 너비와 길이와 높이와 깊이가 어떠함을 깨달아 하나님의 모든 충만하신 것으로 너희에게 충만하게 하시기를 구하노라(엡 3:16-19).

성령이 하나 되게 하신 것 (4:1-16)

4-6장은 믿음의 실천편으로, 믿음을 가지고 어떻게 삶을 살아야 하는가에 대해 말한다.

> 그러므로 주 안에서 갇힌 내가 너희를 권하노니 너희가 부르심을 받은 일에 합당하게 행하여(엡 4:1).

부르심에 합당한 삶은 무엇일까? 성령이 하나 되게 하신 것을 지키는 것이다. 우리는 절대 하나 될 수 없다. 성경에서 말하는 것은 하나 되라는 것이 아니라, 성령이 하나 되게 하신 것을 힘써 지키라는 것이다.

> 모든 겸손과 온유로 하고 오래 참음으로 사랑 가운데서 서로 용납하고 평안의 매는 줄로 성령이 하나 되게 하신 것을 힘써 지키라(엡 4:2-3).

그러기 위해서는 겸손, 온유, 오래 참음, 용납, 평안의 매는 줄, 이 다섯 가지가 있어야 한다. 이 중에서 겸손은 당시에는 악덕이었다. 그것은 종이 갖는 성품이었다. 그런데 예수님이 겸손의 성품을 가지셨다. 또 온유는 친절이 아니다. 사자가 사나운 이빨로 상대를 물어뜯어 죽일 수 있으나 새끼를 옮길 때 그 무서운 이빨을 감추고 살포시 들어 올리는 것과 같다.

그에게서 온몸이 각 마디를 통하여 도움을 받음으로 연결되고 결합되어 각 지체의 분량대로 역사하여 그 몸을 자라게 하며 사랑 안에서 스스로 세우느니라 (엡 4:16).

새사람을 입은 성도의 새로운 삶 (4:17-32)

너희는 모든 악독과 노함과 분 냄과 떠드는 것과 비방하는 것을 모든 악의와 함께 버리고 서로 친절하게 하며 불쌍히 여기며 서로 용서하기를 하나님이 그리스도 안에서 너희를 용서하심과 같이 하라(엡 4:31-32).

하나님이 그리스도 안에서 우리를 용서하신 것같이 서로 용서해야 한다.

빛의 자녀답게 살아라 (5:1-21)

너희는 하나님을 본받는 자가 되고 그리스도께서 너희를 사랑하신 것같이 너희도 사랑 가운데서 행하라 … 음행과 온갖 더러운 것과 탐욕은 너희 중에서 그 이름조차도 부르지 말라 … 너희가 전에는 어둠이더니 이제는 주 안에서 빛이라 빛의 자녀들처럼 행하라 … 주를 기쁘시게 할 것이 무엇인가 시험하여 보라 … 오직 지혜 있는 자같이 하여 세월을 아끼라 때가 악하니라 그러므로 어리석은 자가 되지 말고 오직 주의 뜻이 무엇인가 이해하라 술 취하지 말라 이는 방탕한 것이니 오직 성령으로 충만함을 받으라 시와 찬송과 신령한 노래들로 서로 화답하며 너희의 마음으로 주께 노래하며 찬송하며 범사에 우리 주 예수 그리스도의 이름으로 항상 아버지 하나님께 감사하며(엡 5:1-3, 8, 10, 15-20).

빛의 자녀처럼 성령 충만한 삶을 살아야 한다.

아내와 남편에게 하는 권면 (5:22-33)

아내들이여 자기 남편에게 복종하기를 주께 하듯 하라 이는 남편이 아내의 머리 됨이 그리스도께서 교회의 머리 됨과 같음이니 그가 바로 몸의 구주시니라 그러므로 교회가 그리스도에게 하듯 아내들도 범사에 자기 남편에게 복종할지니라 남편들아 아내 사랑하기를 그리스도께서 교회를 사랑하시고 그 교회를 위하여 자신을 주심같이 하라 … 이 비밀이 크도다(엡 5:22-25, 32).

바울이 말하는 '비밀'은 그리스도와 교회의 관계다. 그리스도 안에서 유대인과 이방인이 동일하게 구원받게 되는 하나님의 전체적인 뜻을 의미한다. 그런데 아내 사랑하기를 자신같이 하고, 아내도 자기 남편을 존경하라고 바울은 말한다. 부부의 관계는 사랑과 경외의 관계다. 그리스도가 교회를 위해 당신을 희생하고 보호하고 양육하시는 것처럼, 그리스도 안에서 남편은 아내를 보호하며 서로 협력하여 나아갈 수 있도록 인도해야 한다.

마귀를 대적하는 싸움 (6:10-24)

마귀의 간계를 능히 대적하기 위하여 하나님의 전신 갑주를 입으라(엡 6:11).

마귀가 우리를 시험하는 무기는 무엇일까? 의심이다. 의심은 사탄의 공격이다. 그것을 막는 방법은 다음의 말씀과 같다.

> 모든 것 위에 믿음의 방패를 가지고 이로써 능히 악한 자의 모든 불화살을 소멸하고(엡 6:16).

그 후에 우리는 가정에서 실천해 보아야 한다. 입으로 "사랑해", "감사해", "미안해"를 표현하자.

> 모든 기도와 간구를 하되 항상 성령 안에서 기도하고 이를 위하여 깨어 구하기를 항상 힘쓰며 여러 성도를 위하여 구하라(엡 6:18).

빌립보서

A.D. 62-63년경, 빌립보 성도이자 바울의 제자인 에바브로디도가 로마 감옥에 갇혀 있는 바울을 돌보고자 찾아온다. 그리고 얼마간 함께 있었는데, 에바브로디도가 병들어 죽게 되었다가 병이 나았다. 그것을 소문으로 듣고 걱정하는 빌립보교회에 바울이 격려와 위로를 전하고자, 그리고 빌립보교회의 도움에 감사를 전하고자 편지를 쓴다.

빌립보 성도들을 위한 기도(1장)

그리스도 예수의 종 바울과 디모데는 그리스도 예수 안에서 빌립보에 사는 모든 성도와 또한 감독들과 집사들에게 편지하노니 하나님 우리 아버지와 주 예수 그리스도로부터 은혜와 평강이 너희에게 있을지어다 내가 너희를 생각할 때마다 나의 하나님께 감사하며 간구할 때마다 너희 무리를 위하여 기쁨으로 항상 간구함은(빌 1:1-4).

이 구절은 바울의 편지 중에서도 가장 따뜻하고 개인적인 정이 풍부하게 묻어나는 인사말 중 하나다. 특히 빌립보교회에 대한 깊은 애정과 복음의 동역자라는 자부심이 가득 들어 있다.

바울은 지금 감옥에 갇혀 있는 상황인데도, '기쁨으로 항상 간구함은'이라 전하며 빌립보교회를 생각하며 기도할 때마다 '기쁨'이 흘러나온다고 말한다. 바울이 빌립보 성도들을 생각할 때 하나님께 감사하고 간구할 때 기쁨으로 하는 것은, 그들이 바울이 마게도냐로 건너가서 복음을 전한 첫날부터 지금까지 복음을 위한 일에 참여하고 있기 때문이다. 빌립보 성도들을 생각하면 바울은 너무 기쁘다.

너희가 첫날부터 이제까지 복음을 위한 일에 참여하고 있기 때문이라(빌 1:5).

'복음에 참여하다'라는 말은 단지 복음을 듣고 믿은 자가 아니라, 복음을 함께 나누고 전하고 지켜 온 자라는 의미다. 빌립보교회는 바울이 선교할 때부터 바울을 위해 끊임없이 기도하고 물질적으로 후원하던 교회였다(빌 4:15-16 참조).

너희 안에서 착한 일을 시작하신 이가 그리스도 예수의 날까지 이루실 줄을 우리는 확신하노라(빌 1:6).

바울은 빌립보교회의 성장과 끝맺음의 주체는 사람이 아니라 하나님이심을 강조한다. 그들이 시작했지만, 그들을 통해 하나님이 선한 일을 이루실 것을 확신한다는 말이다. 이 말은 중간에 낙심하지 말라는 격려이자, 끝까지 함께하신다는 하나님의 약속이기도 하다.

> 너희가 내 마음에 있음이며 … 너희가 다 나와 함께 은혜에 참여한 자가 됨이라(빌 1:7).

'내 마음에 있다'는 표현은 바울 서신 중에서 가장 깊은 애정을 보여 주는 표현이다. 빌립보교회는 단순히 '좋은 교회'가 아니라, 바울의 사역이 그들의 마음에 강하게 꽂힌 사랑의 공동체였다. 바울은 단지 교회를 세우고 떠난 전도자로서가 아니라, 함께 울고 웃는 복음의 가족으로 그들을 기억했다. 감옥에서도 가장 먼저 떠오르는 기쁨의 얼굴들이 빌립보 성도들이었다. 그는 빌립보교회를 믿었고, 하나님이 그들을 통해 끝까지 일하실 것이라는 신뢰를 품고 있었다.

> 내가 예수 그리스도의 심장으로 너희 무리를 얼마나 사모하는지 하나님이 내 증인이시니라(빌 1:8).

사람이 아니라 하나님이 증인이시다! 바울은 계속해서 빌립보 성도들을 위해 기도한다.

> 너희 사랑을 지식과 모든 총명으로 점점 더 풍성하게 하사 너희로 지극히 선한 것을 분별하며 또 진실하여 허물없이 그리스도의 날까지 이르고 예수 그리스

도로 말미암아 의의 열매가 가득하여 하나님의 영광과 찬송이 되기를 원하노라(빌 1:9-11).

사실 이때 빌립보교회는 바울이 감옥에 갇힌 것을 매우 안타까워하고 불안해했다. 그래서 바울은 그것에 대해서도 위로해 준다.

형제들아 내가 당한 일이 도리어 복음 전파에 진전이 된 줄을 너희가 알기를 원하노라 … 형제 중 다수가 나의 매임으로 말미암아 주 안에서 신뢰함으로 겁 없이 하나님의 말씀을 더욱 담대히 전하게 되었느니라 … 그들은 나의 매임에 괴로움을 더하게 할 줄로 생각하여 순수하지 못하게 다툼으로 그리스도를 전파하느니라 … 전파되는 것은 그리스도니 이로써 나는 기뻐하고 또한 기뻐하리라 … 아무 일에든지 부끄러워하지 아니하고 … 내 몸에서 그리스도가 존귀하게 되게 하려 하나니 이는 내게 사는 것이 그리스도니 죽는 것도 유익함이라 그러나 만일 육신으로 사는 이것이 내 일의 열매일진대 무엇을 택해야 할는지 나는 알지 못하노라 내가 그 둘 사이에 끼었으니 차라리 세상을 떠나서 그리스도와 함께 있는 것이 훨씬 더 좋은 일이라 그렇게 하고 싶으나 내가 육신으로 있는 것이 너희를 위하여 더 유익하리라(빌 1:12, 14, 17-18, 20-24).

바울이 이 말을 한 것은, 고난과 박해가 연속되자 그는 자신이 완전히 깨닫고 받아들인 그리스도와 함께 천국의 삶을 살기를 원했기 때문이다. 그래서 그는 빌립보 성도들에게 그리스도의 복음에 합당하게 살라고 부탁했다. 대적자를 두려워하지 말고 고난도 받으라면서 말이다. 그들에게도 바울 자신과 같은 싸움이 있다고 말한다.

그리스도 예수의 마음을 가지라 (2:1-11)

마음을 같이하여 같은 사랑을 가지고 … 자기보다 남을 낫게 여기고 … 다른 사람들의 일을 돌보아 나의 기쁨을 충만하게 하라(빌 2:2-4).

사실 이런 삶이 자기중심적으로 사는 사람들에게는 결코 쉽지 않다. 그래서 바울은 빌립보 성도들에게 그 마음을 가질 수 있는 방법을 알려 준다. 그것은 바로 그리스도 예수의 마음을 품는 것이다.

예수님은 하나님의 본체이지만 동등함을 버리고 오히려 종이 되셨다. 사람으로 나셔서 십자가에서 죽으셨다. 하나님을 향한 이 모든 복종으로 하나님이 예수님을 높이셔서 모든 사람이 무릎을 꿇고 예수 그리스도를 주라 시인하여 하나님께 영광 돌리게 하셨다.

하나님의 흠 없는 자녀로 살라 (2:12-30)

바울은 자기가 옆에 있으나 없으나 항상 복종하여 두렵고 떨림으로 구원을 이루라고 부탁한다. 그는 또 "너희 믿음의 제물과 섬김 위에 내가 나를 전제로 드릴지라도 나는 기뻐하고 너희 무리와 함께 기뻐하리니"(빌 2:17)라고 말한다. 전제는 포도주를 제물에 붓는 행위로 곧 순교를 의미한다. 그렇게 희생되어도 너무 기쁠 것이라는 고백이다.

그는 디모데를 빌립보에 보내어 자신의 근황을 알려 주고, 또 자신에게도 빌립보에 관해 알려 주기를 바란다. 에바브로디도가 병이 난 것을 빌립보 성도들이 걱정했는데, 하나님이 살려 주셔서 몸이 좋아졌다고 보고한다.

부름의 상을 위하여(3장)

바울은 "주 안에서 기뻐하라"고 반복해서 말한다. 그러면서 이렇게 이야기하는 것이 하나도 수고롭지 않다고 한다. 그는 성령으로 봉사하고 예수로 자랑하고 육체를 신뢰하지 않는 것이 곧 진정한 할례파라고 말한다. 그러면서 육체적으로 할례파라고 우기는 거짓 선지자들에게 그렇게 따지면 자신은 더하다는 것을 브리핑한다. 그는 8일 만에 할례를 받았고, 베냐민 지파이면서 히브리인 중의 히브리인이고, 바리새인 출신으로 율법도 누구보다 잘 알았기 때문이다. 그런 그가 그리스도를 위해 무엇이든지 다 버리고 배설물로 여기는 것은 그리스도를 얻기 위함이다. 오직 믿음으로!

바울은 마지막으로 고백한다.

> 내가 이미 얻었다 함도 아니요 온전히 이루었다 함도 아니라 오직 내가 그리스도 예수께 잡힌 바 된 그것을 잡으려고 달려가노라 … 뒤에 있는 것은 잊어버리고 앞에 있는 것을 잡으려고 푯대를 향하여 그리스도 예수 안에서 하나님이 위에서 부르신 부름의 상을 위하여 달려가노라 … 우리의 시민권은 하늘에 있는지라 거기로부터 구원하는 자 곧 주 예수 그리스도를 기다리노니 그는 … 우리의 낮은 몸을 자기 영광의 몸의 형체와 같이 변하게 하시리라(빌 3:12-14, 20-21).

권면과 인사(4장)

바울은 빌립보에 사는 유오디아, 순두게에게 싸우지 말고 주 안에서 사이좋게 같은 마음을 품으라고 한다. 그리고 주 안에서 항상 기뻐하고, 아무것도 염려하지 말고 오직 기도와 간구로 구할 것을 감사함으로 하나님께 아뢰라고 부탁한다. 바울은 자신이 어떤 형편에서도 자족(스스로 만족)하기를 배웠다고 이야기한다. 돈이 없거나 많아도, 배가 부르거나 고파도, 어떤 상황에서도 살아갈 비결을 알아냈다고 이야기한다. 그러면서 고백한다.

> 내게 능력 주시는 자 안에서 내가 모든 것을 할 수 있느니라(빌 4:13).

빌립보 성도들은 바울의 괴로움에 함께 참여하여 도움을 주고, 심지어 데살로니가에서 곤경에 처했을 때도 두 번이나 필요한 것들을 보내 주었다. 바울은 그 마음에 고마움을 표현한다.

골로새서

감옥에서 골로새교회에 편지를 쓰다

바울은 골로새에 방문하거나 그곳에 교회를 세운 적이 없다. 아마 3차 전도 여행 때 에베소에 있는 두란노 서원에서 복음을 전해 들은 골로새 출신 에바브라가 고향으로 돌아가서 교회를 설립한 것 같다. 그 에바브라가 로마 감옥에 있는 바울에게 골로새교회의 소식을 전하며 자기들이 각종 이단 집단으로부터 공격받고 있다고 말한다. 그래서 바울이 골로새서를 통해 '메시아 그리스도 예수'가 누구신지를 정확히 밝힌다. 에베소서가 교회에 관한 서신이라면, 골로새서는 '그리스도'에 초점을 맞춘 서신이다.

하나님께 감사하다 (1:1-8)

골로새서 초반부터 따뜻하고 진심 어린 톤이 흐르고, 그 속에 복음의 역사와 공동체의 아름다움, 바울의 기도 제목이 담겨 있다.

> 우리가 너희를 위하여 기도할 때마다 하나님 곧 우리 주 예수 그리스도의 아버지께 감사하노라 이는 그리스도 예수 안에 너희의 믿음과 모든 성도에 대한 사랑을 들었음이요 … 이 복음이 이미 너희에게 이르매 너희가 듣고 … 온 천하에서도 열매를 맺어 자라는도다 이와 같이 우리와 함께 종 된 사랑하는 에바브라에게 너희가 배웠나니 그는 너희를 위한 그리스도의 신실한 일꾼이요 성령 안에서 너희 사랑을 우리에게 알린 자니라(골 1:3-4, 6-8).

이 구절은 바울이 골로새교회를 향해 감사와 기쁨의 마음을 담아 쓴 인사이자 찬사다. 바울은 '너희를 위해 기도할 때마다 감사한다'라고 얘기한다. 바울은 골로새교회를 직접 세우지 않았지만, 에바브라라는 동역자를 통해 골로새교회의 믿음과 사랑을 들었고 그 이야기만으로도 감사의 기도가 자연스럽게 흘러나오기 때문이다. 이것은 단순한 형식적 인사가 아니라 진심어린 기쁨이 담긴 표현이다. 바울의 표현인 '그리스도 예수 안에 너희의 믿음과 모든 성도에 대한 사랑'에서 알 수 있듯이, 골로새교회는 단지 교리를 잘 아는 공동체가 아니라, 믿음과 사랑이 실제로 작동하고 있는 교회였다.

교회의 머리 되시는 예수 그리스도 (1:9-23)

바울은 13절부터 예수님에 대해 설명한다.

> 그가 우리를 흑암의 권세에서 건져 내사 그의 사랑

의 아들의 나라로 옮기셨으니 그 아들 안에서 우리가 속량 곧 죄 사함을 얻었도다 그는 보이지 아니하는 하나님의 형상이시요 모든 피조물보다 먼저 나신 이시니(골 1:13-15).

그러니까 예수님은 피조물이 아니시다. 태초 전부터 계셨다(성부, 성자, 성령).

만물이 그에게서 창조되되 하늘과 땅에서 보이는 것들과 보이지 않는 것들과 … 만물이 다 그로 말미암고 그를 위하여 창조되었고(골 1:16).

만물은 그리스도에게서(from), 그리스도로 말미암아(by), 그리스도를 위해(for) 창조되었다. 이 그리스도는 몸인 교회의 머리요, 근본이요, 죽은 자들 가운데서 먼저 나신 이시다. 이는 친히 만물의 으뜸이 되려 하심이다.

아버지께서는 모든 충만으로 예수 안에 거하게 하시고 그의 십자가의 피로 화평을 이루사 … 그로 말미암아[예수님의 순종으로] 자기와 화목하게 되기를 기뻐하심이라 전에 악한 행실로 멀리 떠나 마음으로 원수가 되었던 너희를 이제는 그의 육체의 죽음으로 말미암아 화목하게 하사 너희를 거룩하고 흠 없고 책망할 것이 없는 자로 그 앞에 세우고자 하셨으니(골 1:19-22).

교회를 위하여 바울이 하는 일 (1:24-29)

나는 이제 너희를 위하여 받는 괴로움을 기뻐하고 그리스도의 남은 고난을 그의 몸 된 교회를 위하여 내 육체에 채우노라 … 이 비밀[복음, 예수 그리스도]은 만세와 만대로부터 감추어졌던 것인데 이제는 그의 성도들에게 나타났고(골 1:24, 26).

바울이 이방인 가운데 예수님을 전파하고 권하고 가르치는 이유는 각 사람을 그리스도 안에서 완전한 자로 세우려 함이다. 이를 위해 바울도 자신 안에서 능력으로 역사하시는 이의 역사를 따라 힘을 다해 수고한다.

그리스도 안에서 행하라(2장)

소아시아 남쪽 류커스 계곡에는 골로새, 라오디게아, 히에라볼리교회가 있었는데, 당시 거짓 교사들이 파고들어 이단 사상을 퍼뜨렸다. 그들의 공통점은 '그리스도'가 아닌 다른 무엇을 구원의 조건으로 제시했다는 것이다. 이에 바울은 누군가가 철학이나 헛된 속임수로 속여도 넘어가지 말라고 당부하며, 이것은 사람의 전통 또는 세상의 초등학문이지, 그리스도를 따르는 것이 아니라고 말한다.

그리스도는 모든 통치자와 권세의 머리시다. 우리는 세례로 그리스도와 함께 죽었고 다시 살아났다. 하나님은 우리를 그리스도와 함께 살리시고, 죄를 사하시고, 법조문으로 쓴 증서를 지우고 제하여 버리사 십자가에 못 박으시고, 통치자와 권세들을 다 무력화해서 구경거리로 삼고 십자가로 그들을 이기셨다.

그러므로 바울은 먹고 마시는 것, 절기, 초하루, 안식일로 절대 비판하지 못하게 하라고 권한다. 그러면서 이것을 강조하는 사람들에게 넘어가지 말라고 당부한다. 그것은 그림자일 뿐이라면서 말이다. 또 골로새교회에는 천사 숭배자들과 환상주의자들이 있었는데, 바울은 그들을 주의하라고 하면서 그들로 하여금 비방하지 못하게 하라고 말한다. 머리를 붙드는 자들이 아니라는 것은 그들이 머리에 붙어 있지 않다는 것이다. 온몸은 머리(예수님)로 인해 각 마디와 힘줄로 영양을 공급받고 연합해서 하나님이 자라게 하시는 대로 자라는 것이다.

주께 하듯 하라(3장)

끝으로 바울은 골로새 성도들에게 여러 가지를 권면한다.

"다시 살리심을 받았으면 위의 것을 찾아라. 그리스도가 하나님 우편에 앉아 계신다. 너희는 죽었고, 생명이신 그리스도와 함께 하나님 안에 감추어져 있다. 재림하실 때 너희도 그와 함께 나타날 것이다. 그러므로 땅에 있는 지체, 곧 음란, 부정, 사욕, 악한 정욕, 탐심을 죽여라. 탐심은 우상 숭배다. 이것들로 말미암아 하나님의 진노가 임한다.

이제 너희는 옛 사람을 벗어 버리고 새사람을 입은 자들이다. 이는 창조하신 분의 형상을 따라 지식에까지 새롭게 함을 입은 것으로 거기에는 차별이 없다. 우리는 긍휼, 자비, 겸손, 온유, 오래 참음으로 옷 입고 서로 용서하되, 주께서 우리에게 하신 것처럼 용서하고 모든 것 위에 사랑을 더해야 한다. 그리스도의 말씀이 너희 속에 가득하게 하여 모든 지혜로 서로 가르치며 권하고, 시와 찬송과 노래로 하나님을 찬양하고, 무슨 일이든 다 예수의 이름으로 하고 그분을 힘입어 아버지께 감사하라!

아내는 남편에게 복종하고, 남편은 아내를 사랑해라. 또 자녀는 부모에게 순종하고, 부모는 자녀를 노엽게 하지 마라. 종들은 상전에게 순종하되 눈가림하지 말고 오직 두려워하여 성실한 마음으로 하라. 무슨 일을 하든지 마음을 다하여 주께 하듯 하고, 사람에게 하듯 하지 마라."

바울의 권면과 인사(4장)

기도를 계속하고 기도에 감사함으로 깨어 있으라 또한 우리를 위해 기도하되 하나님이 전도할 문을 우리에게 열어 주사 그리스도의 비밀을 말하게 하시기를 구하라 (골 4:2-3).

바울은 자신과 동역자들을 위해 기도하되 전도의 문을 여사 그리스도의 비밀을 담대히 전하게 해 달라고 요청한다. 그는 이 일로 갇히게 되었지만, 오히려 더 복음을 전하는 기회를 간절히 구하고 있다.

외인들에 대해 지혜로 행하여 세월을 아끼라고 바울은 말한다. 이는 단순히 시간을 낭비하지 말라는 것이 아니라, 어떻게든 기회를 내어 복음을 전해서 그들이 예수의 품으로 돌아올 수 있도록 힘쓰라는 뜻이다. 말을 하는데 있어서도 항상 은혜 가운데 소금으로 맛을 냄과 같이 하라고 가르친다.

바울은 두기고를 골로새교회에 보내어 바울의 상황을 알리고, 골로새 성도들의 마음도 위로하게 한다. 또 오네시모도 함께 보내는데, 그는 원래 골로새에 사는 빌레몬의 종이었다가 로마로 도망쳤던 사람이다. 그러나 바울을 만나 복음을 받아들이고 변화된 후, 이제 바울의 부탁으로 빌레몬에게 돌아가게 되었다.

바울은 골로새 성도들에게 이 편지를 라오디게아와 히에라볼리의 성도들에게도 함께 돌려 읽게 하라고 당부한다.

빌레몬서

감옥에서 빌레몬에게 편지를 쓰다
(1:1-3)

바울은 골로새에 있는 빌레몬에게 편지를 써서, 그의 종이었던 오네시모를 다시 받아 주되 단순한 종이 아닌 믿음의 형제로 받아 줄 것을 부탁한다.

바울이 로마 감옥에 갇혀 있을 때, 오네시모라는 종이 복음을 전해 듣고 신실한 그리스도인이 되었다. 그는 골로새에서 도망쳐 나온 종이었다. 당시에는 종이 주인 몰래 도망치면 엄한 처벌을 받아야 했다. 그런데 바울이 들다 보니 골로새에 사는 빌레몬의 집에서 나온 종이었다. 빌레몬에 대해 잘 알고 있는 바울은 오네시모에게 편지를 쥐여 주며 골로새에 가서 빌레몬을 만나고 오라고 당부한다. 결국 오네시모는 편지를 들고 빌레몬을 찾아갔고, 빌레몬은 그 편지를 읽게 된다. 바울은 편지의 서두에 자신이 힘든 상황에 처해 있다는 것을 언급하며 인사를 건넨다.

빌레몬의 믿음과 사랑 (1:4-7)

주 예수와 및 모든 성도에 대한 네 사랑과 믿음이 있음을 들음이니(몬 1:5).

바울은 빌레몬의 믿음과 사랑이 잘 크고 있다는 소식을 들었다.

오네시모를 위한 간구와 끝인사 (1:8-25)

바울은 감옥에서 오네시모를 만나게 된 경위를 설명하며, 이전에는 빌레몬에게 무익했던 그가 이제는 바울과 빌레몬 모두에게 유익한 사람이 되었다고 전한다. 바울은 오네시모를 빌레몬에게 보내면서 그를 곁에 두고 자신을 돕게 하고 싶다고도 말한다. 하지만 빌레몬의 허락 없이는 그렇게 하지 않겠다고 말한다. 그가 스스로 선한 일을 행할 기회를 주고 싶었기 때문이다. 그러면서 오네시모를 종으로 대하지 말고 사랑하는 형제로 대해 달라고 요청한다. 만약 오네시모가 빌레몬에게 어떤 잘못을 저질렀거나 빚진 것이 있다면 바울이 그것을 대신 갚겠다고 약속한다.

편지의 말미에서 바울은 빌레몬에게 자신이 그로 인해 기쁨을 얻고, 자신의 마음이 그리스도 안에서 평안하게 해 달라고 간청한다. 또한 자신을 위해 숙소를 마련해 달라고 부탁하며 성도들의 기도로 자신이 감옥에서 나가기를 바란다고 전한다. 감옥 안에는 에바브라, 마가, 아리스다고, 데마, 누가가 바울과 함께 있다.

디모데전서

디모데에게 목회 서신을 보내다

바울이 2년 동안 로마 감옥에서 생활한 후에 풀려난 적이 있었다. 그때 바울은 그레데(크레타섬)에도 가고 에베소에도 들르면서 그곳 성도들이 믿음을 다시 다지게 했다.

A.D. 64년경, 로마 감옥에서 풀려난 바울이 마게도냐 지역을 다니며 전도할 때, 에베소교회를 위한 책임자로 디모데를 그곳에 남겨 두었다. 그 후 제자 디모데에게 걱정되는 마음으로 쓴 격려 편지가 디모데전서다.

다른 교훈을 가르치지 말라 (1:3-11)

내가 마게도냐로 갈 때에 너를 권하여 에베소에 머물라 한 것은 어떤 사람들을 명하여 다른 교훈[영지주의, 이원론, 혈통주의(신화와 끝없는 족보로 자랑하는 것), 율법주의]을 가르치지 말며(딤전 1:3).

바울이 말하는 '다른 교훈'은 모두 변론을 내는 것들이다.

이 교훈의 목적은 청결한 마음과 선한 양심과 거짓이 없는 믿음에서 나오는 사랑이거늘(딤전 1:5).

하지만 디모데가 교회에서 가르치는 교훈은 거짓이 없는 믿음에서 나오는 사랑이다. 그런데 사람들이 이 사랑에서 벗어나서 율법에 빠진다. 율법은 좋은 것이다. 하지만 사실 율법은 불법한 자, 복종하지 않는 자, 경건하지 않은 자, 죄인, 거룩하지 않은 자, 망령된 자 등에게 필요한 것이다.

이 교훈은[디모데 네가 교회에서 가르치는 것은] 내게 맡기신 바 복되신 하나님의 영광의 복음을 따름이니라(딤전 1:11).

바울을 향한 주님의 크신 은혜 (1:12-20)

바울은 하나님이 자신에게 직분을 맡기심에 감사했다. 전에 예수 믿는 자를 비방하고 박해했던 그를 하나님이 긍휼하게 대하여 이렇게 자녀로 삼아 주신 것이다.

> 미쁘다 모든 사람이 받을 만한 이 말이여 그리스도 예수께서 죄인을 구원하시려고 세상에 임하셨다 하였도다 죄인 중에 내가 괴수니라(딤전 1:15).

바울은 자신이 죄인 중의 죄인이라고 고백한다. 바울이 긍휼을 입은 이유는 예수 그리스도가 먼저 오래 참아 주시고, 그 후에 주를 믿어 영생을 얻는 자들에게 본이 되게 하려 하신 것이다.

> 믿음과 착한 양심을 가지라 어떤 이들은 이 양심을 버렸고 그 믿음에 관하여는 파선하였느니라 그 가운데 후메내오와 알렉산더가 있으니 내가 사탄에게 내준 것은 그들로 훈계를 받아 신성을 모독하지 못하게 하려 함이라(딤전 1:19-20).

어떤 사람들은 믿음을 버렸는데, 그들이 바로 후메내오와 알렉산더다. 바울은 그들을 사탄에게 내주었다. 교회에서 바로 출교시킨 것이다.

기도에 대한 가르침(2장)

> 그러므로 내가 첫째로 권하노니 모든 사람을 위하여 간구와 기도와 도고와 감사를 하되 임금들과 높은 지위에 있는 모든 사람을 위하여 하라 이는 우리가 모든 경건과 단정함으로 고요하고 평안한 생활을 하려 함이라(딤전 2:1-2).

여기서 '간구'는 '긴박한 상황에서의 특별한 탄원'을 말하고, '기도'는 '모든 경건한 아룀'을 말하며, '도고'는 여기서만 언급되는데, '다른 사람을 위한 중보 기도'를 말한다. 그러면서 바울은 감사를 하되 임금을 비롯한 높은 지위에 있는 모든 사람을 위해 하라고 권했다. 정치가 안정되어야 그리스도인들이 고요하고 평안한 생활을 할 수 있기 때문이다.

하나님은 한 분이시요 또 하나님과 사람 사이에 중보자도 한 분이시니 곧 사람이신 그리스도 예수라(딤전 2:5).

예수님은 우리와 하나님 사이의 유일한 중보자이시다.

또 이와 같이 여자들도 단정하게 옷을 입으며 소박함과 정절로써 자기를 단장하고 땋은 머리와 금이나 진주나 값진 옷으로 하지 말고(딤전 2:9).

오해하지 말 것은, 여자들은 금이나 진주로 단장하거나 값진 옷을 입지 말라는 뜻이 아니다. 그 당시 에베소의 창기들이 그렇게 꾸미고 다녀서 성도들에게는 화려한 치장을 금한 것이다.

오직 선행으로 하기를 원하노라 이것이 하나님을 경외한다 하는 자들에게 마땅한 것이니라(딤전 2:10).

바울은 대신 하나님을 경외하는 자들에게 마땅하다며 선행을 권한다.

여자는 일체 순종함으로 조용히 배우라 여자가 가르치는 것과 남자를 주관하는 것을 허락하지 아니하노니 오직 조용할지니라(딤전 2:11-12).

히브리나 헬라 문화에서는 여자가 가르치는 일이 일체 허락되지 않았다. 아무리 여자와 남자가 하나님 앞에서 차별이 없다고 하지만, 당시에 여자들이 리더의 위치에 올라가는 것은 복음 전파에 결코 도움이 되지 않았을 것이다(바울의 이런 교훈은 교회 내에 여성의 활동이 활발했음을 보여 주는 증거다).

감독의 자격 (3:1-7)

감독은 책망할 것이 없으며 한 아내의 남편이 되며 절제하며 신중하며 단정하며 나그네를 대접하며 가르치기를 잘하며 술을 즐기지 아니하며 구타하지 아니하며 오직 관용하며 다투지 아니하며 돈을 사랑하지 아니하며 자기 집을 잘 다스려 자녀들로 모든 공손함으로 복종하게 하는 자라야 할지며(딤전 3:2-4).

감독은 하나님의 교회를 돌보기 전에 자기 집을 잘 다스릴 줄 알아야 한다. 자기 집도 다스리지 못하면서 어찌 교회를 돌보겠는가!

새로 입교한 자도 말지니 교만하여져서 마귀를 정죄하는 그 정죄에 빠질까 함이요(딤전 3:6).

또한 새로 입교한 사람은 감독이 될 수 없다. 교만해져서 마귀가 받은 심판에 빠질까 조심해야 한다.

또한 외인에게서도 선한 증거를 얻은 자라야 할지니 비방과 마귀의 올무에 빠질까 염려하라(딤전 3:7).

교회 밖의 사람들에게서도 평판이 좋아야 한다는 것이다.

집사의 자격 (3:8-13)

이와 같이 집사들도 정중하고 일구이언을 하지 아니하고 술에 인박이지 아니하고 더러운 이를 탐하지 아니하고 깨끗한 양심에 믿음의 비밀을 가진 자라야 할지니(딤전 3:8-9).

집사들도 이러한 자격을 확인한 후에 직분을 맡겨야 한다.

경건의 비밀 (3:14-16)

내가 속히 네게 가기를 바라나 이것을 네게 쓰는 것은 만일 내가 지체하면 너로 하여금 하나님의 집에서 어떻게 행하여야 할지를 알게 하려 함이니 이 집은 살아 계신 하나님의 교회요 진리의 기둥과 터니라(딤전 3:14-15).

바울이 디모데에게 가기를 바랐지만 편지를 먼저 쓰는 것은, 디모데가 교회에서 어떻게 해야 하는지를 알려 주려는 것이다.

크도다 경건의 비밀[신앙 안에 감추어진 오묘한 신비]이여, 그렇지 않다 하는 이 없도다 그는 육신으로 나타난 바 되시고 영으로 의롭다 하심을 받으시고 천사들에게 보이시고 만국에서 전파되시고 세상에서 믿은 바 되시고 영광 가운데서 올려지셨느니라(딤전 3:16).

이 비밀은 예수님이 육신으로 이 세상에 나타나시고, 영으로 의롭다는 인정을 받으시고, 천사들에게 보이시고, 만국에 전파되시고, 세상 사람들은 그분을 믿고, 그분은 영광 가운데 올려지셨다는 것이다.

거짓 교사들 (4:1-5)

에베소교회에 영지주의를 주장하는 거짓 교사들이 활동했다. 그들은 모든 물질적인 것은 악하다고 가르치며 금욕을 주장했다. 그러나 성령이 말씀하시기를, 후에 어떤 이들이 믿음에서 떠나 미혹하는 영과 귀신의 가르침을 따를 것이라 하셨다.

자기 양심이 화인을 맞아서 외식함으로 거짓말하는 자들이라(딤전 4:2).

'화인'은 고대 시대에 가축이나 노예 등에 낙인을 찍던 불도장이다. 처음에는 고통스럽지만, 그 부위가 점점 굳어지면서 나중에는 아무런 감각이 없게 된다. 따라서 양심이 화인을 맞았다는 것은 자신의 악한 행동에 대해 아무런 감각을 못 느끼는, 양심이 마비된 상태를 가리킨다.

그리스도 예수의 좋은 일꾼 (4:6-16)

바울은 사람들이 어린 디모데를 업신여기지 못하게 하며, 자신이 갈 때까지 읽는 것, 권하는 것, 가르치는 것에 전념하라고 말한다.

네 속에 있는 은사[달란트] 곧 장로의 회에서 안수받을 때에 예언을 통하여 받은

> 것을 가볍게 여기지 말며 이 모든 일에 전심전력하여 너의 성숙함을 모든 사람에게 나타나게 하라(딤전 4:14-15).

그러면서 디모데에게 하나님이 주신 달란트를 무시하지 말고 사람들에게 마음껏 발휘하라고 권한다.

성도들을 대하는 자세 (5:1-2)

> 늙은이를 꾸짖지 말고 권하되 아버지에게 하듯 하며 젊은이에게는 형제에게 하듯 하고(딤전 5:1).

각 세대 남녀노소의 성도들을 대하는 자세를 설명한다. 나이 든 남자에게는 아버지를 대하듯 하고, 젊은 남자에게는 형제를 대하듯 하라고 권한다.

> 늙은 여자에게는 어머니에게 하듯 하며 젊은 여자에게는 온전히 깨끗함으로 자매에게 하듯 하라 참 과부인 과부를 존대하라(딤전 5:2-3).

또 나이 든 여자에게는 어머니를 대하듯 하고, 젊은 여자에게는 자매를 대하듯 하라고 권한다.

과부를 대하는 자세 (5:3-16)

과부는 남편을 잃으면서 수입도 잃게 되어 사람들의 도움 없이는 살아갈 수 없기에 교회의 관심이 필요하다. 이때 바울은 자신의 친족이나 가족을 돌보지 않는 사람은 불신자보다 더 악한 자라고 못 박는다. 그 당시 과부는 남편을 잃은 60세 이상의 여자를 뜻했는데, 그 나이는 재혼할 의도나 가능성이 적고 노령으로 재취업 역시 힘들어 혼자 사는 것이 불가능하다고 판단되는 부류였다.

> 만일 믿는 여자에게 과부 친척이 있거든 자기가 도와주고 교회가 짐 지지 않게 하라 이는 참 과부를 도와주게 하려 함이라(딤전 5:16).

만일 과부에게 친척이 있으면 도와주어서 교회가 짐을 지지 않게 하라는 것이다. 그래야 진짜 도움이 필요한 과부들을 도울 수 있기 때문이다.

디모데의 건강을 염려하다 (5:23)

> 이제부터는 물만 마시지 말고 네 위장과 자주 나는 병을 위하여는 포도주를 조금씩 쓰라(딤전 5:23).

바울은 디모데의 건강을 염려하여 그 당시 의료 목적으로 사용되었던 포도주를 쓰라고 권했다.

말씀과 경건에 관한 교훈(6장)

바울은 종들에게 상전들을 잘 섬기라고 말한다. 특별히 믿음을 가진 상전을 대할 때는 형제라고 가볍게 대하지 말고 더 잘 섬겨야 한다고 말한다. 그렇게 했을 때 유익을 얻는 사람이 믿음의 형제들이기 때문이다.

바울은 또한 누구든지 다른 교훈을 가르치며 예수 그리스도의 말씀과 교훈을 따르지 않으면, 그는 아무것도 알지 못하면서 논쟁과 말다툼을 일삼는 자라고 말한다. 그리고 거기에서 투기, 분쟁, 비방, 악한 생각이 발생한다고 가르친다.

> 그러나 자족하는 마음[스스로 만족할 줄 아는 마음]이 있으면 경건은 큰 이익이 되느니라 우리가 세상에 아무것도 가지고 온 것이 없으매 또한 아무것도 가지고 가지 못하리니 우리가 먹을 것과 입을 것이 있은즉 족한 줄로 알 것이니라(딤전 6:6-8).

또 부자가 되려는 사람들은 시험, 올무, 어리석음, 해로운 욕심에 떨어져 곧 파멸과 멸망을 맞이하게 된다고 경고한다.

> 돈을 사랑함이 일만 악의 뿌리가 되나니 이것을 탐내는 자들은 미혹을 받아 믿음에서 떠나 많은 근심으로써 자기를 찔렀도다(딤전 6:10).

끝으로 바울은 부자들을 향해 교만하지 말고, 재물에 소망을 두지 않으며, 모든 것을 후히 주사 누리게 하시는 하나님을 의지하고, 선을 행하며, 나누는 삶을 살아야 한다고 말한다.

디도서

디도에게 목회 서신을 보내다

A.D. 64년경, 바울은 로마 감옥에서 풀려난 후 마게도냐 지역을 돌며 디모데전서를 쓰고, 고린도에서 그레데섬에 있는 디도에게 편지를 보냈다. 디도서는 목회 서신으로서 교회의 행정과 조직, 성도들의 지도 및 관리 그리고 성도들을 돌보는 일에 대해 다루고 있다.

디도가 목회하던 그레데섬은 도덕적으로 부패하고 난폭한 사람이 많은 곳이었다. 그래서 바울은 제자 중에서도 성격이 가장 강한 디도에게 이 사역을 맡겼다.

디도의 그레데 사역(1장)

내가 너를 그레데에 남겨 둔 이유는 남은 일을 정리하고 내가 명한 대로 각 성에 장로들을 세우게 하려 함이니(딛 1:5).

바울이 디도를 그레데에 남긴 것은 각 섬에 장로들을 세우기 위해서였다.

책망할 것이 없고 한 아내의 남편이며 방탕하다는 비난을 받거나 불순종하는 일이 없는 믿는 자녀를 둔 자라야 할지라(딛 1:6).

장로는 한 아내의 남편이며 방탕하거나 불순종해서는 안 되었다. 당연한 조건인 것 같은데, 그레데는 일부다처제를 선호하는 지역이었기 때문이다.

감독은 하나님의 청지기로서 책망할 것이 없고 제 고집대로 하지 아니하며 급히 분 내지 아니하며 술을 즐기지 아니하며 구타하지 아니하며 더러운 이득을 탐하지 아니하며(딛 1:7).

또 감독은 하나님의 청지기로서 책망할 것이 없고, 자신의 고집대로 하지 않으며, 갑작스럽게 화내지 않고, 술을 즐기지 않으며, 구타하거나 더러운 이득을 탐하지 않아야 했다. 이와 동시에 나그네를 대접하고, 선행을 좋아하며, 신중하고, 의롭고, 거룩하고, 절제하고, 말씀의 가르침을 그대로 지켜야 했다.

특별히 그들 중에 '할례파'가 있었는데, 그들이 다 할례를 받아야 한다며 고집을 부림으로써 사람들을 혼동시켰다. 이에 바울은 그들의 입을 막으라고 부탁했다.

그레데인 중의 어떤 선지자가 말하되 그레데인들은 항상 거짓말쟁이며 악한 짐승이며 배만 위하는 게으름뱅이라 하니 이 증언이 참되도다 그러므로 네가 그들을 엄히 꾸짖으라 이는 그들로 하여금 믿음을 온전하게 하고(딛 1:12-13).

여기서 '선지자'는 '에피메니데스'라는 그리스의 시인이다. 그가 "그레데인들은 항상 거짓말쟁이며 악한 짐승, 배만 위하는 게으름뱅이다"라고 하니 꾸짖으라는 것이다.

목회자의 올바른 성도 양육(2장)

바울은 교회 공동체 내 다양한 연령과 역할을 가진 성도가 어떻게 살아야 할지를 디도에게 구체적으로 가르친다. 특히 이 가르침은 단지 도덕 윤리가 아니라, 복음을 '아름답게' 보이기 위한 삶의 방식으로 강조된다.

늙은 남자로는 절제하며 경건하며 신중하며 믿음과 사랑과 인내함에 온전하게 하고 늙은 여자로는 이와 같이 행실이 거룩하며 모함하지 말며 많은 술의 종이 되지 아니하며 선한 것을 가르치는 자들이 되고 그들로 젊은 여자들을 교훈하되 그 남편과 자녀를 사랑하며 신중하며 순전하며 집안일을 하며 선하며 자기 남편에게 복종하게 하라 이는 하나님의 말씀이 비방을 받지 않게 하려 함이라(딛 2:2-5).

나이 든 남자들은 교회 안에서 영적 아버지 같은 리더 역할을 해야 할 존재다. 이들은 단순히 나이가 들었다는 이유만으로 존경받는 게 아니라, 성품과 믿음에서 성숙함을 보여야 한다고 말한다.

나이 든 여성은 삶으로 젊은 여성을 교육하는 '모범의 역할'을 해야 한다. 젊은 여성은 가정과 공동체 안에서 하나님 앞에 아름다운 질서를 세우는 자가 되어야 한다. 이는 단지 가부장적 문화라서가 아니라, 복음이 '비방받지 않게 하기 위한 목적'이다.

> 너는 이와 같이 젊은 남자들을 신중하도록 권면하되 범사에 네 자신이 선한 일의 본을 보이며 교훈에 부패하지 아니함과 단정함과 책망할 것이 없는 바른말을 하게 하라 이는 대적하는 자로 하여금 부끄러워 우리를 악하다 할 것이 없게 하려 함이라 종들은 자기 상전들에게 범사에 순종하여 기쁘게 하고 거슬러 말하지 말며 훔치지 말고 오히려 모든 참된 신실성을 나타내게 하라(딛 2:6-10).

젊은 남성은 충동적이고 자만하기 쉬우니 특별히 신중함과 삶의 모범을 강조한다. 말과 행동이 분명히 드러나는 위치이기에, 그들의 삶이 곧 복음을 드러내는 방식이 되어야 한다.

당시 사회에는 노예 제도가 있었다. 믿는 종들에게도 그리스도를 따르는 태도가 요구되었다. 자신의 삶을 통해 복음이 '빛나게' 되도록 하는 태도다. 왜 이 가르침이 중요한가? 당시 교회는 연령과 계층이 다양한 공동체였다. 모두에게 맞춤형 영적 지침이 필요했다. 삶의 모범이 곧 복음 전도의 도구다. 바울은 "복음이 비방을 받지 않게 하려 함이다"라고 말한다. 복음은 단지 믿는 것이 아니라, 보여 주는 것이다. 바울은 '신앙생활의 인격'을 중요하게 여겼다.

성도의 올바른 삶(3장)

3장에서 바울은 복음을 받은 자가 세상 속에서 어떻게 살아야 하는지, 그리고 불필요한 논쟁과 분열을 어떻게 피하는지에 대해서 디도에게 알려 준다. 복음은 '내 안에서만 좋은 소식'이 아니라, 세상을 향해 살아가는 삶의 방식이다.

> 우리도 전에는 어리석은 자요 순종하지 아니한 자요 속은 자요 여러 가지 정욕과 행락에 종노릇한 자요 악독과 투기를 일삼은 자요 가증스러운 자요 피차 미워한 자였으나(딛 3:3).

그렇다면 우리는 복음으로 어떻게 변화되었는가? 바울은 먼저 "우리도 똑같았다"고 말한다. 우리는 복음을 자랑으로 삼기 전에, 자신의 과거를 기억해야 한다.

> 우리 구주 하나님의 자비와 사람 사랑하심이 나타날 때에 우리를 구원하시되 우리가 행한 바 의로운 행위로 말미암지 아니하고 오직 그의 긍휼하심을 따라 중생의 씻음과 성령의 새롭게 하심으로 하셨나니(딛 3:4-5).

또한 구원은 내가 잘해서가 아니라, 전적으로 하나님의 긍휼로 주어진 선물임을 잊지 말아야 한다. 여기서 '중생의 씻음과 성령의 새롭게 하심'이란 표현은 죄에서 돌이켜 새 생명을 얻고, 성령으로 변화된 삶을 뜻한다.

> 우리 구주 예수 그리스도로 말미암아 우리에게 그 성령을 풍성히 부어 주사 우리로 그의 은혜를 힘입어 의롭다 하심을 얻어 영생의 소망을 따라 상속자가 되

게 하려 하심이라(딛 3:6-7).

이 구절에서 바울은 '복음으로 인한 구원', '의롭다 하심', '성령의 부음', '영생의 소망'까지 구원의 전체 흐름을 압축해서 보여 준다.

어리석은 변론과 족보 이야기와 분쟁과 율법에 대한 다툼은 피하라 이것은 무익한 것이요 헛된 것이니라(딛 3:9).

바울은 쓸데없는 논쟁과 분열에 대해 경고한다. 신학적 소모전이나 혈통, 율법 규례 따지기에 빠지는 것을 경고한 것이다. 이런 것들은 복음의 본질을 흐리고 교회를 약하게 만든다.

이단에 속한 사람을 한두 번 훈계한 후에 멀리하라(딛 3:10).

'이단'은 여기서 단순한 교리 이상으로 공동체를 분열시키고 고집하며 자기 뜻을 강요하는 자를 말하는데 바울은 두 번까지 기회를 주되, 계속 고집하면 단호히 거리를 두라고 말한다.

디모데후서

바울의 마지막 서신

다시 차갑고 어두운 로마 감옥이다. 바울은 이제 삶의 마지막임을 느끼고 있다. 그래서 A.D. 67년경, 디모데전서 이후로 4년 만에 디모데에게 편지를 쓴다.

바울은 로마 감옥 이후에 풀려나 전 세계를 다니며 디모데는 에베소에, 디도는 그레데에 남겼다. 그 무렵, 로마의 대화재 사건(A.D. 64년) 이후 네로가 기독교를 박해하면서 바울도 지목당해 2차로 투옥된다. 이번에는 어두운 지하 감옥이다.

바울이 디모데를 격려하다 (1:3-18)

사도 바울이 감옥에서 디모데를 위해 기도하는데 눈물이 난다. 그 이유는, 디모데가 어릴 때부터 할머니와 어머니를 통해 말씀을 읽으며 하나님을 바르게 믿어 왔기 때문이다. 바울은 편지를 통해 디모데의 마음에 불을 확 지펴 주려 한다.

> 그러므로 내가 나의 안수함으로 네 속에 있는 하나님의 은사를 다시 불 일 듯하게 하기 위하여 너로 생각하게 하노니 하나님이 우리에게 주신 것은 두려워하는 마음이 아니요 오직 능력과 사랑과 절제하는 마음이니(딤후 1:6-7).

바울은 하나님이 주시는 마음은 두려움이 아니라 능력과 사랑과 절제하는 마음이라고 말하며, 복음 때문에 감옥에 갇힌 자신을 부끄러워하지 말고 오히려 다가오는 고난을 기꺼이 받으라고 부탁한다. 또 소명으로 부르신 것은 우리의 행위가 아니라 하나님의 계획과 은혜를 따라 하신 것인데, 바울은 자신이 이 복음을 위해 선포자요, 사도요, 교사로 세우심을 입었다고 말한다.

그리스도의 좋은 군사가 되라 (2:1-13)

네로 황제로 인해 에베소의 그리스도인들도 엄청난 박해를 받고 있었다. 바울은 그들을 응원한다.

> 병사로 복무하는 자는 자기 생활에 얽매이는 자가 하나도 없나니 이는 병사로 모집한 자를 기쁘게 하려 함이라 경기하는 자가 법대로 경기하지 아니하면 승리자의 관을 얻지 못할 것이며 수고하는 농부가 곡

식을 먼저 받는 것이 마땅하니라 … 복음으로 말미암아 내가 죄인과 같이 매이는 데까지 고난을 받았으나 하나님의 말씀은 매이지 아니하니라 그러므로 내가 택함 받은 자들을 위하여 모든 것을 참음은 그들도 그리스도 예수 안에 있는 구원을 영원한 영광과 함께 받게 하려 함이라 미쁘다 이 말이여 우리가 주와 함께 죽었으면 또한 함께 살 것이요 참으면 또한 함께 왕 노릇 할 것이요 우리가 주를 부인하면 주도 우리를 부인하실 것이라(딤후 2:4-6, 9-12).

하나님께 인정받는 일꾼이 되라 (2:14-26)

너는 그들로 이 일을 기억하게 하여 말다툼을 하지 말라고 하나님 앞에서 엄히 명하라 … 자신을 하나님 앞에 드리기를 힘쓰라 망령되고 헛된 말을 버리라 그들은 경건하지 아니함에 점점 나아가나니 그들의 말은 악성 종양이 퍼져 나감과 같은데 그중에 후메내오와 빌레도가 있느니라 진리에 관하여는 그들이 그릇되었도다 부활이 이미 지나갔다 함으로 어떤 사람들의 믿음을 무너뜨리느니라 그러나 하나님의 견고한 터는 섰으니 인 침이 있어 일렀으되 주께서 자기 백성을 아신다 … 하였느니라(딤후 2:14-19).

에베소교회에 침투한 영지주의 사상은 영은 선하고 몸은 악하다고 주장하며 예수님의 성육신과 성도의 부활을 부정했다. 바울은 이러한 망령되고 헛된 말을 버리라고 가르친다.

큰 집에는 금그릇과 은그릇뿐 아니라 나무 그릇과 질그릇도 있어 … 모든 선한 일에 준비함이 되리라 … 너는 청년의 정욕을 피하고 … 어리석고 무식한 변론을 버리라 … 주의 종은 마땅히 다투지 아니하고 모든 사람에 대하여 온유하며 가르치기를 잘하며 참으며 거역하는 자를 온유함으로 훈계할지니 혹 하나님이 그들에게 회개함을 주사 진리를 알게 하실까 하며 그들로 깨어 마귀의 올무에서 벗어나 하나님께 사로잡힌 바 되어 그 뜻을 따르게 하실까 함이라(딤후 2:20-26).

그러나 한 영혼 구원을 위해 어떤 경우에도 사랑을 가지고 최선을 다할 것을 부탁한다.

마지막 가르침(3장)

너는 이것을 알라 말세[그리스도의 승천부터 재림까지]에 고통하는 때가 이르러(딤후 3:1).

사람들이 자기를 사랑하며 돈을 사랑하며 자랑하며 교만하며 비방하며 부모를 거역하며 감사하지 아니하며 거룩하지 아니하며 무정하며 원통함을 풀지 아니하며 모함하며 절제하지 못하며 사나우며 선한 것을 좋아하지 아니하며 배신하며 조급하며 자만하며 쾌락을 사랑하기를 하나님 사랑하는 것보다 더하며 경건의 모양[예배 참석, 금욕 생활, 헌금 등]은 있으나 경건의 능력은 부인하니 이 같은 자들에게서 네가 돌아서라(딤후 3:2-5).

그들 중에 남의 집에 가만히 들어가 어리석은 여자를 유인하는 자들이 있으니 그 여자는 죄를 중히 지고 여러 가지 욕심에 끌린 바 되어(딤후 3:6).

얀네와 얌브레가 모세를 대적한 것같이 그들도 진리를 대적하니 이 사람들은 그 마음이 부패한 자요 믿음에 관하여는 버림받은 자들이라 그러나 그들이 더 나아가지 못할 것은 저 두 사람이 된 것과 같이 그들의 어리석음이 드러날 것임이라(딤후 3:8-9).

얀네와 얌브레(출 7:11 참조)는 모세를 거슬러 대적한 마술사들로서, 외경에 기록되어 있으며 전승을 통해 알려져 있다. 이들처럼 진리를 대적하는 사람들은 마침내 그 어리석음이 드러날 것이다. 그러면서 바울은 자신의 교훈과 행실과 의향과 믿음과 오래 참음과 사랑과 인내와 박해를 받음과 고난과 또한 안디옥과 이고니온과 루스드라에서 당한 일과 어떠한 박해를 받은 것을 다 보지 않았느냐고 묻는다. 그리고 이 모든 것 가운데서 하나님이 자신을 건지셨다고 고백한다. 그러나 경건하게 살고자 하는 자는 박해를 받는다며 배우고 확신한 일에 거할 것을 권한다.

모든 성경은 하나님의 감동으로 된 것으로 교훈과 책망과 바르게 함과 의로 교육하기에 유익하니 이는 하나님의 사람으로 온전하게 하며 모든 선한 일을 행할 능력을 갖추게 하려 함이라(딤후 3:16-17).

바울의 마지막 당부와 인사(4장)

바울은 이제 죽음이 다가옴을 느끼며 디모데에게 유언 같은 메시지를 남긴다.

너는 말씀을 전파하라 때를 얻든지 못 얻든지 항상 힘쓰라 범사에 오래 참음과 가르침으로 경책하며 경계하며 권하라 때가 이르리니 사람이 바른 교훈을 받지 아니하며 귀가 가려워서 [시원하게 긁어 줄, 입에 단] 자기의 사욕을 따를 스승을 많이 두고 또 그 귀를 진리에서 돌이켜 허탄한 이야기를 따르리라 그러나 너는 모든 일에 신중하여 고난을 받으며 전도자의 일을 하며 네 직무를 다하라 전제[포도주, 기름이나 피를 부어 드리는 제사]와 같이 내가 벌써 부어지고 나의 떠날 시각이 가까웠도다 나는 선한 싸움을 싸우고 나의 달려갈 길을 마치고 믿음을 지켰으니 이제 후로는 나를 위하여 의의 면류관이 예비되었으므로 주 곧 의로우신 재판장이 그날에 내게 주실 것이며 내게만 아니라 주의 나타나심을 사모하는 모든 자에게도니라 너[디모데]는 어서 속히 내게로 오라 데마는 이 세상을 사랑하여 나를 버리고 데살로니가로 갔고 그레스게는 갈라디아로, 디도는 달마디아로 갔고 누가만 나와 함께 있느니라 네가 올 때에 마가를 데리고 오라 그가 나의 일에 유익하니라(딤후 4:2-11).

누가만 바울과 함께 있다. 바울은 디모데에게 마가를 데리고 오라고 부탁하면서 이제 그가 자신에게 유익하다고 말한다. 1차 전도 여행 때 중간에 돌아가 버린 마가로 인해 바나바와 싸우기도 했지만, 그가 변한 것이다.

두기고는 에베소로 보내었노라 네가 올 때에 내가 드로아 가보의 집에 둔 겉옷을 가지고 오고 또 책은 특별히 가죽 종이에 쓴 것을 가져오라(딤후 4:12-13).

바울은 디모데에게 겉옷과 성경책도 가져오라고 부탁한다.

구리 세공업자 알렉산더가 내게 해를 많이 입혔으매 주께서 그 행한 대로 그에게 갚으시리니(딤후 4:14).

그리고 자신에게 많은 해를 입힌 구리 세공업자 알렉산더에게 하나님이 갚아 주실 것이라고 말한다.

내가 처음 변명할 때에 나와 함께한 자가 하나도 없고 다 나를 버렸으나 그들에게 허물을 돌리지 않기를 원하노라(딤후 4:16).

힘들고 어려울 때 다 자신을 버렸으나, 그들에게 허물을 돌리지 않는다고 한다.

너는 겨울 전에 어서 오라 으불로와 부데와 리노와 글라우디아와 모든 형제가 다 네게 문안하느니라(딤후 4:21).

바울은 디모데에게 겨울 전에 올 것을 요청한다. 많이 춥고, 디모데가 많이 보고 싶었던 것 같다. 디모데후서가 바울의 마지막 편지다. A.D. 67년경 바울은 오스티아로 가는 길목에서 참수형을 당한다.

히브리서

두려움 속에 있는 성도들에게 편지를 쓰다

A.D. 64년, 로마 대화재 사건 때 그리스도인들이 오해를 받았다. 14구역 중 10구역이 불탔는데 유대인 지구는 타지 않은 것이다. 네로는 박해를 시작했고, 그리스도인들은 카타콤을 만들어 숨기 시작했다. 그리고 로마는 숨어 있는 이들을 찾아내어 죽였다. 그렇게 박해가 시작되자 믿음을 버린 사람, 또 믿음을 버린 척한 사람들이 나타났다. 예수님을 믿는다면 죽고, 믿지 않는다면 살기 때문이다. 그들은 죽어 가면서 이렇게 기도했다.

"하나님, 한 번만 도와주세요. 우리는 방화범이 아니에요. 왜 우리가 이런 고난을 받아야 하나요?"

하지만 하나님의 침묵이 이어졌다. 이렇게 극한의 공포와 두려움에 휩싸여 있는 유대인 그리스도인들을 위해 히브리서가 기록되었다. 그래서 히브리서는 인사도 없이 급하게 시작된다.

선지자들을 통하여 말씀하신 그분 (1:1-3)

옛적에 선지자들을 통하여 여러 부분과 여러 모양으로 우리 조상들에게 말씀하신 하나님이(히 1:1).

구약에서는 하나님이 이사야, 예레미야 등 선지자를 통해 말씀하셨다.

> 이 모든 날 마지막에는 아들[예수]을 통하여 우리에게 말씀하셨으니 이 아들을 만유의 상속자로 세우시고 또 그로 말미암아 모든 세계를 지으셨느니라(히 1:2).

그런데 이제 예수님을 통해 말씀하시는 시대가 되었으니 더 이상 선지자를 찾아갈 필요가 없게 되었다.

> 이는 하나님의 영광의 광채시요 그 본체의 형상이시라 그의 능력의 말씀으로 만물을 붙드시며 죄를 정결하게 하는 일을 하시고 높은 곳에 계신 지극히 크신 이의 우편에 앉으셨느니라(히 1:3).

구약의 모든 선지자보다 뛰어나신 예수님을 보며 믿음을 가지고 나아가고 있다고 말한다. 예수님은 우주 만물을 꽉 붙들어 주시고, 우리의 죄를 정결하게 하셨다. 당시에 천사를 숭배하는 이단들이 있어서 히브리서 기자는 예수님과 천사를 비교하며 글을 썼다.

예수님은 하나님의 아들로서 천사보다 뛰어나시다 (1:4-14)

하나님은 당신을 경배하고 시중들도록 천사를 만드셨으나, 예수님에게는 "내가 너를 낳았다. 너는 내 아들이다"(시 2:7 참조)라고 말씀하셨다. 또 천사는 바람과 불꽃으로 삼으셨지만(시 104:4 참조), 예수님의 보좌는 영원하고, 기름을 부어 그 누구보다도 뛰어나게 하셨다(시 45:6-7 참조). 천지 만물은 다 사라지나 오직 주님은 영원히 존재하시므로 그 분의 날은 끝이 없다. 하나님은 천사에게 "내가 네 원수들로 네 발판이 되게 하기까지 너는 내 오른쪽에 앉아 있으라"(시 110:1)라고 말씀하신 적이 없다. 천군 천사는 우리를 보호하기 위해 보내신 것으로, 구원받을 상속자들은 우리다.

큰 구원 (2:1-4)

천사에 관한 이야기가 계속 이어진다.

> 그러므로[아들 그리스도 예수가 천사들보다 우월한 존재이시므로] 우리는 들은 것에 더욱 유념함으로 우리가 흘러 떠내려가지 않도록 함이 마땅하니라(히 2:1).

이 말은 손에 비누칠하다가 반지가 손가락에서 훅 빠져 버리듯이 진리를 잃어버리는 것을 조심하라는 것이다.

천사들을 통하여 하신 말씀이 견고하게 되어 모든 범죄함과 순종하지 아니함이 공정한 보응을 받았거든(히 2:2; 행 7:53; 갈 3:19 참조).

모세가 시내산에서 하나님으로부터 받은 율법을 지키지 않아도 재판이 있었다. 천사들을 통해 주신 율법을 지키지 않아도 벌이 있었다.

우리가 이같이 큰 구원을 등한히 여기면 어찌 그 보응을 피하리요 이 구원은 처음에 주로[주를 통하여] 말씀하신 바요 들은 자들이 우리에게 확증한 바니(히 2:3).

그런데 그 율법과는 비교할 수 없는 그리스도의 큰 구원에 관한 것을 무시하면 어떻게 되겠느냐는 것이다. 하나님도 여러 놀라운 기적으로 그 증거를 계속 보여 주셨다. 하나님은 장차 올 세상을 천사들에게 복종하게 하지 않으셨다.

예수님은 사람의 아들로서 천사보다 뛰어나시다 (2:5-18)

그러나 누구인가가 어디에서 증언하여 이르되 사람이 무엇이기에 주께서 그를 생각하시며 인자가 무엇이기에 주께서 그를 돌보시나이까 그를 잠시 동안 천사보다 못하게 하시며 영광과 존귀로 관을 씌우시며 만물을 그 발아래에 복종하게 하셨느니라 하였으니 만물로 그에게 복종하게 하셨은즉 복종하지 않은 것이 하나도 없어야 하겠으나 지금 우리가 만물이 아직 그에게 복종하고 있는 것을 보지 못하고(히 2:6-8).

시편 8편을 통해 예수님을 이야기하고 있다. 여기서 '인자'는 예수님을 말한다. 잠시 동안 천사보다 못하게 하셨다는 표현은 성육신하여 '인간'이 되셨음을 말한다. 그리고 예수님은 죽은 후에 부활해서 모든 영광을 받으셨다. 이제 모든 만물이 예수님께 복종해야 하는데, 아직 그것이 이루어지지 않았다.

이제 기자는 예수님이 왜 사람이 되셔야 했는지를 말해 준다.

> 모든 사람을 위하여 죽음을 맛보려 하심이라(9절)
> 마귀를 멸하시며(14절)
> 한평생 매여 종노릇하는 모든 자들을 놓아 주려 하심이니(15절)
> 오직 아브라함의 자손을 붙들어 주려 하심이라(16절)
> 신실한 대제사장이 되어 백성의 죄를 속량하려 하심이라(17절)
> 시험 받는 자들을 능히 도우실 수 있느니라(18절)

하나님이 주시는 안식(3장)

히브리서 기자는 이제 모세와 예수님을 비교하며 하나님의 집으로 대조한다.

> 또한 모세는 장래에 말할 것을 증언하기 위하여 하나님의 온 집에서 종으로서 신실하였고 그리스도는 하나님의 집을 맡은 아들로서 그와 같이 하셨으니 우리가 소망의 확신과 자랑을 끝까지 굳게 잡고 있으면 우리는 그의 집이라(히 3:5-6).

모세는 하나님의 집의 종, 그리스도는 아들 그리고 우리는 하나님의 집이다.

이어서 기자는 이스라엘 백성이 광야에서 40년 동안 하나님을 시험하며 거역했듯이 고집부리지 말라고 말한다. 그리고 항상 하나님에게서 떨어지지 않도록 조심하라고 한다. 이를 위해 매일 서로 권하고 격려하여 죄의 유혹으로 가지 않게 하라고 권한다.

하나님이 광야에서 40년 동안 화내신 것은 순종하지 않았던 자들에게다. 그리고 그들이 안식에 들어가지 못한 것은 믿지 않았기 때문이다.

안식에 들어가기를 힘쓰라(4장)

우리가 두려워해야 할 것이 있다. 바로 하나님의 안식에 들어갈 약속이 있어도 들어가지 못하는 자가 있을까 하는 것이다. 복음을 들었어도 듣는 자가 믿지 않으면 안식에 들어갈 수 없다.

하나님이 다윗을 통해 "오늘 너희가 그의 음성을 듣거든 너희 마음을 완고하게 하지 말라" 하셨으니, 만일 여호수아가 그들에게 완전한 안식을 주었다면 그렇게 말씀하시지 않았을 것이다. 그러니 하나님의 백성에게는 안식할 때가 아직 남아 있다. 이미 안식에 들어간 자는 하나님이 당신의 일을 쉬신 것처럼 그도 쉬고 있다. 우리도 안식에 들어가기 위해 힘써야 한다.

> 하나님의 말씀은 살아 있고 활력이 있어 좌우에 날 선 어떤 검보다도 예리하여 혼과 영과 및 관절과 골수를 찔러 쪼개기까지 하며 또 마음의 생각과 뜻을 판단하나니 지으신 것이 하나도 그 앞에 나타나지 않음이 없고 우리의 결산을 받으실 이의 눈 앞에 만물이 벌거벗은 것같이 드러나느니라(히 4:12-13).

큰 대제사장이신 예수님은 우리의 약함을 다 아신다. 그분은 우리와 똑같이 사람으로 나셔서 시험을 다 받으셨기 때문이다. 하지만 그분은 죄가 없으시다. 그러므로 우리는 은혜의 보좌로 나아가야 한다.

멜기세덱의 반차(5장)

대제사장은 속죄하는 제사를 드린다. 그가 무식하고 미혹된 자들을 용납할 수 있는 것은 자기도 연약하기 때문이다. 따라서 그는 백성을 위해 제사를 드리듯이 자신을 위해서도 반드시 속죄제를 드려야 한다. 하지만 이 대제사장도 아무나 할 수 없다. 오직 아론처럼 하나님이 부르신 사람이라야 할 수 있다.

이처럼 그리스도가 대제사장이 되신 것도 스스로 한 것이 아니라, 오직 하나님이 "너는 내 아들이니 내가 오늘 너를 낳았다. 예수가 영원히 멜기세덱의 반차를 따르는 제사장이다"라고 말씀하셨기에 가능했다. 예수님이 육체로 계실 때 하나님께 눈물로 기도드리셨고, 하나님이 그 기도를 들어 주셨다. 예수님은 아들이면서도 받은 고난으로 순종을 배워 온전하게 되어서 당신에게 순종하는 모든 자에게 영원한 구원의 근원이 되셨다.

그리스도의 도의 초보를 버리라(6:1-12)

그러므로 우리가 그리스도의 도의 초보를 버리고 죽은 행실을 회개함과 하나님께 대한 신앙과 세례들과 안수와 죽은 자의 부활과 영원한 심판에 관한 교훈의 터를 다시 닦지 말고 완전한 데로 나아갈지니라(히 6:1-2).

예수님을 믿고 이 진리를 알다가 믿음이 변해 버린 사람이 다시 새롭게 하여 회개할 수 없는 것은 그들이 하나님의 아들을 다시 십자가에 못 박아 욕되게 하는 것이기 때문이다. 이는 그리스도를 거부하는 자가 골고다 언덕에서 예수님을 십자가에 못 박던 자와 다르지 않다는 뜻이다.

하나님은 우리가 성도를 섬긴 것 그리고 지금도 섬기고 있는 것을 결코 잊지 않으신다. 믿음과 인내를 가지고 계속 나아가면 하나님이 약속하신 기업을 받을 것이다.

하나님의 확실한 약속 (6:13-20)

하나님은 아브라함에게 반드시 복 주고 번성하게 하겠다 하셨고, 아브라함은 끝까지 참아 약속을 받아 냈다. 하나님은 맹세로 보증하셨는데, 하나님은 거짓말을 못 하시는 사실로 소망을 찾는 우리에게 큰 안위를 받게 하려 하신 것이다.

우리가 이 소망을 가진 것은 영혼의 닻 같아서 튼튼하고 견고하여 하나님의 성전, 곧 지성소 안으로 휘장을 지나 들어가니, 그리로 앞서가신 예수님이 멜기세덱의 반차를 따라 영원한 대제사장이 되어서 우리를 위해 들어가셨다.

멜기세덱(7장)

이제 대제사장 멜기세덱을 살펴보자. 그는 살렘왕(샬롬왕)으로서, 아브라함이 여러 왕을 치고 돌아올 때 복을 빌어 준 사람이다. 그때 아브라함이 멜기세덱에게 십일조를 드렸다. 의의 왕, 살렘(샬롬, 곧 평강)왕이며 아버지, 어머니도 없고 족보도, 시작도, 끝도 없어서 하나님의 아들, 곧 예수님과 닮아 항상 제사장으로 있다.

멜기세덱의 지위가 얼마나 높은지, 조상인 아브라함도 그에게 십일조를 드렸다. 사실 레위의 아들 중에서 제사장들이 받는 것인데, 레위에 속하지 않은 멜기세덱이 십일조를 받고 복을 빌어 주었다. 낮은 자가 높은 자에게서 축복을 받은 것이다. 레위도 10분의 1을 바쳤다고 할 수 있는 것은, 아브라함을 통해 멜기세덱에게 드렸기 때문이다. 아브라함이 멜기세덱에게 십일조를 바쳤을 때 레위는 아직 태어나지도 않았다. 그러나 조상이 바쳤기에 후손까지 포함된 것이다.

이렇게 그리스도의 모형인 멜기세덱의 우월성을 강조하여 결국은 레위 계통의 제사장들보다 뛰어나신 그리스도의 대제사장직을 시사하고 있다. 그런데 아론 계열의 반차가 아닌 멜기세덱의 반차를 따르는 또 다른 제사장(예수님)을 세울 필요가 있는가? 이제 제사 직분이 바뀌어서 율법도 바뀌었다. 그리스도는 레위 지파가 아닌 유다 지파 사람이다. 그런데 유다 지파에서는 제사장을 한 명도 배출하지 못했다. 예수님은 육신에 속한 계명의 법으로 대제사장이 된 것이 아니라, 생명의 능력으로 되셨다.

> 너[예수님]는 멜기세덱의 서열을 따라 영원한 제사장이라(시 110:4).

또 하나님은 예수님을 대제사장으로 세울 때 맹세하셨지만, 다른 사람들은 맹세 없이 되었다.

이와 같이 예수님은 더 좋은 언약의 보증이 되셨다. 예수님은 그전의 대제사장들처럼 먼저 당신의 죄를 없애기 위해 희생 제사를 드릴 필요가 없으시다. 단 한 번에 당신을 희생 제물로 드려 그 일을 끝내셨다.

새 언약의 대제사장(8장)

우리에게는 그렇게 한 번에 제사 일을 끝내신 예수님이 계시다. 예수님은 하늘에서 성부 하나님의 우편에 앉으셨고, 참된 장막과 성소에서 섬기신다. 이 장막은 사람이 아니라 주님이 세우셨다.

모든 대제사장은 하나님께 예물과 제사를 드리기 위해 세운 자이므로 예수님도 무엇을 드릴 것이 있어야 한다. 만일 예수님이 땅에 계셨다면 제사장이 되지 않으셨을 것이다. 율법에 따라 예물을 드리는 제사장이 따로 있기 때문이다. 제사장들이 섬기는 것은 하늘에 있는 것의 모형과 그림자일 뿐이다. 모세가 광야에서 장막을 지으려 할 때 지시하심을 받은 것이다.

그러나 예수님은 더 좋은 언약의 중보자시다. 만일 광야에서의 첫 언약이 흠이 없고 완벽했다면 둘째 것을 요구할 필요가 없었을 것이다. 그러나 주께서 그들의 잘못을 지적하며 "날이 이르는데 내가 새 언약을 맺을 것이다. 출애굽 때와 다른 것으로서 내 법을 그들의 생각에 두고 마음에 기록하리라! 나는 그들에게 하나님이 되고, 그들은 내게 백성이 되리라"(렘 31:31-33 참조)라고 말씀하셨다.

우리가 율법을 지켜서 언약이 완성되는 것이 아니라 하나님이 하신다. 당신의 백성의 마음에 기록하신다. 하나님이 직접 만나 주신다.

손으로 지은 성소와 온전한 성소(9장)

첫 언약은 출애굽한 이스라엘 백성에게 하나님이 알려 주셨던 옛 언약이다.

장막 안을 보면 성소와 지성소 사이를 큰 휘장이 가리고 있다. 성소에는 등잔대와 진설병상과 진설병이 있다. 또 둘째 칸 휘장 뒤에 있는 장막을 '지성소'라 하는데, 그 안에는 금향로와 금으로 싼 언약궤가 있고, 언약궤 안에는 만나를 담은 금항아리와 아론의 싹 난 지팡이와 십계명을 새긴 두 돌판이 있다.

안쪽 지성소에 1년에 단 한 번, 대제사장이 들어가서 피를 뿌리며 자기와 백성의 죄를 용서받는다. 이때 성소에 서 있으면 지성소는 휘장으로 가려져서 길이 전혀 보이지 않는다.

이것은 비유로서 예물과 제사로는 완전하게 할 수 없다는 것이다. 그것은 육체의 예법이고, 개혁이 일어나서 완전해졌다. 바로 예수 그리스도가 우리의 대제사장으로 오셔서 손으로 짓지 않은 완전한 장막, 염소와 송아지 피가 아닌 당신의 피로 영원한 속죄를 이루사 단 한 번에 지성소에 들어가셨다. 염소와 황소의 피 그리고 암송아지의 재로 깨끗하게 한다면, 그리스도의 피는 더욱 그렇다. 이로 인해 그리스도는 새 언약의 중재자가 되셨다.

많은 사람의 죄를 담당하려고 단번에 드려지셨고, 구원에 이르게 하기 위해 죄와 상관없이 당신을 바라는 자들에게 두 번째 나타나실 것이다. 이 두 번째는 예수님의 재림에 관해서다.

율법은 그림자에 불과하다
(10:1-18)

율법은 그림자다. 해마다 드리는 제사로는 죄를 온전히 없앨 수 없다. 한 번 제사드렸는데 죄 사함을 받았다면 왜 매번 제사를 드렸겠는가? 이 제사들은 해마다 죄를 기억하게 하며, 동물들의 피로는 죄를 없이 하지 못한다. 그러므로 예수님이 세상에 오셨을 때 하나님은 제사와 제물이 아닌 오직 예수님의 몸으로 대신하게 하셨다. 예수님은 하나님께 "하나님! 구약성경에 기록된 것같이 하나님의 뜻을 행하러 왔습니다"라고 하셨다. 하나님은 제사, 예물, 번제, 속죄제는 원하지 않고 기뻐하지도 않으신다. 이것은 다 율법에서 비롯된 것이다. 그 후에 예수님이 "보소서. 내가 하나님의 뜻을 행하러 왔습니다"라고 말씀하신 것은 율법을 폐하신 것이 둘째 것, 곧 예수 그리스도를 세우기 위해서였기 때문이다. 이 뜻으로 예수님의 몸을 단번에 드리셔서 우리가 거룩함을 얻었다. 이 세상에 거룩한 존재는 하나님 한 분밖에 계시지 않는데 하나님이 우리를 예수님으로 인해 거룩한 존재로 여겨 주시는 기적이 일어났다.

또 주님은 예레미야 선지자의 새 언약을 주셨는데 "내 법을 그들의 생각에 두고 그들의 마음에 이것을 기록하리라. 나는 그들에게 하나님이 되고 그들은 내 백성이 되리라"(렘 31:31-33 참조)라는 말씀이었다. 그리고 그들의 죄를 기억하지 않는다고 하셨다. 예수님을 통해 죄를 사하셨기 때문이다.

소망을 굳게 잡으라 (10:19-39)

우리는 예수님의 피로 말미암아 성소에 들어갈 수 있는 길을 얻었다. 원래 성소는 1년에 단 한 차례, 오직 대제사장만이 들어갈 수 있었으나, 예수님이 당신의 몸으로 가리고 있던 휘장을 찢어 내어 새로운 길을 열어 주셨다. 이 휘장은 곧 예수님의 육체를 의미한다. 십자가에서 예수님의 몸이 찢기고 돌아가셨을 때, 성소의 휘장이 두 갈래로 찢어졌다.

우리는 예수님의 피로 마음이 정결하게 되어 악한 양심에서 벗어나고 몸이 맑은 물로 씻음을 받았으니, 온전한 믿음과 진실한 마음으로 하나님께 나아가야 한다. 하나님이 우리에게 새 언약을 주시며 '새 마음'을 창조하겠다고 하셨기 때문이다. 따라서 더러웠던 마음을 이제는 그리스도의 피로 정결하게 하고, 깨끗한 양심, 곧 진실한 마음으로 하나님 앞에 나아가야 한다.

또한 모이기를 폐하는 습관을 가지지 말고, 예수님의 재림이 가까워 올

수록 더욱 모여서 고난과 박해 속에서 서로 격려와 위로를 통해 담대해지기를 권한다. 우리가 이 진실을 알면서도 하나님의 아들이신 예수님의 피를 받아들이지 않고 은혜의 성령을 욕되게 하면 받게 될 형벌이 너무도 무섭다. 모세의 율법을 폐한 자도 두세 증인만 세우면 죽었는데, 하나님이신 예수님을 부정하면 그 벌이 얼마나 무겁겠는가! 하나님을 두려워해야 한다.

바울은 박해를 받았지만 잘 견디고 참은 것을 생각해 보라고 이야기한다. 혹시 비방을 받았거나 환난이 찾아왔거나 먹고살아야 하는 것을 빼앗겼어도, 기쁘게 당한 일이면 앞으로 영원한 소유가 있을 것임을 알라고 한다.

"혹은 이런 형편에 있는 자들과 사귀는 자가 되었으니 너희가 갇힌 자를 동정하고"(히 10:33-34)라는 말씀은 고난당한 그리스도인을 돕는 사람들에 관한 것이다. 당시에 아무 재산도 없이 감옥에 갇힌 사람은 돌봐 주지 않으면 굶어 죽었다. 그래서 돌보아야 하는데, 감옥에 갇힌 사람을 돌보는 것에도 상당한 위험이 따랐다. 그럼에도 그들을 돌봐 주면서 고난에 동참했다. 위험을 무릅쓰고 그들을 돌보는 것은 하나님께 칭찬받을 일이었다.

그러므로 큰 상이 있을 것이니 담대함을 버리지 말라고 이야기한다. 잠시 잠깐 후면 오실 분이 곧 오실 거라고 이야기한다. 하나님이 인정하시는 의인은 믿음으로 말미암아 산다. 그 믿음은 영혼을 구원에 이르게 한다.

믿음이란(11장)

믿음은 바라는 것들의 실상이요 보이지 않는 것들의 증거니 선진들이 이로써 증거를 얻었느니라(히 11:1-2).

믿음이란 우리가 소망하는 것을 이미 받은 것으로 확신하는 것이다. 그 대표적인 것이 하나님의 천지 창조다. 그분이 세상을 만드시는 것을 본 사람이 아무도 없지만, 하나님이 오직 말씀으로 창조하셨다는 사실을 믿음으로 받아들이는 것이다.

앞서 살아간 믿음의 조상들을 보자. 아벨은 하나님을 믿는 마음으로 제사를 드려서 하나님이 기쁘게 받으셨다. 에녹은 믿음으로 그의 나이 365세에 죽음을 보지 않고 하늘나라로 들어갔다(창 5:24 참조). 노아는 아직 홍수의 기미가 보이지 않을 때 하나님이 그에게 지시하신 내용을 믿음으로 받아들여 자기 집을 구원했다(창 6:22 참조).

아브라함도 하나님께 부르심을 받았을 때 어디로 가야 하는지 모르지만 믿음으로 나아갔다. 그 후에 이삭과 야곱도 약속의 땅에 살면서 이스라엘 민족이 된 것이다. 아브라함은 하나님이 계획하고 지으실 그곳을 바랐을 것이다. 100세나 되는 아브라함과 90세가 된 부인 사라도 아이를 낳을 수 없는 나이임에도 하나님을 믿었기에 약속대로 이삭을 낳았다.

죽은 자와 같은 한 사람으로(히 11:12).

이 말은 '아브라함'을 가리키는 것으로, 자식을 낳을 수 없는 늙은 사람을 말한다. 그를 통해 이스라엘 민족은 하늘의 별, 바다의 모래처럼 후손이 많아졌다. 아브라함, 사라, 이삭, 야곱 모두 하나님을 믿었으나 그 뒤에 일어날 약속의 성취는 보지 못하고 죽었다. 그러나 그들은 하나님이 약속한 것을 반드시 이루실 것이라는 믿음으로 일생을 살았다.

또 땅에서는 외국인과 나그네임을 증언하였으니(히 11:13).

이 말은 자신들도 이 땅에서는 나그네이며, 영원한 하늘나라를 꿈꾼다는 뜻이다. 곧 하늘에 있는 것을 찾는다. 하나님이 그들을 위해 예비하셨다.

아브라함은 이삭을 제물로 드리라는 하나님의 시험에 외아들을 드렸다(창 22장 참조). 하나님이 아브라함에게 "네 자손이라 칭할 자는 이삭으로 말미암으리라" 하신 말씀을 믿었기에 하나님이 이삭을 반드시 살리실 거라는 믿음이 있었다. 그리고 이삭을 돌려받았다. 믿음으로 이삭은 장차 일어날 일에 대해 야곱과 에서에게 축복할 때 야곱을 장자로 인정했다. 그것은 무엇보다 하나님의 섭리에 의한 것이었다. 믿음으로 야곱은 자기가 죽기 전에 요셉의 두 아들, 에브라임과 므낫세를 축복할 때 둘째인 에브라임을 더 축복했다. 하나님의 뜻에 의해서였다.

요셉은 죽을 때 이스라엘 자손들이 애굽을 떠날 것을 말하고 그때 자기 해골도 고향으로 가지고 가라고 말했다. 이것은 요셉이 자신의 선조들인 아브라함과 이삭과 야곱을 통해 내려온 하나님의 약속이 반드시 성취될 것이라는 믿음을 확신하여 아직 일어나지 않은 일에 대해 예언한 것이었다. 그 약속은 이루어졌다.

믿음으로 모세는 커서 공주의 아들로서 사는 것을 거부했다. 출애굽기 2장 11-12절을 보면 애굽의 왕자로 살던 모세는 자기 형제인 히브리 노예를 돕기 위해 애굽 사람을 죽였다. 이것은 바로의 공주의 아들 됨을 부인하는 행위였다. 그는 그 후에 광야에서 양을 치며 40년을 살았다.

> 그리스도를 위하여 받는 수모를 애굽의 모든 보화보다 더 큰 재물로 여겼으니 이는 상 주심을 바라봄이라(히 11:26).

히브리서 기자는 모세가 그리스도를 위하여 능욕을 받았다고 쓴다. 이는 그리스도가 신약 시대뿐만 아니라 구약 시대에도 하나님의 백성과 함께 계셨다는 이야기다. 그리스도는 어제나 오늘이나 동일한 분으로서 시대를 초월하는 분이기에 모세와 함께하셨다. 모세는 믿음으로 애굽을 떠나 왕의 노함을 무서워하지 않고 보이지 아니하는 자를 보는 것같이 하여 참았다. 이 말은 오랜 광야 생활을 하면서 '보이지 아니하는 자', 곧 하나님과 동행하면서 그분의 구원 계획을 믿음으로 기다렸다는 것이다. 홍해를 육지같이 건넜지만 그들을 따라오던 애굽 사람들은 다 죽었다. 그 후 여호수아 때 믿음으로 7일 동안 여리고성을 도니 와르르 무너졌고, 기생 라합은 하나님을 두려워하며 믿는 마음으로 이스라엘 정탐꾼들을 도와서 살았다.

그 이후에도 믿음의 조상들은 너무도 많다. 기드온, 바락, 삼손, 입다와 같은 사사들 그리고 다윗왕, 사무엘, 수많은 선지자를 다 이야기하려면 시간이 부족할 정도다.

> 그들은 믿음으로 나라들을 이기기도 하며 의를 행하기도 하며 약속을 받기도 하며 사자들의 입을 막기도 하며 불의 세력을 멸하기도 하며 칼날을 피하기도 하며(히 11:33-34).

징계와 하나님의 경고(12장)

히브리서 기자는 이렇게 많은 믿음의 증인이 있으니 우리도 죄를 벗고 인내를 가지고 믿음의 경주를 해 보자고 권한다. 그러면서 예수님을 바라보자고 말한다. 그분이 십자가의 고통을 참으셨다. 우리는 아직 피 흘리기까지는 싸운 것이 아니다. 무엇보다 주의 꾸지람을 기쁘게 받아야 한다. 아들을 사랑하기에 꾸짖고 벌을 주시는 것이다.

이렇게 연단을 받은 자들은 결국 의와 평강의 열매를 맺는다. 그러니 우리는 모든 사람과 함께 화평함과 거룩함을 따라야 한다. 이것이 없이는 주를 보지 못한다.

히브리서 기자는 우리 가운데 쓴 뿌리와 같은 사람, 곧 죽 한 그릇에 장자의 특권을 판 에서처럼 망령된 자가 없도록 하라고 말한다. 에서가 그 후에 눈물을 흘리면서 야곱에게 부탁했지만 들어주지 않았다(창 27:34-38 참조).

하나님이 기뻐하시는 제사(13장)

예수 그리스도는 언제나 동일하시다. 그러니 다른 교훈에 끌리지 말고 마음을 은혜로써 굳게 하자. 우리는 예수님으로 말미암아 항상 찬송의 제사를 하나님께 드리자. 이는 그 이름을 증언하는 입술의 열매다. 오직 선을 행하고 나누어 주자. 이것을 하나님은 너무 기뻐하신다.

야고보서

그리스도인에게 올바른 지침을 전하다

A.D. 62년경, 예루살렘의 야고보(예수님의 동생)는 교회의 지도자로서 걱정이 많았다. 기독교에 대한 박해와 로마 교회에 보낸 편지를 읽은 성도들이 오직 믿음으로 의롭게 된다는 '이신칭의' 사상을 오해해 믿음만 강조하고 실천을 무시했기 때문이다. 이에 야고보 사도는 편지를 써서 올바른 지침을 준다. 이 편지는 믿음의 열매를 강조하여 '신약의 잠언'이라 불린다.

인사
(1:1)

하나님과 주 예수 그리스도의 종 야고보는 흩어져 있는 열두 지파에게 문안하노라(약 1:1).

야고보 사도가 열두 지파에게 인사한다.

믿음과 지혜
(1:2-8)

너희 중에 누구든지 지혜[성도가 시험당할 때 인내해서 믿음의 성숙함으로 이루는 지혜]가 부족하거든 모든 사람에게 후히 주시고 꾸짖지 아니하시는 하나님께 구하라 그리하면 주시리라(약 1:5).

하나님이 어떤 분이시고, 그분이 하시려는 것이 무엇인지 깨닫는 지혜는 성령을 통해 알 수 있다. 의심하지 않아야 한다. 만일 의심하면서 구하면 얻기가 어렵다. 절대로 두 마음을 품지 않는 것이 좋다.

낮은 형제와 부한 자
(1:9-11)

낮은 형제[물질적으로 가난한 형제, 육체적으로 힘든 친구]는 자기의 높음을 자랑하고(약 1:9).

그리스도인이 물질적으로 어려워도 그리스도를 위해 고난당하고 인내하면 그 영예로운 지위는 하나님이 높이신다.

부한 자는 자기의 낮아짐을 자랑할지니 이는 그[부자의 재물]가 풀의 꽃과 같이 지나감이라(약 1:10).

그러나 가진 것이 많아지니 영적으로 교만해지는 것은 위험하다.

해가 돋고 뜨거운 바람이 불어 풀을 말리면 꽃이 떨어져 그 모양의 아름다움이 없어지나니 부한 자도 그 행하는 일에 이와 같이 쇠잔하리라(약 1:11).

팔레스타인은 바람이 너무 뜨거워 바람이 불면 꽃이 시들어 버린다.

시험을 견디어 낸 자 (1:12-18)

오직 각 사람이 시험을 받는 것은 자기 욕심에 끌려 미혹됨이니(약 1:14).

야고보는 모든 시험의 근원이 '자기 욕심'에 있다고 한다. 하나님은 우리를 시험에 빠뜨리지 않으신다. 영적 성숙을 위해 종종 시련을 겪게 하고 역경을 허락하시는 것이다.

욕심이 잉태한즉 죄를 낳고 죄가 장성한즉 사망을 낳느니라(약 1:15).

온갖 좋은 은사와 온전한 선물이 다 위로부터 빛들의 아버지께로부터 내려오나니 그는 변함도 없으시고 회전하는 그림자도 없으시니라(약 1:17).

은사, 선물은 다 아버지께로부터 내려온다.

그가 그 피조물 중에 우리로 한 첫 열매가 되게 하시려고 자기의 뜻을 따라 진리의 말씀으로 우리를 낳으셨느니라(약 1:18).

'첫 열매'란 추수 때 첫 소산물로, 감사의 표시로 제단에 바쳤다(레 23:9-14 참조).

말씀을 들음과 행함 (1:19-27)

내 사랑하는 형제들아 너희가 알지니 사람마다 듣기는 속히 하고 말하기는 더디 하며 성내기도 더디 하라(약 1:19).

성내면 하나님의 의를 이루지 못한다.

그러므로 모든 더러운 것과 넘치는 악을 내버리고 너희 영혼을 능히 구원할 바 마음에 심어진 말씀을 온유함으로 받으라 너희는 말씀을 행하는 자가 되고 듣기만 하여 자신을 속이는 자가 되지 말라 누구든지 말씀을 듣고 행하지 아니하면 그는 거울로 자기의 생긴 얼굴을 보는 사람과 같아서 제 자신을 보고 가서 그 모습이 어떠했는지를 곧 잊어버리거니와(약 1:21-24).

옛날 거울은 청동이라 잘 보이지 않았다. 또 금방 보고 가서 잊어버렸다. 제대로 된 사람은 잊어버리는 자가 아니라 바로 실천하고 행동하는 사람이다. 그리고 정결하고 더러움이 없는 경건은 고아와 과부를 돌보고 세속에 물들지 않는 것이다.

사람을 차별하지 말라 (2:1-13)

교회에 부자가 들어오면 친절하게 대하고 돈 없는 사람이 오면 멸시하는 것은 절대로 옳지 않다. 하나님은 가난한 자를 택해서 약속된 나라를 상속하실 것이다. 오히려 가난한 자들이 믿음에 더 부자인 경우가 많다. 가난한 사람들은 다른 곳에 의지할 수 없으니 오로지 하나님 한 분만 붙잡고 간다.

> 너희가 만일 성경에 기록된 대로 네 이웃 사랑하기를 네 몸과 같이 하라 하신 최고의 법을 지키면 잘하는 것이거니와(약 2:8).

> 원수를 갚지 말며 동포를 원망하지 말며 네 이웃 사랑하기를 네 자신과 같이 사랑하라 나는 여호와이니라(레 19:18).

이 말씀을 지키면 잘하는 것이고, 차별하면 죄짓는 것이다. 하나님의 명령이기에 그렇다. 이웃을 사랑하는 것은 선택이 아니라 필수다.

> 누구든지 온 율법을 지키다가 그 하나를 범하면 모두 범한 자가 되나니(약 2:10).

긍휼을 행하지 않는 자에게는 긍휼 없는 심판이 있다.

믿음과 행함의 관계 (2:14-26)

> 내 형제들아 만일 사람이 믿음이 있노라 하고 행함이 없으면 무슨 유익이 있으리요 그 믿음이 능히 자기를 구원하겠느냐 만일 형제나 자매가 헐벗고 일용할 양식

이 없는데 너희 중에 누구든지 그에게 이르되 평안히 가라, 덥게 하라, 배부르게 하라 하며 그 몸에 쓸 것을 주지 아니하면 무슨 유익이 있으리요(약 2:14-16).

믿음이 있다 하고 행함이 없으면 무슨 유익이 있느냐는 것이다. 형제가 배가 너무 고픈데 먹을 것도 안 주고 말로만 "평안히 가라, 몸을 따뜻하게 해라, 배부르게 해라, 기도할게"라고 말한다면 너무 얄밉지 않은가? 이것은 하나님의 "이웃을 네 몸과 같이 사랑하라"는 율법을 지킨 것이 아니다.

이와 같이 행함이 없는 믿음은 그 자체가 죽은 것이라(약 2:17).

죽은 믿음으로는 구원에 이를 수 없다. 그러면 '오직 믿음으로'(바울의 가르침)는 다른 것인가? 아니다. 야고보의 가르침은 바울의 가르침을 보완한다. 바울은 인간의 노력이 아닌 오직 그리스도를 믿음으로 구원을 받는다는 것이고, 야고보는 바울의 가르침을 오해하여 단지 믿음 그 자체에 만족하고 아무것도 하지 않는 것을 지적한 것이다.

어떤 사람은 말하기를 너는 믿음이 있고 나는 행함이 있으니 행함이 없는 네 믿음을 내게 보이라 나는 행함으로 내 믿음을 네게 보이리라 하리라(약 2:18).

행함으로 보여 주지 않으면 믿음이 소용없다는 것이다.

우리 조상 아브라함이 그 아들 이삭을 제단에 바칠 때에 행함으로 의롭다 하심을 받은 것이 아니냐 … 이에 성경에 이른바 아브라함이 하나님을 믿으니 이것을 의로 여기셨다[창 15:6 참조]는 말씀이 이루어졌고 그는 하나님의 벗이라[대하

20:7; 사 41:8 참조] 칭함을 받았나니(약 2:21, 23).

야고보는 행함 있는 믿음을 지닌 또 한 사람을 예로 들어 설명한다.

또 이와 같이 기생 라합이 사자들을 접대하여 다른 길로 나가게 할 때에 행함으로 의롭다 하심을 받은 것이 아니냐 영혼 없는 몸이 죽은 것같이 행함이 없는 믿음은 죽은 것이니라(약 2:25-26).

몸은 믿음, 영혼은 행함에 비유된다. 살아 있는 사람에게 몸과 영혼이 분리될 수 없듯이, 하나님을 믿는 사람은 믿음과 행함이 분리될 수 없다. 기생 라합은 하나님을 믿고 이스라엘의 정탐꾼들을 구하는 행위를 했기에 의로운 사람으로 인정받았다.

말에 실수가 없도록 하라 (3:1-12)

말의 실수, 곧 혀에 대한 것이다. 배를 보라. 작은 키로 뜻대로 운행한다. 마찬가지로 혀도 작지만 전체를 움직인다.

혀는 곧 불이요 불의의 세계라 혀는 우리 지체 중에서 온몸을 더럽히고 삶의 수레바퀴를 불사르나니 그 사르는 것이 지옥 불에서 나느니라(약 3:6).

혀는 불이다. 온몸을 더럽히고 삶의 수레바퀴를 불사른다. 여러 종류의 동물을 다 길들일 수 있으나, 사람의 혀는 안 된다. 그 혀로 아버지를 찬송하기도 하고 사람을 저주하기도 하니 정말 컨트롤해야 한다.

위로부터 난 지혜
(3:13-18)

위로부터 난 지혜는 성결하고, 화평하고, 관용하고, 양순하고, 긍휼과 선한 열매가 가득하고, 편견과 거짓이 없다.

세상과 친구가 되지 말라
(4:1-10)

싸움은 정욕으로부터 난다. 욕심을 내었는데 못 가지니 다투고 싸우는 것이다.

> 구하여도 받지 못함은 정욕으로 쓰려고 잘못 구하기 때문이라(약 4:3).

세상과 벗 된 것, 곧 세상 것은 하나님과 원수 되는 것이다.

> 너희는 하나님이 우리 속에 거하게 하신 성령이 시기하기까지 사모한다 하신 말씀을 헛된 줄로 생각하느냐(약 4:5).

하나님은 질투하는 분이시다(출 20:5, 34:14; 슥 8:2 참조). 그만큼 우리를 사랑하신다.

> 하나님을 가까이하라 그리하면 너희를 가까이하시리라 죄인들아 손을 깨끗이 하라 두 마음을 품은 자들아 마음을 성결하게 하라 슬퍼하며 애통하며 울지어다 너희 웃음을 애통으로, 너희 즐거움을 근심으로 바꿀지어다(약 4:8-9).

세속적이고 방탕한 웃음과 쾌락이 주는 기쁨보다 철저하게 회개하는 마음가짐으로 죄를 슬퍼하고 탄식하며 통곡하라는 것이다.

서로 비방하지 말라 (4:11-12)

형제끼리 서로 정죄하거나 비방하지 말라고 부탁한다. 우리는 재판관이 아니며, 우리 인생의 재판관은 오직 한 분이시다.

허탄한 생각을 경고하다 (4:13-17)

들으라 너희 중에 말하기를 오늘이나 내일이나 우리가 어떤 도시에 가서 거기서 일 년을 머물며 장사하여 이익을 보리라 하는 자들아(약 4:13).

로마 제국이 도시를 건설하고 이주하면 시민권을 준다 하여 사람들이 따랐다. 그러나 이 마음은 하나님을 의지하는 믿음에서 나온 것이 아니라, 자기 머리에서 나온 것이다. 모든 것을 주관하고 이끌어 가는 자기, 곧 '나'가 하나님 된 인생이다. 그러나 우리 인생은 내일을 알 수 없다. 우리 생명은 잠깐 보이다 없어지는 안개다.

> 주의 뜻이면 우리가 살기도 하고 이것이나 저것을 하리라 할 것이거늘 이제도 너희가 허탄한 자랑을 하니 그러한 자랑은 다 악한 것이라 그러므로 사람이 선을 행할 줄 알고도 행하지 아니하면 죄니라(약 4:15-17).

하나님의 뜻에 부합되는 선한 것인 줄 알면서 자기를 위해, 게을러서 안 하면 죄가 된다.

부자들에게 주는 경고 (5:1-6)

들으라 부한 자들아 너희에게 임할 고생으로 말미암아 울고 통곡하라 너희 재물은 썩었고 너희 옷은 좀먹었으며 너희 금과 은은 녹이 슬었으니 이 녹이 너희에게 증거가 되며 불같이 너희 살을 먹으리라 너희가 말세에 재물을 쌓았도다(약 5:1-3).

품꾼에게 돈을 주지 않자 그들의 울음소리가 하나님의 귀에 들렸다고 한다. 부자들은 사치하고, 심판의 날에도 살찌우는 데 급급했다. 심지어 의인을 정죄하고 죽였다.

주님의 재림 때까지 기다리라 (5:7-20)

그러므로 형제들아 주께서 강림하시기까지 길이 참으라 보라 농부가 땅에서 나는 귀한 열매를 바라고 길이 참아 이른 비와 늦은 비를 기다리나니(약 5:7).

농부가 이른 비와 늦은 비를 기다리듯이 기다리라고 한다. 얼마 안 남았으니 서로 원망하지 말라고 한다! 그래야 심판을 면한다는 것이다. 또한 심판주가 밖에 서 계시니 선지자들을 본으로 삼아 오래 참으라고 한다. 욥은 말할 수 없는 극한 고난 중 끝까지 하나님을 배신하지 않고 오래도록 참고 견뎌서 큰 복을 받았다(욥 42:12-17 참조).

고난당한 자는 기도하고, 즐거우면 찬송하며, 병든 자가 있으면 교회의 장로들을 청해 주의 이름으로 기름을 바르며 기도하라고 한다. 믿음의 기도는 병든 자를 구원한다. 또한 의인의 간구는 역사하는 힘이 크니(중보 기도의 중요성) 회개하며 병이 낫기를 위하여 서로 기도하라고 한다.

엘리야는 우리와 성정이 같은 사람이로되 그가 비가 오지 않기를 간절히 기도한즉 삼 년 육 개월 동안 땅에 비가 오지 아니하고(약 5:17).

북이스라엘의 일곱 번째 왕 아합은 22년 동안 통치했는데, 시돈 왕의 딸 이세벨과 결혼하면서부터 그의 통치는 무너지기 시작했다. 이세벨이 바알과 아세라 숭배를 이스라엘에 들여오면서 온 나라가 우상을 섬기게 되었다. 하나님은 아합과 이스라엘의 죄를 책망하기 위해 엘리야 선지자를 보내셨고, 하나님의 심판으로 3년 반 동안 비 한 방울도 내리지 않는 극심한 가뭄이 임했다. 갈멜산에서 엘리야 한 사람과 바알과 아세라 선지자 850명이 대결하게 되었는데, 하나님은 엘리야의 손을 들어 주셨고, 바알의 선지자들은 모두 처형당하게 되었다.

내 형제들아 너희 중에 미혹되어 진리를 떠난 자를 누가 돌아서게 하면 너희가 알 것은 죄인을 미혹된 길에서 돌아서게 하는 자가 그의 영혼을 사망에서 구원할 것이며 허다한 죄를 덮을 것임이라(약 5:19-20).

진리를 떠난 자를 돌아서게 하면 그렇게 돌아서게 하는 자가 그의 영혼을 사망에서 구원할 것이며, 허다한 죄를 덮는다. 죄인을 올바른 길로 인도하면 풍성한 하늘의 상급이 있다.

베드로전서

박해받는 그리스도인에게 용기를 전하다

베드로전서는 박해받고 있는 그리스도인들을 위로하기 위해 쓰였다. A.D. 64년 7월, 로마의 대화재 이후 네로 황제의 박해가 본격적으로 시작되었고, 많은 그리스도인이 고난 가운데 놓이게 되었다. 이에 베드로는 성도들에게 믿음과 소망을 잃지 말고 거룩하게 살 것을 권면한다.

인사
(1:1-2)

예수 그리스도의 사도 베드로는 본도, 갈라디아, 갑바도기아, 아시아와 비두니아에 흩어진 나그네(벧전 1:1).

베드로는 자신을 '예수 그리스도의 사도'라고 표현한다. '나그네'는 이방의 그리스도인으로서 디아스포라들이다.

> 곧 하나님 아버지의 미리 아심을 따라 성령이 거룩하게 하심으로 순종함과 예수 그리스도의 피 뿌림을 얻기 위하여 택하심을 받은 자들에게 편지하노니(벧전 1:2).

예수님의 피 뿌림을 얻는다는 것은 십자가에서 희생 제물이 되고 우리를 살릴 때 흘리신 그 죄 사함의 피를 이야기한다. 구약 시대에 제사장이 양을 잡아서 피를 뿌리는 모습이 바로 떠오른다.

산 소망
(1:3-12)

> 예수 그리스도를 죽은 자 가운데서 부활하게 하심으로 말미암아 우리를 거듭나게 하사 산 소망이 있게 하시며(벧전 1:3).

예수님을 믿는 사람은 하늘에 있는 소망, 곧 썩지 않을 천국의 유산을 소유하고 있다. 이 땅에서는 잠시 고난을 겪지만, 그 과정을 통해 우리의 믿음은 더욱 단단해진다. 또한 우리는 하나님의 능력으로 보호받고 있다. 우리 믿음의 확실함은 예수님이 재림하실 때 칭찬과 영광과 존귀를 얻게 할 것이다.

> 예수를 너희가 보지 못하였으나 사랑하는도다(벧전 1:8).

이 글을 쓰고 있는 베드로는 예수님을 보았다. 그러나 편지를 받는 이방의 그리스도인들 그리고 이 성경을 읽고 있는 우리는 직접 보지 못했다. 그런데 어떻게 믿고 기뻐할 수 있는가?

믿음의 결국 곧 영혼의 구원을 받음이라(벧전 1:9).

이 구원에 대해서는 예언하던 선지자들이 여러 차례 연구했다. 그들 속에 있는 그리스도의 영이 예수님이 받으실 고난과 이후에 받으실 영광을 미리 다 증언했다. 그것은 자기를 위한 것이 아니라 후대의 우리를 위한 것이니, 이 부분은 천사들도 알기를 원했지만 다 알지 못했다.

모든 행실에 거룩한 자가 되라 (1:13-25)

그러므로 너희 마음의 허리를 동이고 근신하여 예수 그리스도께서 나타나실 때에 너희에게 가져다주실 은혜를 온전히 바랄지어다(벧전 1:13).

'마음의 허리를 동인다'는 표현이 있다. 어떻게 마음의 허리를 졸라매는가? 그만큼 정신을 바짝 차리고 버티라는 것이다.

기록되었으되 내가 거룩하니 너희도 거룩할지어다 하셨느니라(벧전 1:16; 레 11:44, 19:2 참조).

이 세상에 거룩한 분은 하나님 한 분이신데, 그분이 우리에게 거룩하라고 하신다. 우리는 거룩한 존재가 아닌데 그분이 그렇게 여겨 주신다는 것이다. 그러니 우리는 우리의 행위를 살펴 두렵고 떨리는 마음으로 살아야 한다. 우리가 대속함을 받은 것, 곧 속량, 죗값을 치러 주신 것은 그리스도의 피로 된 것이다. 그런 우리가 할 일은 마음으로 뜨겁게 서로 사랑하는 것이다. 우리는 썩지 아니할 씨, 곧 살아 있고 항상 있는 하나님의 말씀으로 거듭나게 되었다.

> 그러므로 모든 육체는 풀과 같고 그 모든 영광은 풀의 꽃과 같으니 풀은 마르고 꽃은 떨어지되 오직 주의 말씀은 세세토록 있도다 하였으니 너희에게 전한 복음이 곧 이 말씀이니라(벧전 1:24-25).

산 돌과 하나님의 백성 (2:1-10)

그러므로 우리는 모든 더러운 것을 버리고 신령한 젖을 사모해야 한다. 마치 갓난아기가 엄마의 젖을 찾는 것처럼, 영적으로 거듭난 자들은 성장하기 위해 말씀, 곧 신령한 젖을 원해야 한다.

> 사람에게는 버린 바가 되었으나 하나님께는 택하심을 입은 보배로운 산 돌이신 예수께 나아가(벧전 2:4).

'산 돌'은 실제로 유대인들 사이에서 메시아를 상징하는 것으로 알려졌고, '모퉁이의 머릿돌', '반석'이라고도 비유되었다.

> 너희도 산 돌같이 신령한 집으로 세워지고 예수 그리스도로 말미암아 하나님이 기쁘게 받으실 신령한 제사를 드릴 거룩한 제사장이 될지니라(벧전 2:5).

베드로는 거듭난 그리스도인들이 제사장이라고 이야기한다. 생명을 가진 산 돌로서 예수님처럼 제사장적 역할에 참여하게 되었음을 말한다. 믿지 않는 사람들은 그 돌에 의해 넘어질 것이다.

> 그러나 너희는 택하신 족속이요 왕 같은 제사장들이요 거룩한 나라요 그의 소유가 된 백성이니 이는 너희를 어두운 데서 불러 내어 그의 기이한 빛에 들어가게 하신 이의 아름다운 덕을 선포하게 하려 하심이라(벧전 2:9).

유대인들은 혈통으로 택하심을 받았지만, 우리는 어떤 차별도 없이 그리스도 안에서 연합을 통해 새롭게 태어났다. 9절에 '왕 같은 제사장들'은 출애굽기 19장 6절을 인용한 것으로 하나님이 그들을 어두운 데서 불러내어서 빛의 자녀가 되게 하신 것이다.

하나님의 종과 같이 하라 (2:11-25)

우리는 이제 육체의 정욕을 제어해야 한다. 비그리스도인 중에서 함께 살면서 책잡히지 않는 선한 행동을 해야 한다. 그래서 우리를 욕하는 그 사람들이 우리의 선한 행동들을 보고 회개하고 돌아올 수 있도록 해야 한다.

> 인간의 모든 제도를 주를 위하여 순종하되 혹은 위에 있는 왕이나 … 총독에게 하라(벧전 2:13-14).

인간의 제도조차 하나님의 주권 아래 있다. 그래서 그리스도인들은 모든 일상을 충실하게 살아야 한다. 단, 주를 위해서다. 우리는 자유인이지만 방종은 아니다. 오히려 자유가 있지만 마치 하나님의 종처럼 살기를 바란다. 예수님이 그렇게 우리를 위해 희생하셨다.

아내와 남편 (3:1-7)

믿는 아내들은 안 믿는 남편에게 잔소리를 하기보다는 남편에게 순종하며 자신의 올바른 행동으로 남편을 잘 이끌어 주어야 한다. 답답하고 시간이 걸리는 것 같으나 그렇게 하는 것이 가장 바람직하다. 대표적인 믿음의 선배 사라도 아브라함에게 '주'라고 부르며 순종했다.

남편들에게는 아내를 연약한 그릇으로 보아 자기의 생각대로 말하거나 함부로 대하지 말고 지식을 따라서, 곧 하나님의 말씀의 지혜에 따라 귀하게 여기라고 이야기한다. 그래야 하나님께 올려 드리는 기도가 전달되고 막히지 않는다.

선을 위한 고난 (3:8-22)

마음을 같이하여 동정하며 형제를 사랑하며 불쌍히 여기며(벧전 3:8).

악을 악으로, 욕을 욕으로 갚지 말고 복을 빌어야 한다. 혀를 조심하며 악한 말을 하지 말고, 거짓말하지 말자. 대신 악에서 떠나 선을 행하고 화평, 샬롬을 구하며 그것을 따르자.

주의 눈은 의인을 향하시고 그의 귀는 의인의 간구에 기울이시되 … 그러나 의를 위하여 고난을 받으면 복 있는 자니 … 너희 마음에 그리스도를 주로 삼아 거룩하게 하고 너희 속에 있는 소망에 관한 이유를 묻는 자에게는 대답할 것을 항상 준비하되 온유와 두려움으로 하고(벧전 3:12-15).

주의 눈은 의인을 향하시고, 귀는 의인의 간구에 귀 기울이신다. 의를 위해 고난을 받으면 복 있는 사람이다. 마음에 그리스도를 주로 삼아서 거룩하게 하고 누군가가 "도대체 너는 왜 그렇게 예수쟁이로 사는데? 소망이 뭐야?" 하고 물으면 그때 대답할 것을 항상 준비해야 한다. 대답할 때는 온유와 두려움으로 해야 한다.

선한 양심을 가지라(벧전 3:16).

우리의 선행을 욕하는 자들이 우리의 선행을 보고 스스로 부끄럽다고 고백할 것이다.

선을 행함으로 고난받는 것이 하나님의 뜻일진대 악을 행함으로 고난받는 것보다 나으니라 그리스도께서도 단번에 죄를 위하여 죽으사 의인으로서 불의한 자를 대신하셨으니 이는 우리를 하나님 앞으로 인도하려 하심이라 육체로는 죽임을 당하시고 영으로는 살리심을 받으셨으니(벧전 3:17-18).

예수님이 부활하셨다.

그가 또한 영으로 가서 옥에 있는 영들에게 선포하시니라(벧전 3:19).

예수님이 영으로 가서 옥에 있는 영들에게 선포하신다. 옥에 있는 영들은 전에 노아의 날 방주를 준비할 동안 노아를 비웃었으며, 물의 심판을 믿지 않고 따르지 않았다. 그래서 그때 구원을 얻은 자가 겨우 노아의 가족 여덟 명이다.

> 물은 예수 그리스도께서 부활하심으로 말미암아 이제 너희를 구원하는 표니 곧 세례라 이는 육체의 더러운 것을 제하여 버림이 아니요 하나님을 향한 선한 양심의 간구니라(벧전 3:21).

물은 주님이 부활함으로 우리를 구원하시는 표니 곧 세례다. 이것은 육체의 더러운 것을 없애는 것이 아니라, 하나님을 향한 선한 양심의 간구다. 예수님은 하늘에 오르시어 하나님 우편에 계시니 천사들, 권세들, 능력들이 다 복종한다.

하나님의 은혜를 맡은 선한 청지기 (4:1-11)

그리스도께서 이미 육체의 고난을 받으셨으니 너희도 같은 마음으로 갑옷을 삼으라 이는 육체의 고난을 받은 자는 죄를 그쳤음이니 그 후로는 다시 사람의 정욕을 따르지 않고 하나님의 뜻을 따라 육체의 남은 때를 살게 하려 함이라 너희가 음란과 정욕과 술 취함과 방탕과 향락과 무법한 우상 숭배를 하여 이방인의 뜻을 따라 행한 것은 지나간 때로 족하도다 이러므로 너희가 그들과 함께 그런 극한 방탕에 달음질하지 아니하는 것을 그들이 이상히 여겨 비방하나 그들이 산 자와 죽은 자를 심판하기로 예비하신 이에게 사실대로 고하리라 이를 위하여 죽은 자들에게도 복음이 전파되었으니 이는 육체로는 사람으로 심판을 받으나 영으로는 하나님을 따라 살게 하려 함이라(벧전 4:1-6).

'이를 위하여'라는 것은 그리스도가 심판주가 되신 것을 이야기한다. 그리스도가 죽은 자와 산 자의 심판주가 되시기 위해 죽은 자에게도 복음이 전파되었다. 여기서 '죽은 자'는 살아 있는 동안에 복음을 듣고 회개했으나 그리스도의 재림이 임하기 전에 죽은 그리스도인을 이야기한다.

만물의 마지막이 가까이 왔으니 그러므로 너희는 정신을 차리고 근신하여 기도하라(벧전 4:7).

'근신'이라는 말은 환경에 의해 흔들리지 않고 마음의 중심을 잡는 것이다.

무엇보다도 뜨겁게 서로 사랑할지니 사랑은 허다한 죄를 덮느니라 서로 대접하기를 원망 없이 하고(벧전 4:8-9).

이 당시 문화는 나그네를 대접하는 것인데, 형편이 어려우면 대접하면서도 투덜대고 원망하기 쉬웠다. 나그네를 대접하는 것은 복음을 전하는 기회이니 원망 없이 대접하라고 부탁하는 것이다.

각각 은사를 받은 대로 하나님의 여러 가지 은혜를 맡은 선한 청지기같이 서로 봉사하라 만일 누가 말하려면 하나님의 말씀을 하는 것같이 하고 누가 봉사하려면 하나님이 공급하시는 힘으로 하는 것같이 하라 이는 범사에 예수 그리스도로 말미암아 하나님이 영광을 받으시게 하려 함이니 그에게 영광과 권능이 세세에 무궁하도록 있느니라 아멘(벧전 4:10-11).

그리스도인이 받을 고난 (4:12-19)

너희를 연단하려고 오는 불 시험을 이상한 일 당하는 것같이 이상히 여기지 말고 오히려 너희가 그리스도의 고난에 참여하는 것으로 즐거워하라 이는 그의 영광을 나타내실 때에 너희로 즐거워하고 기뻐하게 하려 함이라(벧전 4:12-13).

한낱 인간에 불과한 우리가 뭐라고 신이신 예수님의 고난에 동참할 수 있단 말인가? 그런 영광을 누릴 수 있게 하신 하나님께 감사하다.

너희가 그리스도의 이름으로 치욕을 당하면 복 있는 자로다 영광의 영 곧 하나님의 영이 너희 위에 계심이라(벧전 4:14).

성령이 늘 함께 계신다.

하나님의 양 무리를 치라 (5:1-11)

너희 중에 있는 하나님의 양 무리를 치되 억지로 하지 말고 하나님의 뜻을 따라 자원함으로 하며 더러운 이득을 위하여 하지 말고 기꺼이 하며(벧전 5:2).

베드로는 장로들에게 권한다. 여기서 장로는 감독, 목사, 장로 등 교회의 리더를 말한다. 베드로도 장로였다. 장로들은 하나님의 양 무리를 돌보되 억지로 하지 말고 더러운 이득을 구하지 말아야 한다. 그래야 예수님, 곧 목자장이 오셨을 때 시들지 않는 영광의 관(면류관)을 받는다. 당시에 운동 경기에서 이기면 월계관을 주었는데 그것은 곧 시들어 버렸다. 하나님이 주시는 면류관은 영원히 시들지 않는 관이다.

> 젊은 자들아 이와 같이 장로들에게 순종하고 다 서로 겸손으로 허리를 동이라 하나님은 교만한 자를 대적하시되 겸손한 자들에게는 은혜를 주시느니라(벧전 5:5).

젊은 자들은 장로들에게 순종하고 겸손으로 허리를 꽉 졸라매야 한다. 하나님은 교만한 자를 너무도 싫어하신다. 우리가 겸손하면 하나님이 높이실 것이다.

> 너희 염려를 다 주께 맡기라 이는 그가 너희를 돌보심이라 근신하라 깨어라 너희 대적 마귀가 우는 사자같이 두루 다니며 삼킬 자를 찾나니 너희는 믿음을 굳건하게 하여 그를 대적하라 이는 세상에 있는 너희 형제들도 동일한 고난을 당하는 줄을 앎이라(벧전 5:7-9).

하나님은 우리가 고난을 당할 때 친히 온전하게 하시고, 굳건하게 하시고, 강하게 하시고, 터를 견고하게 하실 것이다.

끝인사
(5:12-14)

> 내가 신실한 형제로 아는 실루아노로 말미암아 너희에게 간단히 써서 권하고 … 택하심을 함께 받은 바벨론에 있는 교회가 너희에게 문안하고(벧전 5:12-13).

실루아노는 실라로 부르기도 했는데, 바울이 2차 전도 여행 때 함께했던 사람이다.

베드로후서

베드로의 두 번째 편지

A.D. 67년경, 베드로는 베드로전서를 보내고 두 번째 편지를 쓴다. 첫 번째 편지인 '베드로전서'는 주로 교회 외부의 시련과 박해에 대해 성도들의 인내를 권하며, 예수 그리스도를 향한 산 소망으로 위로하고 격려한 서신이었다. 두 번째 편지인 '베드로후서'는 교회 내부에 있는 거짓 교사들의 이단 사상에 어떻게 대처해야 할지를 알려 준다.

A.D. 60-70년에는 사도가 이끌어 가는 시대가 거의 끝나고 있었다. 그러면서 영지주의 이단 사상이 활발히 일어났다. 베드로는 이단을 향해서는 올바른 기독교 진리로 경고하고, 성도들에게는 경건한 삶과 예수님의 재림의 소망을 일깨워 준다.

네로 황제(A.D. 54-68년)가 그리스도인을 박해하던 시기에 베드로는 자신에게 죽음이 이르렀음을 예견하고 있었다. 베드로는 이 편지가 기록되고 얼마 후 순교한다.

부르심과 택하심 (1:1-11)

예수 그리스도의 종이며 사도인 시몬 베드로는 우리 하나님과 구주 예수 그리스도의 의를 힘입어 동일하게 보배로운 믿음을 우리와 함께 받은 자들에게 편지하노니 하나님과 우리 주 예수를 앎으로 은혜와 평강이 너희에게 더욱 많을지어다 그의 신기한 능력으로 생명과 경건에 속한 모든 것을 우리에게 주셨으니 이는 자기의 영광과 덕으로써 우리를 부르신 이를 앎으로 말미암음이라 이로써 그 보배롭고 지극히 큰 약속을 우리에게 주사 이 약속으로 말미암아 너희가 정욕 때문에 세상에서 썩어질 것을 피하여 신성한 성품에 참여하는 자가 되게 하려 하셨느니라(벧후 1:1-4).

이는 중생한 성도가 성화되는 과정에서 하나님을 닮아 간다는 뜻이다.

그러므로 너희가 더욱 힘써 너희 믿음에 덕을, 덕에 지식[지혜, 통찰력]을, 지식에 절제[성령의 열매]를, 절제에 인내[참는 것]를, 인내에 경건[하나님 뜻대로]을, 경건에 형제 우애를, 형제 우애에 사랑을 더하라(벧후 1:5-7).

그는 그리스도와 연합하여 새로운 피조물로 거듭나고, 성령으로 참된 영적 교제를 나누며 영광과 축복에 참여한다.

이런 것이 너희에게 있어 흡족한즉 너희로 우리 주 예수 그리스도를 알기에 게으르지 않고 열매 없는 자가 되지 않게 하려니와(벧후 1:8).

'이런 것'이 삶 가운데 넘쳐 나면 주 예수 그리스도를 알기에 게으르지 않고 더욱 풍성한 삶을 살게 된다.

그러므로 형제들아 더욱 힘써 너희 부르심과 택하심을 굳게 하라 너희가 이것을 행한즉 언제든지 실족하지 아니하리라(벧후 1:10).

그렇기에 우리는 부르심, 택하심을 굳게 해야 한다. 그러면 넘어지지 않을 것이다.

이같이 하면 우리 주 곧 구주 예수 그리스도의 영원한 나라에 들어감을 넉넉히 너희에게 주시리라(벧후 1:11).

우리는 그리스도께 속해 있다.

그리스도의 영광과 성경의 예언 (1:12-21)

그러므로 너희가 이것을 알고 이미 있는 진리에 서 있으나 내가 항상 너희에게 생각나게 하려 하노라 내가 이 장막[세상]에 있을 동안에 너희를 일깨워 생각나게 함이 옳은 줄로 여기노니 이는 우리 주 예수 그리스도께서 내게 지시하신 것같이 나도 나의 장막을 벗어날 것이 임박한 줄을 앎이라(벧후 1:12-14).

내가 진실로 진실로 네게 이르노니 네가 젊어서는 스스로 띠 띠고 원하는 곳으로 다녔거니와 늙어서는 네 팔을 벌리리니 남이 네게 띠 띠우고 원하지 아니하는 곳으로 데려가리라(요 21:18).

베드로가 자신의 죽음을 감지하고 있다.

내가 힘써 너희로 하여금 내가 떠난 후에라도 어느 때나 이런 것을 생각나게 하려 하노라(벧후 1:15).

자신이 이 세상을 떠나도 성도들이 언제든 이 진리를 기억할 수 있게 하려고 힘쓰고 있다.

우리 주 예수 그리스도의 능력과 강림하심을 너희에게 알게 한 것이 교묘히 만든 이야기를 따른 것이 아니요 우리는 그의 크신 위엄을 친히 본 자라(벧후 1:16).

베드로는 예수님의 제자로서 예수님을 직접 보았다. 베드로의 담대한 증언은 교묘히 꾸민 이야기가 아닌 것이다.

지극히 큰 영광 중에서 이러한 소리가 그에게 나기를 이는 내 사랑하는 아들이요 내 기뻐하는 자라 하실 때에 그가 하나님 아버지께 존귀와 영광을 받으셨느니라(벧후 1:17).

이는 내 사랑하는 아들이요 내 기뻐하는 자니(마 17:5; 눅 9:35 참조).

예수님이 하나님 아버지께 존귀와 영광을 받으셨다. 베드로는 이 소리를 직접 들었다.

이 소리는 우리가 그와 함께 거룩한 산에 있을 때에 하늘로부터 난 것을 들은 것이라(벧후 1:18).

이는 베드로가 거룩한 산(마 17:1 참조)에서 예수님과 함께 있을 때 하늘에서 들은 소리다.

먼저 알 것은 성경의 모든 예언은 사사로이 풀 것이 아니니(벧후 1:20).

성경의 예언을 마음대로 풀어서는 안 된다.

예언은 언제든지 사람의 뜻으로 낸 것이 아니요 오직 성령의 감동하심을 받은 사람들이 하나님께 받아 말한 것임이라(벧후 1:21).

예언은 사람의 뜻이 아니요, 오직 성령의 감동하심을 받은 사람들이 하나님께 받아 말한 것이기 때문이다.

모든 성경은 하나님의 감동으로 된 것으로 교훈과 책망과 바르게 함과 의로 교육하기에 유익하니(딤후 3:16).

거짓 선지자들과 거짓 선생들(2장)

그러나 백성 가운데 또한 거짓 선지자들이 일어났었나니 이와 같이 너희 중에도 거짓 선생들이 있으리라 그들은 멸망하게 할 이단을 가만히 끌어들여 자기들을 사신 주를 부인하고 임박한 멸망을 스스로 취하는 자들이라(벧후 2:1).

성도들 사이에 거짓 선지자, 거짓 선생이 있다. 이들은 이단을 끌어들여 주를 부인하고 멸망을 취한 자들이다.

여럿이 그들의 호색하는 것을 따르리니 이로 말미암아 진리의 도가 비방을 받을 것이요(벧후 2:2).

많은 자들이 그들을 따를 것인데, 이렇게 해서 진리의 도가 비방을 받는다.

그들이 탐심으로써 지어낸 말을 가지고 너희로 이득을 삼으니 그들의 심판은 옛적부터 지체하지 아니하며 그들의 멸망은 잠들지 아니하느니라(벧후 2:3).

그들이 욕심을 채우기 위해 지어낸 말로 이익을 취하니, 그들에 대한 하나님의 심판은 지체 없고 그들은 결국 멸망한다.

하나님이 범죄한 천사들을 용서하지 아니하시고 지옥에 던져 어두운 구덩이에 두어 심판 때까지 지키게 하셨으며(벧후 2:4).

범죄한 천사들은 어두운 구덩이에서 심판의 날을 고통 중에 기다린다

(창 6:1-4; 유 1:6; 계 12:7, 20:1-3 참조).

옛 세상을 용서하지 아니하시고 오직 의를 전파하는 노아와 그 일곱 식구를 보존하시고 경건하지 아니한 자들의 세상에 홍수를 내리셨으며(벧후 2:5).

또한 옛적에 하나님이 경건하지 않은 자들을 용서하지 않고 홍수로 심판할 때 노아를 포함한 여덟 명의 식구만 보존하셨다(창 7:6-24 참조).

소돔과 고모라성을 멸망하기로 정하여 재가 되게 하사 후세에 경건하지 아니할 자들에게 본을 삼으셨으며 무법한 자들의 음란한 행실로 말미암아 고통당하는 의로운 롯을 건지셨으니(벧후 2:6-7).

하나님은 또한 소돔과 고모라를 멸망해서 본을 삼을 때 의로운 롯만 살게 하셨다(창 19:24-29 참조).

이는 이 의인이 그들 중에 거하여 날마다 저 불법한 행실을 보고 들음으로 그 의로운 심령이 상함이라(벧후 2:8).

롯은 그곳에 살면서 그 사람들의 행실을 보고 들으며 그 믿는 마음이 괴로웠다.

주께서 경건한 자는 시험에서 건지실 줄 아시고 불의한 자는 형벌 아래에 두어 심판 날까지 지키시며(벧후 2:9).

하나님은 그러한 분이시다. 경건한 자는 건지고 불의한 자는 형벌 아래 두어 심판 날까지 지키신다.

특별히 육체를 따라 더러운 정욕 가운데서 행하며 주관하는 이를 멸시하는 자들에게는 형벌할 줄 아시느니라 이들은 당돌하고 자긍하며 떨지 않고 영광 있는 자들을 비방하거니와(벧후 2:10).

육체로 정욕 가운데 행하며 하나님을 멸시하는 자들에게 형벌이 있다.

더 큰 힘과 능력을 가진 천사들도 주 앞에서 그들을 거슬러 비방하는 고발을 하지 아니하느니라(벧후 2:11).

능력 있는 천사들도 직접 고발하지 않는다. 모든 심판권은 하나님께 있다(유 1:9 참조).

그러나 이 사람들은 본래 잡혀 죽기 위하여 난 이성 없는 짐승[계 12:11-13 참조] 같아서 그 알지 못하는 것을 비방하고 그들의 멸망 가운데서 멸망을 당하며 불의의 값으로 불의를 당하며 낮에 즐기고 노는 것[밤낮 가리지 않고 방탕한 생활]을 기쁘게 여기는 자들이니 점과 흠이라 너희와 함께 연회할 때에 그들의 속임수로 즐기고 놀며 음심[음란한 마음]이 가득한 눈을 가지고 범죄하기를 그치지 아니하고 굳세지 못한 영혼들을 유혹하며 탐욕에 연단된 마음[습관화되어 버린]을 가진 자들이니 저주의 자식이라 그들이 바른길을 떠나 미혹되어 브올의 아들 발람의 길을 따르는도다 그는 불의의 삯을 사랑하다가(민 22-24장 참조) 자기의 불법으로 말미암아 책망을 받되 말하지 못하는 나귀가 사람의 소리로 말하여 이 선지자의 미친 행동을 저지하였느니라(벧후 2:12-16).

불법으로 책망받으니 나귀가 입을 열어 발람 선지자의 미친 행동을 저지했다.

이 사람들은 물 없는 샘이요 광풍에 밀려 가는 안개니 그들을 위하여 캄캄한 어둠이 예비되어 있나니(벧후 2:17).

이러한 자들에게는 물 없는 샘(렘 14:3 참조), 광풍의 안개, 캄캄한 어둠이 마련되어 있다.

그들이 허탄한 자랑의 말을 토하며 그릇되게 행하는 사람들에게서 겨우 피한 자들을 음란으로써 육체의 정욕 중에서 유혹하는도다(벧후 2:18).

이들은 허무맹랑하게 큰소리 치며 잘못된 길을 가다가 간신히 빠져나온 사람들을 음란으로 유혹한다.

그들에게 자유를 준다 하여도 자신들은 멸망의 종들이니 누구든지 진 자는 이긴 자의 종이 됨이라(벧후 2:19).

이들은 사람들에게 자유를 준다고 약속하지만 자기들도 멸망의 종의 꼴이 되어 있다.

만일 그들이 우리 주 되신 구주 예수 그리스도를 앎으로 세상의 더러움을 피한 후에 다시 그중에 얽매이고 지면 그 나중 형편이 처음보다 더 심하리니(벧후 2:20).

만일 사람들이 예수님을 앎으로 세상 더러움을 피했다가, 다시 얽혀서 지면 나중 형편이 더 나빠질 것이다.

의의 도를 안 후에 받은 거룩한 명령을 저버리는 것보다 알지 못하는 것이 도리어 그들에게 나으니라(벧후 2:21).

의의 도를 안 후 저버리게 되면 차라리 몰랐던 것이 낫다(마 12:45 참조).

참된 속담에 이르기를 개가 그 토하였던 것에 돌아가고 돼지가 씻었다가 더러운 구덩이에 도로 누웠다 하는 말이 그들에게 응하였도다(벧후 2:22).

개가 그 토한 것을 도로 먹는 것같이 미련한 자는 그 미련한 것을 거듭 행하느니라(잠 26:11).

주의 날(3장)

먼저 이것을 알지니 말세에 조롱하는 자들이 와서 자기의 정욕을 따라 행하며 조롱하여 이르되 주께서 강림하신다는 약속이 어디 있느냐 조상들이 잔[죽은] 후로부터 만물이 처음 창조될 때와 같이 그냥 있다 하니(벧후 3:3-4).

말세에 조롱하는 자들이 성도들에게 "주가 언제 오냐? 어디 있냐? 조상들이 잔 후로 만물은 처음 창조될 때같이 그대로 있다"고 말할 것이다.

이는 하늘이 옛적부터 있는 것과 땅이 물에서 나와 물로 성립된 것도 하나님의 말씀으로 된 것을 그들이 일부러 잊으려 함이로다(벧후 3:5).

그러나 만물은 그대로 있지 않다. 물로 심판하셨었고, 예수님의 재림도 있을 것이다.

이로 말미암아 그때에 세상은 물이 넘침으로 멸망하였으되(벧후 3:6).

조롱하는 자들은 하나님이 홍수로 세상을 멸망시키신 것을 잊으려 한다.

이제 하늘과 땅은 그 동일한 말씀으로 불사르기 위하여 보호하신 바 되어 경건하지 아니한 사람들의 심판과 멸망의 날까지 보존하여 두신 것이니라(벧후 3:7).

조롱하는 자들은 세상이 보존되나 곧 심판이 온다. 불에 탈 것이다.

사랑하는 자들아 주께는 하루가 천 년 같고 천 년이 하루 같다는 이 한 가지를 잊지 말라(벧후 3:8).

주께는 하루가 천 년, 천 년이 하루 같다(시 90:4 참조).

주의 약속은 어떤 이들이 더디다고 생각하는 것같이 더딘 것이 아니라 오직 주께서는 너희를 대하여 오래 참으사 아무도 멸망하지 아니하고 다 회개하기에 이르기를 원하시느니라 그러나 주의 날이 도둑같이 오리니 그날에는 하늘이 큰 소리로 떠나가고 물질이 뜨거운 불에 풀어지고 땅과 그중에 있는 모든 일이 드러나리로다(벧후 3:9-10).

어떤 사람들은 주의 날이 더디다고 생각할 것이다. 그러나 주의 날이 도둑같이 온다. 하늘이 큰 소리로 사라지고, 물질이 뜨거운 불에 풀어지고 모든 일이 드러난다(사 2:12; 겔 13:5; 욜 1:15; 말 3:2; 행 2:20; 고전 5:5; 살전 5:2; 살후 2:2 참조).

이 모든 것이 이렇게 풀어지리니 너희가 어떠한 사람이 되어야 마땅하냐 거룩한 행실과 경건함으로(벧후 3:11).

모든 것이 파괴될 터인데 우리는 어떤 사람이 되어야 하는가? 거룩한 행실과 경건함을 가진 사람이 되어야 한다.

하나님의 날이 임하기를 바라보고 간절히 사모하라 그날에 하늘이 불에 타서 풀어지고 물질이 뜨거운 불에 녹아지려니와(벧후 3:12).

하나님의 날이 임하기를 바라보고 간절히 사모해라. 주의 날에 모든 것이 불에 타서 다 녹을 것이다.

우리는 그의 약속대로 의가 있는 곳인 새 하늘과 새 땅을 바라보도다 그러므로 사랑하는 자들아 너희가 이것을 바라보나니 주 앞에서 점도 없고 흠도 없이 평강 가운데서 나타나기를 힘쓰라 또 우리 주의 오래 참으심[하나님의 긍휼, 인내]이 구원이 될 줄로 여기라 우리가 사랑하는 형제 바울도 그 받은 지혜대로 너희에게 이같이 썼고 또 그 모든 편지에도 이런 일에 관하여 말하였으되 그중에 알기 어려운 것이 더러 있으니 무식한 자들과 굳세지 못한 자들이 다른 성경과 같이 그것도 억지로 풀다가 스스로 멸망에 이르느니라(벧후 3:13-16).

베드로의 재림 언급은 바울도 함께 말한 것이다.

그러므로 사랑하는 자들아 너희가 이것을 미리 알았은즉 무법한 자들의 미혹에 이끌려 너희가 굳센 데서 떨어질까 삼가라(벧후 3:17).

미리 알았으니 미혹에 이끌리는 것을 조심해라.

오직 우리 주 곧 구주 예수 그리스도의 은혜와 그를 아는 지식에서 자라 가라 영광이 이제와 영원한 날까지 그에게 있을지어다(벧후 3:18).

우리는 끊임없이 그리스도의 은혜와 그분을 아는 지식 속에서 살아야 하기에 성경을 계속 공부해야 한다.

요한일서

요한의 첫 번째 편지

요한일서는 교회에서 영지주의자, 즉 거짓 교사들에 의해 괴롭힘을 당하고 있는 사람들을 위해 요한이 쓴 편지다. 요한은 세베대의 아들이며, 어머니가 살로메이고 야고보의 동생이다. 요한의 집은 갈릴리에서 배를 가지고 있을 정도로 먹고살 만했다. 살로메는 예수님이 자기 아들들을 제자로 삼으셨을 때 치맛바람이 장난이 아니었다. 자기 아들들을 예수님의 오른쪽과 왼쪽 자리에 앉히고 싶어서 안달이었다.

요한의 형 야고보는 제자 중 첫 순교자이고, 사도 요한은 예수님의 제자 중에서 가장 오랫동안 산다. 요한이 쓴 요한복음 13장 23절을 보면 '그가 사랑하시는 자'가 자기라고 표현한다. 요한의 별명은 '보아너게'다. '우레의 아들'(막 3:17 참조)이라는 뜻인데, 그의 불과 같은 성격 때문에 붙여진 것 같다. 예수님이 돌아가실 때 사도 요한에게 당신의 육의 어머니 마리아를 돌봐 달라고 부탁하신다.

생명의 말씀 (1:1-4)

태초부터 있는 생명의 말씀에 관하여는 우리가 들은 바요 눈으로 본 바요 자세히 보고 우리의 손으로 만진 바라(요일 1:1).

생명의 말씀, 곧 요한이 보고 만진 말씀이 바로 예수님이시다. 그리고 요한이 이 글을 쓰는 목적이 나온다.

우리가 보고 들은 바를 너희에게도 전함은 너희로 우리와 사귐[코이노니아]이 있게 하려 함이니 우리의 사귐은 아버지와 그의 아들 예수 그리스도와 더불어 누림이라(요일 1:3).

사귐의 본질은 아버지 하나님과 그리스도와 함께하는 것이다. 이 말을 강조한 이유는, 사람들 속에 퍼져 있는 예수의 인성과 신성을 경시하는 이단적인 가르침에 경고하기 위해서다.

우리가 이것을 씀은 우리의 기쁨이 충만하게 하려 함이라(요일 1:4).

기쁨은 하나님과 그리스도와 함께하는 사귐, 또 다른 그리스도인들과 함께하는 사귐의 결과이며, 동시에 성령의 열매다. 이런 기쁨은 하나님과 그리스도와의 사귐을 전제로 한다. 그러니 이 글을 쓴 목적은 기쁨과 사귐 그리고 영생에 있다.

하나님은 빛이시다 (1:5-10)

우리가 그에게서 듣고 너희에게 전하는 소식은 이것이니 곧 하나님은 빛이시라 그에게는 어둠이 조금도 없으시다는 것이니라(요일 1:5).

"하나님은 빛이시라"라는 말씀을 전제로 하여 영지주의자들의 거짓된 가르침을 공격하고 있다. 영지주의자들은 이원론적 사상에 빠져 물질세계를 악한 것으로 구분해 죄로부터의 자유를 강조했다.

만일 우리가 하나님과 사귐이 있다면서 어둠에 행하면 거짓말을 하는 것이다. 우리가 빛 가운데 행하면 사귐이 있고, 예수의 피가 모든 죄를 깨끗하게 하실 것이다. 만일 우리가 죄가 없다고 말하면 스스로 속이고, 또 진리가 우리 속에 있지 않을 것이다. 그러나 우리가 죄를 자백하면 예수님은 미쁘고 의로우셔서 우리의 모든 죄를 사하고 깨끗하게 하신다. 만일 범죄하지 않았다 하면 하나님을 거짓말하는 분으로 만드는 것이니 그분의 말씀이 우리 속에 있지 않다.

대언자이신 예수 그리스도 (2:1-6)

요한이 이 글을 쓰는 것은 죄를 범하지 않게 하려 함이다. 만일 죄를 범해도 대언자 예수가 계신다. 그분은 우리 죄를 위한 화목 제물로서 우리뿐 아니라 온 세상의 죄를 위하신다. 우리가 그분의 계명을 지키면 이로써 우리가 예수님을 아는 줄 알 것이다. 하지만 예수님을 안다 하고 계명을 지키지 않으면 거짓말하는 자요, 그 속에 진리가 없다.

옛 계명과 새 계명 (2:7-17)

사랑하는 자들아 내가 새 계명을 너희에게 쓰는 것이 아니라 너희가 처음부터 가진 옛 계명이니 이 옛 계명은 너희가 들은바 말씀이거니와(요일 2:7).

이것은 새 계명이 아니고 옛 계명이며, 새 계명과 옛 계명 모두 동일한 내용이다. 레위기 19장 18절은 이미 "네 이웃 사랑하기를 네 자신과 같이 사랑하라"라고 말한다. 요한은 자신이 다시 새 계명을 쓰는 것은 하나님께도, 너희에게도 참된 것이라고 한다.

어둠[사탄]이 지나가고 참 빛[예수]이 벌써 비침이니라(요일 2:8).

그럼 왜 옛 계명과 새 계명으로 구분하는 것일까? 그리스도 안에 있느냐, 밖에 있느냐의 차이다.

빛 가운데[예수 안에] 있다 하면서 그 형제를 미워하는 자는 지금까지 어둠[사탄]에 있는 자요 그의 형제를 사랑하는 자는 빛 가운데[예수 안에] 거하여 자기 속에 거리낌이 없으나 … 자녀들아 내가 너희에게 쓰는 것은 너희 죄가 그의 이름으로 말미암아 사함을 받았음이요 아비들아 내가 너희에게 쓰는 것은 너희가 태초부터 계신 이[예수 그리스도]를 알았음이요 청년들아 내가 너희에게 쓰는 것은 너희가 악한 자[사탄]를 이기었음이라(요일 2:9-10, 12-13).

12-14절의 헬라어 원문에서 완료 시제를 사용한 동사들이 등장한다. 완료 시제를 통해 성도의 현재 상태가 과거의 사건에 기반하여 '완전하게 이루어져 있는 상태'임을 강조하는 것이다.

12절의 "죄 사함을 받았음이요"는 완료 시제로 죄 사함은 과거에 단번에 일어난 일이지만, 그 효력은 지금도 지속적으로 이어진다는 의미다. 그래서 "혹시 용서가 취소되면 어쩌지?" 하며 걱정할 필요가 없다. 이미 받은 용서는 지속되는 은혜다.

13, 14절에 반복되는 "너희가 태초부터 계신 이를 알았음이요"도 완료 시제로 단지 하나님에 대해 지식적으로 알았다는 게 아니라, 하나님과의 인격적인 교제가 지금도 계속되고 있다는 뜻이다.

13, 14절의 "너희가 악한 자를 이기었음이라", "흉악한 자를 이기었음이라"도 완료 시제로, 그리스도 안에서 청년들이 이미 승리를 얻었고, 지금도 그 승리 안에 살고 있다는 의미다. 우리는 이미 승리한 자로서 싸우는 자들이다. 요한이 완료 시제를 쓴 이유는 단순히 '과거'에 초점을 맞추기 위함이 아니고 지금도 변하지 않고 유효하다는 확신을 주기 위함이다.

그러므로 "너희는 이미 하나님의 사랑 안에 있다. 이미 용서받았고, 이미 승리했고, 이미 하나님을 알고 있다. 그러니 흔들리지 말고 계속 그 믿음 안에 거하라"는 12-14절의 의미를 마음에 새겨야 한다.

> 이 세상이나 세상에 있는 것들을 사랑하지 말라 누구든지 세상을 사랑하면 아버지의 사랑이 그 안에 있지 아니하니 이는 세상에 있는 모든 것이 육신의 정욕과 안목의 정욕과 이생의 자랑이니 다 아버지께로부터 온 것이 아니요 세상으로부터 온 것이라(요일 2:15-16).

세상의 것을 사랑해서는 안 되는 이유는 무엇일까?

이 세상도, 그 정욕도 지나가되 오직 하나님의 뜻을 행하는 자는 영원히 거하느니라(요일 2:17).

이 세상도, 정욕도 한시적이다. 우리 육신이 죽음으로 끝나면 다 없어지는 것들인데 너무 몰두해서 하나님과의 관계가 소홀해지면 안 된다.

적그리스도 (2:18-29)

적그리스도가 일어났으니 그러므로 우리가 마지막 때인 줄 아노라 그들이 우리에게서 나갔으나 우리에게 속하지 아니하였나니 … 너희는 거룩하신 자에게서 기름 부음을 받고 모든 것을 아느니라 … 거짓말하는 자가 누구냐 예수께서 그리스도이심을 부인하는 자가 아니냐 아버지와 아들을 부인하는 그가 적그리스도니(요일 2:18-20, 22).

이것은 현대 포스트모더니즘의 자유주의로도 발전했다. 그들은 예수님이 메시아이나 여러 메시아 중 하나라고 말한다. 마호메트, 부처도 예수와 동일한 메시아라는 것이다. 그러나 하나님이 구원 역사를 이루면서 수천 년 동안 예언해 오신 '그' 메시아는 바로 예수님이시다. 메시아는 오직 예수님뿐이시다.

너희는 주께 받은바 기름 부음이 너희 안에 거하나니 아무도 너희를 가르칠 필요가 없고 오직 그의 기름 부음이 모든 것을 너희에게 가르치며 또 참되고 거

것이 없으니 너희를 가르치신 그대로 주 안에 거하라(요일 2:27).

이는 성령의 역사를 말하는 것으로 20절에도 같은 내용이 기록되어 있다.

너희는 거룩하신 자에게서 기름 부음을 받고 모든 것을 아느니라(요일 2:20).

요한복음에서도 같은 성령의 역사를 기록하고 있다.

보혜사 곧 아버지께서 내 이름으로 보내실 성령 그가 너희에게 모든 것을 가르치고 내가 너희에게 말한 모든 것을 생각나게 하리라(요 14:26).

그러나 이것이 직통 계시를 말하는 것은 아니다.

내가 너희에게 쓰는 것은 너희가 진리를 알지 못하기 때문이 아니라 알기 때문이요(요일 2:21).

그들에게 성령의 역사를 통한 지식을 붙들라고 말하는 것은 진리의 말씀에 대한 확실한 지식을 가지라는 것이다. 이것은 처음부터 들었던 것이다. 성령의 역사는 결코 성경 말씀과 모순되지 않는다. 건강한 성도가 되기 위해서는 정확한 성경 지식과 뜨거운 성령 체험이 항상 같이 있어야 한다.

하나님의 자녀
(3:1-12)

우리가 지금은 하나님의 자녀라 장래에 어떻게 될지는 아직 나타나지 아니하였으나 그가 나타나시면 우리가 그와 같을 줄을 아는 것은 그의 참모습 그대로 볼 것이기 때문이니 주를 향하여 이 소망을 가진 자마다 그의 깨끗하심과 같이 자기를 깨끗하게 하느니라 죄를 짓는 자마다 불법을 행하나니 죄는 불법이라(요일 3:2-4).

여기서 '불법'은 하나님이 정해 놓으신 율법에 어긋나는 것이다.

> 하나님의 아들이 나타나신 것은 마귀의 일을 멸하려 하심이라 하나님께로부터 난 자마다 죄를 짓지 아니하나니 이는 하나님의 씨가 그의 속에 거함이요 … 무릇 의를 행하지 아니하는 자나 또는 그 형제를 사랑하지 아니하는 자는 하나님께 속하지 아니하니라 … 가인같이 하지 말라 그는 악한 자에게 속하여 그 아우를 죽였으니(요일 3:8-10, 12).

마귀는 우리로 하여금 죄를 짓게 하고, 회개하지 못하게 하며, 믿지 못하게 만든다. 그러나 예수님이 오신 것은 바로 그 마귀의 일을 멸하시기 위함이다.

하나님께로부터 난 자는 그 안에 하나님의 씨(말씀, 성령)가 있다. 또한 하나님의 자녀는 형제를 사랑한다. 절대로 가인처럼 해서는 안 된다. 가인은 자기 행위는 악하고 동생의 행위는 의롭다는 이유로 동생을 죽였다. 우리는 마땅히 하나님의 자녀답게 서로 사랑하며 살아야 한다.

행함과 진실함으로 사랑하자 (3:13-24)

세상이 우리를 미워해도 이상히 여기지 말라고 한다. 우리는 형제를 사랑함으로 사망에서 생명으로 들어갔고, 형제를 미워하는 자마다 살인하는 자이므로 그 속에는 영생이 없다. 예수님은 우리를 위해 목숨을 버리셨다. 우리는 그것으로 사랑을 알았으므로 우리도 형제들을 위해 목숨을 버리는 것이 마땅하다.

> 누가 이 세상의 재물을 가지고 형제의 궁핍함을 보고도 도와줄 마음을 닫으면 하나님의 사랑이 어찌 그 속에 거하겠느냐(요일 3:17).

'도와줄 마음을 닫으면'이라는 표현을 사용했다. 어떤 사람에게 도와줄 마음이 생겼는데 그것을 실천하지 못하는 것이다. 혹은 거절당함, 남들의 시선에 대한 두려움으로 다른 사람을 돕지 못하는 것이다. 그러나 하나님은 행위를 통해 도우라고 하신다. 제발 말로만 사랑하지 말고 행함과 진실함으로 하라고 하신다. 그럴 때 우리가 진리에 속한 줄을 알고, 또 우리 마음을 주 앞에서 굳세게 할 수 있기 때문이다.

> 그의 계명은 이것이니 곧 그 아들 예수 그리스도의 이름을 믿고 그가 우리에게 주신 계명대로 서로 사랑할 것이니라(요일 3:23).

하나님의 계명을 지키는 자는 주 안에 거하고, 주는 그의 안에 거하신다. 성령으로 주님이 우리 안에 거하시는 것을 우리가 알게 된다.

하나님의 영과 적그리스도의 영 (4:1-6)

> 영을 다 믿지 말고 오직 영들이 하나님께 속하였나 분별하라 많은 거짓 선지자가 세상에 나왔음이라(요일 4:1).

이단 하면 사이비 종교로 생각하는데, 예수 그리스도가 육체로 오신 것을 부인하면 다 이단이다. 예수님이 이 세상에 오셨다는 것은 그분이 원래 하나님이심을 전제로 한다. 육체로 오셨다는 것은 성육신하셨음을 이야기한다. 그런데 이단들은 예수 그리스도의 완전한 신성과 인성을 부인한다.

> 자녀들아 너희는 하나님께 속하였고 또 그들을 이기었나니 이는 너희 안에 계신 이가 세상에 있는 자보다 크심이라(요일 4:4).

'이기었나니'의 주어가 '너희'다. 예수님의 승리는 곧 우리의 승리다. '이기었다'라는 완료형으로 쓴 것은 우리가 승리한 것이 명백한 사실임을 나타내기 위한 것이다. 승리의 내용은 이렇다.

> 그들은 세상에 속한 고로 세상에 속한 말을 하매 세상이 그들의 말을 듣느니라(요일 4:5).

거짓 선지자들은 적그리스도의 영을 받아서 그리스도의 성육신을 부인하는 말을 전하고, 세상은 그들의 말을 듣는다.

> 우리는 하나님께 속하였으니 하나님을 아는 자는 우리의 말을 듣고 하나님께 속하지 아니한 자는 우리의 말을 듣지 아니하나니 진리의 영과 미혹의 영을 이로써 아느니라(요일 4:6).

그러나 그리스도인들은 진리를 듣고 구원을 얻은 것이다. 왜 진리의 말씀을 들을 수 있을까? 우리는 하나님께 속했기 때문이다. 속한다는 것은 원어적으로 보면 '출신'을 나타낸다. 우리는 태생 자체가 하나님께로부터고, 저들은 세상으로부터다.

요한이 편지를 쓸 때 살고 있던 사람들은 예수님을 믿어서 더 박해를 받으니 과연 견뎌 낼 수 있을지 불안했다. 그런 그들에게 요한은 "당신들이 복음을 받아들인 것은 당신들이 지혜롭고 잘나서가 아니다. 태생이 달라서다. 우리는 하나님께로부터다. 그러니 미래를 걱정하지 마라! 하나님이 모든 것을 책임져 주실 것이다"라고 말하고 있다.

하나님은 사랑이시다 (4:7-21)

사랑하는 자들아 우리가 서로 사랑하자 사랑은 하나님께 속한 것이니 사랑하는 자마다 하나님으로부터 나서 하나님을 알고 사랑하지 아니하는 자는 하나님을 알지 못하나니 이는 하나님은 사랑이심이라(요일 4:7-8).

우리는 서로 사랑해야 한다. '왜냐하면' 사랑은 하나님께 속한 것이고, 하나님은 사랑이시기 때문이다. 하나님의 사랑을 우리에게 나타낸 대표적 사건이 바로 예수 그리스도의 성육신이다. 하나님이 당신의 독생자를 세상에 보내신 것이다. 이유가 무엇인가? 우리를 살리기 위해서다.

우리가 하나님을 사랑한 것이 아니라 하나님이 우리를 사랑해서 화목 제물로 예수님을 보내셨다. 그러니 우리도 서로 사랑하는 것이 마땅하다. 하나님을 본 사람은 없지만, 우리가 사랑하면 하나님이 그 안에 거하시면서 그분의 사랑이 우리 안에 온전히 이루어진다. 하나님은 그것을 성령을 통해 알게 하신다.

> 아버지가 아들을 세상의 구주로 보내신 것을 우리가 보았고 또 증언하노니(요일 4:14).

요한은 예수님을 직접 보았을 뿐 아니라 기적도 체험했기에 살아 있는 증언을 할 수 있다.

> 이로써 사랑이 우리에게 온전히 이루어진 것은 우리로 심판 날에 담대함을 가지게 하려 함이니 주께서 그러하심과 같이 우리도 이 세상에서 그러하니라(요일 4:17).

어떻게 우리는 심판 날에 담대함을 가지게 되는가? 우리가 세상에서 주님을 본받아 살았기 때문이다.

> 누구든지 하나님을 사랑하노라 하고 그 형제를 미워하면 이는 거짓말하는 자니 보는바 그 형제를 사랑하지 아니하는 자는 보지 못하는바 하나님을 사랑할 수 없느니라(요일 4:20).

왜 그냥 '형제를 사랑하지 아니하는 자는 하나님을 사랑할 수 없느니라'라고 하지 않고 '본 자'와 '보지 못한 자'로 표현했을까? 본다고 해서 꼭 사랑하는 것은 아니라는 뜻이다. 보기 때문에 오히려 증오가 생길 수도 있다. 여기서 본다는 것은 사랑을 표현할 수 있는 상태에 있다는 것을 말한다. 따라서 지금 눈에 보이는 이웃들, 같은 교회 성도들에게 사랑을 표현하며 살라는 뜻이다.

세상을 이기는 믿음 (5:1-12)

예수께서 그리스도이심을 믿는 자마다 하나님께로부터 난 자니 또한 낳으신 이를 사랑하는 자마다 그에게서 난 자를 사랑하느니라(요일 5:1).

세상을 이기는 것은 우리의 믿음이다.

이는 물과 피로 임하신 이시니 곧 예수 그리스도시라 물로만 아니요 물과 피로 임하셨고 증언하는 이는 성령이시니 성령은 진리니라(요일 5:6).

예수님은 구약 예언의 말씀 그대로 내려와 당신이 누구인지를 입증하셨고, 십자가의 피를 통해 당신의 진실성을 밝히셨다. 이제는 진리의 영이신 성령 또한 예수님을 증거하신다.

증언하는 이가 셋이니 성령과 물과 피라 또한 이 셋은 합하여 하나이니라(요일 5:7-8).

세 가지, 즉 하나님의 말씀과 십자가 사건과 성령의 증거는 하나로 일치하고 있다. 피는 십자가의 피이며, 하나님의 말씀은 생명의 물이다.

영생을 알게 하려 함이라 (5:13-21)

내가 하나님의 아들의 이름을 믿는 너희에게 이것을 쓰는 것은 너희로 하여금 너희에게 영생이 있음을 알게 하려 함이라(요일 5:13).

이것은 요한이 이 글을 쓴 이유다.

> 누구든지 형제가 사망에 이르지 아니하는 죄 범하는 것을 보거든 구하라 그리하면 사망에 이르지 아니하는 범죄자들을 위하여 그에게 생명을 주시리라 사망에 이르는 죄가 있으니 이에 관하여 나는 구하라 하지 않노라(요일 5:16).

사망에 이르는 죄가 무엇일까? 배교다. 이는 일단 회심한 후에 다시 고의로 그리스도를 거부하는 것이다(히 6:4-6, 10:26 참조). 아마도 요한은 배교했을 뿐만 아니라 신앙의 동료를 이단의 길로 유혹하고 교회를 대적하는 행위를 말하는 것일 것이다. 그러나 그런 사람이라도 회개하면 용서해 주시지 않을까? 이것은 우리가 판단할 문제는 아닌 것 같다.

> 하나님께로부터 난 자는 다 범죄하지 아니하는 줄을 우리가 아노라 하나님께로부터 나신 자가 그를 지키시매 악한 자가 그를 만지지도 못하느니라 또 아는 것은 우리는 하나님께 속하고 … 또 아는 것은 하나님의 아들이 이르러 우리에게 지각을 주사 우리로 참된 자를 알게 하신 것과 또한 우리가 참된 자 곧 그의 아들 예수 그리스도 안에 있는 것이니 그는 참 하나님이시요 영생이시라 자녀들아 너희 자신을 지켜 우상에게서 멀리하라(요일 5:18-21).

요한은 우리가 하나님께 속했음을 알리며, 우리 자신을 지켜 우상에게서 멀리하라고 당부한다.

요한이서

요한의 두 번째 편지

요한이서는 신약 가운데 가장 짧은 책 중 하나로, 거짓 교사들을 경계하라는 강력한 메시지를 담고 있는 편지다.

인사 (1:1-3)

장로인 나는 택하심을 받은 부녀와 그의 자녀들에게 편지하노니(요이 1:1).

여기서 '장로'는 사도 요한을 가리키며, 교회의 지도자라는 뜻이다. '택하심을 받은 부녀와 그의 자녀들'은 교회와 성도들을 상징적으로 표현한 것이다.

진리와 사랑 (1:4-13)

> 너의 자녀들 중에 우리가 아버지께 받은 계명대로 진리를 행하는 자를 내가 보니 심히 기쁘도다 부녀여, 내가 이제 네게 구하노니 서로 사랑하자 이는 새 계명같이 네게 쓰는 것이 아니요 처음부터 우리가 가진 것이라 또 사랑은 이것이니 우리가 그 계명을 따라 행하는 것이요 … 미혹하는 자가 세상에 많이 나왔나니 이는 예수 그리스도께서 육체로 오심을 부인하는 자라 이런 자가 미혹하는 자요 적그리스도니(요이 1:4-7).

미혹하는 자가 많은데, 이들은 예수 그리스도가 육체로 임하심을 부인하는 자요, 적그리스도다.

> 너희는 스스로 삼가 우리가 일한 것을 잃지 말고 오직 온전한 상을 받으라(요이 1:8).

미혹되는 순간, 요한을 비롯한 수많은 사도가 전한 복음은 다 헛것이 된다. '온전한 상'은 우리가 끝까지 믿음을 지켜 낼 때 주어지는 영생이다.

> 누구든지 이 교훈을 가지지 않고 너희에게 나아가거든 그를 집에 들이지도 말고 인사도 하지 말라 그에게 인사하는 자는 그 악한 일에 참여하는 자임이라(요이 1:10-11).

그러므로 어떤 형태로 접근하든 적그리스도들은 집에 들이지도 말라고 한다. 인사조차 하지 말라며, 그에게 인사하는 자는 그 악한 일에 참여하는 자라고까지 이야기한다. 이렇게 단호한 이유는, 악인과 있으면 자신도 모르게 그들의 죄에 동참하게 되기 때문이다. 그러니 이단이나 악인이 어떤 이익을 준다 해도 그와의 관계를 빨리 끊어야 한다.

요한삼서

요한의 세 번째 편지

요한삼서는 가이오라는 사람에게 쓴 편지로, 가이오를 격려하고 권면하기 위해 쓰였다. 요한삼서의 가장 유명한 구절은 "사랑하는 자여 네 영혼이 잘됨같이 네가 범사에 잘되고 강건하기를 내가 간구하노라"(요삼 1:2)다. 그러나 이것은 인사말에 나오는 축복의 말씀일 뿐, 주제는 아니다.

영접함과 내쫓음(1장)

이 책의 주제는 "성도들을 환대하라"다. 즉 성도로서 여행 중에 있는 자(순회 선교사)들을 영접하면 따뜻하게 대하라는 것이다. 전도 여행 말이다. 요한은 성도들이 선교사들을 도움으로 그들과 함께 수고하는 자가 될 수 있다고 말한다. 이처럼 요한삼서는 선교 활성화를 위해 매우 중요한 책이다.

> 장로인 나는 사랑하는 가이오 곧 내가 참으로 사랑하는 자에게 편지하노라 사랑하는 자여 네 영혼이 잘됨같이 네가 범사에 잘되고 강건하기를 내가 간구하노라(요삼 1:1-2).

'잘됨'은 '길이 잘 열리다'라는 뜻이다. 그럼 이 구절은 무엇을 뜻하는 것일까? 믿음을 가진 성도의 관심사는 '축복이냐, 고생이냐'가 아니다. 오직 하나님의 영광이어야 한다. 그것을 구하다가 높아질 수도 있고, 순교를 당할 수도 있다. 하나님께 영광 돌리는 일이라면 순교도 고통도 '잘됨'이다. '영혼'은 '그리스도 안에서 얻게 된 영적인 생명'이다.

요한에게 형제들이 와서 가이오가 진리 안에서 행한다고 보고했다. 요한은 이 말을 듣는 것보다 더 기쁜 일이 없다고 표현한다.

> 사랑하는 자여 네가 무엇이든지 형제 곧 나그네 된 자들에게 행하는 것은 신실한 일이니(요삼 1:5).

'나그네 된 자들', 곧 낯선 선교사들을 영접함은 신실한 일이라고 이야기한다.

> 네가 하나님께 합당하게 그들을 전송하면 좋으리로다(요삼 1:6).

선교사들을 돕되 하나님을 섬기는 마음으로 도우라고 한다.

> 이는 그들[선교사들]이 주의 이름을 위하여 나가서 이방인[비그리스도인]에게 아무 것도 받지 아니함이라(요삼 1:7).

주를 위하여 선교에 나선 사람들은 아무것도 계산하지 않고 나갔기에 도움의 손길이 필요하다.

> 우리가 이 같은 자들을 영접하는 것이 마땅하니 이는 우리로 진리를 위하여 함께 일하는 자가 되게 하려 함이라(요삼 1:8).

선교사가 얼마나 힘든가! 자신의 것을 모두 내려놓아야 하고, 훈련을 받아야 한다. 그런데 하나님은 그들을 영접하는 자들을 선교사의 동역자로 여기고, 더 나아가 하나님의 동역자로 여겨 주신다.

그들 중에 으뜸이 되기를 좋아하는 디오드레베는 교회 안에 있는 자였지만 형제들을 대접하지 않았다. 요한이 교회에 부탁의 편지를 썼음에도 불구하고 말이다! 요한은 그 일을 절대 잊지 않겠다고 말한다. 그가 악한 말로 비방하고, 형제들을 맞아 주지도 않고, 교회의 지체가 선교사, 곧 형제를 맞아들이고자 하니 그 사람도 교회에서 내쫓아 버렸기 때문이다.

요한은 이제 디오드레베와 다른 사례를 말한다. 데메드리오의 이야기다. 그는 뭇사람(모든 사람, 각각의 모든)에게도, 진리에게서도 증거를 받았다. 여기서 '진리'의 뜻은 '진리 자체', '교회에 의해서', '교회와 진리에 의해서'라고 하는 사본들이 존재한다.

유다서

신약의 마지막 편지

유다서는 예수님의 동생 유다가 쓴 편지다. 유다는 자신을 '예수 그리스도의 종', '야고보의 형제'로 소개한다. 예수 그리스도의 종은 그리스도에 속하고 그분으로부터 권위를 받은 사역자라는 뜻이다. 그는 처음에 예수님을 귀신 들린 자로 생각했었다(막 3:20-25 참조). 그러나 예수님이 부활하신 후 믿게 되었다(행 1:13-14 참조). 그는 전도에 힘쓰다가 A.D. 70-80년경에 순교한 것으로 알려졌다.

이 편지는 유다가 순회 전도를 하며 설교했던 한 교회에 보낸 것으로 보인다. 신약 중 가장 이해되지 못하는 책이라고 평가받고 있다. 마르틴 루터(Martin Luther)는 독일어 성경을 번역한 서문에서 유다서를 베드로후서의 요약편이라고도 말했다. 유다서의 많은 구절이 베드로후서와 비슷하다. 거짓 선지자, 범죄한 천사, 소돔과 고모라의 멸망, 천사와의 비교, 발람의 길, 물 없는 샘, 사도의 발을 기억할 것, 기록자 등이 흡사하다.

거짓 교사들에게 내릴 심판 (1:3-16)

유다는 3-4절에 이 편지를 쓰게 된 동기를 밝힌다.

> 우리가 일반으로 받은 구원에 관하여 내가 너희에게 편지하려는 생각이 간절하던 차에 성도에게 단번에 주신 믿음의 도를 위하여 힘써 싸우라는 편지로 너희를 권하여야 할 필요를 느꼈노니(유 1:3).

'단번에 주신'이라는 표현은 하나님이 우리에게 주신 믿음을 가리킨다. 이 믿음을 거짓 교사들이 절대로 무너뜨릴 수 없다는 것이다.

> 이는 가만히 들어온 사람 몇이 있음이라 그들은 옛적부터 이 판결을 받기로 미리 기록된 자니 경건하지 아니하여 우리 하나님의 은혜를 도리어 방탕한 것으로 바꾸고 홀로 하나이신 주재 곧 우리 주 예수 그리스도를 부인하는 자니라 너희가 본래 모든 사실을 알고 있으나 내가 너희로 다시 생각나게 하고자 하노라 주께서 백성을 애굽에서 구원하여 내시고 후에 믿지 아니하는 자들을 멸하셨으며 또 자기 지위를 지키지 아니하고 자기 처소를 떠난 천사들을 큰 날의 심판까지 영원한 결박으로 흑암에 가두셨으며 소돔과 고모라와 그 이웃 도시들도 그들과 같은 행동으로 음란하며 다른 육체를 따라가다가 영원한 불의 형벌을 받음으로 거울이 되었느니라 그러한데 꿈꾸는 이 사람들도 그와 같이 육

체를 더럽히며 권위를 업신여기며 영광을 비방하는도다(유 1:4-8).

지금 영지주의자들은 현실적 근거가 없는 일에 매달리며 마치 꿈꾸는 사람들 같다. 예수님의 성육신과 십자가 사건을 무시하고 헛된 망상을 한다.

천사장 미가엘이 모세의 시체에 관하여 마귀와 다투어 변론할 때에 감히 비방하는 판결을 내리지 못하고 다만 말하되 주께서 너를 꾸짖으시기를 원하노라 하였거늘(유 1:9).

거짓 교사들이 '영광', 즉 천사들을 비방하는 것이 잘못된 것임을 지적하는 모델로 유대인들을 보호하고 사탄을 대적하는 미가엘 천사장을 들고 있다(단 10:13, 21; 계 12:7 참조). 외경에 의하면 사탄은 모세가 살인자라는 이유로(출 2:12 참조) 모세의 시체에 대한 자신의 권리를 주장했다고 한다. 이때 미가엘 천사장은 분명히 권세와 능력과 위엄이 있는데도 사탄을 직접 판결하거나 고소하지 않고 하나님께 맡겼다. 유다는 이것을 이야기하며 거짓 교사들의 범죄를 드러내고 있다. 홀로 심판자이신 하나님께 사탄의 고소를 물리치고 정죄하실 것을 요청한다.

이 사람들은 무엇이든지 그 알지 못하는 것을 비방하는도다 또 그들은 이성 없는 짐승같이 본능으로 아는 그것으로 멸망하느니라(유 1:10).

이단들은 정통 교리 중에서 이해되지 않는 것은 무조건적으로 비난한다. 그들은 가인의 길, 발람의 어그러진 길, 고라의 패역을 따라 멸망했다.

가인의 길

창세기 4장을 보면, 가인은 자기 농산물로 제사를 드렸지만, 하나님은 아벨의 제물만 받으셨다. 이에 가인은 분노하여 동생 아벨을 죽이고 만다. 유다는 거짓 교사들을 향해, 그들이 가인처럼 자기중심적이고 시기와 분노로 가득한 사람들이라고 지적한다. '가인의 길'이란, 자기 방식대로 하나님을 섬기고 시기, 분노, 회개 없는 마음으로 결국 멸망에 이르는 길을 말한다.

발람의 어그러진 길

발람은 민수기 22-24장에 등장하는 이방의 예언자다. 모압 왕 발락은 이스라엘 백성이 두려워, 발람에게 저주해 달라고 여러 차례 요청한다. 하나님은 처음에 가지 말라고 하셨지만, 발람의 마음에는 미련이 있었다. 결국 발람은 이스라엘을 직접 저주하지는 않았지만, 모압 여인들과의 음행과 우상숭배를 유도했다. 이 사건으로 인해 2만 4천 명이 죽는다. '발람의 길'이란, 돈이나 이익을 위해 하나님의 뜻을 왜곡하는 길이다.

고라의 패역

고라는 레위 지파 사람이었으며, 모세와 아론의 권위에 도전하다 하나님으로부터 심판을 받았다. 그는 다단, 아비람 등 250명의 족장과 함께 반역하며 이렇게 말했다.

"모든 백성이 거룩한데 왜 모세와 아론만 특별하냐? 우리도 리더가 될 자격이 있다!"

그들의 주장은 하나님이 세우신 질서와 권위에 대한 도전이었다(민 16-17장 참조). 그들은 결국 땅이 갈라져 산 채로 삼켜지고 만다.

유다는 '고라의 패역'을 말하며, 오늘날 거짓 교사들도 고라처럼 하나님이 세우신 영적 질서를 무시하고, 자신의 욕망으로 교회 안에서 권위를 주장하며 공동체를 분열시키는 행동을 하고 있다고 경고한다.

그들은 기탄없이 너희와 함께 먹으니 너희의 애찬에 암초요(유 1:12).

'기탄없이'라는 말은 '염치없이', '두려움 없이'라는 뜻이다. '애찬'은 성도 간에 사랑의 교제를 나누는 것이다. 같이 밥을 먹는 데 있어 암초는 전혀 없어야 할 것들이다.

자기 몸만 기르는 목자요(유 1:12).

거짓 교사들은 양 떼를 생각하지 않는 못된 목자다. 오직 자기만 생각한다.

바람에 불려가는 물 없는 구름이요(유 1:12).

이는 잠언 25장 14절을 반영한 은유다. 팔레스타인 지역 해변에 뜨는 구름은 비를 뿌릴 것처럼 보이나 바람에 밀려서 그냥 지나가는 경우가 흔하다. 거짓 교사들의 약속도 그렇다.

죽고 또 죽어 뿌리까지 뽑힌 열매 없는 가을 나무요(유 1:12).

열매 맺을 가을에 뿌리가 뽑혀 죽어 아무런 열매를 맺지 못하는 나무와 같은 존재가 거짓 교사들이다.

자기 수치의 거품을 뿜는 바다의 거친 물결이요(유 1:13).

이사야 57장 20절에서 파도로 인해 해변에 밀려온 오물처럼, 거짓 교사들은 자신들의 삶 속에서 오직 수치스러운 행위와 언어만을 내뱉어 놓는다.

영원히 예비된 캄캄한 흑암으로 돌아갈 유리하는 별들이라(유 1:13).

'유리하는 별들'은 유성이나 별똥을 의미하는 것으로 거짓 교사들을 가리키는 은유다. 그리스도인들은 하늘의 별과 같이 영원토록 빛날 것이나(단 12:3 참조), 거짓 교사들은 유리하는 별들과 같이 어둠 속에 파묻혀 심판을 당해 사라질 것이다.

아담의 칠대 손 에녹이 이 사람들에 대하여도 예언하여 이르되(유 1:14).

에녹은 하나님과 깊은 교제를 나누며 살다가 죽지 않고 승천한 구약의 인물이다(창 5:18, 24 참조).

보라 주께서 그 수만의 거룩한 자와 함께 임하셨나니(유 1:14).

이는 주님이 수만의 천사, 또는 성도와 함께 임하시는 것을 말한다. 수많은 천사와 성도를 거느리고 오신다는 것이다.

이는 뭇사람을 심판하사 모든 경건하지 않은 자가 경건하지 않게 행한 모든 경건하지 않은 일과 또 경건하지 않은 죄인들이 주를 거슬러 한 모든 완악한 말로 말미암아 그들을 정죄하려 하심이라 하였느니라(유 1:15).

주님은 심판할 때 경건하지 않은 사람들이 제멋대로 행한 일들, 경건하지 않은 사람들을 모두 들추어 내신다.

이 사람들은 원망하는 자며 불만을 토하는 자며 그 정욕대로 행하는 자라 그 입으로 자랑하는 말을 하며 이익을 위하여 아첨하느니라(유 1:16).

발람이 삯을 위해 발락의 요구대로 이스라엘 백성을 음란과 우상 숭배에 빠지게 했던 것처럼 거짓 교사들의 행동은 자신을 위한 것이고, 그들은 철저한 이중인격자들이다.

훈계와 권면 (1:17-23)

너희는 우리 주 예수 그리스도의 사도들이 미리 한 말을 기억하라 … 마지막 때에 자기의 경건하지 않은 정욕대로 행하며 조롱하는 자들이 있으리라 하였나니 이 사람들은 분열을 일으키는 자며 육에 속한 자며 성령이 없는 자니라(유 1:17-19).

'마지막 때'는 그리스도가 다시 오실 때를 말한다. 여기서는 헬라어로 시간의 종말을 말하는 '크로노스'를 사용했다. '조롱하는 자들'은 그리스도의 인성과 신성을 부인하고 기독교 진리를 조롱하는 자들이다. 또 그들은 성령을 받지 않고 본능대로 산다.

사랑하는 자들아 너희는 너희의 지극히 거룩한 믿음 위에 자신을 세우며 성령으로 기도하며(유 1:20).

성령의 인도를 받아 하나님께 구해야 한다.

하나님의 사랑 안에서 자신을 지키며 영생에 이르도록 우리 주 예수 그리스도의 긍휼을 기다리라(유 1:21).

하나님의 사랑 안에 머물며 예수님의 자비를 기다리자. '그리스도의 긍휼'은 주님이 마지막 때 다시 오셔서 악한 자를 심판하고 신실한 성도들에게 은혜를 베풀어 구원하신다는 것을 말한다.

어떤 의심하는 자들을 긍휼히 여기라(유 1:22).

믿음을 의심하는 사람들도 불쌍히 여기자.

또 어떤 자를 불에서 끌어내어 구원하라 또 어떤 자를 그 육체로 더럽힌 옷까지도 미워하되 두려움으로 긍휼히 여기라(유 1:23).

우리만 구원을 얻었다고 기뻐하지 말고, 죽어 가는 이들을 불쌍히 여기고 구원하라는 것이다. '불에서 끌어내어'는 영영 죽을 수밖에 없는 자를 구원하라는 말이다. 지옥의 심판을 받기 전에 건져 내야 한다. 또 다른 부류, 육신의 정욕으로 더럽혀진 사람들은 옷까지도 증오하며 두려운 마음으로 그들을 불쌍히 여기라고 했다. 육신의 정욕으로 악해진 자는 그 옷까지도 더러워졌다고 표현한다. 그러면서도 그리스도인들은 남들의 연약함과 부족함을 비난해서는 안 된다. 오히려 두려운 마음으로 기도해야 한다.

축복
(1:24-25)

능히 너희를 보호하사 거침이 없게 하시고 너희로 그 영광 앞에 흠이 없이 기쁨으로 서게 하실 이 곧 우리 구주 홀로 하나이신 하나님께 우리 주 예수 그리스도로 말미암아 영광과 위엄과 권력과 권세가 영원 전부터 이제와 영원토록 있을지어다 아멘(유 1:24-25).

우리를 지켜 주시는 하나님께 기도하기를 바란다.

요한계시록

요한이 받은 하나님의 환상과 계시

A.D. 81년, 도미티아누스(Domitianus)가 로마의 황제가 되었을 때 경제가 어려워지자, 그는 원로원 의원 몇 명에게 누명을 씌워 재산을 빼앗기까지 했다. 동시에 그리스와 로마의 신들을 복원하려 하며 신전 건립을 추진했지만, 그리스도인들이 반대하여 무산되었다.

그러나 10년 뒤, 도미티아누스는 결국 그리스와 로마 신전들을 복원하고 자신을 신격화하여 황제 숭배를 강요하기 시작했다. '도미누스 에트 데우스'(Dominus et Deus)라는 말은 '도미티아누스, 우리의 주님이자 하나님'이라는 뜻이다. 하지만 '예수만이 주님'이시라고 고백하는 그리스도인들은 도미티아누스에게 절하지도, 그를 신이라 부르지도 않았다. 그 결과, 로마 전역에서 엄청난 기독교 박해가 일어났다.

그리스도인들은 생명을 지키기 위해 땅을 파고 지하로 숨어들었는데, 그렇게 형성된 것이 카타콤(Catacomb)이다. 그 깊이가 무려 지하 20층에 이른다. 사도 요한은 이 시기에 밧모섬에 유배되어 있었다.

그때 그들에게 가장 힘든 것은 하나님의 침묵이었다. 박해가 언제 끝날지 모르는 절망적인 상황 속에서, 90세가 넘은 노인 요한에게 하나님이 환상과 계시를 보여 주며 그것을 기록하게 하신 것이 요한계시록이다. 요한계시록의 구조는 다음과 같다.

1장 서론

2-3장 일곱 교회

4-5장 하늘의 예배

6-16장 네 개의 사이클

1) 일곱 개의 인

2) 일곱 개의 나팔

3) 일곱 개의 표적

4) 일곱 개의 대접

17-18장 바벨론의 멸망

19-20장 예수 그리스도의 승리

21-22장 새 하늘과 새 땅

서론(1장)

예수 그리스도의 계시(1:1-8)

예수 그리스도의 계시라 이는 하나님이 그[예수님]에게 주사 반드시 속히 일어날 일들을 그 종들에게 보이시려고 그의 천사를 그 종 요한에게 보내어 알게 하신 것이라 요한은 하나님의 말씀과 예수 그리스도의 증거 곧 자기가 본 것을 다 증언하였느니라(계 1:1-2).

예수 그리스도의 계시다. '계시'란 하나님이 사람에게 당신을 드러내시는 것이다. 인간은 알 수 없는 하나님의 계획과 성품을 친히 보여 주시는 것이다.

요한계시록은 곧 예수 그리스도가 우리에게 나타나신 계시이며, 하나님이 예수님에게 주셔서, 속히 일어날 일들을 박해받고 있는 그리스도인들에게 알리시려는 것이다. 하나님은 이 계시를 천사를 통해 요한에게 보내어 알게 하셨다.

우리는 증언하는 사람을 '증인'이라고 부른다. 증인은 자기가 본 것, 들은 것, 알고 있는 것을 말해야 한다. 그리스도인들은 하나님의 증인들이다. 도미티아누스가 그들에게 누가 신이냐고 물었을 때 두려워서 대답을 안 한다면 충성된 증인이 아니다. 신은 하나님, 곧 주 예수 그리스도이시다.

요한은 자기가 본 것을 모두 증언했다. 이 계시의 말씀을 읽는 자와 듣는 자 그리고 지키는 자는 복이 있다.

요한은 아시아에 있는 일곱 교회에 편지하노니 이제도 계시고 전에도 계셨고 장차 오실 이와 그의 보좌 앞에 있는 일곱 영과(계 1:4).

여기서 '이제도 계시고'를 먼저 썼다. "전에도 계셨고 이제도 계시고 장차 오실 이시라"(계 4:8)라는 말씀처럼 과거, 현재, 미래 순으로 말하는 것이 정석인데, 여기서는 '이제도 계시고'를 먼저 언급하고 있다. 이유가 있다. 도미티아누스의 박해로 예수님을 믿는다고 하면 죽는 시대에 사람들은 "예수님은 살아 계신가? 하나님은 지금 우리를 보호하고 계시는가?" 하며 두려워하고 있었다. 그런 사람들에게 요한은 '이제도 계신 예수님'을 드러내고 있는 것이다.

그의 아버지 하나님을 위하여 우리를 나라와 제사장으로 삼으신 그에게 영광과 능력이 세세토록 있기를 원하노라 아멘 … 주 하나님이 이르시되 나는 알파와 오메가라 이제도 있고 전에도 있었고 장차 올 자요 전능한 자라 하시더라(계 1:6, 8).

예수님은 하나님 아버지의 영광을 위해 우리 그리스도인들을 나라와 제사장으로 삼으셨다. 그분은 재림 때 구름을 타고 오실 것이다. 우리를 괴롭혔던 사람들도 그 광경을 다 보게 될 것이다. 전 세계적인 사건이 될 것이다.

그리스도의 명령 (1:9-20)

요한이 밧모섬에 있는데 주의 날에 성령에 감동되어 하나님의 음성을 듣는다. 요한이 보는 것을 두루마리에 써서 에베소, 서머나, 버가모, 두아디라, 사데, 빌라델비아, 라오디게아 등 일곱 교회에 보내라고 하신다.

> 몸을 돌이켜 나에게 말한 음성을 알아보려고 돌이킬 때에 일곱 금 촛대를 보았는데 촛대 사이에 인자 같은 이가 발에 끌리는 옷을 입고 … 그의 오른손에 일곱 별이 있고 그의 입에서 좌우에 날 선 검이 나오고(계 1:12-13, 16).

요한이 소리가 나는 쪽을 보니 일곱 금 촛대(교회)가 있고, 그 촛대 사이를 예수님이 거닐고 계신다. 즉 예수님은 교회에 계시는 분이다. 그분의 손에는 일곱 별(일곱 교회의 사자, 곧 사명을 가지고 보냄을 받은 자들)이 있고, 그분의 입에서는 좌우에 날 선 검(말씀)이 나온다.

> 내가 볼 때에 그의 발 앞에 엎드러져 죽은 자같이 되매 그가 오른손을 내게 얹고 이르시되 두려워하지 말라 나는 처음이요 마지막이니 곧 살아 있는 자라 내가 전에 죽었었노라 볼지어다 이제 세세토록 살아 있어 사망과 음부의 열쇠를 가졌노니 그러므로 네가 본 것과 지금 있는 일과 장차 될 일을 기록하라(계 1:17-19).

요한은 하나님을 뵈었기에 너무도 두려워 엎드렸다. 그러자 예수님이 말씀하신다.

"두려워하지 마라. 나는 처음이며 마지막이다. 나는 죽었었으나, 지금은 살아 있다. 영원히 살아 있으며, 사망과 음부의 열쇠를 가지고 있다. 네가 본 것(1장의 환상)과 지금 있는 일(2-5장, 일곱 교회의 현재 상황과 동시에 존재하는 하늘의 상황) 그리고 장차 될 일(4-22장)을 기록하라."

일곱 교회(2-3장)

일곱 교회에게 주신 말씀(2-3장)

예수님은 일곱 교회 각각의 영적 상태에 따라 책망하시고, 회개를 촉구하시며, 격려와 약속도 주신다. 일곱 교회는 다음과 같다.

에베소, 서머나, 버가모, 두아디라, 사데, 빌라델비아, 라오디게아

에베소교회에 보내는 말씀(2:1-7)

에베소는 로마 식민지 시기에 상업과 문화의 중심지였으며, 아데미 여신과 우상 숭배가 가득한 도시였다. 사도 바울은 2차 전도 여행 때 이곳에서 복음을 전했고, 3차 전도 여행 때는 3년 동안 머물며 교회를 든든히 세웠다(행 19장 참조).

> 에베소교회의 사자에게 편지하라 오른손에 있는 일곱 별을 붙잡고 일곱 금 촛대 사이를 거니시는 이가 이르시되 내가 네 행위와 수고와 네 인내를 알고 … 그러나 너를 책망할 것이 있나니 너의 처음 사랑을 버렸느니라 그러므로 어디서 떨어졌는지를 생각하고 회개하여 처음 행위를 가지라 만일 그리하지 아니하고 회개하지 아니하면 내가 네게 가서 네 촛대를 그 자리에서 옮기리라(계 2:1-2, 4-5).

예수님은 에베소교회가 인내하고 수고한 것을 다 안다고 말씀하신다. 그들은 열심히 일했고, 박해에도 흔들리지 않았다. 또 니골라당이라 불리는

▲ 아시아의 일곱 교회

일부 이단자들이 교회에 들어와 흔들려 해도 절대로 움직이지 않았다. 그런데 예수님은 그들에게 한 가지 잘못이 있다고 하신다. 바로 하나님과의 첫 사랑을 잃어버린 것이다. 시간이 흐르면서 주님을 향한 사랑이 점점 식어 가고 있었던 것이다. 열심히 일은 했지만, 하나님과의 관계는 점점 메말라 가고 있었다.

이에 주님은 "어디서 떨어졌는지 생각하고 회개하며, 처음 행위를 가지라"라고 말씀하신다. 어디서 사랑이 식었는지 돌아보고, 관계 회복을 결단하며 다시 사랑으로 움직이라는 것이다. 그렇지 않으면 주님이 촛대를 옮겨 버릴 것이라고 하신다. 어떤 교회든, 사람이든 하나님과의 사랑을 잃어버리면 망할 수밖에 없다.

서머나교회에 보내는 말씀(2:8-11)

서머나교회는 일곱 교회 중에서 주님께 책망 없이 칭찬만 받은 두 교회 중 하나로, 폴리캅(Polycarp)이 제2대 감독이었다. 기독교를 박해하는 로마 군인들이 폴리캅에게 말한다.

"그리스도를 저주하라! 카이사르, 로마 도미티아누스 수호신의 이름으로 맹세하라!"

그러나 그는 이렇게 대답한다.

"내가 86년 동안 예수님을 섬겼으나 그분은 한 번도 나를 배신하지 않으셨다. 내가 어떻게 그분을 모독할 수 있단 말인가?"

그는 불에 타 죽어 가는 순간까지도 끝까지 예수님을 찬양했다. 그 당시 서머나에 사는 유대인들 가운데는 그리스도인들을 로마에 신고해 죽게 만드는 일들이 있었다. 그런 고난 가운데서도 서머나교회는 믿음과 충성을 지켰다.

> 서머나교회의 사자에게 편지하라 처음이며 마지막이요 죽었다가 살아나신 이가 이르시되 내가 네 환난과 궁핍을 알거니와 실상은 네가 부요한 자니라 자칭 유대인이라 하는 자들의 비방도 알거니와 실상은 유대인이 아니요 사탄의 회당이라 … 마귀가 장차 너희 가운데에서 몇 사람을 옥에 던져 시험을 받게 하리니 … 네가 죽도록 충성하라 그리하면 내가 생명의 관을 네게 주리라(계 2:8-10).

예수님은 서머나 성도들이 주님을 믿는다는 이유로 환난과 궁핍을 겪고 있다는 사실을 다 알고 계셨다. 여기서 말하는 '관'에는 두 개의 뜻이 있다. 하나는 왕이 쓰는 관, 다른 하나는 경주에서 승리한 운동 선수에게 주는 관이다. 이 생명의 관은 끝까지 믿음을 지키며 경주에서 승리한 그리스도인에게 하나님이 주시는 상급이다.

> 이기는 자는 둘째 사망의 해를 받지 아니하리라(계 2:11).

'둘째 사망'은 믿지 않는 사람들의 운명으로, 요한계시록에서는 불 못으로 일컫는다. 그것은 첫째 부활 혹은 새 예루살렘의 복을 경험하지 못하고 그 이름이 어린양의 생명책에 기록되지 않은 사람들에게 찾아올 운명이다. 우리는 모두 육체의 죽음을 경험한다. 그러나 끝까지 승리하는 사람에게는 하나님과 분리되는 두 번째 죽음이 없다는 것이다. 하나님과 영원히 사는 것이다.

버가모교회에 보내는 말씀(2:12-17)

> 버가모교회의 사자에게 편지하라 좌우에 날 선 검을 가지신 이가 이르시되 네가 어디에 사는지를 내가 아노니 거기는 사탄의 권좌가 있는 데라 네가 내 이름을 굳게 잡아서 내 충성된 증인 안디바가 너희 가운데 곧 사탄이 사는 곳에서 죽임을 당할 때에도 나를 믿는 믿음을 저버리지 아니하였도다 그러나 네게 두어 가지 책망할 것이 있나니 거기 네게 발람의 교훈을 지키는 자들이 있도다 (계 2:12-14).

버가모교회에게 편지하는데, 좌우에 날 선 검을 가지신 이, 곧 예수님이 말씀하신다. 총독의 칼이 아니라 말씀의 칼을 가지신 분이다! 충성된 증인 안디바! 순교자들은 단 한마디로 예수님을 부정하면 살 수 있었다. 그러나 끝까지 믿음을 지켜 냈다.

발람은 민수기 22장부터 24장에 걸쳐 나오는데, 재물에 눈이 어두워 모압을 위해 이스라엘을 저주하고 싶어 하여 자신이 꾀를 내어 이스라엘 백성이 모압 신의 축제에 가게 한다. 결국 이스라엘 백성은 그곳에서 음행하여 하나님의 진노를 산다.

> 이기는 그에게는 내가 감추었던 만나를 주고 또 흰 돌을 줄 터인데 그 돌 위에 새 이름을 기록한 것이 있나니 받는 자밖에는 그 이름을 알 사람이 없느니라(계 2:17).

'감추었던 만나'는 법궤에 들어 있는데 그것은 메시아가 올 때 전해진다고 말했다. 만나는 현재의 영적 생명을 상징하고 장래에 있을 영생을 의미한다. 이기는 자에게는 영원히 배고프지 않을 양식을 주겠다고 보증하시는 것이다.

그리고 흰 돌! 당시의 로마 법정에서는 판사들이 판결을 위해 두 개의 돌, 곧 흰 돌과 검은 돌을 사용했다. 흰 돌은 무죄다. 그러니까 흰 돌을 받는다는 것은 무죄라는 의미다. 이것은 받는 자만 알 수 있다.

두아디라교회에 보내는 말씀(2:18-29)

두아디라는 에베소와 서머나보다 더 내륙에 위치해 있다. 사도행전 16장에 나오는 루디아가 두아디라 출신의 자색 옷감 장수였다.

> 두아디라교회의 사자에게 편지하라 그 눈이 불꽃 같고 그 발이 빛난 주석과 같은 하나님의 아들이 이르시되 내가 네 사업과 사랑과 믿음과 섬김과 인내를 아노니 네 나중 행위가 처음 것보다 많도다 그러나 네게 책망할 일이 있노라 자칭 선지자라 하는 여자 이세벨을 네가 용납함이니 그가 내 종들을 가르쳐 꾀어 행음하게 하고 우상의 제물을 먹게 하는도다(계 2:18-20).

두아디라 성도들의 사업, 사랑, 믿음, 섬김, 인내를 아는데 나중 행위가 처음 것보다 많다고 칭찬하셨다. 그들은 역경에도 굴하지 않고 성장했다.

그러나 책망할 일이 있다고 하셨다. 자칭 선지자라 하는 이세벨을 용납한 것이니 그가 행음하게 하고 우상의 제물을 먹게 했다. 두아디라는 다른 면에서는 모범이었지만, 거짓 선지자 '이세벨' 같은 여자가 그들을 미혹해서 거짓 신을 숭배하게 했다. 곧 우상 숭배를 피하라고 말씀하시는 것이다.

> 또 내가 그에게 회개할 기회를 주었으되 자기의 음행을 회개하고자 하지 아니하는도다 볼지어다 내가 그를 침상에 던질 터이요(계 2:21-22).

'그를 침상에 던질 터이다'라는 말은 '육체적 질병'으로 병상에 드는 것을 이야기한다. 예수님은 각 사람의 행위대로 갚아 주리라 말씀하신다.

> 이기는 자와 끝까지 내 일을 지키는 그에게 만국을 다스리는 권세를 주리니 그가 철장을 가지고 그들을 다스려 질그릇 깨뜨리는 것과 같이 하리라 … 내가 또 그에게 새벽별을 주리라(계 2:26-28).

그리고 끝까지 버티면 새벽별을 주겠다고 하신다. '새벽별'은 예수 그리스도를 상징하는 것으로, 어둠에 잠긴 세상에 찬란하게 떠오르는 빛이다. 곧 이 약속은 이기는 자에게 예수님 당신을 주시겠다는 것이다.

사데교회에 보내는 말씀(3:1-6)

> 사데교회의 사자에게 편지하라 하나님의 일곱 영과 일곱 별을 가지신 이가 이르시되 내가 네 행위를 아노니 네가 살았다 하는 이름은 가졌으나 죽은 자로다(계 3:1).

'사데'라는 이름의 뜻은 '살아남아 있다'라는 의미다. 그러나 교회는 이름과 달리 죽은 자라는 책망을 받았다. 속은 영적으로 죽어 있는 상태였다.

사데는 고대 리디아 왕국의 수도로, 경제적으로 부유한 도시였다. 산꼭대기에 자리 잡고 있어서 '우리는 절대로 공격당하지 않아' 하며 방심했다가 두 번이나 공격당한 역사를 가지고 있었다. 그런 분위기는 교회 안에서도 이어졌다.

> 그러므로 네가 어떻게 받았으며 어떻게 들었는지 생각하고 지켜 회개하라 만일 일깨지 아니하면 내가 도둑같이 이르리니 어느 때에 네게 이를는지 네가 알지 못하리라(계 3:3).

이에 예수님은 정신을 차려서 복음을 어떻게 받고 어떻게 들었는지 생각하고 지켜 회개하라고 하신다. 예수님이 도둑같이 이른다고 하시며, 회개하지 않을 경우에 준비되지 않은 상태에서 죽음을 맞든지, 예수님의 재림을 맞든지 둘 중의 하나가 될 것이라는 경고의 말씀이다.

> 그러나 사데에 그 옷을 더럽히지 아니한 자 몇 명이 네게 있어 흰옷을 입고 나와 함께 다니리니 그들은 합당한 자인 연고라 이기는 자는 이와 같이 흰옷을 입을 것이요 내가 그 이름을 생명책에서 결코 지우지 아니하고 그 이름을 내 아버지 앞과 그의 천사들 앞에서 시인하리라(계 3:4-5).

그런데 사데교회에도 옷을 더럽히지 않은 몇 명이 있다고 하셨다. 흰옷을 입었다는 것은 곧 어린양이신 그리스도의 피로 씻어 깨끗하게 된 것을 의미하며, 또한 성도의 옳은 행실을 의미한다. 그들은 생명책에서 결코 지워지지 않고 구원받게 된다. 예수님이 하나님 아버지 앞과 천사들 앞에서 시인한다고 하신다.

빌라델비아교회에 보내는 말씀(3:7-13)

일곱 교회 중에서 주님께 책망 없이 칭찬만 받은 교회가 바로 빌라델비아교회다. '빌라델비아'라는 이름은 '형제 사랑'이라는 뜻이다. 이 도시는 지진이 잦아 자주 흔들렸지만, 교회의 신앙만큼은 흔들리지 않았다.

> 빌라델비아교회의 사자에게 편지하라 거룩하고 진실하사 다윗의 열쇠를 가지신 이 곧 열면 닫을 사람이 없고 닫으면 열 사람이 없는 그가 이르시되(계 3:7).

'다윗의 열쇠'라는 표현은 이사야 22장 20-22절에 나온다. 여기에 나오는 다윗의 열쇠는 왕의 창고의 열쇠를 말한다. 히스기야왕에게는 충직한 종 엘리아김이 있었다. 그는 왕궁의 청지기장으로서 그곳을 언제나 열 수 있었다. 빌라델비아는 지리적 여건상 두 골짜기 사이에 자리 잡고 있고, 무시아와 리디아와 브리기아의 경계가 만나는 중요한 길목의 열쇠가 되는 도시였기에 그렇게 표현한 것 같다.

> 네가 작은 능력을 가지고서도 내 말을 지키며 내 이름을 배반하지 아니하였도다 보라 사탄의 회당 곧 자칭 유대인이라 하나 그렇지 아니하고 거짓말하는 자들 중에서 몇을 네게 주어 그들로 와서 네 발 앞에 절하게 하고 내가 너를 사랑하는 줄을 알게 하리라(계 3:8-9).

작은 교회였지만 신실하게 주님을 따랐다. 사탄 같은 존재들이 괴롭혀도 예수님의 이름을 지키며 믿음을 잃지 않았다. 예수님이 직접 열어 주신 문이기에 아무도 그 문을 닫을 수 없다. 예수님은 이렇게 말씀하신다.

> 네가 나의 인내의 말씀을 지켰은즉 내가 또한 너를 지켜 시험의 때를 면하게 하리니 이는 장차 온 세상에 임하여 땅에 거하는 자들을 시험할 때라 내가 속히 오리니 네가 가진 것을 굳게 잡아 아무도 네 면류관을 빼앗지 못하게 하라 이기는 자는 내 하나님 성전에 기둥이 되게 하리니 그가 결코 다시 나가지 아니하리라 내가 하나님의 이름과 하나님의 성 곧 하늘에서 내 하나님께로부터 내려오는 새 예루살렘의 이름과 나의 새 이름을 그이 위에 기록하리라(계 3:10-12).

우리가 예수님을 지키면, 예수님도 우리를 지킨다고 하신다. 우리를 교회(성전)의 기둥으로 든든히 세워 주시고, 우리 위에 하나님의 이름, 새 예루살렘의 이름 그리고 예수님의 이름을 새겨 준다고 하신다. 곧 '넌 하나님의 것이다!'라는 이름표를 새겨 주신다는 것이다.

라오디게아교회에 보내는 말씀(3:14-22)

예수님에게 가장 강하게 책망받은 교회가 바로 라오디게아교회다. 그러나 그 안에도 깊은 사랑과 회복의 메시지를 담아 놓으셨다.

라오디게아는 부유한 도시였고, 온천이 있어서 물이 항상 미지근했다. 이것이 예수님이 말씀하신 '차지도 뜨겁지도 않다'라는 표현과 연결된다.

> 내가 네 행위를 아노니 네가 차지도 아니하고 뜨겁지도 아니하도다 네가 차든지 뜨겁든지 하기를 원하노라 … 내 입에서 너를 토하여 버리리라(계 3:15-16).

믿음이 이것도 저것도 아닌 어중간한 상태라면, 예수님은 그것을 토해 버리겠다고 하신다. 17절을 보면, 당시 라오디게아 성도들은 경제적으로 풍요롭다며 부족한 것이 없다고 생각했지만, 예수님은 그들을 향해 가난하고, 눈이 멀었고, 벌거벗었다고 하면서 불로 연단한 금, 곧 참된 믿음과 진짜 보물을 가지라고 말씀하신다. 흰옷, 곧 죄를 덮는 의의 옷을 입어 수치를 가리라고 하신다. 그리고 안약을 사서 눈에 발라 보게 하라고 하신다. 라오디게아는 실제로 눈병 치료약으로 유명한 도시였지만, 영적으로는 눈이 멀어 있었다. 예수님이 주시는 '안약'은 진리를 보게 하는 것이다.

> 무릇 내가 사랑하는 자를 책망하여 징계하노니 그러므로 네가 열심을 내라 회개하라(계 3:19).

예수님이 라오디게아교회를 심하게 책망하신 이유는 그들을 사랑하시기 때문이다. 그래서 회개하라고 하신다.

> 내가 문밖에 서서 두드리노니 누구든지 내 음성을 듣고 문을 열면 내가 그에게로 들어가 그와 더불어 먹고 그는 나와 더불어 먹으리라(계 3:20).

예수님은 우리의 문을 억지로 부수고 들어오지 않으신다. 우리가 스스로 문을 열 때까지 밖에서 기다리신다. 우리가 그 문을 열기만 하면, 주님이 들어오셔서 우리와 함께 식사하며 교제하신다.

> 이기는 그에게는 내가 내 보좌에 함께 앉게 하여 주기를 내가 이기고 아버지 보좌에 함께 앉은 것과 같이 하리라(계 3:21).

이 메시지는 교회 전체를 향한 것이다. 예수님은 이기는 자에게 그분의 보좌, 곧 성부 하나님이 성자 하나님을 앉히신 그 자리에 함께 앉게 해 주겠다고 하신다. 주님의 영광과 통치에 우리가 함께 참여하게 되는 것이다.

하늘의 예배(4-5장)

하늘의 예배(4장)

하늘 보좌에서 하늘의 예배가 드려지고 있다.

> 이 일 후에 내가 보니 하늘에 열린 문이 있는데 내가 들은바 처음에 내게 말하던 나팔 소리 같은 그 음성이 이르되 이리로 올라오라 이후에 마땅히 일어날 일들을 내가 네게 보이리라 하시더라(계 4:1).

요한 사도는 예수님이 일곱 교회에 전하라고 하신 말씀을 들은 뒤, 하늘에 열린 문을 바라보게 되었다. 그때 그 너머에서 나팔 소리 같은 음성이 들려온다.

"이리로 올라오라!"

영에 이끌린 요한은 열린 그 문을 지나, 하늘의 보좌 앞에 서게 된다.

> 내가 곧 성령에 감동되었더니 보라 하늘에 보좌를 베풀었고 그 보좌 위에 앉으신 이가 있는데 앉으신 이의 모양이 벽옥과 홍보석 같고 또 무지개가 있어 보

좌에 둘렸는데 그 모양이 녹보석 같더라 또 보좌에 둘려 이십사 보좌들이 있고 그 보좌들 위에 이십사 장로들이 흰옷을 입고 머리에 금관을 쓰고 앉았더라 보좌로부터 번개와 음성과 우렛소리가 나고 보좌 앞에 켠 등불 일곱이 있으니 이는 하나님의 일곱 영이라(계 4:2-5).

하나님의 보좌가 너무도 장엄하다는 것을 표현하기 위해 이렇게 썼다. 그 보좌를 장식한 보석이 무엇인지 궁금해할 필요는 없다. '일곱 영'에서 일곱은 완전한 숫자로, 성령을 가리키는 것이다.

하늘의 중심, 그 보좌 위에 앉으신 분의 모습은 벽옥과 홍보석처럼 찬란하고, 보좌 주위에는 에메랄드 같은 무지개가 펼쳐져 있다. 보좌에서는 번개가 치고, 우렛소리가 진동한다. 그 앞에는 일곱 등불, 곧 하나님의 일곱 영이 있다. 보좌 앞은 마치 유리 바다 같고, 수정처럼 맑은 공간이 펼쳐져 있다.

보좌를 둘러싼 자리에는 스물네 개의 보좌들이 있고 스물네 명의 장로가 흰옷을 입고 머리에 금관을 쓴 채 앉아 있다. 이들은 구약의 열두 지파와 신약의 열두 사도를 상징하며, 수많은 하나님의 신실한 성도를 말하는 것이다. 그렇다면 흰옷은 무엇일까? 요한계시록 7장 13-14절에서 장로가 요한에게 흰옷 입은 자들이 누구냐고 물었을 때 요한은 "주여, 당신이 아십니다"라고 대답한다.

어린양의 피에 그 옷을 씻어 희게 하였느니라(계 7:14).

피에 더러운 옷을 씻으면 흰옷이 될 수 있는가? 될 수 없다. 그러니 이것을 문자적으로 해석해서는 안 된다. 이 표현은 예수님의 피로 자신들의 죄가 깨끗해진 사람들을 말한다. 그렇다면 이십사 장로가 쓴 금관은 무엇일까?

이제 후로는 나를 위하여 의의 면류관이 예비되었으므로 주 곧 의로우신 재판장이 그날에 내게 주실 것이며 내게만 아니라 주의 나타나심을 사모하는 모든 자에게도니라(딤후 4:8).

'스테파노스'(월계관)는 경기에서 이긴 사람이 쓰는 것이다.

보좌 앞에 수정과 같은 유리 바다가 있고 보좌 가운데와 보좌 주위에 네 생물이 있는데 앞뒤에 눈들이 가득하더라 그 첫째 생물은 사자 같고 그 둘째 생물은 송아지 같고 그 셋째 생물은 얼굴이 사람 같고 그 넷째 생물은 날아가는 독수리 같은데(계 4:6-7).

에스겔서와 요한계시록에 나오는 이 독특한 생물들은 하나님을 예배하며 섬기는 존재들이다. 그들은 하나님의 순결함과 거룩함을 지키고 있다. 그들의 온몸에 눈들이 가득한 것은 정신을 바짝 차리고 하나님을 보호하며 그분의 분부를 행한다는 뜻으로 이해해야 할 것이다(계 2:18, 5:6; 슥 4:10 참조).

네 생물은 각각 여섯 날개를 가졌고 그 안과 주위에는 눈들이 가득하더라 그들이 밤낮 쉬지 않고 이르기를 거룩하다 거룩하다 거룩하다 주 하나님 곧 전능하신 이여 전에도 계셨고 이제도 계시고 장차 오실 이시라 하고(계 4:8).

그들은 밤낮 쉬지 않고 "거룩하다, 거룩하다, 거룩하다! 주 하나님, 곧 전능하신 이여! 전에도 계셨고 이제도 계시고 장차 오실 이시라"라고 외쳤다. 그들은 우리의 삶을 지켜보면서 하나님의 명령을 받아 우리를 지켜 주고 있다. 그 생물들이 영광과 존귀와 감사를 돌릴 때 이십사 장로도 엎드려 하나님을 경배하고 자기의 관을 드리면서 기도한다.

> 우리 주 하나님이여 영광과 존귀와 권능을 받으시는 것이 합당하오니 주께서 만물을 지으신지라 만물이 주의 뜻대로 있었고 또 지으심을 받았나이다(계 4:11).

이십사 장로는 믿음을 끝까지 지켜 얻은 면류관을 하나님께 드리면서 모든 영광을 그분께 올려 드린다.

두루마리와 어린양(5장)

하나님의 손에는 일곱 인으로 봉인된 두루마리가 들려 있다.

> 누가 그 두루마리를 펴며 그 인을 떼기에 합당하냐(계 5:2).

요한은 어디에도 그 인을 뗄 자가 없어 슬피 울었다. 그때 한 장로가 말한다.

> 울지 말라 유대 지파의 사자 다윗의 뿌리가 이겼으니 그 두루마리와 그 일곱 인을 떼시리라(계 5:5).

그리고 요한은 보았다. 일찍이 죽임을 당한 어린양, 일곱 뿔과 일곱 눈을 가진 그분이 보좌와 네 생물, 장로들 사이에 서 계신다. 그 어린양이 하나님의 손에서 두루마리를 받으신다. 그 순간, 하늘 전체가 거대한 찬양대가 되어 찬양한다. 네 생물과 장로들은 금대접에 가득 담긴 향, 곧 성도들의 기도를 들고 수금으로 연주하며 노래를 부른다.

> 두루마리를 가지시고 그 인봉을 떼기에 합당하시도다 일찍이 죽임을 당하사 각 족속과 방언과 백성과 나라 가운데에서 사람들을 피로 사서 하나님께 드리시고 그들로 우리 하나님 앞에서 나라와 제사장들을 삼으셨으니 그들이 땅에서 왕 노릇 하리로다(계 5:9-10).

요한이 보니 그 수가 만만, 천천이다. 이것은 엄청나게 많다는 표현이다. 다 같이 이렇게 외친다.

> 죽임을 당하신 어린양은 능력과 부와 지혜와 힘과 존귀와 영광과 찬송을 받으시기에 합당하도다 … 보좌에 앉으신 이와 어린양에게 찬송과 존귀와 영광과 권능을 세세토록 돌릴지어다(계 5:12-13).

아멘! 이 예배는 지금도 하늘에서 계속되고 있다. 우리도 언젠가 그 자리에 서게 될 것이다.

네 개의 사이클(6-16장)

이기는 자는 누구인가? 세상은 점점 어두워지고, 진리를 붙든 자들은 조롱받으며, 믿음을 지키면 죽임을 당한다. 요한계시록 6-16장은 바로 이런 고통 가운데 있는 성도들을 향한 하나님의 선포다.

일곱 개의 인, 일곱 개의 나팔, 일곱 개의 표적, 일곱 개의 대접. 이 네 개의 사이클은 단순한 종말 예언이 아니다. 지금 이 순간에도 싸우고 있는 성도들에게 들려주시는 하나님의 격려와도 같다.

일곱 인의 시작(6장)

일곱 개의 인은 단순한 미래의 예언이 아니다. 도미티아누스 황제 때 실제로 박해받던 성도들에게 현재의 고난 속에서 소망과 위로를 전하는 메시지다. 로마 황제 도미티아누스는 자신이 신처럼 숭배받기를 원했다.

"가이사는 주님이시다!"

그러나 그리스도인들은 그것을 거부했다. 그래서 잡혀가고, 화형을 당하며, 공동체는 숨어야 했다.

이때 어린양이 일곱 봉인을 하나씩 떼신다. 그 안에 담긴 것은 바로 그들이 겪는 고난의 진실이었다.

일곱 개의 인-그리스도인의 고난과 영광의 서막(6:1-8:1)

하늘에 앉으신 이의 손에는 일곱 개의 봉인으로 봉해진 두루마리가 있다.

그 속에는 역사의 비밀과 하나님의 뜻 그리고 마지막까지 이기는 자에게 주실 상급이 담겨 있다. 예수님이 첫 번째 인을 떼시자, 네 생물 중 하나가 외친다.

"오라."

그때 하얀 말을 탄 자가 등장한다. 그는 활을 가졌고, 면류관을 받고 나아가 이기고 또 이기려 한다. '적그리스도와 악의 세력'으로서 그리스도인들을 괴롭히는 존재다. 그 시대, 바로 로마를 의미하는 것이다.

두 번째 인을 떼시자 붉은 말을 탄 자가 보이는데, 그는 화평을 없애고 사람들이 서로 죽이게 한다. 도미티아누스 황제의 명령은 칼처럼 퍼져, 그리스도인은 가족과 이웃에게 고발당했다. 평화는 깨졌고, 십자가는 피로 물들었다.

세 번째 인을 떼시니 검은 말을 탄 자가 손에 저울을 들고 있다. 그는 이렇게 말한다.

> 한 데나리온에 밀 한 되요 한 데나리온에 보리 석 되로다 또 감람유와 포도주는 해치지 말라(계 6:6).

경제적 박해가 시작된다. 그리스도인은 시장에서 거래할 수 없다. 물가는 치솟고, 굶주림이 일상이다. 그러나 하나님은 기름과 포도주, 곧 성령과 언약은 지키신다.

네 번째 인을 떼시자 죽음의 색을 띤 청황색 말이 등장한다. 그 위에 앉은 자의 이름은 '사망'이고, 그 뒤에는 음부(지옥)가 따른다. 그들이 땅의 4분의 1에 대한 권세를 얻어 전쟁과 기근, 사망, 땅의 짐승 등으로 세상 사람들을 죽인다. 로마의 박해가 사방을 삼켰다.

다섯 번째 인은 앞선 네 인의 결과다. 하나님의 말씀과 자신들이 가진 증거로 인해 죽임을 당한 영혼들이 등장한다. 그들은 예수님을 그리스도로 믿었다는 이유로 죽임을 당했다. 그렇다면 죽은 그들은 지금 어디에 있는가?

> 다섯째 인을 떼실 때에 내가 보니 하나님의 말씀과 그들이 가진 증거로 말미암아 죽임을 당한 영혼들이 제단 아래에 있어(계 6:9).

그들은 제단 아래에 있다. 레위기에 의하면, 제사 때 남은 쓰레기들은 불태웠다. 그렇다면 제단 아래에 놓인다는 것은 무슨 의미인가?

그리스도를 믿다가 죽은 사람들이 제물로 바쳐지고, 하나님은 그 제사를 받으신 것이다. 길거리에서 죽어도, 개죽음을 당해도 하나님은 그들의 고귀한 죽음을 받으신 것이다. 그렇게 죽어 간 사람들은 몰랐을 것이다. 그러나 스데반이, 바울이 그렇게 죽고 바쳐졌다. 그들이 큰 소리로 외친다.

> 거룩하고 참되신 대주재여 땅에 거하는 자들을 심판하여 우리 피를 갚아 주지 아니하시기를 어느 때까지 하시려 하나이까(계 6:10).

그러자 하나님은 그들에게 흰 두루마기를 주며 말씀하신다.

"조금만 기다려라. 아직도 나를 위해 죽을 형제들이 남아 있다."

의인은 사탄이 잠시 이 땅을 지배하는 동안 고난을 받고 죽임을 당한다. 그래서 하나님의 백성에게는 인내가 필요하다. 그러나 반드시 악의 세력은 끝날 것이고, 하나님의 백성이 최후의 승리를 거둘 것이다.

이제 예수님이 여섯 번째 인을 떼신다. 이때 일어나는 사건들은 마태복음 24장에 기록된 재림의 징조들과 일치한다. 이어서 예수님의 재림의 장면이 묘사된다.

내가 보니 여섯째 인을 떼실 때에 큰 지진이 나며 해가 검은 털로 짠 상복같이 검어지고 달은 온통 피같이 되며 하늘의 별들이 무화과나무가 대풍에 흔들려 설익은 열매가 떨어지는 것같이 땅에 떨어지며 하늘은 두루마리가 말리는 것 같이 떠나가고 각 산과 섬이 제자리에서 옮겨지매 땅의 임금들과 왕족들과 장군들과 부자들과 강한 자들과 모든 종과 자유인이 굴과 산들의 바위틈에 숨어 산들과 바위에게 말하되 우리 위에 떨어져 보좌에 앉으신 이의 얼굴에서와 그 어린양의 진노에서 우리를 가리라(계 6:12-16).

예수님이 여섯 번째 인을 떼시자 세상에 큰 지진이 나고, 해는 검게 물들며, 달은 핏빛으로 붉게 변한다. 하늘의 별도 떨어지고, 산과 섬들도 제자리에서 옮겨진다. 이는 단순한 자연재해가 아니라, 하나님이 세상을 심판하기 시작하셨다는 신호다. 그것을 본 모든 사람, 곧 왕과 장군, 부사와 가난한 사람 상관없이 모두가 무서워서 산과 동굴로 도망치며 외친다.

"차라리 산이 우리 위로 무너졌으면 좋겠다. 하나님의 얼굴을 보는 것이 너무나 두렵다!"

이때 질문이 나온다.

그들의 진노의 큰 날이 이르렀으니 누가 능히 서리요(계 6:17).

오직 하나님을 믿고 예수님을 붙잡은 자들만이 설 수 있다. 이는 여호와의 날과 관련해서 이사야의 예언을 직접 인용한 것이다(사 2:19-21 참조).

하나님의 인 치심: 너는 내 사람이다 (7장)

7장은 무서운 심판 한가운데서 하나님이 당신의 사람들을 어떻게 지키시는지 보여 준다. 여섯 번째 인이 열리자 심판이 시작되었다. 그런데 갑자기 하나님이 천사들에게 멈추라고 하신다.

땅과 바다를 해롭게 할 네 천사가 땅 모퉁이에 서서 바람을 붙잡고 있다. 어떤 천사가 하나님의 인을 가지고 와서 그 천사들에게 소리친다.

> 우리가 우리 하나님의 종들의 이마에 인 치기까지 땅이나 바다나 나무들을 해하지 말라(계 7:3).

이 장면은 에스겔 9장을 연상시킨다. 요한계시록 7장과 에스겔 9장은 하나님이 심판 전에 당신의 백성에게 '표시'를 해 두시는 내용이다. 에스겔 시대, 예루살렘의 죄악이 가득 차자 하나님은 여섯 명의 심판자를 부르신다. 그중 한 사람은 허리에 서기관의 먹 그릇을 찼다.

> 너는 예루살렘 성읍 중에 순행하여 그 가운데에서 행하는 모든 가증한 일로 말미암아 탄식하며 우는 자의 이마에 표를 그리라(겔 9:4).

그러고는 죽이지 말라고 하신다. 이는 출애굽 때 어린양의 피를 문설주와 인방에 발라서 보호함을 받은 것과 연관이 있다.

그러면 인 침을 받은 사람은 몇 명일까? 먼저 십사만 사천이 나온다. 이 숫자는 실제 인원이 아니라 상징적 의미다. 구약의 열두 지파와 신약의 열두 사도를 조합해 곱한 후에(12×12=144), 숫자가 정말 많다는 표현으로 천을 곱한 것이다(144×1,000=144,000). 즉 이 숫자는 인 침을 받은 하나님의 자녀가 많다는 것을 비유적으로 표현한 것이다.

요한은 이어서 또 다른 환상을 본다.

> 이 일 후에 내가 보니 각 나라와 족속과 백성과 방언에서 아무도 능히 셀 수 없는 큰 무리가 나와 흰옷을 입고 손에 종려 가지를 들고 보좌 앞과 어린양 앞에 서서 큰 소리로 외쳐 이르되 구원하심이 보좌에 앉으신 우리 하나님과 어린양에게 있도다 하니 모든 천사가 보좌와 장로들과 네 생물의 주위에 서 있다가 보좌 앞에 엎드려 얼굴을 대고 하나님께 경배하여 이르되 아멘 찬송과 영광과 지혜와 감사와 존귀와 권능과 힘이 우리 하나님께 세세토록 있을지어다 아멘 하더라(계 7:9-12).

장로 중 하나가 요한에게 묻는다.

"이 흰옷 입은 자들이 누구고 어디서 왔느냐?"

그러자 요한은 "내 주여, 당신이 아시나이다"라고 답한다. 그러자 장로가 대답해 준다.

> 이는 큰 환난에서 나오는 자들인데 어린양의 피에 그 옷을 씻어 희게 하였느니라 그러므로 그들이 하나님의 보좌 앞에 있고 또 그의 성전에서 밤낮 하나님을 섬기매 보좌에 앉으신 이가 그들 위에 장막을 치시리니(계 7:14-15).

'장막'의 모습은 광야에서 이스라엘 백성 중에 계셨던 하나님의 임재를 생각나게 한다. 그때 하나님은 구름 기둥과 불 기둥으로 그들 중에 장막을 치셨다(출 13:22; 신 31:15; 느 9:19 참조).

> 그들이 다시는 주리지도 아니하며 목마르지도 아니하고 해나 아무 뜨거운 기운에 상하지도 아니하리니 이는 보좌 가운데에 계신 어린양이 그들의 목자가 되사 생명수 샘으로 인도하시고 하나님께서 그들의 눈에서 모든 눈물을 씻어 주실 것임이라(계 7:16-17).

하나님은 그들에게 "다시는 굶거나 목마르지 않게 하겠다. 너희 눈물을 다 닦아 주겠다"라고 말씀하신다. 이 말씀은 이사야서에서 인용한 것이다.

> 그들이 주리거나 목마르지 아니할 것이며 더위와 볕이 그들을 상하지 아니하리니 이는 그들을 긍휼히 여기는 이가 그들을 이끌되 샘물 근원으로 인도할 것임이라(사 49:10).

구약성경의 예언들이 성취되는 것이다. 어린양이 그들의 목자가 되셔서 생명수 샘으로 인도하시고 하나님이 그들의 눈에서 모든 눈물을 씻어 주실 것이다. 결국 이사야가 고대하던 시대가 시작되는 것이다(사 25:8 참조).

일곱 나팔 재앙의 시작(8장)

예수님이 일곱 번째 인을 떼시자 새로운 심판 시리즈, '일곱 나팔 재앙'이 시작된다. 하늘이 반 시간 정도 고요하다. 이는 앞으로 벌어질 일이 너무나 무겁고 거룩해서, 하늘마저 숨을 죽이는 순간이다.

일곱 천사가 일곱 나팔을 받는다. 이때 금향로를 가진 한 천사가 등장한다. 그 금향로에 담긴 성도들의 기도가 하나님의 보좌 앞으로 올라간다. 하나님의 심판은 갑자기 일어나는 것이 아니라, 성도들의 기도에 대한 응답으로 오는 것이다.

> 또 다른 천사가 와서 제단 곁에 서서 금향로를 가지고 많은 향을 받았으니 이는 모든 성도의 기도와 합하여 보좌 앞 금제단에 드리고자 함이라(계 8:3).

천사가 기도가 담긴 향로에 제단의 불을 담아 땅에 쏟자, 우레와 음성과 번개와 지진이 일어난다. 이는 하나님이 이제 응답하시겠다는 신호다. 하나님의 백성의 기도에 침묵하지 않고, 악에 대해 공의로 심판하신다는 것이다.

첫째 나팔부터 넷째 나팔까지는 자연을 통해 임하는 심판이다. 첫째 천사가 나팔을 불자 피 섞인 우박과 불이 쏟아진다. 땅의 3분의 1이 타 버리고, 수목의 3분의 1과 각종 푸른 풀도 타 버린다. 이는 출애굽기의 우박 재앙을 떠올리게 한다. 둘째 나팔은 거대한 산처럼 보이는 불덩어리가 바다에 떨어져 생명이 죽게 되는 재앙이다. 둘째 천사가 나팔을 부니 바다의 3분의 1이 피가 되고 그 속의 생명이 죽는다. 셋째 천사가 나팔을 부니 큰 별이 하늘에서 강들, 물샘으로 떨어져서 많은 사람이 죽는다. 이는 삶의 근원인 물이 오염되어 생존 위기에 놓이게 되는 것으로, 창조 질서가 붕괴되면서 사람들이 의지하던 모든 것이 무너져 세상이 혼돈 속으로 빠지는 심판이다. 넷째 천사가 나팔을 부니 해, 달, 별의 3분의 1이 타격을 받고 캄캄해진다.

그런데 이것이 끝이 아니다. 하늘에서 독수리 한 마리가 날아다니며 큰 소리로 외친다.

> 땅에 사는 자들에게 화, 화, 화가 있으리니 이는 세 천사들이 불어야 할 나팔 소리가 남아 있음이로다(계 8:13).

이 외침은 '이제 시작일 뿐, 앞으로 더 큰 세 나팔이 남았다'는 것이다.

다섯 번째와 여섯 번째 나팔(9장)

이제 다섯 번째와 여섯 번째 나팔이 울린다. 앞선 네 개의 나팔이 자연에 대한 심판이었다면, 이번에는 사람을 향한 심판이 시작된다.

다섯 번째 천사가 나팔을 부니, 하늘에서 별 하나가 떨어진다. 그는 무저갱의 열쇠를 받는다. '무저갱'은 유대인들의 개념에서 '끝이 없는 곳'으로, 지옥과 연결된 깊은 감옥, 사탄이나 타락한 영들이 갇혀 있는 곳으로 여겨졌다. 하늘에서 떨어진 별(타락한 존재)이 그 무저갱을 여는데, 거기서 나온 연기가 하늘을 가득 메우고, 그 속에서 황충(메뚜기) 같은 끔찍한 존재들이 나온다. 그들은 풀이나 나무에는 관심이 없고, 오직 하나님의 인 침을 받지 않은 사람들만을 괴롭게 한다.

> 그들에게 이르시되 땅의 풀이나 푸른 것이나 각종 수목은 해하지 말고 오직 이마에 하나님의 인 침을 받지 아니한 사람들만 해하라 하시더라 그러나 그들을 죽이지는 못하게 하시고 다섯 달 동안 괴롭게만 하게 하시는데 그 괴롭게 함은 전갈이 사람을 쏠 때에 괴롭게 함과 같더라(계 9:4-5).

꼬리의 독침으로 사람들을 쏘는데, 죽이지는 않고 괴롭게 한다. 너무 고통스러우니 차라리 죽이라고 외치지만, 죽지도 못한다.

이제 여섯 번째 천사가 나팔을 분다. 그때 하나님 앞 금제단 네 뿔에서 소리가 난다.

큰 강 유브라데에 결박한 네 천사를 놓아 주라(계 9:14).

하나님의 사람들에게 인을 치기까지 기다리며 네 곳의 바람을 잡고 있던 천사들이 시간에 맞춰 심판을 집행한다. 그들은 세상의 3분의 1을 죽이기로 되어 있는데, 그 군대의 수는 2억에 가깝다.

그들의 입에서는 불과 연기, 유황이 뿜어져 나오고, 그 말들의 꼬리는 뱀과 같으며 또한 꼬리에 머리가 있어 이것들로 사람들을 해친다. 이 재앙으로 세상의 3분의 1이 죽는다. 그러나 놀랍게도, 이 재앙으로도 죽지 않고 남은 자들은 여전히 회개하지 않고 귀신과 우상을 섬기며, 살인과 복술, 음행과 도둑질을 일삼는다.

천사와 작은 책(10장)

10장은 심판 사이에 삽입된 숨 고르기 장면이다. 하나님이 사랑하는 자들에게 주시는 중요한 사명을 보여 준다. 이는 단순한 중간 에피소드가 아니라, 복음을 전하는 이들이 어떤 마음을 가져야 하는지를 말해 준다.

또 다른 힘센 천사 등장

내가 또 보니 힘센 다른 천사가 구름을 입고 하늘에서 내려오는데 그 머리 위에 무지개가 있고 그 얼굴은 해 같고 그 발은 불기둥 같으며(계 10:1).

이 천사는 하늘의 권세를 가진 자처럼 보인다. 구름은 하나님의 임재를 상징하고, 무지개는 언약을 의미한다. 얼굴이 해 같고 발이 불기둥 같다는 것은 출애굽기에 나타나셨던 하나님의 모습과 비슷하다.

그 천사는 손에 작은 두루마리를 들고 오른발은 바다를, 왼발은 땅을 딛고 사자처럼 크게 외친다. 그러자 일곱 우레가 그 소리를 내어 말한다.

이 작은 두루마리는 5장에 등장했던, 일곱 인으로 봉해져 있는 두루마리와는 다르게 이미 펼쳐져 있다.

'오른발은 바다, 왼발은 땅을 밟는다'는 것은 천사의 권세가 바다와 땅, 곧 모든 세상을 다스린다는 것을 의미한다. 사자의 부르짖음은 온 세상이 진동할 만큼 무게 있는 메시지가 선포되고 있다는 뜻이다.

요한이 그 메시지를 기록하려 하자 "인봉하고 기록하지 말라"는 명령이 들린다. 하나님은 모든 것을 다 보여 주지 않고, 일부는 비밀로 숨기셨다.

> 바다와 땅을 밟고 서 있는 천사가 … 이르되 지체하지 아니하리니 일곱째 천사가 소리 내는 날 그의 나팔을 불려고 할 때에 … 그 비밀이 이루어지리라(계 10:5-7).

여기서 말하는 '하나님의 비밀'은 복음이다. 곧 하나님의 통치가 드러나는 날이 오며, 마지막 심판과 함께 하나님의 공의와 사랑이 다 드러난다는 것이다.

하늘에서 다시 요한에게 음성이 들린다.

> 천사의 손에 펴 놓인 두루마리를 가지라(계 10:8).

그래서 요한이 그것을 달라고 하자 천사가 말한다.

갖다 먹어 버리라 네 배에는 쓰나 네 입에는 꿀같이 달리라(계 10:9).

두루마리를 먹는다는 것은 하나님의 말씀은 단순히 듣는 것으로 끝나는 것이 아니라, 고통 가운데서도 그것을 지키고 전해야 한다는 뜻이다. 그리고 다시 말씀이 임한다.

네가 많은 백성과 나라와 방언과 임금에게 다시 예언하여야 하리라(계 10:11).

두 증인과 일곱 번째 나팔(11장)

11장은 일곱 나팔 재앙 중 여섯 번째와 일곱 번째 나팔 사이, 즉 중간에 삽입된 내용이다. 10장이 요한이 '작은 책'을 먹는 장면이라면, 11장은 두 증인의 사역과 일곱 번째 나팔이 울리는 클라이맥스를 보여 준다.

두 증인(11:1-14)

두루마리를 주어 먹게 한 천사가 요한에게 지팡이 같은 갈대를 주며 말한다.

일어나서 하나님의 성전과 제단과 그 안에서 경배하는 자들을 측량하되 성전 바깥 마당은 측량하지 말고 그냥 두라 이것은 이방인에게 주었은즉(계 11:1-2).

여기서 '성전'은 하나님의 백성을 뜻하고, '바깥 마당이 이방인에게 넘겨졌다'는 것은 교회가 세상 속에서 박해를 받게 됨을 나타낸다.

> 그들이 거룩한 성을 마흔두 달 동안 짓밟으리라 내가 나의 두 증인에게 권세를 주리니 그들이 굵은 베옷을 입고 천이백육십 일을 예언하리라(계 11:2-3).

3년 반=42개월=1,260일=한 때+두 때+반 때다. 이는 다니엘서와 요한계시록에 반복적으로 등장하는 고난의 기간이다.

'두 증인'은 많은 학자가 교회를 상징한다고 해석한다. 복음을 전하며 고난을 당하고, 죽으나 부활하여 결국 영광을 얻는 자들이다. '굵은 베옷을 입는다'는 것은 회개를 뜻한다.

> 그들은 이 땅의 주 앞에 서 있는 두 감람나무와 두 촛대니 만일 누구든지 그들을 해하고자 하면 … 반드시 그와 같이 죽임을 당하리라(계 11:4-5).

세상은 이들을 죽이고 조롱하지만, 하나님은 그들을 반드시 다시 일으키신다.

> 그들이 권능을 가지고 하늘을 닫아 그 예언을 하는 날 동안 비가 오지 못하게 하고 또 권능을 가지고 물을 피로 변하게 하고 아무 때든지 원하는 대로 여러 가지 재앙으로 땅을 치리로다(계 11:6).

이 두 증인의 능력은 엘리야와 모세를 떠올리게 한다. '하늘을 닫아 비가 오지 못하게 하는 것'은 열왕기상 17장의 엘리야를, '물을 피로 변하게 하는 것'은 출애굽기 7장의 모세를 연상시킨다. 두 증인은 엘리야와 모세와 같은 능력의 선지자들이다.

> 그들이 그 증언을 마칠 때에 무저갱으로부터 올라오는 짐승이 그들과 더불어 전쟁을 일으켜 그들을 이기고 그들을 죽일 터인즉(계 11:7).

두 증인이 하나님의 말씀을 증언하고 사명을 다했다. 그때 무저갱에서 짐승이 올라와 그 증인들을 죽인다. 짐승은 곧 적그리스도이며, 사탄의 세력이다. 이 전쟁은 교회가 세상 권세와 충돌할 수밖에 없음을 상징한다.

> 그들의 시체가 큰 성 길에 있으리니 그 성은 영적으로 하면 소돔이라고도 하고 애굽이라고도 하니 곧 그들의 주께서 십자가에 못 박히신 곳이라(계 11:8).

두 증인의 시체가 버려진다. 지금의 세상은 소돔 같고 애굽 같아서, 복음을 전하는 자들이 미움받고 죽임을 당한다.

> 사람들이 그 시체를 사흘 반 동안을 보며 무덤에 장사하지 못하게 하리로다(계 11:9).

'사흘 반'은 완전수인 3일보다 긴 고난이다. 그러나 끝은 있다. '장사하지 못하게 한다'는 것은 그들을 조롱하고 수치를 당하게 한다는 뜻이다.

> 이 두 선지자[증인들]가 땅에 사는 자들을 괴롭게 한 고로 땅에 사는 자들이 그들의 죽음을 즐거워하고 기뻐하여 서로 예물을 보내리라 하더라(계 11:10).

세상은 진리를 싫어한다. 그래서 진리를 지키고 전하는 사람들은 환영받지 못하며, 그들이 죽었을 때 세상은 기뻐한다.

삼 일 반 후에 하나님께로부터 생기가 그들 속에 들어가매 그들이 발로 일어서니 구경하는 자들이 크게 두려워하더라 하늘로부터 큰 음성이 있어 이리로 올라오라 함을 그들이 듣고 구름을 타고 하늘로 올라가니 그들의 원수들도 구경하더라(계 11:11-12).

하나님은 그들(증인들)에게 생기를 넣어 부활시키신다. 예수님의 승천처럼, 그들도 영광 중에 하늘로 들려 올라간다. 하나님의 부르심은 공개적인 승리다. 원수들도 그 장면을 직접 목격한다.

그때에 큰 지진이 나서 성 십분의 일이 무너지고 지진에 죽은 사람이 칠천이라 그 남은 자들이 두려워하여 영광을 하늘의 하나님께 돌리더라(계 11:13).

심판과 부활을 통해 회개하는 자들이 생기고, 많은 영혼이 깨어난다.

일곱 번째 나팔과 하나님의 통치 선언(11:14-19)

일곱 번째 천사가 나팔을 부니 하늘에서 큰 소리가 들렸다.

세상 나라가 우리 주와 그의 그리스도의 나라가 되어 그가 세세토록 왕 노릇하시리로다(계 11:15).

일곱 번째 나팔은 일곱 재앙 중 마지막으로, 하나님의 최종적인 심판과 통치를 선포하는 장면이다. 이때 이십사 장로가 하나님께 감사드리고, 하늘에 있는 하나님의 성전이 열리며 언약궤가 드러난다. 곧 하나님의 임재가 나타나는 것이다. 11장 17-18절은 마치 하늘에서 열리는 감사 예배와 같다.

> 감사하옵나니 옛적에도 계셨고 지금도 계신 주 하나님 곧 전능하신 이여 친히 큰 권능을 잡으시고 왕 노릇 하시도다 이방들이 분노하매 주의 진노가 내려 죽은 자를 심판하시며 종 선지자들과 성도들과 또 작은 자든지 큰 자든지 주의 이름을 경외하는 자들에게 상 주시며 또 땅을 망하게 하는 자들을 멸망시키실 때로소이다(계 11:17-18).

하늘에서 찬양이 터져 나오고, 하나님이 마침내 왕좌에 앉으시며 선한 자에게는 상을, 악한 자에게는 심판을 내리신다. 이것은 바로 우주에서 가장 정의로운 '결산의 날'이다.

그때 하늘에 있는 하나님의 성전이 열리고 그 안에 언약궤가 보인다. 번개, 음성들, 우레, 지진, 큰 우박도 있다. 하늘 문이 열리고 하나님의 언약궤가 등장하는 이 장면은 하나님과의 만남의 공간이 공개되었다는 의미이며, 이어지는 자연 현상은 하나님의 압도적인 임재를 상징한다.

하늘과 땅을 넘나드는 영적 블록버스터(12장)

성경 전체를 통하는 하나님의 구속 이야기와 그 안에서 벌어지는 선과 악의 전쟁 드라마가 펼쳐진다! 제목을 붙이자면 "하늘에서 벌어진 전쟁, 땅으로 번진 이야기"라 할 수 있다.

해를 입은 여인

하늘에 큰 이적이 보인다. 해를 옷 입은 한 여자가 등장하고, 그녀의 발아래에는 달, 머리에는 열두 별의 관이 있다. 그녀는 해산하려 하는데, 뱃속에 메시아(예수님)를 품고 있다.

붉은 용의 등장

그런데 반대편에서 무시무시한 용이 나타난다. 그 용은 일곱 머리와 열 뿔 그리고 머리마다 왕관을 쓰고 있다. 그 꼬리가 하늘의 별 3분의 1을 끌어다가 땅에 던진다. 이것은 사탄이 타락한 천사들과 함께한 장면이다. 이 용은 여인이 낳을 그 아이(예수님)를 삼키려 한다. 암살 시도다.

아이의 탄생과 하늘의 개입

여인이 드디어 아들을 낳는다. 이 아이는 장차 만국을 다스릴 자, 바로 예수 그리스도다! 용의 암살 시도는 실패다! 하나님이 그 아이를 당신의 보좌에 올리시고, 여인은 광야로 피신해 1,260일 동안 보호받는다. 이것은 예수님의 승천과 교회의 보호를 상징한다.

하늘에서의 대격돌

무대는 하늘로 바뀌고, 그곳에서 전쟁이 벌어진다. 미가엘 천사와 용이 붙었는데, 그 전쟁은 치열하지만 결국 미가엘이 승리하고, 큰 용, 곧 사탄, 마귀는 하늘에서 땅으로 내쫓긴다.

하늘의 선포와 땅의 위기

잠시 후 하늘에서 큰 소리가 들린다.

> 이제 우리 하나님의 구원과 능력과 나라와 또 그의 그리스도의 권세가 나타났으니 … 땅과 바다는 화 있을진저 이는 마귀가 자기의 때가 얼마 남지 않은 줄을 알므로 크게 분내어 너희에게 내려갔음이라(계 12:10-12).

이제 전투는 하늘에서 땅으로 옮겨진다. 우리가 사는 이 세상이 바로 영적 전쟁터다.

여자와 남은 자손의 이야기

용은 땅으로 쫓겨난 후에도 여자(교회)를 다시 공격한다. 그러자 하나님은 여자에게 큰 독수리의 날개를 주어서 피신시키신다. 뱀(사탄)은 입에서 물을 토해 덮치려 하지만, 땅이 여자를 도와 그 물을 다 삼켜 버린다. 멋진 땅이다! 그러나 용은 포기하지 않고 여자의 남은 자손, 곧 '하나님의 계명을 지키며 예수의 증거를 가진 자들'과 전쟁을 계속한다.

가짜 삼위일체의 등장(13장)

하늘에서 쫓겨난 용은 이제 땅에서 사람들을 미혹하는 본격적인 작전을 펼친다. 그는 바다에서 한 짐승을 소환하는데, 그게 바로 적그리스도, 거짓 선지자다. 그는 직접 움직이지 않고 자신을 대신해서 움직일 두 인물을 지상에 세운다. 마치 사탄이 만든 가짜 삼위일체 같다.

바다에서 올라오는 짐승(13:1-10)

어두운 하늘, 바다가 요동치는 가운데 그 속에서 기괴한 짐승이 올라온다. 생긴 것부터가 충격적이다. 뿔이 열이고 머리가 일곱이고 머리마다 신성 모독하는 이름을 써 놓았다. 발은 곰의 발 같고, 몸은 표범 같으며, 입은 사자의 입과 같다. 이 짐승은 다니엘서에 등장하는 세계 제국들을 상징하기도 한다.

용(사탄)은 자신의 능력과 보좌와 권세를 이 짐승에게 넘긴다. 이 짐승은 사탄이 직접 힘을 실어 준 지도자로서 정치적, 군사적인 권력을 가지고 있다. 죽었던 머리가 살아나는 기적을 보이며 사람들을 현혹시키고, 사람들은 짐승에게 경배하며 외친다.

"누가 이 짐승과 같으냐!"

입으로는 하나님을 모독하고, 성도들을 박해하며, 전 세계를 미혹하여 자기를 따르게 한다. 이는 마지막 때에 등장할 적그리스도를 상징한다.

땅에서 올라오는 또 다른 짐승(13:11-15)

또 다른 짐승이 나타난다. 모습은 양 같은데, 말은 용처럼 한다. 겉은 순해 보이지만 속은 사탄이다. 그는 첫 번째 짐승(적그리스도)을 숭배하게 하고, 하늘에서 불이 떨어지는 기적도 일으킨다. 기적을 본 사람들은 '와, 이건 진짜다!' 하며 속아 넘어간다. 그리고 그 짐승의 우상에게 경배하게 된다. 우상에게 경배하지 않는 자는 죽게 된다.

666과 짐승의 표(13:16-18)

이 짐승은 모든 사람에게 오른손에나 이마에 표를 받게 한다. 이 표가 없으면 매매가 불가능하다. 이 표는 짐승의 이름, 혹은 그 이름을 수로 나타낸 것인데, 그 수가 바로 666이다.

666의 의미는 다음과 같다. 7은 완전수이고, 6은 그에 못 미치는 불완전한 인간의 수다. 이 6이 셋이나 반복되는 것은 불완전함이 완전해진 것처럼 가장된, 인간 중심의 체계이자 사탄의 모조된 삼위일체를 상징한다.

히브리어에서 '하나'는 '한 개'라는 뜻도 있지만 사람의 이름이기도 하다. 그런 것처럼, 히브리어로 '다윗'이라는 이름은 숫자 '14'를 뜻하기도 한다. 마태복음 1장 17절을 보면, "그런즉 모든 대수가 아브라함부터 다윗까지 열

네 대요 다윗부터 바벨론으로 사로잡혀 갈 때까지 열네 대요 바벨론으로 사로잡혀 간 후부터 그리스도까지 열네 대더라"라고 되어 있다. 여기서 '열네 대'는 이스라엘 사람들에게 '다윗'이라고 읽히기도 한다. 그런 방식으로 로마 황제 '시저'의 이름을 숫자로 환산하면 '666'이다. 특히 세상의 왕을 대표하는 로마 황제 네로의 이름을 히브리어로 표기하면 그 숫자가 바로 '666'이 된다.

일곱 개의 표적

요한계시록에서 말하는 '일곱 개의 표적'은 일곱 인, 일곱 나팔, 일곱 대접처럼 명확히 나열되지는 않지만, 요한계시록 12장부터 14장까지에 등장하는 중요한 상징적 장면들로 요한이 하늘이나 땅에서 본 영적 전쟁의 드라마다.

해산하는 여인(계 12:1-2)

해산하는 여인은 이스라엘 또는 하나님의 백성을 상징한다. 해와 달과 열두 별은 요셉의 꿈(창 37:9)을 연상시키며, 이 여인은 메시아를 낳는 공동체로도 해석된다.

붉은 용(계 12:3-4)

붉은 용은 사탄이다. 하늘의 별 삼분의 일을 끌어다가 땅에 던졌다 것은 타락한 천사들을 상징한다. 붉은 용은 여인이 낳을 아기(메시아)를 삼키려 하지만 실패한다.

남자 아이(계 12:5)

남자 아이는 명백히 예수 그리스도를 가리킨다. 그는 하나님 앞과 그 보좌 앞으로 들려 올라가 보호를 받는다.

광야로 도망한 여인(계 12:6, 13-17)

여인은 영적 전쟁 중에 보호받는 교회 또는 하나님의 백성으로, 1260일 동안 광야에서 아들을 양육한다. 이는 종말의 고난 기간 중 하나님의 특별한 보호를 의미한다.

하늘 전쟁과 쫓겨난 용(계 12:7-12)

미가엘과 그의 사자들이 용과 싸워 승리하고, 용은 땅으로 내쫓긴다. 이는 사탄의 패배와 함께 십자가 사건 이후 하늘에서의 참소권 상실을 상징적으로 보여 준다.

바다에서 나온 짐승(계 13:1-10)

바다에서 나온 짐승은 정치적 권세, 즉 적그리스도적인 세력이다. 사탄에게 권세를 받고, 하나님의 백성을 핍박하며, 사람들에게 경배를 받는다.

또 다른 짐승(계 13:11-18)

또 다른 짐승은 거짓 선지자, 즉 종교적 속임수와 미혹의 세력이다. 첫째 짐승을 위해 일하고, 이적과 표적으로 사람들을 속이며, 짐승의 표(666)를 받게 한다.

승리의 군대가 준비되다(14장)

14장은 마치 전쟁 영화에서 '승리의 군대'가 준비되는 장면 같다. 12-13장에서는 사탄의 온갖 미혹과 박해가 극에 달했지만, 14장에서는 우리 편의 진짜 영웅들이 등장하면서 "끝에는 우리가 이긴다!"는 것을 선포한다.

십사만 사천 명이 부르는 노래(14:1-5)

14장부터는 드디어 기다리던 부활과 휴거와 심판의 이야기가 시작된다. 14장의 첫 장면은 어린양이 십사만 사천과 시온산에 서 있는 모습으로 그려진다. 그들의 이마에는 어린양과 아버지의 이름이 쓰여 있다. 그때 하늘에서 소리가 나더니 새 노래를 부르기 시작한다. 이들은 이마에 하나님의 이름이 새겨진 자들이다. 땅에서 속량되었고, 그 입에는 거짓말이 없으며, 삶에는 흠이 없다. 세상과 타협하지 않고, 예수님을 따르기 위해 고난을 견디며 버틴 자들이다.

세 천사가 전하는 말(14:6-13)

하늘에서 세 천사가 연속해서 등장하며 전 세계를 향해 외친다.

> 하나님을 두려워하며 그에게 영광을 돌리라 이는 그의 심판의 시간이 이르렀음이니 하늘과 땅과 바다와 물들의 근원을 만드신 이를 경배하라(계 14:7).

둘째 천사가 그 뒤를 따라 말한다.

> 무너졌도다 무너졌도다 큰 성 바벨론이여 모든 나라에게 그의 음행으로 말미

암아 진노의 포도주를 먹이던 자로다(계 14:8).

세상의 탐욕, 거짓, 음행의 도시는 무너진다. 또 다른 천사, 곧 셋째가 그 뒤를 따라 큰 소리로 말한다.

만일 누구든지 짐승과 그의 우상에게 경배하고 이마에나 손에 표를 받으면 그도 하나님의 진노의 포도주를 마시리니 … 불과 유황으로 고난을 받으리니 그 고난의 연기가 세세토록 올라가리로다(계 14:9-11).

믿음 없는 타협은 무서운 심판을 부른다. 성도들이 끝까지 인내하니, 그들은 하나님의 계명과 예수에 대한 믿음을 지키는 자들이다. 그때 하늘에서 소리가 들린다.

기록하라 지금 이후로 주 안에서 죽는 자들은 복이 있도다(계 14:13).

이 말씀은 순교자들과 믿음을 끝까지 지킨 자들을 향한 하늘의 위로와 확신의 선포다.

마지막 수확(14:14-16)

요한이 보니 구름 위에 계신 인자 같은 이의 머리에는 금 면류관이 있고 손에는 낫이 들렸는데, 바로 예수님이시다. 그때 천사가 큰 소리로 외친다.

"낫을 휘둘러 거두소서!"

예수님이 직접 낫을 휘둘러 거두시는 추수다. 땅의 곡식이 거두어진다.

여기에 표현된 '금 면류관'의 헬라어는 '스테파노스'로, 환난 가운데 끝까지 싸워 승리한 성도들을 환영할 때 쓰는 면류관이다. 왕이신 예수님은 '왕관'인 '디아데마' 쓰기를 잠시 미루고 '스테파노스'를 쓰신다. 성도들과 기쁨을 함께 나누시려는 마음이다.

마지막 재난을 가지고 온 천사(14:17-20)

산 자들의 휴거를 땅에 익은 곡식의 추수로 비유한 환상은 '예수님이 직접' 낫을 휘둘러서 거두신 추수다. 그러나 땅에 사는 자들의 심판은 '천사'가 낫을 휘둘러 거두는 모습으로 표현한다.

> 또 다른 천사가 하늘에 있는 성전에서 나오는데 역시 예리한 낫을 가졌더라 또 불을 다스리는 다른 천사가 제단으로부터 나와 예리한 낫 가진 자를 향하여 큰 음성으로 불러 이르되 네 예리한 낫을 휘둘러 땅의 포도송이를 거두라 그 포도가 익었느니라 하더라 천사가 낫을 땅에 휘둘러 땅의 포도를 거두어 하나님의 진노의 큰 포도주 틀에 던지매 성 밖에서 그 틀이 밟히니 틀에서 피가 나서 말 굴레에까지 닿았고 천육백 스다디온에 퍼졌더라(계 14:17-20).

'포도를 밟는다'는 표현은 하나님의 진노가 이스라엘의 원수들에게 내려질 때 사용되었다(사 63:1-6; 애 1:15 참조). '피가 나서 말 굴레에까지 닿았고'라는 표현은 전쟁에서 빌려온 과장법이다. 말이 죄인들의 피를 통과해 지날 것이고, 그 피가 가득하다는 것이다. 그 거리가 1,600스다디온인데, 환산하면 300킬로미터다. 그러므로 그 땅 전체가 피로 뒤덮일 것이라는 뜻이다.

일곱 개의 대접과 심판의 서곡 (15장)

하늘에 다른 이적이 보이는데 일곱 천사가 일곱 재앙을 가졌다. 이 재앙을 끝으로 하나님의 진노가 마쳐진다.

요한이 보니 불이 섞인 유리 바다 같은 것이 있고 이긴 자들이 모였는데, 그들이 하나님의 거문고를 가지고 모세의 노래, 어린양의 노래를 부른다.

> 주 하나님 곧 전능하신 이시여 하시는 일이 크고 놀라우시도다 만국의 왕이시여 주의 길이 의롭고 참되시도다 주여 누가 주의 이름을 두려워하지 아니하며 영화롭게 하지 아니하오리이까 오직 주만 거룩하시니이다 주의 의로우신 일이 나타났으매 만국이 와서 주께 경배하리이다(계 15:3-4).

출애굽 때의 열 재앙이 요한계시록의 일곱 재앙과 연결된다.

불이 섞인 유리 바다 위에는 짐승과 싸워 이긴 자들이 서서 거문고를 들고 찬양한다. 심판이 시작되기 전, 먼저 승리자들이 하나님을 찬양하는 장면이다.

이제 성전이 열리고, 재앙이 준비된다. 일곱 천사가 맑고 빛난 세마포 옷을 입고 가슴에 금띠를 두르고 성전에서 나온다. 네 생물 중 하나가 그들에게 금대접을 나누어 준다. 그리고 성전은 하나님의 영광과 능력으로 가득 차 아무도 들어갈 수 없게 된다(계 15:5-8 참조).

진노의 일곱 대접 (16장)

마침내 하나님의 진노의 대접이 부어진다. 이것은 하나님의 끝판왕 심판을 선언하는 하늘의 법정이

자 현장이다. 이 장은 마치 전 세계의 재난이 한 번에 몰아치는 것 같다. 이제 본격적으로 일곱 대접의 재앙이 시작된다. 이 재앙들은 손에나 이마에 짐승의 표를 받은 사람들, 그 우상에게 경배한 자들에게 내려지는 것이기에 올바르게 신앙생활 하는 하나님의 자녀들은 두려워하지 않아도 된다.

성전에서 큰 음성이 나서 일곱 천사에게 말한다.

> 너희는 가서 하나님의 진노의 일곱 대접을 땅에 쏟으라(계 16:1).

일곱 대접의 재앙은 출애굽할 때의 재앙과 비슷하다. 첫째 천사가 대접을 쏟으니 짐승의 표를 받은 사람들과 그 우상에게 경배하는 자들에게 악하고 독한 종기가 난다. 둘째 천사가 대접을 바다에 쏟으니 피같이 되어 바다의 생물이 죽는다. 셋째 천사가 대접을 강과 물 근원에 쏟으니 피가 된다. 이에 천사가 외친다.

> 전에도 계셨고 지금도 계신 거룩하신 이여 이렇게 심판하시니 의로우시도다 그들이 성도들과 선지자들의 피를 흘렸으므로 그들에게 피를 마시게 하신 것이 합당하니이다(계 16:5-6).

제단도 "그러하다 주 하나님 곧 전능하신 이시여 심판하시는 것이 참되시고 의로우시도다"(계 16:7)라고 말한다.

이어서 넷째 천사가 대접을 해에 쏟으니 해가 권세를 받아서 불로 사람을 태운다. 그렇게 당하자 사람들은 하나님의 이름을 비방하며 회개하지 않고, 주께 영광을 돌리지 않는다.

다섯째 천사가 대접을 짐승의 왕좌에 쏟으니 나라가 어두워지고 사람들이 너무 아파서 혀를 깨문다. 여섯째 천사가 대접을 큰 강 유브라데에 쏟으니 강물이 말라서 동방에서 오는 왕들의 길이 예비되었다. 바벨론성은 유브라데강이 도심을 통과하는 구조로 되어 있었고, 성벽은 너무도 높고 견고해서 정면으로는 공격이 불가능했다. 그러나 고레스는 유브라데강 상류를 파서 강줄기를 바꾸었고, 강바닥이 드러났을 때 군대를 성안으로 들여보냈다. 그 결과 그들은 거대한 바벨론을 쉽게 정복했고, 포로로 끌려갔던 유대인들은 본국으로 돌아가게 되었다.

> 또 내가 보매 개구리 같은 세 더러운 영이 용의 입과 짐승의 입과 거짓 선지자의 입에서 나오니 그들은 귀신의 영이라 이적을 행하여 온 천하 왕들에게 가서 하나님 곧 전능하신 이의 큰 날에 있을 전쟁을 위하여 그들을 모으더라(계 16:13-14).

용, 짐승, 거짓 선지자의 입에서 귀신의 더러운 영이 나와서 그들이 온 천하의 왕들에게 간다. 그래서 세계의 정치 지도자들을 속임수로 설득하고 조정해서 전쟁을 일으키도록 유도한다.

세 영이 히브리어로 '아마겟돈'이라 하는 곳으로 왕들을 모은다. 아마겟돈은 '므깃도 언덕'을 뜻한다. 이곳은 중요한 요새여서 전쟁이 자주 발발하는 곳이다. 그러한 이유로 므깃도는 전쟁을 떠오르게 하는 지명이 되었다. 요시야왕이 전사한 곳도 이곳이다.

> 보라 내가 도둑같이 오리니 누구든지 깨어 자기 옷을 지켜 벌거벗고 다니지 아니하며 자기의 부끄러움을 보이지 아니하는 자는 복이 있도다(계 16:15).

성도가 입은 옷은 믿음으로 옳다 하고 인정을 받아서 주어진 것이다. 예수 그리스도의 핏값으로 받은 옷이다. 우리는 그 옷을 지켜 내야 한다. 아니면 벗겨진다. 우리의 죄와 부끄러움을 가려 주는 예수 그리스도의 의로움이 벗겨지지 않도록 주의해야 한다.

일곱째 천사가 대접을 쏟자 보좌로부터 "되었다!" 하는 소리가 들린다. 이것은 마지막 재앙이 끝났음을 선포하시는 것이다.

일곱째 대접으로 역사상 가장 큰 지진이 일어나고 큰 바벨론성이 무너진다. 또 여기에 무게가 30킬로그램(1달란트)이나 되는 어마어마한 크기의 우박이 내려 사람들에게 쏟아진다. 놀라운 것은, 이러한 상황에도 사람들이 하나님을 비방한다는 것이다.

6-16장까지 이어지는 모든 심판은 하나님이 당신의 백성을 포기하지 않으시고, 악을 뿌리 뽑기 위해 끝까지 싸우신 기록이다.

바벨론의 멸망(17-18장)

큰 음녀에게 내릴 심판(17장)

17-18장은 바벨론의 멸망에 대한 이야기다. 17장의 큰 음녀는 바벨론이다. 음녀로 비유된 바벨론을 쉽게 이해하기 위해서는 예수 그리스도의 신부인 '예루살렘'을 생각하면 도움이 된다. 음녀의 이미지는 '더러움'이고, 신부의 이미지는 '순결함'이다. 사치와 음행을 좋아했던 사람들은 바벨론이 망하는 것을 너무도 슬퍼한다. 하지만 하나님은 그 음녀를 정당하게 벌하신다.

천사가 요한에게 큰 음녀가 받을 심판을 보일 거라 말한다. 그 음녀는 땅의 임금들과 음행했고, 그 땅에 사는 자들도 다 음행의 포도주에 취했다. 성령이 요한을 데리고 광야로 가니 여자가 붉은빛 짐승을 탔는데, 그 짐승의 몸에는 하나님을 모독하는 이름들이 가득하고 일곱 머리와 열 뿔이 있다. 그 여자는 자줏빛과 붉은빛 옷을 입고 금과 보석과 진주로 꾸미고 손에는 금잔을 들었는데, 그 안에는 더러운 것이 가득하다. 그녀의 이마에는 '큰 바벨론! 땅의 음녀들과 가증한 것들의 어미'라 적혀 있다.

또 보니 여자가 성도들, 예수의 증인들의 피에 취했다. 그 모습을 보고 요한이 놀라자 천사가 말한다.

> 왜 놀랍게 여기느냐 내가 여자와 그가 탄 일곱 머리와 열 뿔 가진 짐승의 비밀을 네게 이르리라 네가 본 짐승은 전에 있었다가 지금은 없으나 장차 무저갱으로부터 올라와 멸망으로 들어갈 자니 땅에 사는 자들로서 창세 이후로 그 이름이 생명책에 기록되지 못한 자들이 이전에 있었다가 지금은 없으나 장차 나올 짐승을 보고 놀랍게 여기리라(계 17:7-8).

천사는 계속해서 일곱 머리와 열 뿔에 대해 설명해 준다.

> 지혜 있는 뜻이 여기 있으니(계 17:9).

그는 이해하기 어려운 부분을 풀어 주려 한다. '일곱 머리'는 여자가 앉은 '일곱 산'이라 한다. 이것은 그 여자가 로마와 관련되어 있음을 뜻한다. 로마는 고대 사회에서 '일곱 산의 도시'로 알려져 있었다. 또 일곱 왕인데 다섯은 망했고, 하나는 있으며, 다른 하나는 아직 이르지 않았다. 학자에 따라서는 이를 유대 기독교에 영향을 미친 일곱 개의 제국(애굽, 앗수르, 바벨론, 메대, 바사, 헬라, 로마)이라고도 하고, 로마의 일곱 황제라고도 해석한다.

> 전에 있었다가 지금 없어진 짐승은 여덟째 왕이니 일곱 중에 속한 자라 그가 멸망으로 들어가리라(계 17:11).

여기서 '짐승은 여덟째 왕이니 일곱 중에 속했다'라는 것은 같은 계열의 왕으로 미래의 적그리스도를 말한다. 잠시 다시 권세를 얻어 돌아오는 것 같으나, 결국 멸망으로 들어간다. 예수님이 이기시는 것이다.

> 네가 보던 열 뿔은 열 왕이니 아직 나라를 얻지 못하였으나 다만 짐승과 더불어 임금처럼 한동안 권세를 받으리라(계 17:12).

'열 뿔'은 '열 왕'인데 아직 나라를 얻지 못했으나 짐승과 함께 한동안 권세를 받는다. 짐승이 준 권세다. 그들이 어린양과 싸우는데, 결국 어린양이 이기실 것이고, 부르심을 받은 자들도 이긴다.

여기서 '열 뿔'은 '열 왕'을 상징한다. 그런데 일곱 머리가 나타낸 것처럼 과거부터 미래까지 이어지는 왕들이 아니라 '한동안' 짧게 짐승과 더불어 권위를 행사하는데, 아직 시작되지 않았다. 아직 나라를 얻지 못했기 때문이다. 그들은 분봉왕, 곧 로마 통치 때 이스라엘 땅의 헤롯왕 같은 존재로 보면 된다.

> 또 천사가 내게 말하되 네가 본바 음녀가 앉아 있는 물은 백성과 무리와 열국과 방언들이니라 네가 본바 이 열 뿔과 짐승은 음녀를 미워하여 망하게 하고

벌거벗게 하고 그의 살을 먹고 불로 아주 사르리라(계 17:15-16).

'물'은 무엇을 의미할까? 이는 이스라엘을 침략하려는 많은 나라를 표현한 것으로 '앗수르, 바벨론, 애굽'을 '넘쳐흐르는 물'이라고 표현했는데(사 8:7-8, 17:12-13; 렘 46:8, 47:2 참조), 그 물 위에 음녀가 앉아 있다. 이것은 바벨론이 연합하여 하나님을 반대하는 미래의 예표다. 그런데 그런 연합은 내전으로 망하게 된다. 그러니까 12-14절에서 언급한 어린양과 전쟁을 벌일 의존국의 열 왕과 짐승의 동맹으로 돌아가서, 그들이 먼저 음녀 바벨론을 망하게 한다.

이렇게 미래의 바벨론, 곧 하나님을 대적하는 자들은 자신들과 동맹을 맺었던 자들에게 공격을 받아 초토화가 될 것이다. 이것은 하나님이 하시는 일이다. 하나님이 자기 뜻대로 할 마음을 그들에게 주어서 짐승에게 그들의 나라를 주게 하시는데, '하나님의 말씀이 응하기까지' 하신다.

바벨론이 멸망하다 (18장)

이 일 후에 다른 천사가 외친다.

"무너졌도다, 큰 성 바벨론이여!"

그러자 하늘에서 또 다른 소리가 들린다.

내 백성아, 거기서 나와 그의 죄에 참여하지 말고 그가 받을 재앙들을 받지 말라 … 그가 얼마나 자기를 영화롭게 하였으며 사치하였든지 그만큼 고통과 애통함으로 갚아 주라 … 하루 동안에 그 재앙들이 이르리니 곧 사망과 애통함과 흉년이라 그가 또한 불에 살라지리니 그를 심판하시는 주 하나님은 강하신 자이심이라(계 18:4, 7-8).

음녀, 곧 바벨론과 음행하고 사치하던 왕들이 그 여자(바벨론)가 불에 타는 것을 보고 무서워하며 "큰 성 바벨론이여, 한 시간에 네 심판이 이르렀다!"라고 말한다. 상인들이 우는 것은 다시 그들의 상품을 사는 자가 없기 때문이다.

> 하늘과 성도들과 사도들과 선지자들아, 그로 말미암아 즐거워하라 하나님이 너희를 위하여 그에게 심판을 행하셨음이라(계 18:20).

그때 한 힘센 천사가 큰 맷돌 같은 돌을 들어 바다에 던지며 말했다.

> 큰 성 바벨론이 이같이 비참하게 던져져 결코 다시 보이지 아니하리로다 … 너의 상인들은 땅의 왕족들이라 네 복술로 말미암아 만국이 미혹되었도다 선지자들과 성도들과 및 땅 위에서 죽임을 당한 모든 자의 피가 그 성중에서 발견되었느니라(계 18:21, 23-24).

예수 그리스도의 승리(19-20장)

어린양의 혼인 잔치 (19:1-10)

19-20장은 예수 그리스도의 승리의 이야기다. 많은 무리가 모여서 바벨론에 대한 하나님의 승리를 축하한다. 이제 '어린양의 혼인'을 예상한다.

할렐루야 구원과 영광과 능력이 우리 하나님께 있도다 그의 심판은 참되고 의로운지라 음행으로 땅을 더럽게 한 큰 음녀를 심판하사 자기 종들의 피를 그 음녀의 손에 갚으셨도다(계 19:1-2).

두 번째 할렐루야 소리와 함께 이십사 장로와 네 생물이 엎드려 보좌에 앉으신 하나님께 경배한다.

"아멘, 할렐루야!"

우리가 즐거워하고 크게 기뻐하며 그에게 영광을 돌리세 어린양의 혼인 기약이 이르렀고 그의 아내가 자신을 준비하였으므로 그에게 빛나고 깨끗한 세마포 옷을 입도록 허락하셨으니 이 세마포 옷은 성도들의 옳은 행실이로다 하더라(계 19:7-8).

여호와께서 이스라엘과 예루살렘을 회복시키고 백성에게 구원의 옷을 입히며 그들을 신부처럼 단장시키실 때 축하하고 기뻐한다. 이 기쁨의 이미지를 혼인 잔치로 표현한 것이다.

'어린양의 혼인'은 신랑이신 예수님과 신부인 교회가 온전히 결혼으로 들어가는 것을 말한다. 어린양의 '아내'가 의식을 준비하고 있다. 신부는 올바른 행실, 곧 하나님의 말씀대로 사는 올바른 삶을 옷으로 입었다.

천사가 내게 말하기를 기록하라 어린양의 혼인 잔치에 청함을 받은 자들은 복이 있도다 하고 또 내게 말하되 이것은 하나님의 참되신 말씀이라 하기로(계 19:9).

여기서 '청함을 받은 사람들'은 선택받은 사람들을 의미한다. 이 묘사는 그리스도와 친밀하게 교제하는 것을 나타낸다. 7-8절에서는 신부가 하나님의 백성을 나타냈고, 9절에서는 혼인 잔치에 청함받은 자들이 하나님의 백성을 가리키는 것으로 바뀐다.

요한이 엎드려 경배하려 하니 천사가 말하기를 "나는 너와 및 예수의 증언을 받은 네 형제들과 같이 된 종이니 삼가 그리하지 말고 오직 하나님께 경배하라 예수의 증언은 예언의 영이라"(계 19:10)라고 말한다. 말씀을 전하는 천사에게 경배하지 말고 진리로 말씀하시는 하나님께 경배해야 한다는 것이다.

백마를 탄 자 (19:11-21)

또 내가 하늘이 열린 것을 보니 보라 백마와 그것을 탄 자가 있으니 그 이름은 충신과 진실이라 그가 공의로 심판하며 싸우더라 그 눈은 불꽃 같고 그 머리에는 많은 관들이 있고 또 이름 쓴 것 하나가 있으니 자기밖에 아는 자가 없고 또 그가 피 뿌린 옷을 입었는데 그 이름은 하나님의 말씀이라 칭하더라 하늘에 있는 군대들이 희고 깨끗한 세마포 옷을 입고 백마를 타고 그를 따르더라 그의 입에서 예리한 검이 나오니 그것으로 만국을 치겠고 친히 그들을 철장으로 다스리며 또 친히 하나님 곧 전능하신 이의 맹렬한 진노의 포도주 틀을 밟겠고 그 옷과 그 다리에 이름을 쓴 것이 있으니 만왕의 왕이요 만주의 주라 하였더라(계 19:11-16).

백마를 탄 자가 등장한다. 그의 입에선 예리한 검이 나온다. 여기서 '말 탄 자'는 예수님이시고, '그 입에서 나오는 검'은 힘이 있는 하나님의 말씀이다. 이때 한 천사가 새들에게 소리쳤다.

와서 하나님의 큰 잔치에 모여 왕들의 살과 장군들의 살과 장사들의 살과 말들과 그것을 탄 자들의 살과 자유인들이나 종들이나 작은 자나 큰 자나 모든 자의 살을 먹으라(계 19:17-18).

요한이 보니 그 짐승과 땅의 임금들과 군대들이 그 말 탄 자와 그의 군대와 전쟁을 일으키다가 짐승과 거짓 선지자가 모두 잡힌다. 이들은 짐승의 표를 받고 우상에게 경배하던 자들을 미혹하던 자다. 둘이 산 채로 유황불 못에 던져지고, 그 나머지는 말 탄 자의 입에서 나오는 검에 죽으니 새들이 그들의 살을 배 터지게 먹는다.

세상의 반역을 이끌었던 두 지도자가 심판을 받으며 '나머지 것들'은 모두 패배로 끝난다. 그들의 시체는 모든 새가 실컷 먹는다. 그러나 아직 마지막 절정은 아니다.

13-19장에 나오는 극악무도한 것들은 패배해 심판에 넘겨졌다. 그런데 그들에게 권세를 준 용, 사탄에 대해서는 아직 이야기가 나오지 않았다. 용의 운명은 20장으로 이어진다. 그런데 거기에서부터 이야기는 천 년 동안 연장될 것이다(계 20:7-10 참조). 만왕의 왕이 구속받은 자들과 함께 이 땅을 다스리실 것이다(계 20:4-6 참조). 하지만 새 하늘과 새 땅은 아직 오지 않았다(계 21-22장 참조). 하나님의 온전한 회복은 아직 이루어지지 않았다.

천 년 왕국
(20:1-6)

천사가 무저갱 열쇠와 쇠사슬을 가지고 와서 용을 잡으니 옛 뱀, 마귀, 곧 사탄이다. 천 년 동안 묶어 놓았었는데 그 후에 잠시 놓인다.

예수를 증언함과 하나님의 말씀 때문에 목 베임을 당한 자들의 영혼들과 또 짐승과 그의 우상에게 경배하지 아니하고 그들의 이마와 손에 그의 표를 받지 아니한 자들이 살아서 그리스도와 더불어 천 년 동안 왕 노릇 하니 … 이는 첫째 부활이라(계 20:4-5).

'첫째 부활'에 대한 신학적 해석이 많지만, 하나님의 신실한 백성이 육체적으로 죽고 변화된 몸으로 살아나는 것으로 이해하면 좋을 듯하다. 여기에 참여하면 복이 있고 거룩하다. 둘째 사망을 겪지 않는다. 오히려 그들은 하나님과 그리스도의 제사장이 되어 천 년 동안 왕 노릇 한다.

사탄의 패망 (20:7-10)

천 년이 차매 사탄이 그 옥에서 놓여 나와서 땅의 사방 백성 곧 곡과 마곡을 미혹하고 모아 싸움을 붙이리니 그 수가 바다의 모래 같으리라 그들이 지면에 널리 퍼져 성도들의 진과 사랑하시는 성을 두르매 하늘에서불이 내려와 그들을 태워 버리고 또 그들을 미혹하는 마귀가 불과 유황 못에 던져지니 거기는 그 짐승과 거짓 선지자도 있어 세세토록 밤낮 괴로움을 받으리라(계 20:7-10).

사탄이 잠시 무저갱에서 풀려나와서 하나님의 백성을 괴롭히려 하지만 결국은 다시 멸망한다.

크고 흰 보좌에서 심판을 내리시다 (20:11-15)

또 내가 크고 흰 보좌와 그 위에 앉으신 이를 보니 … 죽은 자들이 큰 자나 작은 자나 그 보좌 앞에 서 있는데 책들이 펴 있고 또 다른 책이 펴졌으니 곧 생명책이라 죽은 자들이 자기 행위를 따라 책들에 기록된 대로 심판을 받으니(계 20:11-12).

죽은 후에 부활해서 모든 사람이 하나님 앞에서 심판을 받는 장면이다.

> 사망과 음부도 불 못에 던져지니 이것은 둘째 사망 곧 불 못이라 누구든지 생명책에 기록되지 못한 자는 불 못에 던져지더라(계 20:14-15).

악한 세력에 대한 하나님의 심판이다. 그리스도가 재림하실 때 짐승과 거짓 선지자가 하나님의 정죄를 뜻하는 불 못에 던져졌다. 그다음에 세 번째 구성원인 마귀가 천 년 왕국이 끝날 때 그런 운명에 처해졌다. 이제 더 이상 사망의 위협은 없다. 여기서 두려워해야 하는 것은, '누구든지 생명책에 기록되지 못한 자'는 불 못에 던져진다는 것이다. 그렇게 되지 않기 위해 우리는 예수 안에서 살아야 한다.

새 하늘과 새 땅(21-22장)

만물을 새롭게 하노라 (21:1-8)

> 또 내가 새 하늘과 새 땅을 보니 처음 하늘과 처음 땅이 없어졌고 바다도 다시 있지 않더라(계 21:1).

'바다'는 세상의 악의 원천으로 많이 표현된다(단 7:3-6 참조). 그런데 그것이 끝났다는 것이다.

> 또 내가 보매 거룩한 성 새 예루살렘이 하나님께로부터 하늘에서 내려오니 그 준비한 것이 신부가 남편을 위하여 단장한 것 같더라(계 21:2).

땅에 있는 예루살렘이 아니라 하늘에서 내려오는 새 예루살렘이다. 성도들과 새 예루살렘성은 둘 다 그리스도의 신부다. 둘은 아름다운 옷을 입은 신부로서 남편 되신 예수님을 위해 치장했다. 잠시 후 보좌에서 큰 음성이 들린다.

> 보라 하나님의 장막이 사람들과 함께 있으매 하나님이 그들과 함께 계시리니 그들은 하나님의 백성이 되고 하나님은 친히 그들과 함께 계셔서 모든 눈물을 그 눈에서 닦아 주시니 다시는 사망이 없고 애통하는 것이나 곡하는 것이나 아픈 것이 다시 있지 아니하리니 처음 것들이 다 지나갔음이러라(계 21:3-4).

이에 하나님이 말씀하신다.

보라 내가 만물을 새롭게 하노라 하시고 또 이르시되 이 말은 신실하고 참되니 기록하라 하시고 … 나는 알파와 오메가요 처음과 마지막이라 내가 생명수 샘물을 목마른 자에게 값없이 주리니 이기는 자는 이것들을 상속으로 받으리라 나는 그의 하나님이 되고 그는 내 아들이 되리라 그러나 두려워하는 자들과 믿지 아니하는 자들과 … 거짓말하는 모든 자들은 불과 유황으로 타는 못에 던져지리니 이것이 둘째 사망이라(계 21:5-8).

하나님을 대적하는 사탄, 짐승, 거짓 선지자들의 운명은 불과 유황으로 타는 못에 들어가는 것이다. 이것이 둘째 사망인데, 어떤 고난이나 박해에도 믿음으로 끝까지 버티면 절대로 둘째 사망은 없다.

새 예루살렘
(21:9-27)

일곱 대접을 가진 천사 중 하나가 "이리 와, 내가 신부, 곧 어린양의 아내를 보여 줄게" 하며 성령으로 요한을 데리고 크고 높은 산으로 올라가 거룩한 성 예루살렘을 보여 준다.

하나님의 영광이 있어 그 성의 빛이 지극히 귀한 보석 같고 벽옥과 수정같이 맑더라 크고 높은 성곽이 있고 열두 문이 있는데 문에 열두 천사가 있고 그 문들 위에 이름을 썼으니 이스라엘 자손 열두 지파의 이름들이라(계 21:11-12).

천사가 요한에게 보여 준 '신부', 곧 '어린양의 아내'는 '거룩한 성 예루살렘'이었다. 이 상징들은 사람과 장소 둘 다를 나타낸다. 하나님이 그들을 사랑하시고, 그들이 영원히 하나님의 사람으로서 안전하게 살아가는 것 모두가 중요하다는 뜻이다. 하늘에서 내려온 예루살렘성은 하나님의 영광으로 화려하게 빛난다. 바로 그분의 임재다.

그 성의 성곽에는 열두 기초석이 놓였는데, 그 위에는 어린양의 열두 사도의 열두 이름이 새겨져 있다. 요한에게 말하는 천사가 측량하는 금 갈대자를 가졌다. 이 천사는 에스겔의 환상에 나온 인물과 비슷하다. 에스겔서에 나온 천사는 성전의 크기를 보여 주기 위해 '측량하는 장대'를 가지고 나타났다(겔 40:3 참조).

천사는 '네모가 반듯하다'는 것을 보여 준다. 이것은 잘 설계되고 적절하게 기능하는 공동체를 나타내는 것으로 보인다. 전체 성과 성곽을 측량하니 그 규모가 어마어마하다. 이렇게 크게 표현한 것은 비유다. 모든 시대의 하나님의 백성이 그 안에서 산다고 한다면, 새 예루살렘의 너비와 길이는 그만큼 커야 한다.

> 성 안에서 내가 성전을 보지 못하였으니 이는 주 하나님 곧 전능하신 이와 및 어린양이 그 성전이심이라 그 성은 해나 달의 비침이 쓸데없으니 이는 하나님의 영광이 비치고 어린양이 그 등불이 되심이라(계 21:22-23).

만국이 그 빛 가운데로 다니고 땅의 왕들이 자기 영광을 가지고 그리로 들어간다. 낮에도 성문들을 닫지 않고 밤도 없다. 속된 것, 가증한 일, 거짓말하는 자는 그리로 들어가지 못한다. 오직 어린양의 생명책에 기록된 자들만 들어갈 수 있다.

생명수의 강을 보이시다(22:1-5)

새 예루살렘은 그 수준이 한층 높아진 에덴동산 같다. 그곳에서 하나님의 백성은 그분이 공급해 주시는 것을 누리고 하나님의 얼굴을 바라보며 하나님과 함께 산다. 예수님이 왕이시고 심판자로 곧 오실 것을 전하며 하나님이 주신 이 계시를 믿어야 한다.

> 또 그가 수정같이 맑은 생명수의 강을 내게 보이니 하나님과 및 어린양의 보좌로부터 나와서 길 가운데로 흐르더라 강 좌우에 생명나무가 있어 열두 가지 열매를 맺되 달마다 그 열매를 맺고 그 나무 잎사귀들은 만국을 치료하기 위하여 있더라(계 22:1-2).

이 부분은 에스겔 47장 12절을 떠올리게 한다. 에스겔 본문에는 성소로부터 나오는 물 양쪽으로 다양한 과일 나무가 있는데, 그 열매는 먹을 만하고 그 잎사귀는 약재료가 된다고 쓰여 있다. '만국을 치료'한다는 것은 질병에서 회복된다는 것이 아니라, 하나님 안에서 그분에게 속해 있는 사람들을 영적으로 돌봐 주신다는 의미라고 보아야 한다.

> 다시 저주가 없으며 하나님과 그 어린양의 보좌가 그 가운데에 있으리니 그의 종들이 그를 섬기며 그의 얼굴을 볼 터이요 그의 이름도 그들의 이마에 있으리라(계 22:3-4).

'그의 이름도 그들의 이마에 있다'는 것은 그들이 하나님의 것이라는 표시가 이마에 있다고 상징적으로 표현된 것이다. 다시 밤이 없겠고, 등불이나 햇빛도 필요 없다. 하나님이 그들에게 비치며 그들의 왕이 되신다.

주 예수여, 오시옵소서 (22:6-21)

천사가 요한에게 말한다.

> 이 말은 신실하고 참된지라 주 곧 선지자들의 영의 하나님이 그의 종들에게 반드시 속히 되어질 일을 보이시려고 그의 천사를 보내셨도다(계 22:6).

'선지자들의 영의 하나님'이라는 표현은 이 계시가 여러 세대, 오랜 세월을 거쳐 하나님의 영, 곧 성령이 선지자들을 통해 계속 나타내셨던 것에 대한 연결임을 말해 준다.

> 보라 내가 속히 오리니 이 두루마리의 예언의 말씀을 지키는 자는 복이 있으리라(계 22:7).

말씀을 아는 것으로는 부족하다. 사탄도 진리는 안다. 알고 실천하는 것, 곧 지키는 것이 너무도 중요하다.

요한이 이 모든 것을 보고 들은 후에 천사를 경배하려고 엎드리자 천사가 말한다(앞선 19장 10절의 광경과 비슷하다).

> 나는 너와 네 형제 선지자들과 또 이 두루마리의 말을 지키는 자들과 함께 된 종이니 그리하지 말고 하나님께 경배하라 하더라 또 내게 말하되 이 두루마리의 예언의 말씀을 인봉하지 말라 때가 가까우니라(계 22:9-10).

'인봉'이라는 것은 인을 쳐서 비밀이 절대 다른 사람에게 밝혀지지 않도록 하는 것인데, 이제 그 인을 치지 말라는 것이다. 하나님은 다니엘 때는 비밀을 인봉하라고 하셨다(단 8:26, 12:4 참조). 오랫동안 안전하게 지켜서 시기가 맞아떨어졌을 때 그것을 밝히게 하신 것이다.

이제 때가 가깝다. 예수님의 죽음과 부활로부터 이미 마지막 때는 시작되었다.

> 불의를 행하는 자는 그대로 불의를 행하고 더러운 자는 그대로 더럽고 의로운 자는 그대로 의를 행하고 거룩한 자는 그대로 거룩하게 하라 … 각 사람에게 그가 행한 대로 갚아 주리라 나는 알파와 오메가요 처음과 마지막이요 시작과 마침이라 자기 두루마기를 빠는 자들은 복이 있으니 이는 그들이 생명나무에 나아가며 문들을 통하여 성에 들어갈 권세를 받으려 함이로다(계 22:11-14).

입고 있는 옷은 곧 선행과 바른 행실이다. '옷을 빤다'는 것은 그들이 생명나무에 나아가며 문들을 통해 성에 들어갈 권세를 받으려는 것이다. 개들, 점술가들, 음행하는 자들, 살인자들, 우상 숭배자들, 거짓말을 좋아하며 지어내는 자는 다 성 밖에 있게 된다. 여기서 '개들'이라는 표현은 애완동물이 아니라 쓰레기를 뒤지는 비열한 동물을 표현한 것으로, 인간의 타락한 행동을 생생하게 표현한 것이다(잠 26:11; 사 56:10-11; 마 7:6; 빌 3:2 참조).

> 나 예수는 교회들을 위하여 내 사자를 보내어 이것들을 너희에게 증언하게 하였노라 나는 다윗의 뿌리요 자손이니 곧 광명한 새벽별이라 하시더라(계 22:16).

'광명한 새벽별'은 민수기 24장 17절에 나온 메시아적 호칭이다. 발람은 하나님이 주시는 환상을 보고 그 일이 지금의 일도 아니고 가까운 일도 아니라고 말하며 "한 별이 야곱에게서 나오며 한 규가 이스라엘에게서 일어나서" 민족들이 멸망할 것을 예언했다. 그 새벽별이 바로 메시아, 예수 그리스도이시다.

성령과 신부(새 예루살렘)가 외치신다.

> 성령과 신부가 말씀하시기를 오라 하시는도다 듣는 자도 오라 할 것이요 목마른 자도 올 것이요 또 원하는 자는 값없이 생명수를 받으라 하시더라(계 22:17).

이 외침은 오랫동안 하나님이 선지자들을 통해 말씀해 오신 것이며, 예수님도 친히 말씀하신 내용이다.

> 오호라 너희 모든 목마른 자들아 물로 나아오라 돈 없는 자도 오라 너희는 와서 사 먹되 돈 없이, 값없이 와서 포도주와 젖을 사라(사 55:1).

> 누구든지 목마르거든 내게로 와서 마시라(요 7:37).

이 외침은 지금도 계속되고 있다. 교회가 바로 이 일을 해야 한다. 교회는 온 세상을 향하여 "오라"고 외치는 일에 부름을 받았다.

만일 이 두루마리의 예언 외에 다른 것을 더하면 하나님이 이 두루마리에 기록된 재앙들을 그에게 더하실 것이다. 또 만일 누구든지 이 예언의 말씀을 제하여 버리면 하나님이 이 두루마리에 기록된 생명나무와 및 거룩한 성에 참여함을 제하여 버리실 것이다.

> 이것들을 증언하신 이가 이르시되 내가 진실로 속히 오리라 하시거늘 아멘 주 예수여 오시옵소서(계 22:20).

마라나타(우리 주여, 오시옵소서)!

주 예수의 은혜가 모든 자에게 있을지어다. 아멘(계 22:21)!